Perspektiven der Philosophie

Perspektiven der Philosophie

NEUES JAHRBUCH

Begründet von

Rudolph Berlinger†
Wiebke Schrader†

Herausgegeben von

Georges Goedert
Martina Scherbel

Wissenschaftlicher Beirat

Eric Blondel (*Paris*)
Edgar Früchtel (*München*)
Dieter Harmening (*Würzburg*)
Paul Janssen (*Köln*)
Salvatore Lavecchia (*Udine*)
Leonhard G. Richter (*Würzburg*)
Franz Träger (*Münster/Bayern*)
Dietmar Willoweit (*Würzburg*)

BAND 41

The titles published in this series are listed at *brill.com/ppnj*

Perspektiven der Philosophie

Neues Jahrbuch
Band 41 – 2015

Begründet von

Rudolph Berlinger†
Wiebke Schrader†

Herausgegeben von

Georges Goedert und Martina Scherbel

BRILL
RODOPI

LEIDEN | BOSTON

Perspektiven der Philosophie. Neues Jahrbuch erscheint als Organ der „Stiftung zur Förderung der Begründungswissenschaft METAPHYSIK", Sitz Eisingen – Justitiar und Mitherausgeber: RA Wolf Malo (FA f. Steuerrecht), Würzburg.

Cover illustration: Dreamstime.

This publication has been typeset in the multilingual 'Brill' typeface. With over 5,100 characters covering Latin, IPA, Greek, and Cyrillic, this typeface is especially suitable for use in the humanities. For more information, please see www.brill.com/brill-typeface.

ISSN 0171-1288
ISBN 978-90-04-30702-5 (paperback)
ISBN 978-90-04-30703-2 (e-book)

Copyright 2015 by Koninklijke Brill NV, Leiden, The Netherlands.
Koninklijke Brill NV incorporates the imprints Brill, Brill Hes & De Graaf, Brill Nijhoff, Brill Rodopi and Hotei Publishing.
All rights reserved. No part of this publication may be reproduced, translated, stored in a retrieval system, or transmitted in any form or by any means, electronic, mechanical, photocopying, recording or otherwise, without prior written permission from the publisher.
Authorization to photocopy items for internal or personal use is granted by Koninklijke Brill NV provided that the appropriate fees are paid directly to The Copyright Clearance Center, 222 Rosewood Drive, Suite 910, Danvers, MA 01923, USA. Fees are subject to change.

This book is printed on acid-free paper.

Printed by Printforce, the Netherlands

INHALT

TEIL 1
Selbst- und Weltinterpretation

Logik und Selbsterkenntnis   3
Max Gottschlich

Was ist Fortschritt? Anmerkungen zur impliziten Ontologie eines Begriffes   24
Dirk Cürsgen

Das Klavier zwischen punktuellem Impuls und Klangsphäre. Metaphysische Implikationen eines Musikinstruments im Blick auf das Zeiträtsel der Gegenwart   45
Christian Graf

Götter im Menschen. Zur Konzeption der Sokrates-Figur in Platons *Phaidon*   63
Tim Gollasch

Sein, Seiendes und Nichts. Die Grenzen der Welt der Sprache   88
Sigbert Gebert

Denken in Geschichten als Umgang mit sich selbst. Zu Hannah Arendts Konzeption des menschlichen Selbst   105
Florian Salzberger

TEIL 2
Vernunft und Glaube

Moral nur mit Gott? Über die angebliche Notwendigkeit von Religion für Moralbegründung und moralische Motivation   119
Dagmar Fenner

Doktrinaler Glaube und metaphysischer Diskurs bei Kant   139
Robert Theis

Estne philosophia ancilla theologiae? Die Bedeutung der
Philosophie in der theologischen Topologie des 16. Jahrhunderts (Melchior
Cano LT IX)   176
Boris Hogenmüller

TEIL 3
Fiktion und Wirklichkeit

Bildung zwischen Fiktion und Wirklichkeit. Zum Verhältnis von
Allgemeinbildung und Berufsbildung bei Georg Kerschensteiner   201
Andreas Lischewski

Ein unerwarteter Besuch. Friedrich Nietzsche: Briefe und Briefentwürfe
von 1862 bis 1889   234
Jutta Georg

Zur Methode Paul Feyerabends in *Against Method*   260
Magdalena Frehsmann

TEIL 4
Buchbesprechung

Klaus-Michael Kodalle, *Verzeihung denken. Die verkannte Grundlage
humaner Verhältnisse*   287
Harald Seubert (Rez.)

Mitarbeiterliste 2015   297
Richtlinien für die Einreichung von Manuskripten   299

TEIL 1

Selbst- und Weltinterpretation

Logik und Selbsterkenntnis

Max Gottschlich

Welche Relevanz hat Logik für die Selbsterkenntnis? In Beantwortung dieser Frage wird ein integrativer Begriff von Logik herausgestellt, der formale, transzendentale und dialektische Logik als notwendige Formen der Selbstinterpretation des Denkens fasst (I). Dabei eröffnet sich ein von der Teleologie her zu fassender Horizont, innerhalb dessen sich die theoretische wie praktische Selbst- und Weltinterpretation des Menschen bewegt (II). Dies wird in Bezug auf die formale Logik konkretisiert (III).[1]

1

Logik ist die Wissenschaft des Denkens.[2] Denken ist nie nur unmittelbares Selbstverhältnis, sondern sich auslegende Einheit von Funktionalität und Reflexivität. Dies expliziert die Logik in Stufen der Selbstinterpretation der logischen Form. Diese stehen nicht nebeneinander i. S. eines positiven Fortschreitens, bei welchem das Vorhergehende autark bestehen bliebe, sondern sie stellen ein negatives Fortschreiten, ein Zurückgehen in den Grund dar, in welchem sich die Stufen als Momente der konkreten Auffassung erweisen:

1. die logische Form ist in ihrer unmittelbaren Funktionalität gegenständlich: formale Logik (FL);
2. die Reflexivität der logischen Form wird als Prinzip der Funktionalität erfasst: transzendentale Logik (TL);
3. die Einheit von Funktion und Reflexion stellt sich dar: dialektische Logik (DL).

FL ist die unmittelbare Reflexion des Logischen. Diese Unmittelbarkeit spricht sich in ihrer Methode und in der Bestimmung der logischen Form aus.

---

1 Diese Arbeit entstand im Rahmen eines Erwin-Schrödinger-Auslandsstipendiums des Austrian Science Fund (FWF): Projektnummer J 3510-G15 an der University of Warwick ( ).
2 Die Definition ist formallogisch zu weit.

Zur Methode: Das Logische wird zunächst an Beispielen für gültiges Schließen gegenständlich aufgefunden. Durch Abstraktion vom Inhalt und schließlich der grammatischen Struktur wird die logische Form als das herausgestellt, was einen Schluss gültig macht. FL geht in ihrer Theoriebildung von bestimmten Grundelementen (z. B. die logischen Konstanten) und -prinzipien (z. B. Satz des Widerspruchs) aus, die nicht innerlogisch definiert und begründet, sondern als *per se notum* – als Positiva – vorausgesetzt und in der Axiomatisierung und Kalkülisierung verwendet werden. So hat die Rede vom „Gültigsein" und „Wohlgeformtsein" letztlich *Setzungscharakter*. Die Reflexion auf die Voraussetzungen und Probleme FL fällt außer sie in die *Philosophy of Logic*. So ist FL *technische* Wissenschaftlichkeit.[3] Sie hat ihren Zweck nicht in sich im Sinne einer theoretischen Wissenschaft, sondern in der Erstellung von gröberen und feineren[4] Werkzeugen. Ihr Ziel besteht in der Anwendbarkeit hinsichtlich bestimmter *domains of discourse*.

Zur Bestimmung der logischen Form: FL entfaltet die Gegenständlichkeit (Positivität) der logischen Form. Dies basiert auf Denken des Denkens, sondern als Lehre von der Folgerichtigkeit des Denkens, näher: als Lehre von den Gesetzen des korrekten Schließens: „Die *Logik* ist eine spezielle Theorie des Argumentierens. Sie will auf [...] nachprüfbare Weise zeigen, was *gute* und *zwingende* Argumente [gültige Schlüsse, Vf.] sind."[5] Der Grund der Schlüssigkeit soll explizit gemacht werden, indem die *Form* der Aussagen von ihrem Inhalt isoliert wird. Die allgemeine Form der Schlüssigkeit besteht in der Wenn-dann-Form (*modus ponens/tollens*): „Wenn die Prämissen wahr sind (unabhängig davon, ob sie wahr sind), dann muss auch die Konklusion wahr sein (unabhängig davon, ob sie wahr ist). Logische Gültigkeit garantiert Wahrheitsübertragung von Prämissen auf die Konklusion – aber nur für den Fall, dass alle Prämissen wahr sind."[6] Die rein formale Gültigkeit = „Wahrheit"[7] von Aussagen bedeutet Analytizität, die Setzung der Identität eines Inhalts mit sich. Die logische Form wird somit als aus ihr selbst heraus verständliche, inhaltsneutrale Struktur (*pattern of reason*) gefasst, die die Analytizität, die „Wahrheitsübertragung" fundiert.

---

3 Im Sinne der διάνοια des platonischen Liniengleichnisses.
4 Zum Beispiel im Sinne des Unterschieds von Aussagenlogik und Prädikatenlogik.
5 W. Detel, *Logik* (Grundkurs Philosophie, Bd. 1), Stuttgart 2007, 60.
6 Detel, *Logik*, 66.
7 Es ist bemerkenswert, dass in moderner FL nicht von Richtigkeit, sondern von Wahrheit (*truth*) die Rede ist.

In der näheren Fassung der logischen Form unterscheidet sich die moderne FL von der aristotelischen Syllogistik grundlegend. Bis zur modernen FL wurde vorausgesetzt, dass die grammatische Form der „natürlichen" Sprache (die Subjekt-Copula-Prädikat-Struktur) die logische Form der „Proposition" *repräsentiert*, wenn auch nicht stets adäquat (Ockham, Bacon, Locke). Dagegen betont die moderne FL die *Nicht-Entsprechung* von grammatischer Form und logischer Form von Propositionen. Die logische Form soll in künstlichen Zeichensystemen durch eine spezielle Notation als von den „natürlichen" Sprachen unabhängige *lingua mentis* aller Denkenden transparent gemacht werden. Insofern versteht sich FL als „doctrine of syntax and semantics of explicit languages"[8]. Die logische Struktur einer Aussage (Proposition) soll nicht, wie in der „natürlichen" Sprache,[9] durch oberflächengrammatische Strukturen verdeckt werden, sondern *als* oberflächengrammatische Struktur, näher: als „wohlgeformte" (regelkonforme) *Ordnung von Zeichen* präsent sein. Die Zeichen sollen ihre Bedeutung *unmittelbar in sich* haben (dass sie diese nur *im Bewusstsein* der Sprechenden und Hörenden in sich haben, ist vergessen). So soll sich die Gültigkeit (logische Wahrheit) einer Menge von Sätzen ausschließlich aus der Bedeutung der in dem Satz vorkommenden logischen Zeichen ergeben. Die logische Form soll also mit einem Zeichensystem, das sich in Axiomatisierungen und Kalkülisierungen expliziert, zusammenfallen, sie wird als *Gebilde* behandelt. FL setzt die *Isomorphie* von Zeichensprache und logischer Form voraus. Dies ist ihre deskriptive Seite.

Nun ist aber die logische Form unmittelbar in eine Vielheit von Arten besondert: aussagenlogisch und prädikatenlogisch, dies wiederum in den Arten klassischer und nicht-klassischer Logik, diese wiederum in unterschiedlichen Axiomatisierungen und Kalkülisierungen. Die Frage, welche der Arten die *adäquate* (isomorphe) Fassung der logischen Form sei und wie die sich ausdifferenzierende Vielheit der Logik-Arten mit der Voraussetzung der Isomorphie von logischer Form und Zeichensystem zusammengeht, ist, wie sich zeigen wird, formallogisch bodenlos.

Die Arten der formallogischen Bestimmung der logischen Form sind indes in ihrer *Funktionalität* geeint. Diese besteht darin, dass die logische Form, wie auch immer sie näher gefasst wird, Mittel zur Herstellung der Identität im Sinne der Analytizität, d. h. zur Selbsterhaltung des *Notwendigkeitscharakters* des Denkens ist. Die Selbsterhaltung des Notwendigkeitscharakters fordert, dass durch die Anwendung der Form auf das Material der gedachte Inhalt

---

8   J. Hintikka u. R. Vilkko, „Existence and Predication from Aristotle to Frege", in: *Philosophy and Phenomenological Research* 73, No 2 (2006), 360.
9   Sprache wird formallogisch nur als Mittel zur Bezeichnung des Gedankens angesehen.

in die Identität mit sich gesetzt ist („Transparenz"). Die hergestellte begrifflliche Identität spricht sich im „Wahrheitswert" einer Proposition bzw. eines Schlusses aus. Diese ist abstrakt im Sinne von in sich unterschiedslos, denn in diesem Wert kommen alle wahren bzw. falschen Sätze überein. FL zielt in ihrer Funktionalität auf die *Eliminierung der Mehrdeutigkeit zur Herstellung der Gleichheit oder eindeutiger Bestimmtheit* bzw. auf die *Bestimmbarkeit nicht eliminierbarer Unbestimmtheit*.[10] Darin besteht ihre normative Seite.

Daher ist formallogisch das Urteil (Proposition), näher: das deskriptive Urteil, das Bestimmtheit setzt, grundlegend.[11] FL ist *Subsumtionslogik*. Diesbezüglich betont die moderne FL seit Frege gegenüber der aristotelischen Syllogistik, dass die die Bestimmtheit herstellende Copula „ist" nicht bloß vieldeutig durch seinen Gebrauch in unterschiedlichen Verwendungskontexten ist, sondern von vornherein vier Bedeutungen (Prädikation, Existenz, Identität, Subsumtion) hat. Damit werden Gebrauch und Bedeutung von Wörtern (qua Zeichen) als zwei Quellen von Mehrdeutigkeit unterschieden.[12] Die logische Notation soll die *eindeutige semantische Referenz* sichern, sodass nur die bezeichnete Bedeutung von „ist" präsent ist.

2. Trennung von Mittel und Zweck: Die Trennung von Form und Inhalt gründet in der Trennung von Mittel und Zweck im Sinne der äußerlichen Teleologie. Es geht formallogisch nicht um einen bestimmten Inhalt als Zweck des Beweisens, sondern die Betrachtung des Mittels des Beweisens selbst ist der Zweck. Die Form soll als Instrument fungieren können, das auf ein als *universe of discourse* außerlogisch gegebenes Material angewendet wird, um etwas als etwas, als Fall einer Menge/Klasse eindeutig zu bestimmen. Gesetzt wird die instrumentelle Fassung der logischen Form in der modernen FL. So lautet die implizite „Minimalmetaphysik" der fregeschen Logik: „Alles, was es gibt, ist entweder ein Gegenstand oder eine Funktion."[13] Was Gegenstand und Funktion selbst sind, könne zwar nicht definiert werden, dennoch werden ihnen Eigenschaften zugeschrieben: Gegenstände („Argumente") sind „selbständig", „nicht ergänzungsbedürftig", die Funktion „unselbständig",

---

10   Zum Beispiel unternimmt die Fuzzy-Logik die mathematische Modellierbarkeit von Vagheit.
11   Auch in Logiken, die sich nicht mit deskriptiven Sätzen befassen (z. B. in der deontischen Logik) geht es um die Herstellung eindeutiger Bestimmtheit.
12   Heute wird eingeräumt, dass beide Seiten nicht ganz trennbar sind, d. h. dass es Gebrauchskontexte von „Ist" gibt, in denen mehr als eine Bedeutung präsent ist (vgl. Hintikka, *Existence*, 361). Dies ist Grund für das wiedererwachende Interesse an Aristoteles.
13   A. Kemmerling, „Frege über den Sinn des Wortes ‚Ich' ", in: *Grazer Philosophische Studien* 51 (1996), 2 f.

„ungesättigt", semantisch unvollständig, sie bedarf eines „Arguments", das in sie eingesetzt wird. Die Funktion ist leere, dem Inhalt äußerliche Form, sie wendet sich nicht selbst an, ist nicht als einen bestimmten Inhalt hervorbringend gedacht, sondern wird durch ein außer die Logik fallendes Prinzip aktualisiert. Dieses Prinzip ist das psychologisch gefasste Subjekt. *Denken actu kann formallogisch nur psychologisch gefasst werden.*[14] So zerfällt der Begriff des Denkens in eine nur-subjektive Seite (das Fassen eines Gedankens) und eine nur-objektive Seite (der Gedanke als das Denkbare, basal als „Proposition").[15]

Die FL strebt danach, das Logische rein von dem brechenden Medium der „natürlichen" Sprache (v. a. durch die Subjekt-Prädikat-Unterscheidung) und unabhängig von dem sprachkontaminierten psychologisch gefassten Denken zu zeigen. Sie strebt so nach einer *reinen Mittelhaftigkeit* der logischen Form. Warum? *Die logische Form soll 1. die Selbsterhaltung des Notwendigkeitscharakters des Denkens garantieren können, und zwar hinsichtlich beliebiger Inhalte, weshalb sie 2. als inhaltsneutrale und exakte Bestimmungsstruktur fungieren können soll.* Unter dieser Bedingung zeigt FL wesentliche (im Sinne von Hegels Wesenslogik) Strukturen der Dinge – sie ist in diesem Sinne tendenziell *characteristica universalis*. Fassen wir die Dinge an ihren wesentlichen Strukturen und Bedeutungsfeldern, diese als Positivitäten (Tatsachen in Sachverhalten), so beziehen wir uns auf Wirklichkeit, *insofern sie behandelbar ist*. Das ist für unsere alltägliche wie wissenschaftliche technisch-praktische Orientierung erforderlich. Das, womit wir es dabei zu tun haben, ist die Wirklichkeit als Realität.[16] Kant wird vom Gegenstand der einen wissenschaftlichen Erfahrung sprechen. Die geschichtliche Entwicklung der FL von der immer ausdrucksstärkeren Formalisierung und Systematisierung der aristotelischen Syllogistik bis hin zur Entwicklung der modernen FL lässt sich als *Perfektionierung des Mittelcharakters des Logischen hinsichtlich des Zeigens wesentlicher Strukturen* verstehen.

Für die Einsicht in das Wesen formaler Logik ist es entscheidend zu sehen, warum die aristotelische Syllogistik die Realisierung des oben genannten Zwecks nicht gewährleisten konnte:

---

14   Hegel behandelt in der *Phänomenologie des Geistes* die logischen und psychologischen Gesetze daher gemeinsam.
15   Vgl. G. Frege, „Über Sinn und Bedeutung", in: G. *Frege, Funktion – Begriff – Bedeutung*, hrsg. v. M. Textor (Sammlung Philosophie, Bd. 4), Göttingen 2007², 29.
16   Zur Unterscheidung vgl. das Opus von B. Liebrucks, etwa: „Wirklichkeit und Wirklichkeitsverständnis der Sprache", in: *Wirklichkeitsverständnis der Gegenwart*, hrsg. v. V. Warnach, Salzburg 1970, 43–51.

1. Die aristotelische Syllogistik ist in ihrer ursprünglichen Intention, die mit der fortschreitenden Formalisierung in den Hintergrund tritt, nicht inhaltsneutral. Der Formalismus ist relativ auf die *Aussagbarkeit der Substanz*. Die Subjekt-Copula-Prädikat-Struktur der Aussage ist mit der Frage nach der Substanz als dem wirklichen Subjekt der Aussage verknüpft.[17] Daraus rechtfertigen sich die Grenzen der aristotelischen Syllogistik hinsichtlich ihrer Formalisierungspotenz. Der Anlass diese Grenzen zu sprengen, war das Vorhaben einer logischen Begründung der Mathematik und der Formalisierung ihrer komplexen Aussagen und Schlüsse.[18] Um dies leisten zu können, wurde aber die logische Form selbst mathematisiert (Freges Funktion-Argument-Struktur). Dieser Übergang lässt sich vom Schritt von der Wahrnehmung zu Kraft und Verstand (von der Substanz zur Funktion) in der *Phänomenologie des Geistes* her deuten.[19] Die von der Grammatik unabhängig sein sollende Notationsweise zerlegt die „Proposition" in funktionale Teile, die sie unter dem Vorzeichen einer quantitativen Bestimmung (Quantoren) zusammensetzt – ähnlich der mathematischen Naturwissenschaft, die ihren Gegenstand aus bestimmten funktionalen Eigenschaften zusammensetzt. Das, was in der traditionellen FL Subjekt und Prädikat waren, wird zum Prädikat, das als „Umfang" der durch den Quantor „gebundenen" Variablen bestimmt wird. Der Quantor steht als bestimmendes (bindendes) Vorzeichen vor dem im Klammerausdruck stehenden, als Variable gesetzten Prädikat. So kann die logische Form als inhaltsneutrale Bestimmungsstruktur fungieren.

2. Die logische Form soll die Selbsterhaltung des Notwendigkeitscharakters des Denkens garantieren. Der durch die Subjekt-Copula-Prädikat-Struktur präsente Bezug auf die Formmetaphysik ist mit dieser Forderung unvereinbar. Denn unter der Voraussetzung einer Welt an ihnen selbst bedeutsamer, sich zeigender Wesen im Sinne der οὐσία αἰσθητή ist eine eindeutige und widerspruchsfreie Gegenstandsbestimmtheit nicht möglich. Die Substanz ist wesentlich Selbstverhältnis, was nicht in einer Menge deskriptiver Propositionen abbildbar ist. Die mathematische Funktions-Argument-Struktur setzt hingegen

---

17 Aristoteles entwickelt keine formale Logik mit einem von der Metaphysik getrennten instrumentalen Charakter. Die Denkformen von der Kategorie bis zum Beweis werden an ihrer Relevanz hinsichtlich des Aussagenkönnens des ontologisch relevanten Allgemeinen gemessen.

18 Die Begrenztheit der aristotelischen Syllogistik wird vor allem darin erblickt, dass sie keine Propositionen, die Relationen und mehrere Quantoren enthalten, darzustellen vermag.

19 Vgl. zu diesem Übergang die sehr erhellenden Ausführungen von Th. S. Hoffmann, *G. W. F. Hegel – Eine Propädeutik*, Wiesbaden 2004, 250–258.

Gegenstände als „Argumente" voraus, die ihre Bestimmtheit („Wahrheitswert") nur als funktionales Element, als Tatsache in Sachverhalten (Wittgenstein) haben.[20] Anders ist die Selbsterhaltung des Notwendigkeitscharakters des Denkens im gedachten Inhalt nicht garantierbar. Die Funktion stellt Eindeutigkeit hinsichtlich der „Argumente" her: sie gibt für jedes „Argument" exakt einen Wahrheitswert. Begriffliche Identität darf nur *Setzung* sein. So etwas wie *Selbst*verhältnisse und *Selbst*bestimmung darf es nicht geben, wenn FL Erkenntnisdignität haben können soll. Kants TL wird daher zeigen, dass die FL hinsichtlich der Substanz der ehemaligen Metaphysik – aber auch hinsichtlich des Ich – keine Erkenntnisdignität hat, sondern nur hinsichtlich des Gegenstandes der Erfahrung (*natura formaliter spectata*). Das Material, das der logischen Form unterworfen wird, muss als *an ihm selbst unbestimmt* bestimmt sein. Die FL macht diese Voraussetzung stillschweigend in der Mathematisierung, bei Kant jedoch wird dies ausdrücklich gesetzt. Kant macht auch mit der Voraussetzung des Gegebenseins des Materials ernst, indem er zeigt, dass die Sicherung der Sachhaltigkeit der Verstandesform (der logischen Form) die Setzung eines separaten Erkenntnisstammes (Rezeptivität) notwendig macht. Die Möglichkeit der Erkenntnis beschränkt sich dann auf die Modellwelt(en) der exakten Wissenschaftlichkeit. Von der wirklichen, menschlichen Erkenntnis und Erfahrung im Pluralis kann auch kantisch noch nicht die Rede sein.

Indem sich also die moderne FL durch die Mathematisierung von dieser Rückbindung an die Formmetaphysik und die Grammatik löst, wird Logik erst als freigesetztes Organon möglich. Die Perfektionierung des Mittelcharakters der logischen Form durch ihre Mathematisierung besteht aber letztlich darin, dass diese in gewisser Weise die Autarkie des Logischen gegenüber dem (psychologisch gefassten) Denken realisiert. Das ist die *technische Revolution der modernen* FL: *Sie ermöglicht eine mathematische Modellierung von Sätzen und Aussagen und dadurch eine mechanische Operationalisierung des Schließens, des Feststellens des „Wahrheitswerts" in automatisierbaren Entscheidungsverfahren.* Schließen wird als maschinelles Operieren mit Zeichen möglich.[21] Darin realisiert sich die Herrschaft über die logische Form als inhaltsneutrales Beweismittel. Die Reflexivität des Logischen ist damit

---

20 Den Zusammenhang von formaler Logik und der Metaphysik des logischen Atomismus betont E. Harris, *Formal, Transcendental, and Dialectical Thinking*, State University of New York Press 1987, 23–48.
21 Näher gezeigt hat dies W. Höring, „Frege und die Schaltalgebra", in: *Archiv f. math. Logik u. Grundlagenforschung*, Vol. 3 (1958), 125 ff. Diesen Hinweis verdanke ich Thomas S. Hoffmann.

zugunsten einer mechanischen Funktionalität eliminiert, die technische Fassung des Logischen vollendet.

Damit sind wir beim Endzweck der FL angelangt: Logik ermöglicht das Programmieren und Steuern von Maschinen (Computertechnik, Informatik). Von diesem Ziel der Anwendung in der Konstruktion von Schaltkreisen und Rechenmaschinen bis hin zur elektronischen Datenverarbeitung versteht sich der Impetus der Formalisierung und Mathematisierung der Logik. Als Datensätze haben Propositionen qua „Informationen" eine vollständig bestimmte (formatierte), beherrschbare Struktur. Mathematische Logik ermöglicht die beliebige Nutzbarkeit im Sinne der Auswertbarkeit von Daten. Die Positivierung der Schlussform ist hier vollendet: in der Realisierung beliebiger Aussagen in Schaltungen, des Syllogismus als Schaltkreis, der Konjunktion als Hintereinanderschaltung, der Disjunktion als Parallelschaltung, der „Wahrheitswerte" als 0 oder 1, als Fließen oder Nicht-Fließen von Strom usw. Axiomatisierungen und Kalküle sind, wie Programme zur Datenverarbeitung, relativ auf den Anwendungszweck.

Hier wird der Grund deutlich, weshalb die Frage nach *der* adäquaten formallogischen Fassung der logischen Form, die die gegenwärtige *Philosophy of Logic* beschäftigt, bodenlos ist: Das *principium individuationis* der Arten der FL liegt *nicht* im Begriff der logischen Form selbst, sondern außer ihr in Anwendungserfordernissen. In der FL gibt es nicht *die* adäquat Fassung der logischen Form, denn die Adäquatheit ist nur relativ auf die Nützlichkeit im Sinne der Anwendungserfordernisse.

Darin besteht einerseits ein gewaltiger Fortschritt: das automatisierte Denken ist an Maschinen auslagerbar geworden. Andererseits führt gerade die große Bedeutung dieser Entlastung zu einem grundlegenden Problem. Da der Mensch, der zu seinem Selbstverhältnis immer nur im Umweg seiner Weltauseinandersetzung gelangt, sich immer von seinen Produkten her interpretiert und dies gegenwärtig der Computer ist, verdinglicht sich der Mensch zur *Deduktionsmaschine*. Wäre Denken ein maschineller Vorgang, so hätte es freilich eine *eindeutige* Richtung (vom Subjekt zum Prädikat), es wäre ihm unmöglich, denselben Satz *zugleich* in die umgekehrte Richtung laufen zu lassen – genau dies vollzieht sich im menschlichen Verstehen im Sinne des „spekulativen Satzes"[22]. Für den Standpunkt der Positivität ist das Nonsens. Wir haben uns daran gewöhnt, in technizistischer Weise von uns zu sprechen. Es ist kein Zufall, dass die Herausbildung der mathematisierten FL in das „Maschinen-Zeitalter" fällt. *Sie ist die Logik des technisch-praktischen Weltumganges.* Die

---

22 B. Liebrucks, *Sprache und Bewußtsein*, Bd. 6/2, Frankfurt a. M. 1974, 112.

Inhaltsneutralität als reine Formalität ist kein ἀδιάφορον, sondern sie steht im Zeichen der technischen Selbstinterpretation des Denkens.

Die *philosophische* Logik, der es um das Einholen der Voraussetzungen geht, kann bei der FL nicht stehenbleiben. Die Notwendigkeit des Fortschreitens ist keine äußere, sondern eine *innerlogische*. Sie besteht, konsequent die Folgerichtigkeitsforderungen ernst nehmend, in der Notwendigkeit der Auflösung eines Grundwiderspruchs:[23] Logik soll einerseits die Garantin der Selbsterhaltung des Notwendigkeitscharakters des Denkens sein, andererseits kann sie diesem Anspruch nicht genügen, da die logische Form und das, was aus ihr folgt, das „Wohlgeformtsein" und „Gültigsein" von Sätzen und Schlüssen, letztlich auf nicht weiter begründbaren *Setzungen* beruht.[24] FL kann sich *als* Logik, d. h. als *Wissenschaft* der logischen Form nicht begründen. Sie kann weder die Möglichkeit ihres deskriptiven Anspruchs, noch die Möglichkeit ihres anwendungsbezüglichen imperativen Charakters begründen. Dies zeigt sich in zwei Fragen, die immanent über die FL hinausführen:

1. Welches sind die Möglichkeitsbedingungen der Wissbarkeit der logischen Form und des Bewusstseins der Notwendigkeit, in welchem sie sich expliziert? Wenn das Logische als Reich ansichseiender Wesenheiten und Relationen gefasst wird, zu dem kein anderer „Zugang" als ein „privater" (Frege) möglich ist – wie ist dann Logik als Lehre vom gültigen Schließen, die Objektivität im Sinne von Allgemeingültigkeit und Notwendigkeit beansprucht, möglich? Was ist die Bedingung der Möglichkeit für das In-Geltung-Setzen des Logischen als Bestimmungsfunktion? Eine Funktion realisiert sich nicht selbst. Nach welchem *Prinzip* realisiert sich das Logische als Bestimmungsfunktion? Wer oder Was *gebraucht* Begriffe? Welche Existenzweise haben die Funktionen? Frege kommt in Abwehr des Psychologismus notwendig zu einer platonistischen Verdinglichung, da er die Funktionalität des Begriffs nicht, wie Kant, vom logischen Ich her, sondern von der Mathematik her denkt. Der Gedanke bleibt formallogisch letztlich immer etwas (irrational) Gegebenes. Die Relation der logischen Form zum Ich bleibt formallogisch unreflektiert.

---

23   Im Sinne der hegelschen Logik ist dies der Widerspruch des seienden Wesens, der Unmittelbarkeit der Reflexion.

24   Der Setzungscharakter spricht sich in beiden Traditionslinien der analytischen Philosophie aus: So gibt es nach Quine keine ansichseiende Proposition, die einem Satz zugrunde liegt, sondern diese ist eine technisch-praktische Setzung hinsichtlich bestimmter Verhaltensdispositionen. Wittgenstein, Strawson und Austin betonen die Kontextabhängigkeit im Ausdrücken einer Proposition. Nach Strawson zeigen Sätze als solche, isoliert von ihrem Gebrauch in bestimmten Kontexten und der Intention des Sprechers, keine Propositionen an.

2. Welches sind die Möglichkeitsbedingungen ihres imperativischen Charakters, ihres instrumentalen Charakters hinsichtlich der Bestimmung von Gegenständen? Wie kommen wir überhaupt zum Bewusstsein von *einer* gemeinsamen Welt, auf die das Logische als Bestimmungsfunktion angewendet werden kann? Anwendbarkeit setzt eine Entsprechung des Subjektiven und Objektiven bzw. des Logischen und des Realen voraus – wie ist diese möglich? Alle formallogisch erstellte Ordnung der Dinge ist *Setzung*[25] – aber worin ist deren Notwendigkeitscharakter und Sachhaltigkeit begründet? Diese Fragen bleiben so lange offen, solange die Relation der logischen Form zum Realen und zum logischen Ich unreflektiert bleibt.

Logik muss, sofern sie nicht nur Technik ist, die mit diesen Fragen adressierten Voraussetzungen einholen. Geschieht dies nicht, endet Logik im Nominalismus und Pragmatismus.

Das Ernstnehmen dieser Fragen führt zu einer Revolutionierung in der Auffassung der logischen Form. Dies ist die Stufe der TL Kants.[26] Diese steht nicht neben der FL,[27] sondern ist die *Selbstreflexion der technischen Auffassung der logischen Form* hinsichtlich ihrer prinzipiellen Möglichkeitsbedingungen. Der Herstellung und Erhaltung der Identität des Denkens mit sich ist nämlich die Reflexivität der logischen Form als ermöglichendes Prinzip vorausgesetzt. Denken ist nicht ein platonistisches Wesen („es denkt"), sondern die *Form des Denkens* ist als *Subjekt* des Denkens zu begreifen, d. h. als reine Form des Selbstbewusstseins (Kants logisches Ich). Die Form „Ich denke" ist die „tiefengrammatische" Form, in der jeder Satz und Gedanken (gleichgültig ob sich dieser in der „natürlichen" Sprache oder in künstlichen Zeichensystemen formuliert!) stehen können muss. Die Form des sich wissenden Selbstverhältnisses ist die *eine* logische Form aller Formen, das schlechthin Allgemeine und als solches zureichender Grund alles bestimmten inhaltlichen Denkens, alles Wissens, alles Erkennens, alles Handelns. Das logische Ich unterscheidet sich in seiner Prinzipialität vom empirischen, psychologischen Ich als seinem *principiatum*. Man muss heute betonen: Das logische Ich ist nicht in psychologisierender Weise als „Erste-Person-Perspektive"[28] vorzustellen. Damit würde

---

25   Vgl. L. Wittgenstein, *Tractatus logico-philosophicus*, 5.634.
26   Für nähere Ausführungen vgl. M. Gottschlich, „Transzendentalphilosophie und Dialektik", in: M. Gottschlich, *Die drei Revolutionen der Denkart. Systematische Beiträge zum Denken von Bruno Liebrucks*, Freiburg/München 2013, 42–92.
27   Das Nebeneinander von „allgemeiner" Logik und transzendentaler als besonderer Logik, wie es sich bei Kant findet (KrV B 76–80), ergibt sich zwar von dessen Ansatz, ist aber zugleich von den Resultaten der Kritik her unhaltbar.
28   Dies stützt sich wohl auf Wittgensteins Bild im *Tractatus* (5.633).

das Denken zum Nur-Inneren, das einem Nur-Äußeren bzw. dem Logischen als Reich ansichseiender Formen und Relationen gegenübersteht. Das logische Ich ist keine Perspektive, etwas von einer Art, sondern das Prinzip der Perspektivität überhaupt.

Nun werden die Fragen nach der Wissbarkeit und nach der Anwendbarkeit der logischen Form beantwortbar: Das logische Ich ist Prinzip der Funktionalität der logischen Form, d. h. aller logischen Gesetze und Formen, der Garant des Notwendigkeitscharakters (der „Gültigkeit") der Setzungen. Die logische Form zerfällt nun auch nicht mehr unmittelbar in ihre Besonderungen wie das Lebendige in seine Arten in der Natur, sondern ist als *singulare tantum*, als *absolute* Form gefasst, die die Besonderung in sich hat (im Sinne der kantischen Kategorie, die einen bestimmten Inhalt hervorbringt).

Die Einheit von Reflexivität und Funktionalität der logischen Form begreift sich transzendentallogisch näher dahingehend, dass die Gegenständlichkeit des Gegenstandes (seine wesentliche Identität, die sich zum System von Erscheinungen unter allgemeinen Gesetzen ausdifferenziert) Produkt der Vergegenständlichung der logischen Form ist. Dadurch gelangen wir erst zu einer Welt von Gegenständen, die Strukturen haben, deren logische Transparenz (ihr Notwendigkeitscharakter) *a priori* sichergestellt ist, sodass die formallogisch erstellten Ordnungen nicht bloß Spiel mit Gedankenformen sind, sondern *Sachhaltigkeitsanspruch* erheben können. TL geht so über die Trennung von Form und Inhalt sowie von Mittel und Zweck im Denken hinaus.

Darin ist die TL zugleich der erste Schritt in der Überwindung der technischen Fassung des Logischen.[29] Denn die logische Form ist transzendentallogisch an sich als absolute Negativität begriffen. So versteht sich der kantische Begriff etwa nicht mehr dinglich-instrumental, sondern als *Begreifen* actu: er ist Begriff nur als Synthesis des Mannigfaltigen der Sinnlichkeit, d. h. er ist nur bei sich in seinem anderen. Transzendentallogisch gibt es kein Nebeneinander eines „Reichs der Fakten" (Extensionen qua Reflexion-in-anderes) und eines „Reichs der Bedeutungen" (Intensionen qua Reflexion-in-sich).

---

29 Die Überwindung der Aufklärung (sich verabsolutierende äußerliche Teleologie) im Feld der Logik bei Kant ist von hier aus zu verstehen. Entscheidend ist zu sehen, dass die TL nicht nur die Möglichkeitsbedingungen des technisch-praktischen Weltumganges aufzeigt *und* begrenzt, sondern dies, dass bereits die Begründung desselben in der transzendentalen Analytik auf dem *dialektischen Begriff* beruht. Vgl. H. Röttges, *Dialektik als Grund der Kritik. Grundlegung einer Neuinterpretation der Kritik der reinen Vernunft durch den Nachweis der Dialektik von Bedeutung und Gebrauch als Voraussetzung der Analytik*, Königstein/Ts. 1981.

In methodischer Hinsicht spricht sich die Reflexivität dieses Standpunktes in einem vermittelteren Vorgehen aus: die TL *behauptet* nicht unmittelbar die Funktionalität der logischen Form, unmittelbar metaphysisch sprechend (als ob logische Axiome oder Formen etwas Vorfindliches wären), sondern entwickelt ein System prinzipiell anzusetzender *Möglichkeitsbedingungen*, also jener *Setzungen*, die notwendig vorzunehmen sind, wenn die logische Form als Vergegenständlichungsfunktion möglich sein können soll, wenn also die Sachhaltigkeit formallogisch korrekten Denkens (der formallogisch nur vorausgesetzte Notwendigkeitscharakter von Wissen) garantiert sein soll.

Doch auch die TL beruht auf einer Grundvoraussetzung, die sie nicht einholen kann, nämlich jener, *dass* die logische Form *als* Einheit von Funktionalität und Selbstverhältnis gedacht wird. Dies ist der dialektische Begriff des Begriffs. Diese Voraussetzung kann TL aber nicht explizit machen, da es in ihr gerade um die Sachhaltigkeit FL geht, die das *Vermeiden* des Widerspruchs fordert, der im dialektischen Begriff aber *gedacht und aufgelöst* wird.

Die zweite Revolutionierung im Begriff der logischen Form, die mit dem Namen Hegel verknüpft ist, besteht in der *Dynamisierung des logischen Ich*. Hegels Begriffslogik denkt, nachdem die Wesenslogik die transzendentale Reflexion zu Ende und über sich hinaus geführt hat,[30] die logische Form als Subjekt-Objekt, aber nicht als in seiner Prinzipialität im Sinne der Frage nach den Möglichkeitsbedingungen wissenschaftlicher Erfahrung fixiert, sondern als wirkliches, d. h. sich besonderndes, sich bestimmendes, lebendiges und sich wissend auf sich beziehendes und darin *individuelles* Subjekt-Objekt. Denken ist nie *nur* unmittelbar sich wissendes Selbstverhältnis, sondern zu einem Selbstverhältnis gelangt das Denken nur, indem es sich von seiner Gegenständlichkeit zu sich abstößt.[31] Die Unmittelbarkeit des Denkens ist die vergessene Vermittlung, der vergessene Weg zu sich (Schellings transzendentale Vergangenheit), dessen ἀνάμνησις das Denken ist. Damit ist der Begriff des Menschen innerlogisch eingeholt.

Der integrative Begriff der Logik entfaltet sich also dadurch, dass die FL in ihren Voraussetzungen ernst genommen wird, wodurch die Notwendigkeit

---

30 Entscheidende Scharnierstelle ist hier das innerlogische Erreichen von Wirklichkeit als Einheit des Inneren und Äußeren, von Wesen und Erscheinung: G. W. F. Hegel, *Wissenschaft der Logik* II, Werke 6, Frankfurt a. M. 1996⁴, 186 ff. Vgl. den Abschnitt zur Wesenslogik bei Hoffmann, *Hegel*, 318–348 sowie die entsprechenden Kapitel in M. Wladika, *Kant in Hegels „Wissenschaft der Logik"*, Frankfurt a. M. 1995.

31 Exemplarisch sei auf das Sich-Abstoßen der sinnlichen Gewissheit zur Wahrnehmung in Hegels *Phänomenologie des Geistes* verwiesen. Von der Sprache her gedacht ist die Negativität in jedem Wort als diskrete Einheit von Sinnlichkeit und Sinn wirklich.

des Hinausgehens über die FL deutlich wird. Es geht nichts über Bord – nur der *Absolutheitsanspruch* der FL und TL. Das, was im Begriff des Denkens implizit ist, wird explizit. Die Unmittelbarkeit oder Gegenständlichkeit der logischen Form in der FL arbeitet sich hinweg sowie die Unmittelbarkeit (qua reine Prinzipialität) der Vermittlung selbst, wie sie im Rahmen der TL gesetzt wird.[32] Dies ist der Weg der Logik zur *wirklichen Wissenschaft*, die ihre Voraussetzungen in die Reflexion aufnimmt, prüft und begründet. *Als diese Wissenschaft ist die Logik die durchgeführte Selbsterkenntnis der logischen Form.* Als Selbsterkenntnis der logischen Form ist Logik nicht mehr Mittel zur Erstellung und Anwendung von Modellen folgerichtigen Schließens, sondern die Darstellung der Bewegung des Sich-Erfassens der Wirklichkeit des Denkens (bzw. der Sprache) *in individuo*. So beantworten sich die Fragen nach dem Verhältnis der logischen Form zum Ich sowie nach der Begründung der Logizität des Wirklichen in der DL, die zugleich Metaphysik und Erkenntnistheorie ist.

2

Die Relevanz der Logik für die Selbsterkenntnis besteht darin, dass sich in der Selbstinterpretation der logischen Form ein von der Teleologie her zu fassender Horizont aufspannt,[33] innerhalb dessen sich die theoretische wie praktische Selbst- und Weltinterpretation des Menschen bewegt. *Der Weg führt von der äußerlich teleologischen Selbstinterpretation der logischen Form hin zu ihrem Sich-Erfassen als innere Zweckmäßigkeit.*

In diesem Horizont bestimmt sich der Begriff des Erkennens:[34]

1. Erkenntnis als Mittel, das zwischen gegebene Extreme (Subjekt und Objekt) eingeschoben wird,[35] um das Objekt in einer Weise bestimmen

---

32 Zur Vermittlung von Unmittelbarkeit und Vermittlung der logischen Form vgl. S. Houlgate, „Essence, reflexion and immediacy in Hegel's science of logic", in: S. Houlgate u. M. Baur (Hrsg.), *A Companion to Hegel*, Oxford 2011, 139–158.

33 Hegels Begriffslogik zeigt, dass der Begriff als Subjekt-Objekt und dieses als Entelechie zu denken ist, zuletzt als absolute Methode (2. Entelechie).

34 Hinsichtlich des Praktischen stehen einander der Standpunkt der äußeren Zweckmäßigkeit (z. B. Utilitarismus) und der Standpunkt der inneren Zweckmäßigkeit (Sittlichkeit) entgegen.

35 Eine technisch gefasste Erkenntnistheorie tritt immer auf, wenn in vorkantischer Weise ein Nebeneinander von Logik und Metaphysik vorausgesetzt wird, das es zu überbrücken gilt. Diese Theorien müssen die Aporien, die schon Platons *Theaitetos* aufzeigt, durchspielen. Nach Kants TL kann es keine von der Logik getrennt seiende Erkenntnistheorie

zu können, in der es in seiner Logizität *idealiter* vollständig transparent ist, wodurch es in seinem Verhalten kontrollierbar wird;[36]

2. Erkenntnis als die Vermittlung selbst, als die Bewegung des *Hervorbringens* der Extreme in ihrer Bestimmtheit, des Subjektiven und Objektiven, sowie ihrer Entgegenständlichung, d. h. die Einsicht in die jeweils bestimmte *Identität* des Subjektiven und Objektiven, darein also, dass sich in jedem Gegenstandsverhältnis ein Selbstverhältnis reflektiert und umgekehrt.

Mit beiden Auffassungsweisen des Erkennens verknüpfen sich entgegengesetzte Auffassungen von Selbst und Welt – ein Gegensatz, der einen Unterschied im Ganzen ausmacht. Ist das Erkennen *nur* Mittel für die Erlangung von Verfügungswissen oder ist das Erkennen die sich auslegende und als solche erfassende Einheit des Subjektiven und Objektiven, die (als Sprache) *in individuo* existiert? Systematisch betrachtet sind das keine Alternativen, sondern die technische Auffassung des Erkennens ist – wie die technische Auffassung der logischen Form – nur Moment an der wahrhaft konkreten Auffassung.

Der Gegensatz zwischen äußerer und innerer Zweckmäßigkeit bestimmt auch die Relation von Logik und Selbsterkenntnis:

1. Logik ist jenes Mittel, durch das „gültige" Ordnungssysteme für beliebige *domains of discourse* erstellbar sind. Als solche ist Logik Mittel der Erkenntnis.
2. Logik ist notwendiges Mittel, aber nicht für einen ihr äußeren Zweck, sondern in Einheit mit dem Zweck, und zwar nicht mit einem relativen Zweck, sondern mit dem absoluten (in sich selbst gegründeten) Zweck: der Selbsterkenntnis.

In beiden Fällen kommt der Logik eine Schlüsselbedeutung für die Erkenntnis zu, jedoch in unterschiedlicher Weise:

Im einen Fall ist Logik notwendiges Mittel (als *Kanon* oder *Organon*) zur Etablierung und Darstellung von Herrschaftswissen. Dies soll auch hinsichtlich des Erkennenden erreicht werden.

Im anderen Fall ist Logik nicht Instrument, das auf etwas Außerlogisches angewendet werden soll, sondern Medium der Selbstexplikation der logischen

---

geben. Eine solche wäre nur Skeptizismus. Vgl. Hegels Widerlegung der Auffassung des Erkennens als eines Mittels in der Einleitung zur *Phänomenologie des Geistes*.

36 Dieses technisch-praktische Telos – die Errichtung des *regnum hominis* – ist der Impetus aller Repräsentationstheorien. Programmatisch spricht dies als erster F. Bacon im *Novum Organum* aus.

Form *als des wahrhaften Selbst* (des Logos), wodurch die Logik an ihr selbst auf die Realphilosophie hinausweist und so gesamtsystematisch integrative Bedeutung hat.

Damit ist der Horizont im Selbst- und Weltverständnis in der Bestimmung des Theoretischen und Praktischen abgesteckt. Angesichts des vorherrschenden Primats des Technisch-Praktischen und dessen nihilistischen Konsequenzen ist es die dringlichste Aufgabe ins Bewusstsein zu heben, dass die technische Auffassung von Logik sich in einer technischen Auffassung des menschlichen Selbst- und Weltverhältnisses reflektiert und umgekehrt. Wie bereits der Mythos wusste, fällt der *titanische* Weltumgang auf den Menschen zurück.[37]

3

Es bedarf der Einsicht in die Grenzen der Erkenntnisrelevanz der technischen Fassung der logischen Form hinsichtlich ihrer Voraussetzungen und Konsequenzen. Dies sei an zwei Punkten aufgezeigt: einerseits daran, dass das Ich im Sinne des dialektischen Begriffs in formallogischen Ontologien von vornherein ortlos ist, anderseits daran, dass dort, wo formale Logik als Organon der Erkenntnis des Ich fungieren soll, die Negativität positiviert wird.

Die Ortlosigkeit des Ich zeigt sich in der vorkantischen wie nachkantischen unmittelbaren Metaphysik (Hegels „erste Stellung des Gedankens zur Objektivität") darin, dass das Ich in keiner διαίρεσις (modern: in axiomatisierten und kalkülisierten Satzmengen) zu finden ist: weder an der Spitze die Ichheit als *forma formarum*, noch am unteren Ende das individuelle Ich.

1. FL hat die Form „Ich denke" als höchstes Allgemeines, das Allgemeine alles Allgemeinen, außer sich. Das logische Ich kann nicht in Dihairesen vorkommen, da dieses das schlechthin Allgemeine und als solches nichts von einer Art ist. Das Einteilende selbst kann nicht Eingeteiltes, bloßer Gegenstand sein. Oder: Das *Prinzip* der Funktionalität der logischen Form überhaupt kann selbst weder bestimmte Funktion noch bestimmtes Argument einer Funktion sein. So hat die FL stets mit nur-besonderem Allgemeinem zu tun.

Die Positivierung der logischen Form zum Deduktionsinstrument setzt zwar die Reflexivität der logischen Form – das logische Ich als das sich wissend auf sich beziehende Allgemeine – voraus, muss diese aber zugleich ausklammern. Dort, wo sich formallogisch die Reflexivität oder Ichhaftigkeit der logischen Form *zeigt* – im Sinne der hegelschen Logik: im Übergang vom Sein zur Reflexion –, erscheint sie daher als Antinomie bzw. Aporie:

---

37 Vgl. den Prometheus-Mythos in Platons *Protagoras*, 320 d–322 d.

a) Hinsichtlich der logischen Formen sei auf die Mengenantinomie (Russell) verwiesen.[38] Das Denken gelangt an einen Punkt, in welchem sich die Funktionalität der logischen Form als reflexiv erweist.[39] Bereits die vorkantische Metaphysik hat in der Frage nach dem εἶδος εἶδον die prinzipielle Differenz zwischen den besonderen εἴδη und der Form aller Formen als absoluter Form und in der Frage nach dem τόπος εἶδον den Bezug zum Bewusstsein im Blick. Mit dem mittleren Platon stellt sich das Problem des Verhältnisses der Ideen zur ψυχή, während die spätplatonische Dialektik das εἶδος εἶδον von der Kategorie des ἕτερον her begreift: die Gattungen haben ihre Bestimmtheit nicht unmittelbar in sich, sondern in der Relation auf das ihr andere. So ist die *forma formarum* nicht eine besondere Form oder Gattung, die *neben* anderen steht, ein Positives, Vorhandenes, sondern die Negativität im Sinne der Relationalität, in der alle Gattungen ihre Bestimmtheit haben; dasjenige Allgemeine also, das die Besonderheit nicht außer sich hat, sondern diese hervorbringt.[40] *Die Negativität wird in der Metaphysik letztlich gegenständlich gewendet*, am Ich vorbeigedacht, da der Begriff des logischen Ich noch nicht gefasst wurde.

In der FL reflektiert sich die Sache als Frage nach der Menge aller Mengen. Zur durchgängigen Bestimmtheit aller Mengen wird die Menge aller Mengen vorausgesetzt (wie zur durchgängigen Bestimmtheit aller Zahlen die Null). Indem Russell die Mengen sowie die Vereinigung aller Mengen selbst als bestimmte, wirkliche, gegebene fasst,[41] resultiert notwendigerweise die Antinomie.

Die Lösung der Antinomie ergibt sich transzendentallogisch so: Die Menge aller Mengen ist zunächst vom transzendentalen Ideal her zu verstehen. Sie ist *als Prinzip* keine bestimmte, seiende Menge, sondern erfahrungsermöglichende Vernunftidee, als transzendentales Substrat um der durchgängigen Bestimmtheit von Mengen willen *gesetzt*. Sie ist also nicht als realiter Vorhandene (wie auch nicht die durch sie bestimmten Mengen im Sinne der Erscheinungsgegenstände), sondern als idealiter *gesetzte*, als Vernunftforderung aufzufassen; ihr Sein ist, im Sinne der hegelschen Wesenslogik Schein. Die TL zeigt also, dass die Wurzel der Antinomie in der Verdinglichung der „Menge aller Mengen" liegt. Diese Verdinglichung entspringt den Grundvoraussetzungen der FL.

---

38   Dies kann auch am Problem der Selbstbezüglichkeit in der *higher order-logic* verfolgt werden.
39   Vgl. B. Liebrucks, *Sprache und Bewußtsein*, Bd. 6/1, Frankfurt a. M. 1974, 720.
40   N. v. Kues fasst das Absolute als *complicatio formarum*.
41   Vgl. Liebrucks, *Sprache und Bewußtsein*, Bd. 6/1, 737.

Die Mengenantinomie ist schließlich auf das logische Ich als Prinzip aller besonderen Bestimmtheit bzw. des empirischen Bewusstseins zu beziehen. Die Rede von der Menge aller Mengen ist die gegenständlich gewendete, noch träumende Rede von der Reflexivität der logischen Form. Die transzendentale Apperzeption ist die Menge aller Mengen (als ermöglichendes Prinzip aller bestimmten Bewusstseinsinhalte), die sich selbst enthält *und* nicht enthält. Denn die „Menge" des raum-zeitlich und kategorial bestimmten Mannigfaltigen der Bewusstseinsinhalte ist Resultat einer Selbstvergegenständlichung der logischen Form. Zugleich unterscheidet sich die Ichheit in ihrer Prinzipialität von dieser „Menge"; sie ist das Zwingen der „Menge" unter die Einheit der Form „Ich denke".

Die Dialektik, die hier enthalten ist, besteht darin, dass sich die Menge aller Mengen, indem sie sich zur bestimmten Menge verhält, immer zu sich selbst verhält – dies ist die Negativität der logischen Form als Einheit von Bestimmung und Selbstverhältnis, die der späte Platon im Begriff des ἕτερον fasst.

b) Hinsichtlich der logischen Prinzipien (v. a. Satz des Widerspruchs) zeigt sich der Übergang in den Reflexionsstatus in der scheinbar vitiösen Zirkularität jedes Versuchs ihrer Begründung. Die Selbstvoraussetzungshaftigkeit bringt die Form der Reflexivität zum Ausdruck.[42]

Diese Punkte zeigen, dass die Aporetik bzw. Antinomie daraus resultiert, dass die Positivierung der logischen Form den Widerspruch zu vermeiden sucht, der im Begriff der logischen Form als Einheit von Selbstverhältnis und Gegenstandsverhältnis liegt. *Die Ortlosigkeit des Ich gründet darin, dass das logische Ich qua Negativität nicht als eindeutig bestimmbare Tatsache in Sachverhalten konzipierbar ist.*[43] Dann gilt eben: „Das Subjekt gehört nicht zur Welt, sondern es ist eine Grenze der Welt."[44]

2. Zur Ortlosigkeit des Individuums: Das lebendige Individuum ist, wie bereits Aristoteles gezeigt hat, als in sich reflexiv, als Selbstverhältnis zu denken, als sich auslegende Einheit von ἄτομον εἶδος und τόδε τι, d. h. von Allgemeinem und Einzelnem qua Entelechie; das sich wissende Individuum ist zweite Entelechie, die Bewegung vom möglichen zum wirklichen Wissen. Die Entelechie ist aber, indem sie fordert, als Einheit der Entgegengesetzten gedacht zu werden, formallogisch ein Unding, der Widerspruch, der zu

---

42   Näheres dazu in M. Gottschlich, „The Necessity and the Limits of Kant's Transcendental Logic, with Reference to Nietzsche and Hegel", in: *The Review of Metaphysics (erscheint 2016)*.

43   Dass Selbstbewusstsein nicht widerspruchsfrei konzipierbar ist, zeigt bereits die Bestimmung der σωφροσύνη in Platons *Charmides*.

44   Wittgenstein, *Tractatus*, 5.632.

vermeiden ist. FL steht, im Sinne der *Phänomenologie des Geistes*, auf dem Boden der Gesetzeswelt des bestimmenden Verstandes, das Individuum aber ist jene Wirklichkeit („verkehrte Welt"), die Voraussetzung alles verständigen Bestimmens ist, die von der Verstandesbestimmung aber nicht eingeholt werden kann. Für die FL gilt: *individuum est ineffabile*. Denn Allgemeines und Einzelnes werden gegeneinander fixiert, sodass ihre μέθεξις *in individuo* nicht gedacht werden kann. FL kennt kein ontologisch relevantes Allgemeines, weshalb das Einteilen keine *sachliche* Grenze im Sinne des ἄτομον εἶδος gibt, sondern nur das nominalistische Allgemeine (als gesetztes Merkmalsbündel), das ein *beliebiges Einteilen nach Nützlichkeitsgesichtspunkten* gestattet. Im Einteilen gelangt sie aber nur bis zur jeweils gesetzten Klasse, *unter* die das Einzelne als Fall subsumiert wird. Dabei geht es um die Herstellung eindeutiger Bestimmtheit des Einzelnen als *res omni modo determinata*. FL spricht zwar vom Individuum, meint aber bloß äußerlich bestimmte Singularität. Das zeigt sich in der modernen FL in den Bestimmungen der Individuenvariable, der eine Sphäre von Gegenständen zugeordnet wird, und der Individuenkonstante, der ein Objekt dieser Sphäre – ein Etwas als Fall von x – zugeordnet wird. Das Individuum ist nur Name für das Einzelne als an ihm selbst Unbestimmtes, das durch eine Variable vertreten wird; als Konstante ist es nur ὑποκείμενον, gesetzte Grundlage der Bestimmung, welche es als funktionales Element außer sich hat. Die TL zeigt, dass FL nicht Organon der Erkenntnis des Wirklichen im Sinne der Substanz des Aristoteles sein kann, sondern nur zu widerspruchsfreien Modellen von Wirklichkeit im Sinne der *natura formaliter spectata* führt, wo formallogisch korrekte deskriptive Sätze im Sinne der bestimmenden Urteilskraft ihren Ort haben. Ein Individuum wird auch nicht mit dem Trick des *doctor subtilis* erreicht, der in gewisser Vorwegnahme Russells den Namen als Beschreibung (*haecceitas*) deutet.

Individuum est ineffabile meint also: Das Individuum ist nicht gleichbedeutend mit einer Menge deskriptiver Sätze. Diese bezeichnen Tatsachen, indem sie angeben, unter welche Klasse von Entitäten ein Ding zu subsumieren ist. Demgegenüber ist die Sprache der Dichtung seit je eine solche, die *wirkliche* Erfahrungen, d. h. Erfahrungen nicht im Sinne der kantischen wissenschaftlichen Erfahrung im Singular, sondern Erfahrungen des Individuums (gen. subj. und gen. obj.) mitteilt, indem sie Allgemeines nicht in seiner bloßen gegenstandsbestimmenden Funktionalität, sondern dieses zugleich in seiner Reflexivität aussagt.[45] Soweit zur Grenze der Erkenntnisdignität formaler Logik hinsichtlich ihrer Voraussetzungen.

---

45 Liebrucks, *Sprache und Bewußtsein*, Bd. 6/1, 23.

Nun zum zweiten Punkt: Was resultiert, wenn FL als Organon der Erkenntnis des Ich aufgefasst wird? Es wird versucht, *gegenständliche* Transparenz hinsichtlich des Erkennenden selbst herzustellen. Dies zeigt sich paradigmatisch an Freges Bemerkungen zum Begriff des Ich.[46] Im Sinne des fregeschen Dualismus von Funktion und Gegenstand fragt sich zunächst, ob „Ich" Ausdruck für einen Gegenstand oder eine Funktion ist (dass das logische Ich Voraussetzung sowohl der Funktionalität wie der Gegenständlichkeit ist, ist nicht im Blick). „Ich" ist kein Eigenname, der einen Gegenstand (!) qua Person bezeichnet, sondern ein „Funktor". „Ich" ist kein „logisch Ganzes", sondern es bedarf eines „Arguments" im Gebrauch im Satz. Das Argument drückt sich aber nicht direkt wortsprachlich im Satz, in dem der Ausdruck „Ich" gebraucht wird, aus, sondern es besteht im Verwendungskontext. Die Frage nach dem Ich wird letztlich Frage nach dem Gebrauchskontext des Worts „ich". Einerseits steckt darin die Wahrheit, dass die Existenz von Ich nur in der Sprache gesucht werden kann; andererseits drückt sich darin die Annahme aus, die Selbsterkenntnis wäre gleichbedeutend mit der (gegenständlichen) Beschreibung des Gebrauchs des Ausdrucks „ich" und dessen Regeln.

Subjektivitätstheorien, die auf dem formallogischen Verständnis des Denkens beruhen, fassen das Ich als Gegenstand. Dieses Tun wird in der Paralogismenlehre Kants über sich aufgeklärt. Die Verdinglichung besteht im Schluss vom Denken auf ein Denkendes, das in gegenständlicher Weise beschrieben wird. So finden wir auch bei Frege folgende Argumentation:[47] Ich *habe* Vorstellungen, diese sind Gegenstand meines Denkens, aber ich *bin* nicht eine Vorstellung. Es muss das Denkende als „Träger" der Vorstellungen *geben*. Von gegebenen Bewusstseinsinhalten ausgehend wird auf das Vorhandensein eines „Trägers" derselben qua Person geschlossen.

Paralogistische Subjektivitätstheorien liegen heute in vielen Gestalten der *Philosophy of Mind* ausgebreitet vor uns. Man stellt da die Frage nach dem Ich zunächst als Frage nach der Semantik des Wortes „Ich". Die Ausklammerung der Reflexivität der logischen Form führt dazu, das Ich als bestimmbaren Gegenstand zu fassen, d. h. psychologisch, als erfahrenes Selbst. Das Ich fällt mit der Menge von Bewusstseinsinhalten, der „mentalen Phänomene" bzw. Menge der „Ich-Gedanken"[48] zusammen – dass dies einen Rückfall auf den Standpunkt Humes (Ich als *bunch of impressions*) bedeutet, von dem her jeglicher Wissensanspruch unbegründet ist, wird nicht gesehen. Selbsterkenntnis

---

46 Vgl. M. Dummett, *The Interpretation of Frege's Philosophy*, London 1981, 83 ff., 118–128.
47 Kemmerling, *Frege*, 18.
48 Die Rede von „Ich-Gedanken" unterscheidet nicht die Form „Ich denke" von der empirischen Apperzeption, wodurch das Ich zum bloßen Inhalt wird.

soll in einer Klärung der Semantik der auf Mentales verweisenden Ausdrücke bestehen. Diese wird entweder in „gegenständlicher Stellung" („3. Person-Perspektive") oder in „1. Person-Perspektive" unternommen. Beide Ansätze stehen auf dem Boden der „ersten Stellung des Gedankens zur Objektivität" (Hegel): So wird das Ich entweder als Objekt unter Objekten oder als Subjekt unter Objekten gefasst – beides ist die Verdinglichung, denn in beiden Fällen wird das Denken nicht als logisches Ich und weitergehend als Negativität gedacht. Dabei gelangt man – abgesehen von Zwischenformen – zu folgender Alternative:

a) Ausgehend von einer naturwissenschaftlich abgestützten Ontologie (wirklich sind naturwissenschaftlich beschreibbare Tatsachen in Sachverhalten) wird gefragt, wie denn eine „1. Person-Perspektive" bzw. „intentionale Phänomene" („Überzeugungen") und „Gefühle" überhaupt möglich seien („Problem des Bewusstseins"). Man setzt also die empirische Apperzeption als Gegebenheit voraus und sieht, dass ein Selbstverhältnis (z. B. in „Qualia") nicht durch gegenständliche Beschreibung einholbar ist. So scheiterte die Erklärung an einem *explanatory gap*.[49]

b) Das „Problem des Bewusstseins" wird für ein zu eliminierendes Produkt der Sprachverwirrung erklärt (durchaus im Sinne Nietzsches). „Bewusstsein", das im Sinne von a) nicht erklärt werden könne, sei überhaupt keine *genuine* Tatsache[50] (eine Entität, die man aufgrund der vorausgesetzten Ontologie akzeptiert), die es einzelwissenschaftlich zu erklären gälte, sondern Produkt einer Begriffsverwirrung.[51] Bereits die substantivierte Schreibweise „Ich" sei Ausdruck einer Hypostasierung. Die Rede von „dem Bewusstsein" wird als „philosophische Erfindung" angesehen.[52] Durch Analyse des Gebrauchs des Ausdrucks „ich" sollen die philosophischen Probleme als Scheinprobleme entlarvt werden. So besteht eine nüchterne Betrachtungsweise etwa darin, „Ich" nur als sprachliches Zeichen zu fassen, das eine funktionale, mathematisch beschreibbare Rolle in einem Zeichensystem erfüllt. „Ich" wird dann z. B. als *token-reflexive expression*[53] gefasst, Reflexion als *funktionale Eigenschaft eines Zeichens*. Man meint, die Zeichen hätten schon die Reflexivität *in sich*, als ob

---

49   Dies zeigt schon Leibnizens Mühlengleichnis (*Monadologie* § 17).
50   In der Tat geht es nicht um eine empirische Tatsache, sondern um die Voraussetzung aller Empirie.
51   A. Kemmerling, „Eine Handvoll Bemerkungen zur begrifflichen Unübersichtlichkeit von ‚Bewusstsein' ", in: F. Esken (Hrsg.), *Bewußtsein und Repräsentation*, Paderborn 1998, 69–71.
52   Kemmerling, „Eine Handvoll Bemerkungen", 55.
53   Dummet, *Interpretation of Frege*, 83 f.

dies ein gegenständlich beschreibbares Phänomen wäre; diese haben sie aber nur *im Bewusstsein* der Sprechenden und Hörenden *in sich*; diese Dialektik wird ausgeblendet.[54] Das Ziel dieses Ansatzes ist die Positivierung des Negativen. So soll die vermeintliche Eigenschaft der Reflexivität unter Zuhilfenahme der Neurowissenschaften usw. „naturalisiert" werden. Mittels computergestützter Modellierungen sollen sich „mentale Phänomene" als exakt berechenbare und vorhersagbare Größen darstellen lassen. Es geht um *brauchbare* Erklärungen des „Mentalen", nicht um das Einholen der Voraussetzungen.

Die Alternative lautet also: Aporie oder Elimination zugunsten technisch-praktischer Modelle. Dies ist Ausdruck der Ortlosigkeit der Negativität im Reich der Positivität. Darin besteht die Grenze der Erkenntnisdignität der FL. Als Organon zur Herstellung anwendbaren Herrschaftswissens schöpft FL ihr Selbstverständnis daraus, die einzig relevante, wissenschaftliche Logik zu sein. Dies ist berechtigt, insofern sich der Mensch technisch-praktisch auf dieser Erde bewegt. Aber gilt dies auch dann, wenn wir das begreifen wollen, was über das Technisch-Praktische hinausgeht – Sittlichkeit, Kunst, Religion und Philosophie? Die Antwort lautet heute: Selbstverständlich. Gerade als perfektioniertes Mittel scheint die FL uneingeschränkter Gradmesser für die Wissenschaftlichkeit des Denkens überhaupt zu sein. Es bedarf des Durchganges durch die logischen Revolutionen Kants und Hegels, um diesen Irrtum einzusehen. Wenn gilt, dass die Künste von den Dingen das offenbaren, „was an ihnen als zugleich einzelnen und allgemeinen *begreifbar* ist"[55] und dass sich darin höchster Sinn ausspricht, dann ist das formallogisch Nonsens. Die große theoretische wie praktische Aufgabe unserer Zeit besteht darin, den Raum widerspruchsfreier Modelle von Wirklichkeit, den Raum kolonialisierter Positivität, dem wir vor der Negativität den Vorrang geben[56] und laufend erweitern, in seiner bloß *regionalen*, nämlich technisch-praktischen Relevanz zu begreifen.

---

54 Vgl. B. Liebrucks, „Aufzeichnung aus dem Nachlass", in: *Philosophie von der Sprache her. Ein Lesebuch zur Einführung in Sprache und Bewußtsein*, hrsg. v. U. und F. Zimbrich, Frankfurt a. M. 2011, 240.

55 B. Liebrucks, *Irrationaler Logos und rationaler Mythos*, Würzburg 1982, 180.

56 B. Liebrucks, *Sprache und Bewußtsein*, Bd. 3, Frankfurt a. M. 1966, 120.

Was ist Fortschritt? Anmerkungen zur impliziten Ontologie eines Begriffes

Dirk Cürsgen

Der Fortschritt gilt als eines der charakteristischen Leitkonzepte des neuzeitlichen Denkens, anfangs emphatisch bejaht und gefordert, späterhin immer mehr in Zweifel gezogen, diskreditiert oder angstvoll erwartet. Jenseits der ideologischen Wertungen scheint es indes stets evident zu sein, was Fortschritt eigentlich ist, was es darunter zu verstehen gilt. Gleichwohl gibt es kaum Ansätze zu seiner konkreten Analyse. Der vorliegende Beitrag unternimmt nun den Versuch, den Gehalt der Kategorie des Fortschritts explizit zu machen. Als bestimmte Seinsauslegung wird diese dabei im Gefüge von Konzepten wie Poiesis und Technik, Endlichkeit und Unendlichkeit, Immanenz und Transzendenz, Möglichkeit und Wirklichkeit, Nichtsein und Sein, Bewegung und Wert oder Denken und Wollen auf ihre implizierte Ontologie hin in den Blick genommen.

Die Idee des Fortschritts ist kein ursprünglicher Gedanke, sondern eine das Gewesene voraussetzende Deutung desselben und bereits durch es vermittelt, also bestenfalls ein Produkt des noch unverstandenen, doch schon vor sich gegangenen Fortschritts. In der Antike sind die Vorformen des Fortschrittsgedankens noch eingebunden in die Zyklen einer letztlich fortschrittslosen Natur. Fortschritt oder Verfall sind Perspektiven des Menschen auf sich selbst und seine mikrokosmische Geschichte, die sich stets im Rahmen der universalen Naturgeschichte abspielt. Ob man den Fortschritt vor allem als Wiederholung und Wiederherstellung eines besser verfassten, ursprünglichen Alten versteht (wie Platon) oder als Überwindung primitiverer Ur- und Vorzustände (wie die Sophisten, Aristoteles oder die Epikureer): Beide Möglichkeiten deuten den Fortschritt der menschengeschichtlichen Bewegung als Zwischenzustand im Kontext kosmologisch-physischer Zyklen: Er ist die Gegebenheitsweise der Mitte zwischen einem Anfang und einem Ende, die letztlich identischer Natur sind. Die Theorie des Unverfügbaren, von sich her Seienden und Geschehenden bleibt in der Antike aller Praxis übergeordnet. Der Kreis bleibt den Rahmen und die Grenze allen Fortschritts, zu dem notwendig und komplementär der Wiederuntergang gehört. Allein in solchen Zwischenräumen können Künste, Sprache, Sittlichkeit oder Gesetze voranschreiten, kann durch Erfahrungen und Erfindungen das Verborgene mit der Zeit zum Vorschein gebracht werden. Geist oder Intellekt sind aber schon hier als die Organe des Fortschritts, die Zeit als seine Mitarbeiterin erkannt worden: Denken und Zeit treiben den Fortschritt an, soweit und solange er überhaupt möglich ist; die Zeit selbst ist poietischer Natur und bringt die Möglichkeiten des Seins in geordneter, aufsteigender und zusammenhängender Abfolge zur Entfaltung. Noch das Durchlaufen der Zeitalter in der bereits linearen christlichen Zeit ist weniger ein Fortschritt als vielmehr eine vorherbestimmte Erfüllung des Raums zwischen Schöpfung und Gericht. Der irdischen Geschichte eignet keine Autonomie und Offenheit; Fortschritt vollzieht sich vorrangig als sittlich-geistiger Fortschritt des Einzelnen auf dem Weg zu Gott.

Erst wenn die Praxis, die Welt des Menschen mit seinen Angelegenheiten, seinen Möglichkeiten und seiner Geschichte, Eigenständigkeit gewinnt, kann der Fortschritt zu einem leitenden Modell aufsteigen. Entdeckungen, Erfindungen, Erfahrungen, Experimente führen zum Fortschritt des Könnens und Wissens in einer veränderbaren, erschließbaren, offenen Welt. Das Alte ist nur noch Wegbereiter oder Widerstandsinstanz gegen den Fortschritt, und das Neue wird zum eigentlich Ursprünglichen, sofern auch alles Alte zuerst neu war. Der Fortschritt verändert und bestimmt die Welt, in der die Gegenwärtigen die Ältesten sind, weil sie auf dem Boden aller vergangenen Zeit stehen. Fortwährend wird im Fortschrittsprozess der Vergleich zwischen Gegenwart und Vergangenheit angestellt. Das gesamte Menschengeschlecht erfassend, führt der Fortschritt es zu Macht und Glück – so entwerfen Francis Bacon oder Descartes die totale Utopie des allumspannenden *human empire*.[1] Der Fortschritt wird zur Geschichte der Befreiung des Menschen aus dem Naturzustand *als* Prozess der Ermächtigung zum Herrn und Eigentümer der Natur: Er wird *frei* zur wissenschaftlich-technischen *Allmacht* und Praxis der Rückgängigmachung des Herrschaftsverlustes durch den Sündenfall, so dass die säkulare Globalmacht des Menschen zugleich den göttlichen Heilsplan realisiert.[2] Der Fortschritt wird zur Universalgeschichte, deren Subjekt die menschliche Gattung ist: Wer allein im Fortschritt lebt, das ist die unsterbliche

---

1 Wie jede Utopie zeigt auch diese, was der *Mensch* von und für sich erwartet, hofft oder fürchtet, was er durch sich für sich als Welt für möglich hält. Sie ist das Bild, das der Mensch sich von sich macht; das Bild davon, als was der Mensch sich *hervorbringen* sollte oder könnte, wie er sich selbst zeitigen wird.

2 Wenn die Idee des Fortschritts letztlich auf eine Säkularisierung der Heilsgeschichte hinausläuft, dann muss der Fortschritt zugleich – wie diese – endlich sein. Auch der Fortschritt muss dann einen Sündenfall rückgängig machen, oder er verliert sich im diffus Anfangslosen, eliminiert also den Sündenfall.

Gattung, nicht der vergängliche Einzelne. Die Menschheit wird im Fortschritt zu einer einzigen, global gleichen Weltgesellschaft.

Unbestimmt bleibt dabei, wann und in welcher Gestalt die Herrschaft über die Natur ihre Vollständigkeit, ihr Maximum erreicht. Deshalb wird die Offenheit, die Unvorstellbarkeit der kommenden Möglichkeiten, die unbegrenzte Perfektibilität bei Pascal, Leibniz oder Condorcet zur Signatur des Fortschritts. Das Sein selbst ist in seinen Möglichkeiten unausschöpfbar, ebenso die Erkenntnis der Wesenheiten. Noch bei Kant ist der Fortschritt zur Freiheit und Weltgesellschaft eine moralisch-praktische Vernunftidee, deren Erfüllung in die Unendlichkeit verlegt wird, wogegen Hegel den Vorwurf der Unwirklichkeit und des Unernstes eines unendlichen Fortschritts erhebt.[3] Dieser wird jedenfalls zur Wesensgeschichte, zur Daseinsform des Menschen, zur Bedingung von Leben, Denken und Glück. Erst im Fortschritt wird der aufrechte Gang des Menschen – als seine natürliche Fortbewegungsweise vorwärts – Wirklichkeit. Er ist die Geschichte der Vernunft und ihrer Wirksamkeit in der Welt, und Vernünftigkeit bedeutet: Zweckhaftigkeit, Vereinheitlichung, Angleichung, Totalisierung aller Gegebenheiten, Geschichte als Weltverbesserung. Fortschritt ist die Einheit von Vernunft und Zeit; er endet als Inbegriff essentieller Geschichte, wenn die Verhältnisse vollständig vernünftig geworden sind. Er kann nie die Geschichte bloß kontingenter Verbesserungen sein, weil diese keine Stabilität hätte und keinen inneren Zusammenhang. Die Vernunft kann nicht stillstehen vor ihrer Totalpräsenz; sie ist ein Bewegungsprinzip, durch das der Fortschritt alle substantiellen Möglichkeiten verwirklicht und damit

---

[3] Hegel deutet den Fortschritt als Wesen der Geschichte, die Fortschritt zur Freiheit (als einer praktischen Idee) sowie des Bewusstseins von ihr ist – als Geschichts-, also Fortschrittsbewusstsein. Das wirkliche Verstehen der Geschichte versteht sie als Fortschritt, durch den allein Freiheit sich herstellen kann. Als solcher verstanden wird der Fortschritt aber selbst erst möglich, kann Freiheit erst geschichtlich hervorgebracht werden. Ohne Geschichtsbewusstsein gibt es keine Geschichte, also auch keinerlei Fortschritt. Wissen und Freiheit wachsen nur gemeinschaftlich. Das letzte Wissen bewahrt alles Gewesene in sich, die wirkliche Freiheit ist sich aller gewesenen Unfreiheit bewusst, denn andernfalls könnte sie kein bleibendes Produkt des Fortschritts sein. Hegels Geschichtsbegriff ist daher nicht bloß linear, sondern auch zirkulär verfasst, weil jedes Moment jedes andere voraussetzt und ebenso mit ermöglicht. Fortschritte macht der *Mensch* in seinem Sein und Tun. Was die Dinge für und durch ihn sind und können, was das Sein für ihn ist und von sich zeigt, das schreitet voran und daran misst sich Fortschritt. So ist es die Freiheit des Menschen als Menschen schlechthin, die sich im Fortschritt realisiert. Trotz seiner scheinbaren Konkretheit bleibt der Fortschrittsbegriff aber letztlich genauso unbestimmt wie Werden oder Bewegung.

zur Verlaufsform einer allmächtigen Geschichte wird. Die Endlichkeit als solche kann und muss einen Zustand der Vollendung erreichen, in dem sie nicht mehr unter der Höhe des Möglichen bleibt. Ist dieser erreicht, so erfolgt notwendig das endgültige Sich-Einrichten im Endzustand, der zu bewahren und zu verinnerlichen bleibt und eine nur noch vordergründige Beweglichkeit aufrechterhält. Selbst wenn der Fortschritt also als unendlicher vorgestellt werden kann, so kann er doch nicht als unbestimmter – denn das hieße: als vernunftloser – gedacht werden. Er ist das Medium der Eschatologie der Vernunft, die Herstellung vernünftiger Verhältnisse und insofern die reinste Form, in der sich die *Geschichte als Poiesis* begreifen lässt: Fortschritt ist Fortschritt der Poiesis, und Poiesis ist Poiesis des Fortschritts.

Der Fortschritt ist eine Weise, die Erfahrung des Seins als eines Hervorgehenden zu deuten. Der Hervorgangscharakter des Seins ist als Fortschritt auslegbar, der das Werden zum Sein in toto realisiert. Durch das Modell des Fortschritts werden Entstehen und Vergehen als Prozess der Poiesis expliziert, denn der Begriff des Fortschritts realisiert poietische Ordnungsmuster: die vorangerichtete Abfolge, die Verwirklichung von Möglichkeiten im Modus des Nacheinander, die an einem festen Bestimmten messbare und in ihren Stufen vergleichbare Aufstiegstendenz des Werdens, die Verflechtung in der Form der Überwindung, die Aufarbeitung von Entwicklungsmöglichkeiten[4] aus einem Bestand. Im Fortschritt wird etwas hergestellt, und er leistet eine Rechtfertigung von Werden und Bewegung, denn das bewegte Sein wird im Fortschritt der Erkenntnis zugänglich und dadurch gerechtfertigt.[5] Ein unerkennbares Sein ist nicht zu rechtfertigen und hätte gar keinen Sinn. Im Geschehen des Fortschritts ist letztlich nichts umsonst und gänzlich überflüssig, sondern allem eignet ein Wert, eine Funktion und Stelle im Ganzen. Der Fortschritt ist der Vorgang der Aufwertung des Seienden in seiner zeitlichen Verflochtenheit. Das Sein geht auf das Richtige zu, richtet sich nach ihm und wird an ihm gemessen. Sofern bereits Bewegung überhaupt Anstrengung bedeutet, ist der Fortschritt eine besonders anstrengende und

---

4 Der Begriff der Entwicklung beschreibt eine neutrale, nicht notwendig aufstiegshafte Bewegung der Verwirklichung des Möglichen und zwar als ‚Befreiung' aus der Enge und Dunkelheit des Eingewickeltseins in die Weite der Ent- und Ausfaltung; eine quasi natürliche Reifung der Bewegung schwingen dabei mit.

5 Wir sind zum Hervorbringen verurteilt, können gar nicht nicht hervorbringen, auch wenn zwischen Herstellen und Vorstellen keine Kongruenz besteht. Das Herstellen reicht weiter und tiefer als das Verstehen, das Teil des Herstellens bestenfalls so ist, wie die Spitze des Eisbergs über dem Wasserspiegel. Zum Herstellen und seinem Fortschritt gehört seine Wurzel im Unbewussten. Das Hergestellte bleibt in seinen Verflechtungen und Potenzen undurchschaubar, unabsehbar in seinen Konsequenzen und (Fortschritts-)Möglichkeiten.

gegen Widerstände zu erkämpfende Bewegung, ein Herausarbeiten des Seins und des Höheren aus dem Nicht und dem Niedrigeren. Daher die Rede von den Errungenschaften des Fortschritts, von seiner Hemmung und seinem Aufgehaltenwerden, vom Zurückgeworfenwerden. Die Poiesis offenbart sich als Potenz der Selbstfestigung und -expansion der Immanenz, mit der eine Welt entsteht, in der kein Innerstes mehr anzutreffen ist.[6]

Der Fortschritt ist eine Weise, sich poietisch des Seins zu bemächtigen. Das Sein ist – sich selbst überlassen oder einfach nur anfänglich – mangelhaft und unvollendet, bleibt unter seinen Möglichkeiten, seiner möglichen Wahrheit, ist zurückgeblieben. Dieser Dürftigkeit wird das Subjekt des Fortschritts durch den Fortschritt Herr. Die Wahrheit wird aus der Mangelhaftigkeit herausgearbeitet, das wahre Sein als Ziel wird erarbeitet und erschließt sich allein der Anstrengung des Fortschritts. Das Bessere, Stärkere, Höhere, Wahrere wird des Schlechteren, Schwächeren, Niedrigeren, Unwahreren Herr und bringt sich *aus diesen gegen diese* selbst hervor. Das Beste muss sich aus dem Früheren erst zeitigen, kann nicht anders sein als im Fortschritt werdend und durch ihn geworden. Das Bessere ist durch das Schlechtere, kann nur durch dieses vermittelt sein und werden. Die Seinsweise und -möglichkeit des Besseren ist es, aus dem Schlechteren hervorzugehen und hervorgehen zu müssen. Als das notwendig Vermittelnde gewinnt auch das Schlechtere Anteil am Guten selbst, eben als sein Grund. Der Fortschritt ist selbst gut, weil er der Weg zum Guten ist, die *genuine* Weise seines Hervorgehens. Zum Wesen des Guten gehört es, *nicht unmittelbar sein zu können*. Alle Zeiten müssen um des Besseren willen vergehen; die Vollendung der Zeiten fordert den Untergang aller Zeiten. Zeit und Geschichte werden so zum absoluten Mittel, ihre Aufhebung zum absoluten Zweck. Die letzte Wirklichkeit hebt alle anderen, unfertigen Wirklichkeiten auf und ist die reine Wirklichkeit, die keine weiteren, noch ausstehenden Möglichkeiten der Steigerung mehr an sich hat. Der Fortschritt wird wie ein technischer Prozess gedacht, in dem Stufen aufeinander aufbauen, um das Sein als Ziel fertigzustellen. Der Fortschrittsbegriff ist darum auch als eine spezielle Umformung der Aristotelischen Gottes- und Bewegungslehre zu verstehen.

Hinter allem, was ist, steht schon das, was sein kann und sein wird, bereit; hinter jedem Sein steht schon das, was noch besser wäre. Die Gegenwart ist machtvoller als die Vergangenheit, die Zukunft wird höher stehen als die Gegenwart. Alles wird bedrängt, vorangedrängt, vorangetrieben, gejagt und

---

6 Die Wissenschaft träumt immer noch von einer Weltdurchdringung hin zum Innersten der Welt, wo sie einem letzten Gesetz und einer letzten Einheit wissend gegenübersteht. Auf der via negativa schreitet man hingegen den Weg der Entweltlichung und Weltentleerung voran, als Bewegung hin zum Transzendenten und zur Vereinigung mit ihm.

errungen, alles ist schon im Fortschritt eingebunden und verfangen. Dieser liegt wie ein Schicksal auf den Dingen, das ihren Untergang braucht und verlangt. Als Fortschritt hat das Sein den Charakter des Werdens des Guten, sei es in Gestalt von Glück, Vernunft, Friede oder Freiheit. Das Sein gilt als optimierbar, indem es, als Wirklichkeit von der Möglichkeit her betrachtet, gesteigert werden kann und soll; die Verbesserung ist gleichermaßen Möglichkeit und Forderung, wobei die Bewegung zum Guten die Überwindung von Widerständen, Mängeln und Vorstufen leistet. Alles erscheint von vornherein und tritt schon ins Sein im Lichte seiner Ersetzbarkeit. Das Gute treibt das Sein an, ist sein Bewegungsprinzip und sein Bestimmungsgrund; es vermindert und überwindet den Abstand zwischen dem Sein und seiner eigenen Wirklichkeit in der Form der Bewegung. Aus seinem Möglichsein resp. Nichtwirklich-Sein bringt das Gute und Wahre sein Wirklichsein hervor, indem es als Kraft die Bewegung leitet. *Wie die Poiesis ist der Fortschritt eine Bewegung vom Nichtsein zum Sein, allerdings konkreter: als Poiesis des Guten.* Naturhafte Selbsthervorbringung und technomorphe Produktion spielen deshalb auch beide in die Fortschrittsvorstellung hinein. Keine Wirklichkeit außer der letzten hält sich dauerhaft auf der Höhe der Aktualität, sondern eine jede versinkt, jenseits jeder weiteren, noch ausstehenden Potentialität, wieder ins Nichtsein. Allein die letztgewordene Wirklichkeit ist absolut beständig und statuiert den Monismus der höchsten Energeia.

Der Fortschritt ist eine genetische, sich hervorbringende Hierarchie, eine *Bewegung*, die vom *Nicht zum Sein*, vom Negativen zum Positiven übergeht und in dieser Ausrichtung vom Mangel zum Besseren gelangt: vom Sollen zum Sein, vom Möglichen zum Wirklichen, vom Nichtsein zum Sein, vom Nichtkönnen zum Können, vom Nichtwissen zum Wissen. Zum Fortschritt genügt nicht das Neue, noch nicht Dagewesene – dieses kann vielmehr sogar einen Verfall oder einen Rückschritt bedeuten, weshalb sich auch uneigentlich z. B. von einem ‚fortschreitenden Zerfall' reden lässt –, sondern es bedarf des Besseren, um von einem Fortschritt reden zu können. Das Konzept des Fortschritts gibt der Zeit einen Sinn, *deutet* und bestimmt die Geschichtlichkeit und die Bewegung in der Zeit *wertend* als Weg von unten nach oben, vom Schlechteren zum Besseren; das Spätere ist stets das Bessere und Höherstehende. Was nicht gekonnt oder gewusst wird, wechselt im Fortschritt in den Bereich des Gekonnten und Gewussten. Seine Grundbegriffe sind Verbesserung, Verwirklichung und Ermöglichung, Mobilisierung, Erweiterung und Vertiefung, Extensivierung und Intensivierung, das Neue, das Rationeller-, Exakter-, Effektiver-Werden, das Schließen des Offenen; der Stand des Fortschritts wird *vergleichend* ermessen, und der Fortschritt hat seinen Preis. Im Zusammenhang des Fortschreitens wird alles vergleichbar, und der Vergleich wird zum Maß von Fortschritt,

Rückschritt, Stillstand oder Wiederholung. Die Geschichte *als* Fortschritt entsteht *durch* das Vergleichen und Bewerten, die das Relative zum Relativen in Relation setzen.[7] Jeder Fortschritt kann sich überhaupt erst im Rahmen der Einheitlichkeit eines Weltverhältnisses und einer Welteröffnung vollziehen, und allein im Hinblick auf diese hat die Bewegung des Fortschritts ihr Maß. Etwas kann bloß im Hinblick auf etwas Fortschritte machen.

Der Fortschritt ist eine bestimmte Bewegung, die das Woher und Wohin bereits kennt, sei es in der retrospektiven oder der antizipierenden Feststellung eines Fortschritts. Dieser muss seine Rahmenpunkte kennen, um die Bewegung zwischen ihnen im Vergleich als Fortschritt deuten zu können, um die lineare als vertikal bestimmte, als aszendente Bewegung deuten zu können. Einen unbestimmten Fortschritt gibt es nicht, sondern nur einen der Bestimmungen, die im Fortschritt selbst in das Verhältnis der wesentlichen Bestimmtheit gesetzt werden. Der Fortschritt beantwortet die Fragen, die er selbst stellt. Er löst die Probleme, die er selbst schafft. Er zeigt, was möglich ist, indem er es verwirklicht. Nur in einer Welt, in der die Dinge *nicht gleichgültig* sind, gibt es eine Geschichte überhaupt und einen Fortschritt insbesondere. (Doch erzeugt alles Vergleichen lediglich eine äußerliche Totalität der Gegenstände auf dem Boden ihrer faktischen Vergegenwärtigung; alle Progression verbleibt in der Akkumulation.) Trotz der Aufhebung von Nichtsein im Prozess der Ermöglichungen impliziert jeder konkrete Fortschritt das Unmöglich-Werden von Fortschritt in eine andere Richtung, also die Zerstörung von Möglichkeiten und ihre absolute Verschließung im Nichtsein. Im Fortschritt versperrt die Bewegung selbst sich andere Wege nach vorn, aber ebenso das Zurückgehen-Können auf Früheres; sie macht auch das Alte und Hergebrachte zum Unmöglichen. Das Sein-Können fordert das Nicht-sein-Müssen des Früheren und Anderen, verlangt Austausch, Verdrängung und Überwindung. Selbst das völlig Neue ersetzt und vernichtet etwas Bestehendes, d. h., es gewinnt sein Sein und seine Stellung im Verhältnis zum Bestehenden. Jeder Fortschritt muss aber das Überwundene im Gedächtnis behalten, um sich sein Über-es-Hinausgehen bewusst machen und es messen zu können. Nur dann lässt

---

7 Voll entfalten kann sich das Werten erst in der Sphäre der Möglichkeiten, denn das Wirkliche bleibt gleichgültig gegen Wertungen und widersteht ihnen. Bei der Bewertung von Möglichkeiten jedoch, bei der Entscheidung über Sein oder Nichtsein, dringt das Werten ins Innere der Dinge vor, ist also hier nichts Theoretisch-Nachträgliches mehr, sondern etwas Praktisch-Thetisches. Werten heißt: *Begründen* einer Seinsberechtigung oder Seinsverweigerung, eines Seinsranges. Zu sein bedeutet nichts Selbstgegebenes oder durch sich bereits Gerechtfertigtes mehr, sondern ist qua Werturteil, qua Apophantik des Sollens, erst zu begründen.

sich sagen, dass das Vergangene zu Recht vergangen und das nie Gewesene zu Recht nie gewesen ist.

Die Idee des Fortschritts *deutet das Sein aus dem Nichtsein*. (Sofern in jeder Interpretation Poiesis und Pathesis untrennbar verwoben sind, müssen auch Sein und Nichtsein im Fortschritt wechselseitig aneinander wirken und leiden.) Das Nichtsein als Sein vorgestellt, errichtet das Vorbild oder Gegenbild sowie zuletzt das Leitbild des Fortschritts. Im Fortschritt wird das *Seiende bestimmt, geleitet und bewegt* durch das, was *nicht ist*. Das Mögliche, das Kommende oder das Letzte, das Sein-Sollende und -Könnende ist noch nicht, besitzt aber als Zukünftiges die *Macht* über das, was gegenwärtig ist. Alles, was ist, geht permanent *über sich hinaus*, um dadurch das Nichtsein *einzuholen* und es *als* Sein zu setzen. *Hinter* allem Sein steht ein bleibendes intendiertes Nichtsein. Der Fortschritt will mit dem Nichtsein und seiner Verwirklichung fertig werden, will das Sein *vollenden*, will die Poiesis des Nichtseins bewältigen und, wenn möglich, abschließen. Mit ‚Fertigwerden' meint man zugleich: abschließen, aber auch alle Widerstände und Mängel überwinden, besiegen, in den Griff bekommen. Was nicht ist, bildet immer den Zweck und Sinn dessen, was je ist, ist seine *Rechtfertigung*. Ein bestimmter Endzweck des Fortschritts macht jede Gegenwart vor der letzten und wahren zur bloßen Vergegenwärtigung des Kommenden, zur Unmöglichkeit des Für-sich-Seins. Das Leitende, das noch nicht ist, macht alles Vorangehende zu etwas, das nicht mehr sein wird, zu etwas nicht Wesenhaftem. Das Ende ist die Wahrheit des Ganzen. Das Letzte ist das Entscheidende, und im Licht des Letzten zeigt sich an allem Vorangehenden, was an ihm entscheidend und wesentlich ist, was es sein und tun sollte. Was ist, gibt sich auf, um die Aufgabe zu lösen, dasjenige hervorzubringen, was nicht ist, aber sein kann, soll oder muss. Das Aus- und Offenstehende soll in die Bewegung des Fortschritts eingeschlossen werden. Allem Seienden eignet der Wert, der *Übergang* in das zu sein, was noch nicht ist, was jedoch durch es wird und worin es *untergeht*. Das Hervorbringende macht sich durch das von ihm Hervorgebrachte selbst hinfällig. Alles Bestehende ist vorläufig, Vorbereitung, Platzhalter, ein Versprechen, das durch die eigene Überwindung eingehalten wird. Alles Vorläufige wird vollendet, wenn über es hinweggegangen wird, wenn es aufgehoben oder relativiert wird; alles erfährt seine Rechtfertigung durch ein abwesendes Fertigsein. Im Vorschein des ausstehenden letzten Seins wird alles zum bloß scheinbar Be- und Selbständigen herabgesetzt, zu etwas Flüchtigem in der Flucht des Seins vor seiner Unvollendetheit. Das Ziel des Fortschritts wird als etwas essentiell absolut Positives vorgestellt, das im Prozess des Fortschreitens selbst niemals zur Existenz gelangt; als das, was alles Negative hinter sich gelassen hat, aber dennoch zu allem vor ihm ein Verhältnis hat. Es steht im Gegensatz zu allem vor ihm, das für es war, aber es enthält auch alles in seiner Innerlichkeit, gleicht alles, was im Gegensatz zueinander und zu ihm stand, aus. Und es ist ein Zwischending von An- und Abwesenheit; das für sich noch Unermächtigte, das freilich alles andere als Mittel für sein Sein ermächtigt. Vom höchsten, letzten Punkt aus kann man nur noch abwärts und rückwärts blicken.

Fortschritt bedeutet die *immanente*, teleologische Relativierung aller Stufen oder Epochen, von denen jede notwendig, aber keine hinreichend ist. Ob die Idee des teleologischen Superlativs regulativ oder konkret bestimmt gefasst wird, ob der Fortschritt rational oder ungeplant, kontinuierlich oder sprunghaft, unendlich oder endlich, offen oder geschlossen ist: all dies berührt das Wesen seiner Bewegung nicht, die Möglichkeit von Fortschritt hängt nicht von seiner Endlichkeit oder Unendlichkeit ab. Relativ-vorläufige oder absolutendgültige Ziele und Richtungen bleiben für den Begriff des Fortschritts gleichgültig. Alles löst sich bereits aufgrund der *Form des Fortschritts* in den Komparativ auf, in die durchgängig bestimmbare Zweiheit des Mehr und Weniger, in das Relativ-zueinander-Stehen; alles ist Übergang und vorläufig. Innerhalb des Fortschritts gibt es nur relative und absolute Notwendigkeit: Die Stufen sind um des notwendigen Endes willen notwendig. Selbst das Beste – das Ende – geht zwingend aus dem Nicht-Besten als seiner Bedingung hervor. Grundsätzlich braucht der Fortschritt kein bestimmtes Ende, sondern er kann auch *alles* in der Sphäre der Relativität absorbieren: ‚Gut' bedeutet dann immer bloß ‚besser als'. Er begründet keine Autonomie der Immanenz, doch neigt die Perspektive des Fortschritts dazu, das Transzendente aus dem Blick zu verlieren und die Welt des Fortschritts ausschließlich für sich zu nehmen. Als Fortschritt wird das Werden der Immanenz linear gedacht, und es kommt in diesem Prozess zur Expansion und Aufarbeitung der Immanenz, zur Herstellung ihres idealen Sinns. Im Prozess des Fortschreitens vollzieht sich alles Transzendieren rein *im* Immanenten; als Übersteigen, Übertreffen, Überbieten, Überwinden, Überschreiten.

Jeder Fortschritt konstituiert einen Prozess der universellen, *teleologischen Verflechtung*, die alles zu einem ihr Innerlichen macht. Die alles erfassende Bewegung erweist sich als Vorgang der Verflechtung. Fortschritt setzt Verflechtung voraus, wirkt weiter an ihr, und zugleich vollzieht sich in ihr die Dialektik der (Un-)Selbständigkeit alles Immanenten. Die totale Immanenz wird zu einer Form der Entfremdung. Im Fortschritt gewinnen alle Stufen ihre Stellung und ihr Wesen aus dem *Verhältnis* zu allen anderen Stufen. Immanenz, Relationalität, Totalität und Vermittlung sind im Begriff des Fortschritts Namen für ein und dasselbe. Das Bessere oder das Beste sind im Fortschritt das vom Niederen und Früheren hochgradig *Vermittelte*. Sogar wenn der letzte Zweck sich in der Kette des Idealen die unumgänglichen Mittel seiner

Verwirklichung ursprünglich selbst schon schafft, so bleibt er doch in der Reihe des Realen durch die Mittel vermittelt und ist ohne sie unmöglich. Alles Reale dient dem Idealen, das noch nicht ist, und alles Ideale wird aus dem Realen real. Jede Stufe ist den nächsten Etappen unterworfen, aber zugleich das ihnen Zugrundeliegende. Das Frühere wird vom Späteren gerechtfertigt, aber das Spätere muss ebenso das Frühere gelten lassen und ihm seinen Wert und Sinn zugestehen. Mittel und Zweck, Niederes und Höheres sind im Gang des Fortschritts in einem Zirkel der Wechselseitigkeit gebunden. (Jedes Mittel ist ein möglicher Zweck und jeder Zweck ein mögliches Mittel, ihre konkrete Verknüpfung also nie eine notwendige, sondern eine gesetzte und gewollte.) Im Inneren des linearen Fortschritts herrschen die Vermittlung und die ihr inhärierende Zirkularität und Gegenseitigkeit. Das Ganze des Fortschritts ist ein Prozess der Vermittlungen.

Fortschritt kann es nur in einer *Welt* geben. Weltlichkeit bedeutet: die Differenz und Verflechtung von Möglichkeit und Wirklichkeit, Ganzheit und Immanenz, Endlichkeit, Bewegung, Geschichtlichkeit.[8] Ein Denken, ein Erkennen, eine Zeit ohne Geschichte sind wie eine Seele ohne Körper: in dieser Welt nicht möglich.[9] Als spezielle Zeitlichkeitsweise der Immanenz ist die Geschichte zugleich die Welt der Werke, denn erst in ihrer Geschichtlichkeit gewinnen die Werke eine Welt, ihre Welt. Welt bedeutet Immanenz in einem Geflecht, aus dem man nicht hinaus kann: Alles besteht in der Verflechtung, entsteht in diese hinein. In einer Welt wird das Mögliche restlos in die Form und den Prozess der Verflechtung hineingeholt; möglich ist in ihr einzig das, was sich in der und durch die Bewegung der Verflechtung ergeben kann. Es gibt Typen von Welten, es gibt die Umwelt oder Nachwelt, es gibt Weltanschauungen. Jede Welt hat Orte und Bezirke. Nur auf sie und in ihr kann und muss man sich (auf etwas) beziehen. Die Perspektive ist das Verhältnis

---

8 Vielleicht vollendet sich dieser Weltbegriff des Fortschritts als Sphäre der Virtualität: Das virtuelle Werk (etwa das Internet) ist das alles verinnerlichende und verflechtende, aber ebenso das unabschließbare, nie fertige Werk. Die zielhafte Bewegung auf die Totalität hin bleibt ohne endgültigen Abschluss in der ständigen Aktualisierung gebunden. Im Vollzug der Simulationen öffnet sich der Chorismos zwischen Welt und Mensch; die Welt wird vom Menschen entlastet, und er gewinnt eine Welt, die ausschließlich für ihn da ist.

9 Die Wahrheit beginnt mit Zweien, ebenso aber die Geschichte. Alles entsteht aus der Geschichte heraus und tritt unmittelbar wieder in sie ein. Geschichte ist ein Prozess, eine Poiesis von Immanenz, und das Denken kann sich allein in der Geschichte bewegen. Die Arbeit an der Geschichte zeigt immer etwas Neues an ihr, d. h., die Gegenwart bringt hier die Neuheit des Vergangenen hervor. Die Geschichte des Geistes offenbart den Geist der Geschichte: Das Hervorgehen aus ihr ist zugleich die Rückwendung in sie, in der man immer geblieben ist.

des Endlichen zur Welt in ihren Einzelphänomenen und in ihrer Ganzheit, ja, die Perspektivität ist die Stellungshaftigkeit und Weltlichkeit des Endlichen. (Endliches Sein ist stets mehrdeutig, ist immer ein Zustand zwischen seinem vorangehenden und seinem nachfolgenden Nichtsein, ein Übergang des Nichtseins innerhalb seiner selbst, gegen den das Sein Widerstand leistet. Erst als Leben gewinnt das endliche Sein darum auch seine spezifische Schwere, die Fülle seiner Möglichkeiten.) Allein das Unendliche lässt die Perspektiven, die Uneindeutigkeit alles Endlichen hinter sich, nur das Unendliche ist jenseits aller Zweideutigkeit.

Innerhalb des Fortschrittsprozesses, der auch das Unendliche vom Endlichen her ansehen und angehen muss, ist das Mögliche die Grenze: die Grenze einer Bewegung, die durch Bewegung verschoben werden kann. Die Grenze markiert das je vorläufige Bis-Wohin, deutet aber zugleich schon über sich hinaus; das Mögliche wird zum weiter Hinauszuschiebenden, und keine Möglichkeit wird als absolute Grenze sichtbar. Die Gegenwart ist die sich bewegende Grenze, an der das Mögliche vom Wirklichen suspendiert und absorbiert wird. Innerhalb des Fortschritts ist das Gegenwärtige zwar das jeweils Wirkliche, aber ebenso das Vorübergehende, Unfertige und Schwebende, das Übergängige, dem lediglich die Funktion der Vermittlung und des Weitertreibens eignet. Wie man den Begriff auch fasst, Fortschritt ist ein *synthetischer* Begriff, die Vereinigung von Anfangen und Weitermachen. Einen radikalen Anfang gibt es nicht mehr, ebensowenig ein völliges Stillstehen. (Stillstand gibt es nur scheinbar. In Wirklichkeit herrscht entweder Fortschritt oder Rückgang.) Was ist und was sein kann, bedingt sich wechselseitig: Das Mögliche treibt das Wirkliche voran, das Wirkliche ist der Boden des Möglichen, aus dem allein es faktisch hervorgehen kann. Das Mögliche baut auf dem Wirklichen auf, wird immanent aus ihm hervorgebracht und notwendig durch es vermittelt. Anfang und Ende werden relativ und *in* die Bewegung hineingeholt. Der Fortschritt ist die Bewegung, in der Möglichkeit und Wirklichkeit konstitutiv verflochten sind: Das Mögliche treibt jeden Stillstand verbietend das Wirkliche voran, doch zugleich kann das Mögliche allein aus dem Wirklichen heraus in seine Wirklichkeit hervorgehen, wird in ihm vorbereitet und durch es ermöglicht. Im Fortschritt gibt es kein Entgegenkommen mehr, sondern jedes Ankommen und Erreichen wird aus dem Fortschritt selbst vollbracht. In ihm – als der Bewegung der Wechselwirkung von Möglichkeit und Wirklichkeit – liegen beide sich gegenseitig zugrunde und sind einander in wechselseitiger Immanenz ihr Subjekt. (Lediglich im radikalen Sinne absoluter Ursprünglichkeit ist die Möglichkeit die Voraussetzung der Wirklichkeit und dasjenige, was dieser als Grund dient.) Beim Menschen hat sich die Proportion zwischen Wirklichkeit und Möglichkeit zur Erweiterung der Möglichkeiten und zu ihrem Übergewicht hin verschoben.

Genau deshalb wird der Fortschritt, in seiner Schnelligkeit und Beschleunigung, für die Sphäre des Menschen zu einer beherrschenden Kategorie.[10]

Fortschritt meint fundamental die Expansion des Wirklichen in der Immanenz in Gestalt der konkreten Extensivierung und Intensivierung des *Könnens*. Zu können, was man nicht konnte, hat generell die Form der *Spezialisierung*, d. h., der allgemeine Fortschritt *ist* der Fortschritt der Spezialisierung.[11] Das Mögliche wird im Fortschritt durch das spezialisierte Können erschlossen und eingeholt. (Daher liegt das Ideal aller Bestimmung in der Exaktheit, während das Ungenaue das noch weniger gut Erkannte, das weniger Gültige ist). Das Können ist die *Macht über das Mögliche*, die Verdichtung und Beherrschung einer Möglichkeit, Befreiung und Ermächtigung. Es ist die Vertiefung und Intensivierung der Nähe zum Möglichen und überträgt das im Zusammenhang einer Möglichkeit Geeinte in die Wirklichkeit. In seiner Spezialisierung und Einengung erfolgt die Steigerung der Bemächtigungspotenz durch sich selbst. Aber ebenso ist die Spezialisierung des Könnens dessen innere Entfremdung. Ist sie einerseits der Weg der Entlastung und der Befreiung von der Materie, so haftet ihr andererseits mit ihrer Tendenz zu Exklusivität, Isolation und Ignoranz ein totalitärer Zug an. Gerade die Technik und ihr Fortschritt fordern, dass das Wirkliche zunehmend in der Eingrenzung von Möglichkeiten

---

10 Wenn der Mensch, wie Nietzsche sagt, als Gattung nicht im Fortschritt ist, dann ist der Fortschritt etwas Inhumanes. In der Tat kann die Güte des menschlichen Lebens in seinem Wesen nicht von einem Fortschritt oder dem Erreichen einer bestimmten Stufe desselben abhängig sein. Das gute Leben muss zu jeder Zeit und unter allen Umständen auf gleiche Weise und im selben Maße möglich sein, denn der Mensch und das Sein werden durch den Fortschritt nicht besser oder seiender.

11 Differenzierung als Fortschritt, Fortschritt durch Differenzierung (Sprachanalyse, Teilchenphysik): das Ankommen beim Einzelfall, seine adäquate Erfassung; das Exakte wird erreicht als das exakt Unterschiedene, das hinreichend Ausdifferenzierte, das das Wesen des Besonderen freigibt und dem Einzelnen – in seiner Vielheit – gerecht wird. Die Entfremdung vom Ganzen ist die Bedingung, um sich fortschreitend in die Wahrheit und Fülle des Besonderen versenken zu können. Auf diesem Weg jedoch die Wahrheit überhaupt suchen zu wollen und ihre Auffindung zu erwarten, ist eine spezielle Voraussetzung, die unausweichlich den Massenbetrieb der Wissenschaft verlangt, der unendlich viel Wissbares produziert, das jedoch nicht mehr wissenswert ist und uns nichts mehr angeht. Der Zweifel richtet sich nicht gegen das Können, sondern den Sinn der Wissenschaft. Tatsachen kennen keinen Fortschritt, und mit Tatsachen ist noch kein Wissen gewonnen. Es ist nicht die Menge der Tatsachen, die ein Wissen ermöglicht oder steigert, sondern dazu muss man die Tatsachen, die als solche der Nullpunkt der Erkenntnis sind, erst auf Temperatur bringen. Die Tatsachen, die Fakten sind das Gemachte und Feste, an dem Wissen erarbeitet wird. Erst Theorien vermögen das Ganze im Licht des Allgemeinen zu sehen.

besteht. Beim technischen Artefakt wird das Werden idealiter aufgehoben in das Bestehen, weshalb in ihm Möglichkeit und Wirklichkeit qua Reduktion zur Deckung gebracht werden müssen: Das technische Artefakt kann wenig oder nur eines, und diese Möglichkeit ist es in Wirklichkeit. Die Möglichkeiten werden qua Standardisierung und spezieller Exaktheit auf das Maß des Wirklichen gebracht und gehen nicht darüber hinaus, so dass das technische Artefakt kein Werden, sondern bloß ein Bestehen hat, das sich in der wirklichen Wiederholung seiner einen Möglichkeit, seiner Funktion vollzieht. Im allgemeinen technischen Fortschritt als Bewegung der Spezialisierung neigt das Einzelne zur Einseitigkeit und zum Stillstand.

In der Welt der Technik begegnet dem Menschen nur noch das, was er will und kann, nicht mehr das Andere und Fremde. Die Dinge zeigen das, was man von ihnen will, mit ihnen und durch sie vermag; sie erscheinen als das, was sie für die Technik und den technischen Zugang sein können. Die Entfremdung von sich selbst und von den Dingen hört für den Menschen in dieser Welt idealiter auf. Dem Auge begegnet nichts, was nicht Technik wäre, nicht in sie eingeformt und eingefaltet wäre. Sie ist als ein geistiges Prinzip in das Innere der Natur vorgedrungen und hat es zu einem nunmehr ihr Innerlichen gemacht. Transzendiert die Natur sich aus sich und ihrer eigenen Potenz heraus, so kann die Technik nur durch geistige Formen vorankommen, indem sie Seiendes durch diese Formen als Analyse der Möglichkeiten der Materie hervorbringt. Das Nichtsein ist der Naturzustand des Artifiziellen, der auch in dessen Sein immer durchscheint. Gegenüber der zwanglosen Notwendigkeit natürlichen Entstehens wirkt das Entstehen von Artefakten immer gewaltsam und kontingent, ihr Sein immer schwebend. Wie anfänglich die Natur, so scheint jetzt die hervorgebrachte Welt übermächtig zu sein und den Menschen zu bedrohen.[12]

---

12   Von Roger Bacon bis Condorcet und von Condorcet bis Houellebecq gehört die Lebensverlängerung zum ständigen Inventar aller Fortschrittstheorien. Die Endlichkeit wird mit der Mangelhaftigkeit gleichgesetzt, die es zu beheben gilt. Der Mensch wird das eigene Leben in die Hand bekommen und seine Spontaneität und Individualität noch in den Tod hineintragen. Mit dem Tod wird man zur Vergangenheit; er ist der Punkt der Zukunft, an dem wir absolut zur Vergangenheit werden. Er wird jedoch früher oder später keine solche Notwendigkeit mehr sein, irgendwann und irgendwie zwingend eintretend, sondern sich in eine Möglichkeit verwandeln, wenn auch die radikalste und im Fall ihres Eintretens unumkehrbarste. Der Tod wird keine natürliche Gegebenheit mehr sein, sondern eine Entscheidung, ein Willensakt oder ein Unfall. Der Zwang zum Sterben vermindert sich zu einer bloßen Anfälligkeit, wird jedoch substantiell in den Bereich der Freiheit überführt; den Tod kann der Mensch sich und anderen nur noch zufügen. Die Natur geht in die Praxis des Sterbens oder Tötens, in die Poiesis des Todes über, und jeder Tod gründet in einem Zufall oder einem Akt der Tötung. Die Sicherung des Lebens wird zum

Fortschritt gibt es indes nicht notwendig überall und ferner nicht gleichlaufend: Wo etwa das Wissen nicht mit der Macht und der Beherrschung fortschreitet, dort kann es noch gesondert fortschreiten, wie in der Mathematik oder der Astronomie – wenn man das Wissen nicht immer bereits als Form der Macht über die von ihm ergriffenen Gegenstände versteht. Die Deutung von Bewegtheit als Fortschritt ist vielleicht nicht universell möglich, gibt es doch – in Natur oder Kunst – Dynamik, Neues und Anderes ohne Fortschritt. (Das zu einem freien Sein Fähige, das Vollendete kennt keinen Fortschritt, sondern nur eine Geschichte, eine Anreicherung ohne Vernichtung.) Oder ist das Komplexer-Werden der Lebensformen und der Kunstwerke[13] (schon durch ihr unumgängliches Verhältnis zur Geschichte der Kunst) ein Fortschritt? Kennen nur bestimmte Sphären der Geschichtlichkeit den Fortschritt? Was zum Fortschritt fähig ist, gewinnt geschichtlich gesehen die Übermacht über das Fortschrittslose. Evidente Regionen des Fortschritts sind Theorie[14]

---

  höchsten Gut. Sexualität und Fortpflanzung werden absolut entkoppelt, weil die je eigene Unsterblichkeit neues Leben verbietet. Erst mit der Macht über seine eigene Entstehung und sein Ende tritt der technische Mensch das Erbe der Natur an und erweist sich endgültig als über sie hinausgewachsen. Von Natur aus fällt für das Individuum seine Immanenz mit seiner Endlichkeit zusammen: In ihr müssen die Möglichkeiten intensiviert und extensiviert werden; hier gibt es Fortschritt, und hier hat die Technik ihre Stoßkraft, mit der sie letztlich die Verwirklichung ihres innersten Zieles betreibt, die Überwindung des Todes. Mit der Unsterblichkeit als Ziel des Fortschritts wird das Durchkommen zu einer letzten, reinen Gegenwärtigkeit intendiert. Das Endliche bringt am Ende selbst seine Unendlichkeit als seine äußerste, zielhafte Möglichkeit hervor. Der letzte Mensch will die Unsterblichkeit, nicht mehr der Gattung, sondern der eigenen faktischen Individualität. Eine solche Unsterblichkeit fixiert – ganz im Sinne Heideggers – Anwesenheit, Beständigkeit und Gegenwärtigkeit zum einzigen, absoluten Seinssinn und verbannt auf diese Weise jede Form der Abwesenheit.

13 Die *Kunst* bringt das Sein unter der Idee der Möglichkeit universeller Verflechtung zur Erscheinung. Alles ist mit allem verflechtbar und gibt dabei in jeder Konkretion etwas frei, das sich vom Sein zeigt. Das Kunstwerk wird zur Potenz und zum Prozess eines unendlichen Erscheinens ohne Fertigwerden. Durch die Tendenz universaler Verinnerlichung wird alles in der Bewegung des Übergehens gehalten, alles Feste und Stillstehende wird vermieden, alles verweist auf alles andere. Anfang und Ende fungieren als Emphase von Mitte und Immanenz. Das Ganze ist das Vollendete. Erst an seinem Ende ist das Vollendete vollendet, aber es kann nur zu diesem Ende kommen, wenn es überall schon vollendet ist. Das Kunstwerk ist schon in sich kein Fortschritt, sondern überall das Ganze, so dass die Kunst insgesamt zwar eine Geschichte hat, aber keine Fortschritte macht.

14 Was gilt in der *Philosophie* als Fortschritt? Die Reflexion auf die Methode, die Erschütterung und dadurch weitergehende Sicherung der Grundlagen des Wissens. Durch die Methode weiß man, dass man weiß, weil sie etwas als Gewusstes rechtfertigt und Wissen

und Poiesis, nicht jedoch die Praxis und das moralische Handeln (wo für die Stoa noch der Ort der Prokope war). Allein im Feld des Praktischen (der Lebensweisen, Religionen oder Weltanschauungen) kann man den Fortschritt als Bewerkstelligung der Totalität und Parallelität, der Gleichwertigkeit (und Gleichgültigkeit), nicht aber der Selektion der Möglichkeiten postulieren. Der Begriff des Fortschritts fordert zwar die diachrone Relativität aller Gehalte, aber zugleich auch ihre vollständige sachliche Andersartigkeit und Unaustauschbarkeit.[15]

Wenn nicht alle Möglichkeiten (zugleich) wirklich sein können, dann ist der Fortschritt die Idee einer idealen, hierarchischen Ordnung der Möglichkeiten in ihrer Abfolgebewegung hinsichtlich des Ankommens in der Wirklichkeit und der Möglichkeit der Verwirklichung. Eine konkrete Wirklichkeit bereitet einer höheren Möglichkeit notwendig erst den Boden, um überhaupt wirklich werden zu können. Das Sein nimmt von sich als Wirklichkeit Abstand, um neu bei sich als Möglichkeit ankommen zu können. Ohne Möglichkeiten wäre die Wirklichkeit – als das einzige – erdrückendes, erfrorenes, stillstehendes und ewig tautologisches Sein. In der Form der Progression werden die Möglichkeiten erst sichtbar. Und die Deutung des Fortschritts als endlicher oder unendlicher hängt an der Deutung des Wesens des Möglichen in seinem Verhältnis zur Wirklichkeit: ob man mit dem Möglichen fertig werden kann oder nicht. Nur in der aktualen Unendlichkeit jenseits aller Bewegung können Progress und Regress, Anfang und Ende identisch sein.

Konkret ist dem Fortschritt an jeder Stelle der Anfang abhanden gekommen. An jedem seiner konkreten Punkte ist die Bewegung immer schon auf dem *Weg* des Fortschritts und befindet sich *inmitten seines Ganges*. Jede Stufe des Fortschritts ist bereits ein Erbe des Fortschritts. Stets ist das Bestehende

---

   aus Wissen ableitbar macht. Die Wissenschaft wird zu einem autopoietischen Fortschrittsprozess der Erringung und Festigung von zuletzt endgültigen Wissensbeständen.

15 Fortschritt lässt sich formal verschieden auffassen: *technisch* als quid pro quo, als Neuerung im Rahmen eines Ersetzungs- und Verdrängungsprozesses, in dem die Vergangenheit die Wirklichkeit des Bestehenden und Alten, die Zukunft die Möglichkeit des Neuen und die Gegenwart der Ort der Transformation, der Gemeinschaft von Verwirklichung und Vernichtung von Seiendem ist; *henologisch* als Zulaufen der Bewegung auf ein singuläres, absolutes Maximum und Optimum; *pluralistisch* als Akkumulation und Vergleichzeitigung möglichst vieler Möglichkeiten. Die Vielfalt gilt hier als das Gute und Wahre; die Aufhebung der Aufhebung von Möglichkeiten als Endzweck des Fortschritts. Als Vielheit verwirklicht sich die Fülle des Seins in seinen Möglichkeiten, wird die Wirklichkeit erst eine vollständige, kommt das Sein zu sich selbst. Kann das Eine transzendent und immanent sein, so gilt dies nicht für das Viele, das vielmehr den Inbegriff von Immanenz bezeichnet.

die Voraussetzung des Neuen, sein Woraus und Grund, aber ebenso das vom Neuen Unterworfene. Im Gang des Fortschritts wäre jede wirkliche Aktion ein radikaler Anfang und würde etwas absolut Neues setzen, doch in diesem Sinne gibt es im Gefüge der Konstellationen, Verhältnisse und Zustände fast ausschließlich Reaktionen: ein Handeln und Hervorbringen, das auf Bestehendes antwortet, eingeht und mit ihm umgeht. Bei dieser primären Art und Weise zu handeln, sind Tun und Leiden, Neues und Altes untrennbar und kaum mehr streng unterscheidbar. Nirgendwo trifft der Fortschritt auf seinen festen, unzweifelhaften und genauen Anfang, sondern bloß auf ein jeweils relatives Vor- und Nachher. Und deswegen bleibt auch das Ende des Fortschritts ungewiss und schwebend, denn hier gilt, dass nur das, was wirklich einen Anfang hat, auch ein Ende hat: Kein Ende ohne Anfang. Ohne die Klarheit eines bestimmten Anfangs verschwimmt notwendig zugleich das Ende. In letzter Konsequenz fällt deshalb auch der Gedanke des Fortschritts – wie bei seinem ‚Gegenteil', dem Zyklus, unmittelbar ersichtlich – in die Form der reinen *Immanenz* zurück, in der lediglich die *Bewegung überhaupt* als letztlich entscheidender Seinscharakter übrigbleibt. Ob die Bewegung als Fortschritt oder Kreis vor sich geht, ist dabei gleichgültig. Die Immanenz rein für sich kann niemals vollendet sein, kann niemals ein Verhältnis zu sich (als Ganzheit) gewinnen.

Allein der *Wille*, und zwar der absolute Wille, kann das Prinzip der Endlichkeit und der Immanenz sein, sofern nur er dem Bestimmten in allen seinen Formen, Ablaufweisen und Inhalten plausibel einen Anfang und Sinn zu geben vermag. So wahr der Wille prinzipiell nur Endliches und Bestimmtes wollen kann, so wahr muss er selbst in seinem Sein und Grund über das Endliche hinausgehen und der Sphäre des Unendlichen zugehören. Das, womit der Wille hierbei aber umzugehen hat, ist das Mögliche, und die dem Möglichen als solche entsprechende logische Bewegung ist die Reflexion. Das Durchdenken der Möglichkeiten, das Sich-Bewegen unter ihnen vollzieht sich in unendlicher Reflexion. In der Reflexion schreitet das Denken nicht fort, es wird nicht extensiver, sondern nur intensiver in der Bewegung der Verinnerlichung des Selben. Als Logik der Möglichkeit kommt die Reflexion in ihrer Bewegung in keiner Ruhe, sondern nur in einem Schweben zum Stillstand, der stets vorläufig und instabil bleibt. In ihrer Totalität verharrt die Reflexion in einem Prozess fortschrittloser Wiederholung, den sie selbst nie zu verlassen oder zu durchbrechen vermag. Wirklich beendet wird die Reflexion in der Entscheidung: Durch Urteil oder Wille erfolgt diese zwischen Möglichkeiten und um einer Wirklichkeit willen. (Nur weil das Urteil das Wesen des Denkens und des Wollens ist, gibt es einen Übergang zwischen diesen beiden.) Die Möglichkeiten sind der Stoff der Entscheidung, die Wirklichkeit ist ihr Werk. Allein durch Entscheidungen kann das Leben aus dem Zustand der bloßen Abfolge von Augenblicken heraustreten und zur bestimmten Einheit eines Schicksals werden, das das Schweben in der Nähe zu den Möglichkeiten aufhebt. Deshalb lässt sich ein mögliches auch nie mit einem wirklichen Leben vergleichen; sie haben kein gemeinsames Maß. Dem Leben muss die fortschrittlose Wiederholung[16] unmittelbar als ein Vorgang zunehmender Entleerung erscheinen, und es könnte diese ewige Wiederholung ebenfalls nur als seine Entscheidung akzeptieren.

Das Endliche gewinnt deshalb den Sinn seiner Existenz, indem es sich selbst aus der Unendlichkeit von Möglichkeiten herausarbeitet. Es ist der unendliche Mangel an Sein, aus dem es sich fortschreitend herauszuarbeiten bemüht ist; es besteht in seinem und durch sein Verhältnis zum Unendlichen, aber dieses Verhältnis hat die Gestalt, dass es sich aus dem Unendlichen selbst als Endliches *hervorbringt*. Das Unendliche ist das Woher seines Sein-Könnens, es selbst in seiner vollen Bestimmtheit das Wohin seiner Wirklichkeit. Stets treffen wir endliche Entscheidungen für endliche Handlungen mit endlichen Konsequenzen, haben endliche Mittel für endliche Zwecke. Das Endliche zeitigt seine Endlichkeit aus der Fülle von Möglichkeiten. Wille und Zeit zeitigen je auf ihre Weise die Entscheidung des Möglichen, die Petrifizierung des Kontingenten. Implizit begreift man daher die Zeit als Produkt des Willens: Es herrscht in ihr der Wille, dass das Gegenwärtige zu einem Vergangenen wird. Was eine Gegenwart wesentlich ist, das kann sie erst als Vergangenheit zeigen. Das Vergehen ist die Entflechtung des Entscheidenden vom Gleichgültigen, des Bestimmenden vom Zufälligen, des Charakteristischen vom Beiwerk, der Hauptsache vom Nebensächlichen, der Substanz vom Austauschbaren und Hinzukommenden. Der Vorgang dieser Entflechtung gehört zum Wesen des Fortschritts, und im Vergehen-Lassen muss die forttreibende Kraft schon

---

16   Der Fortschritt hat seine Antagonisten in Wiederholung und Katastrophe. Das Sich-Wiederholende versucht in der Wiederholung, dem bewegten Stillstand, und durch sie eine Beständigkeit zu erreichen, die es nicht hat. Eigentlich beständig und gesichert ist das Unwiederholbare und Singuläre: Hier ist etwas Wesentliches realisiert, das eine Gegenwart wirklich beendet und über das die Zeit hinausgehen muss. Die Wiederholung kompensiert eine Unbeständigkeit, Unvollendetheit; sie ist die Temporalisierung eines ontologischen Mangels. – Katastrophe bedeutet: Umwendung nach unten, Wendung zum Niedergang. Der Fortschritt kennt keine Wendungen, die einen Gang bloß aus der Bahn werfen, sondern nur den Blick voran. Zum Schlechteren gilt es, sich eigens umzudrehen, nach vorne geht es hingegen quasi von selbst und naturgemäß. Die Dinge fügen sich von Natur aus der Bewegung auf- und vorwärts, während die Bewegung ab- und rückwärts widernatürlich, gewaltsam, katastrophal ist. Herrscht nicht der Fortschritt, so geht das Sein in die Irre. Wer sich verirrt hat, der bleibt stehen, wo er ist, oder er geht in irgendeine Richtung.

präsent und wirksam sein. Nur als vergangene wird eine Zeit aber auch erst als Einheit begreifbar, denn allein das, was sich ausgewirkt und in seinen Möglichkeiten verausgabt hat, wird voll erkennbar, wodurch die Geschichte zum Boden geistiger Sesshaftigkeit werden kann. Wer hingegen die Bedeutung der Vergangenheit abtut und die Wirklichkeit allein der Gegenwärtigkeit unterstellt, indem er beide gleichsetzt, der lebt aus dem Tod, denn vor dem Tod als der Wahrheit der Gegenwart, als der praesentia ultima, kann keine andere Gegenwart bestehen. Durch den Tod als letzte Gegenwart wird alle Gegenwart und Endlichkeit mit Nichtigkeit infiziert, weil ihre Erneuerbarkeit begrenzt ist. Die Vergangenheit indessen zeigt im Vergehen des Gegenwärtigen doch dessen Beständigkeit und sein Bleiben: Der Mensch lässt in ihr von sich selbst etwas zurück, das ein Gegengewicht gegen die bloße Gegenwärtigkeit bildet und auch im Angesicht des Todes vor ihr rettet.

Der Fortschritt wirft mit seinem Optimismus des Werdens einen Schatten auf die Endlichkeit. Er lässt sich (wie die Heilsgeschichte) weder umkehren noch an- oder aufhalten, nur gewaltsam abbrechen. Alles, worüber er hinweggeht, lässt er als endgültig und endlich Überwundenes zurück. Er verbietet das Zurück-Können oder Zurück-Wollen. Das Vergangene war notwendig, ist aber zu Recht vergangen und versinkt in der Dunkelheit; der Blick zurück sieht nur das zu Recht hinter sich Gelassene. Das Vergangene ist abgeschlossen und erledigt, besitzt keinen Möglichkeitsanteil mehr für die Zukunft. Die Vergangenheit wird aus der Gegenwart, diese aus der Zukunft verstanden, so dass jede Zeit – unter dem Gesetz der reinen Prädestination zum Guten – um einer anderen willen ist. Das Wesentliche der Vergangenheit ist das Vorausdeutende, die Spur des je Zukünftigen. Das Vorwegsein beim Zukünftigen ist das Wesentliche aber auch jeder Gegenwart, die im Hinblick auf das Mögliche und Kommende immer defizitär ist. Mensch und Welt sind unvollendet und entheben sich kontinuierlich ihrer Mangelhaftigkeit, transzendieren das Mängelwesen. Das Noch-Nicht ist so der Inhalt aller Intentionalität auf dem Grund eines ewigen, eines unendlichen Primats des Zukünftigen. Das Denkbare soll in die Wirklichkeit hinübergezogen werden. Jede Gegenwart wird zum bloßen Zustand zwischen dem nicht mehr Zeitgemäßen, dem Zurückbleibenden, und dem noch nicht Machbaren und Verfügbaren. Der Fortschritt trägt die Nichtigkeit des Seienden im Sinne des Gegenwärtigen in sich, aber ebenso die Nichtigkeit des Wesentlichen im Sinne des Zukünftigen, des noch Kommenden und Ausstehenden. Mit allem Wirklichen hat man sich als etwas Vorläufigem, Unfertigem und Stellvertretendem zu begnügen. Alles tritt so an die Stelle von etwas, dass etwas anderes an seine Stelle treten können wird. Alles Neue wird zum erneut Ersetzbaren, Unbeständigen und über sich Hinausweisenden, ist potentiell bereits veraltet. Wenn der Fortschritt an ein Ende kommen kann, ist er armselig: Jeder endliche Fortschritt geht an der Bestimmtheit und Konkretheit seines Endes zugrunde, weil die Bewegung dadurch immer als eine willkürlich angehaltene erscheinen muss. Der endliche Fortschritt reduziert sich auf diese Weise zum bloßen Moment eines allgemeineren, umfassenderen Fortschritts; er tritt zurück auf die Stufe des Teiles oder Mittels zu einem weiteren, größeren Fortschritt. Wenn er hingegen an kein Ende kommen kann, ist er das in sich unendlich Nichtige. Deswegen ist der Fortschritt eine Verstandeskategorie, abstrakt-einseitig auf die Zukunft gerichtet und von ihr her gedacht, endlich oder bloß schlecht unendlich. Fortschritt bedeutet: Sein, um nicht zu sein; hervortreten, um zurückzutreten; die Nihilität des Gegenwärtigen als des je Wirklichen und Höchsten. Das Wirkliche ist das, worüber hinaus Größeres immer noch gedacht werden kann. Als Zeitigungsweise bringt der Fortschritt die Möglichkeiten des Seins ans Licht. Die Zukunft, nicht mehr die ferne Vergangenheit, ist das goldene Zeitalter. Sie macht Vergangenheit und Gegenwart zu ihrem subiectum: ihr unterworfen, aber sie zugleich tragend. Mit der Idee des Fortschritts wird das Sein nicht mehr als Ursprung, sondern als Ende in der Zukunft gesucht. Das wirkliche Sein ist nicht mehr der Anfang, sondern das Ende aller Dinge; das wahre Sein liegt dort, wo die Bewegung hinkommt, nicht wo sie herkommt. Die Verwirklichung, die der Fortschritt darstellt, ist für das wirkliche Sein des Prinzipiellen auch dann substantiell notwendig, wenn es den Fortschritt (verborgen) von Anfang an schon antreibt und leitet. Das Kommende ist das Wahre und Wirkliche.

Reine Bewegung ist noch kein Fortschritt, denn dieser fordert irgendeinen bestimmten Gehalt, um nicht in der auflösenden, nichts bewahrenden Negativität der Bewegung zu verbleiben. Der Fortschritt ist die positive Auslegung der Bewegung durch deren konkrete inhaltliche Bestimmung. Die Kehrseite jeder Bestimmtheit ist jedoch die Endlichkeit: Das Erreichen eines wesentlichen Fortschrittszieles verlangt unmittelbar die Setzung eines neuen, soll die Bewegung nicht stehenbleiben. Auch wenn Immanenz nicht gleich Endlichkeit und Transzendenz nicht gleich Unendlichkeit ist, kann es für die Sphäre der Immanenz im Ganzen einen bloß endlichen Fortschritt geben, denn ein unendlicher bedarf zu seiner Möglichkeit entweder unendlich vieler Gestalten substantieller Endlichkeit oder eines transzendenten und damit im Grunde unerreichbaren Zieles, das ihn antreibt. Der unendliche Fortschritt fordert zu seiner Möglichkeit die ‚metabasis eis allo genos', die doch unmöglich ist, denn ein ideales Endziel kann vom Fortschritt des Realen niemals eingeholt oder durch ihn realisiert werden. Andererseits birgt das Endliche unendliche Möglichkeiten seiner Durchdringung in Wissen oder Können, also die Möglichkeit eines unendlichen Fortschritts für das ihm Innerliche in ihm, eines unendlichen Prozesses der Selbstverinnerlichung und Selbstvertiefung.

Der Fortschritt im Sinne des Verhältnisses eines Endlichen im Endlichen zum Ganzen des Endlichen ist ein potentiell unendlicher. Zum Unendlichen kann es hingegen für das Endliche überhaupt kein Verhältnis des Fortschreitens und der Annäherung geben. Im Konzept des unendlichen Fortschritts versucht die Immanenz einen Begriff zu gewinnen, um ihre Totalität durch etwas herzustellen, das sie doch nie einholen kann: die Unendlichkeit. Die Immanenz wird zu Medium und Zweck zugleich. In ihr vollzieht sich ein Prozess der unendlichen Überwindung und Vernichtung, in dem mit unendlicher Kraft und Anstrengung immer weiter produziert werden kann und muss: Die Unendlichkeit wird zum Substitut der Transzendenz, während der endliche Fortschritt der Weg der Hervorbringung der Substanz und des Sinnes der Endlichkeit überhaupt und gleichermaßen ihrer idealen Aufhebung am Ende ihrer Möglichkeiten ist.

Der Fortschritt bleibt ein Vorgang in den Grenzen der Immanenz und damit ein Voranschreiten von deren Vermittlung, Verflechtung und Verdichtung. Die Immanenz fordert Vermittlung und wird im Prozess der Vermittlung durchdrungen. In diesem Prozess wendet sich die Immanenz ganz in sich zurück, wendet sich sich selbst zu. Der Fortschritt ist diejenige Weise der Vermittlung, die die Möglichkeiten sukzessiv und als Kausalkette verwirklicht. Sei es autonom um ihrer selbst oder instrumentell um eines Transzendenten willen – es ist die Immanenz, in der und als die sich ein Fortschritt vollzieht. Die Immanenz stellt sich im Fortschritt her – um ihrer selbst oder eines Transzendenten willen. Sie verwirklicht sich und ihre Möglichkeiten im Fortschritt selbst (auch wenn sie darin nicht nur sich selbst realisiert), und zwar radikal in der Form der zeitlichen Abfolge. Selbst wenn der Fortschritt von einem Transzendenten bestimmt wird, geht er in der Form der Immanenz, nach deren Gesetzen und Notwendigkeiten vor sich. Das Transzendente verwirklicht etwas *notwendig durch* Fortschritt und Geschichte, durch, in oder als Immanenz, weshalb der Fortschritt immer zumindest die Möglichkeit einer Autonomie des Immanenten birgt. In der Form des Fortschritts wird jede *Transzendenz in ihm und durch ihn hervorgebracht*. Er kann der Weg der sich aus sich vollendenden Immanenz sein. Absolute Sprünge gibt es im Gang der Immanenz nicht, denn um das Neue, das Andere oder gar das Bessere zu sehen, bedarf es des Bestehenden als Voraussetzung und Vermittlung, von denen der Fortschritt sich allererst lösen kann.

Wird der Fortschritt von einem Zeit- und Fortschrittlosen her gedacht, so wird er zum *Medium*, um zu diesem vordringen und es herstellen zu können. Jedes Medium wird aber nicht nur für etwas, sondern auch von jemandem benutzt, der es geordnet und planvoll einsetzt. Fortschritt bedeutet hier im Grunde den *Abfall* von einem Totalen oder Absoluten, von dem es zuletzt dann wieder abfallen wird. Der Fortschritt in seiner Ganzheit bildet eine Episode, ein Zwischenspiel, das überflüssig, doch zugleich auch wieder notwendig ist, um die Rückkehr bewerkstelligen zu können. Der Fortschritt wird zum Anderen des Zeitlosen, obgleich von diesem ausgehend und um seiner willen stattfindend. In der zunehmenden Annäherung an das Zeitlose wird dieses *selbst* sichtbarer, und die diversen Stufen des Fortschritts zeigen etwas vom Wesen des Zeitlosen, weil sie die Teile des notwendigen Mittels sind, durch das das Zeitlose (durch sich) realisiert wird oder das es zumindest reflektiert. Fortschritt gibt es allein zum Idealen, aber nicht innerhalb des Idealen, das zeitlos besteht.

Als Idee der totalen Immanenz gehört zu jedem Fortschritt irgendeine Form der Austilgung und Zerstörung. Epochen lassen sich nicht bewahren, sondern nur verstehen. Eine Zeit zu verstehen, bedeutet: zu sehen, was in ihr zu Ende ging und gehen musste, damit etwas anfangen konnte; zu begreifen, dass das, was angefangen hat, *durch* das zu Ende Gegangene anfing. Eine Zeit kommt in ihrem Eigensten und Eigentlichen an und lässt *damit* das hervortreten, was ihre Überwindung fordert, was zum Über-sie-Hinausgehen antreibt. Aus ihrem Zentrum setzt sie die eigenen Grenzen und schreitet, diesen Raum erfüllend, bis zu ihnen voran, um mit vollendeter Durchdringung desselben selbst zu enden. Wenn eine Zeit zu sich selbst gelangt ist, dann wird sichtbar, was durch sie möglich geworden ist und was unmöglich. Der Punkt ist erreicht, wo ein Weitergehen und -machen auf demselben Weg keinen Sinn mehr hat und zu nichts mehr führen würde. Etwas ist an der Grenze seiner inneren, substantiellen Möglichkeiten angekommen und wurde zu seiner abschließenden Unsteigerbarkeit gebracht, so dass seine Fortführung, das bruchlose Verbleiben in den Bahnen, die zu ihm hinführten, versperrt ist. Etwas verlangt seine Anerkennung als das Wesentliche, als Ausdruck seiner Zeit, doch damit zugleich seine Transzendierung. Jede Zeit hält idealiter erst auf ihrem Zenit inne und kann erst dort das Andere, sie hinter sich Lassende freigeben. Selbst wenn sie diesen realiter nie erreicht, so erkennt man eine Zeit doch in diesem Inbegriff des ihr Möglichen. An diesem Kairos allein misst sich das Vorzeitige, das Abbrechen, Zurückbleiben oder Vorausgreifen, das Überfällige, Verspätete oder Überdehnte. Die Spitze einer Zeit ist in eins der Umschlag in ihre Vernichtung, und es ist ein und dasselbe, was eine Zeit abschließt und sie damit aufhebt und unmöglich macht. Im Vergehen wird eine Zeit mit sich fertig. Der Fortschritt nimmt alles für sich betrachtet Vollendete in sich zurück und macht es zu einem Beitrag, der an seiner unvollendeten Ganzheit teilhat, sich dieser opfert und in ihr einen notwendigen Schritt bedeutet. Niemals aber hat der Fortschritt aus sich die Kraft, über sich selbst hinwegzukommen. Er offenbart sich am Ende selbst als Epoche und Weltanschauung innerhalb einer größeren Geschichte.

Das Klavier zwischen punktuellem Impuls und Klangsphäre. Metaphysische Implikationen eines Musikinstruments im Blick auf das Zeiträtsel der Gegenwart

Christian Graf

Das Klavier stellt uns philosophisch vor ein Rätsel: Wie lässt sich erklären, dass einem Instrument mit Hammermechanik Musik zu entlocken ist, die als ein perfektes Kontinuum erscheint? Die Auflösung dieses Rätsels ist philosophisch eminent produktiv, denn insofern sie gelänge, koinzidierte sie mit nichts Geringerem als der Auflösung des Zeiträtsels der *Gegenwart*. Als Schlüssel dient mir hier das Verhältnis von *Impuls und Ausstrahlung, Punkt und Sphäre*, mit dem einerseits das Gesetz des Klaviertons umschrieben ist, während es andererseits zum Symbol für die Gegenwart und deren doppeltes Gesicht wird: „Von außen" erscheint sie uns punktuell, während sie „von innen" stets ausgedehnt, sphärisch, raumbildend erfahren wird. Wie jedes musikalische Element ist sie Ereignis und Akt (Vollzug) in einem.

1 Vorbemerkungen

Der vorliegende Text könnte hier deplatziert erscheinen, insofern er nicht nur spezifisch musikalische Phänomene zur Sprache bringt, sondern darüber hinaus gar auf eine Lehre des guten Klavierspiels zielt. Dass hier dennoch der Versuch gewagt wird, ihn in einem rein philosophischen Zusammenhang zu publizieren, lässt sich in folgender Weise rechtfertigen:

1. Nachdem ich meine Ausbildung zum Pianisten nach Erlangung des Lehrdiploms abgebrochen hatte, um an der Basler Universität Philosophie zu studieren, sah es lange Jahre so aus, als hätte der Unterricht bei meiner verehrten Lehrerin, der großartigen, aus Litauen stammenden Künstlerin Esther Yellin, nicht die erwarteten Früchte gezeigt. Nun half mir aber die Philosophie bei dem, was ich vorher gesucht und nicht gefunden hatte. Dank ihr begriff ich mit einem Mal den Zusammenhang all jener Elemente, auf denen gutes und höchsten künstlerischen Ansprüchen

gerecht werdendes Klavierspiel beruht. Jetzt erst war ich fähig, mein Klavierspiel auf das entsprechende Niveau zu heben. So legte die Philosophie in meiner Biographie ein eindrückliches Zeugnis von ihrer praktischen Wirksamkeit ab.

2. Umgekehrt erschloss sich mir in der Musik und in der Kunst des Klavierspiels ein empirisches Forschungsfeld für diejenigen zeitphilosophischen Theoreme, die schon unabhängig von diesem Bezug meine philosophische Aufmerksamkeit auf sich gezogen hatten. Bekanntlich wurde die Musik in der Geschichte der Zeitphilosophie immer wieder als Paradigma genutzt. Da aber die musikalische Kompetenz der meisten Philosophen relativ rasch an Grenzen stößt – wie auf der anderen Seite die philosophische Kompetenz der Musiker und auch Musikwissenschaftler –, ist hier ein großes, noch ungenutztes Potential der gegenseitigen Erhellung in Anschlag zu bringen. Und dass die Philosophie sich, gerade sofern sie ihre metaphysischen Möglichkeiten wahrnehmen möchte (was sie in Reflexion auf das Phänomen der Zeit ohnehin kaum vermeiden kann), auch empirisch auszuweisen vermag, steht ihr wohl an und versteht sich nicht unbedingt von selbst.

3. Das Klavier ist ein besonderes Instrument. Durch seine Hammermechanik, die stets nur eine punktuelle Einwirkung auf den Klang zulässt, scheint es sehr eingeschränkt im Blick auf das fließende Klangkontinuum, das Musik, gerade wenn sie sich am Gesang als ihrer vielleicht ursprünglichsten Wurzel orientiert, primär auszumachen scheint. Nun gibt es aber Pianisten, die diese angebliche Beschränkung vollständig vergessen machen können. Dieses Phänomen gibt zu denken. Es scheint, dass der Pianist, unfähig selbst einen kontinuierlichen Klangstrom hervorzubringen, notgedrungen auf die *musikalische Eigenbewegung* aufmerksam werden muss, die ihm dasjenige abnimmt, was er selbst nicht leisten kann. Erst wenn er den Fluss der Musik und ihre innere rhythmische Gliederung als etwas entdeckt, was ihm in bestimmtem Sinne *vorgegeben* ist, andererseits aber seiner bedarf, um in die klangliche Wirklichkeit einzugehen, emanzipiert sich der Pianist von der Mechanik seines Instrument und wird ein guter Musiker.

4. Wird solchermaßen gleichsam die „Objektivität" der Musik und ihrer Bewegung entdeckt, so bedeutet dies aber keineswegs, dass die Musik „sich selbst spielt". Dies kann zwar zu Zeiten zur (beglückenden) Erfahrung des Musizierens werden. Im Ganzen aber muss der Akt musikalischer Darstellung idealerweise beschrieben werden als ein dialektisches Ineinander von Führen und Sichführenlassen, von aktivem Gestalten und Entstehen- bzw. Vergehenlassen. Möglicherweise kann

dieser auf das Musizieren bezogenen Dialektik auch eine vorbildhafte Funktion im Blick auf das allgemeine Problem der freien Handlung zuerkannt werden. Dies kann hier jedoch nicht weiter verfolgt werden.

2 Zwei Polaritäten

Es gibt zwei grundlegende Polaritäten, denen im Blick auf die Geheimnisse insbesondere der klassisch-romantischen Musik und ihrer pianistischen Ausführung eine unvergleichliche aufschließende Kraft zukommt. Die erste ist allgemein musikalischer Art, die andere bezogen auf die besonderen Gegebenheiten des Klaviers. Ich meine die Polaritäten von *Prozess und Gestalt* (2.1) sowie von *Impuls und Ausstrahlung* (2.2).

2.1 *Prozess und Gestalt*

Musik verläuft in der Zeit, hat einen Anfang und ein Ende. Insofern ist sie *Prozess*. Wir hören nun aber andererseits Motive, Melodien, Themen, musikalische Sinneinheiten, in denen uns jeweils eine Folge von Tönen oder Klängen als (Zeit-)*Gestalt* gegenwärtig wird. Der Begriff der Gestalt ist sinnvoll nur in Bezug auf einen Raum, auf eine Ordnung des Zugleich. Die Töne begegnen uns einerseits als Folge, andererseits zusammengefasst zu Gestalten, in denen die Zeit als Nacheinander aufgehoben ist.

Musik, wenigstens die Musik der benannten Epoche, ist nicht hier nur Prozess und dort nur Gestalt, sondern sie ist immer *sowohl* Prozess *als auch* Gestalt. Aber sie ist einmal mehr Prozess und weniger Gestalt, dann wieder weniger Prozess und mehr Gestalt. Insofern ist der Begriff einer *Polarität* am Platze.[1]

Jeder Takt kann aus dieser polaren Spannung heraus begriffen werden. Er rundet sich zu einem Ganzen und bleibt doch offen gegenüber der Fortsetzung, bildet er doch das Glied eines prozesshaften Zusammenhangs, innerhalb dessen er eine bestimmte Funktion hat. Der Takt selbst ist keine musikalische Einheit, aber er bildet das Maß, an dem die taktübergreifenden oder taktinternen musikalischen Einheiten fassbar werden. Am Takt als spannungsvoller Einheit von Prozess und Gestalt lassen sich die Gesetzmässigkeiten studieren, die für musikalische Einheiten jeder Grössenordnung maßgebend sind.

---

1 Vgl. Stefan Abels, *Pfeil und Bogen. Von den Kräften der musikalischen Form*, der sich auf Victor Zuckerkandls Polarität von „Weiter" und „Zurück" bezieht: http://www.stefanabels.de (zuletzt aufgerufen am 9. April 2015).

Doch wie die allgemeine Musiklehre den Takt und das mit ihm verbundene Betonungsschema beschreibt, bleiben viele Fragen offen, insbesondere wenn man dieses Schema auf die besonderen Gegebenheiten des Klaviers anwendet. Diese besonderen Gegebenheiten betreffen die Hammermechanik des Klaviers und den mit ihr verbundenen *immer nur punktuellen* Kontakt mit dem Klang bzw. der Klangquelle.

2.2   *Impuls und Ausstrahlung*

Die Unterscheidung und Beziehung von Impuls und Ausstrahlung schließt uns, ausgehend von den mechanischen Gegebenheiten des Klaviers, die Ordnung der geistig-musikalischen Bewegung auf. Vergegenwärtigen können wir sie uns im Bild vom Steinchen, das wir ins Wasser fallen lassen, und das dort in ringförmig sich ausbreitende Wellen ausstrahlt. Dieses Bild ist ganz unmittelbar auf das Phänomen des Klavieranschlags zu beziehen. Der Anschlag löst den Ton aus, der als Schwingung, als ausstrahlende und abklingende Wellenbewegung zu begreifen ist. Wie im Bild habe ich auch in der Realität des Klavieranschlags einen nur mittelbaren Kontakt zum Ereignis „Impuls – Ausstrahlung". Ich berühre weder das Wasser, noch die Saite.

Das Bild vergegenwärtigt uns aber auch eine ganz grundlegende musikalische Polarität, und zwar in der Unterscheidung wie dem Zusammenhang ihrer Momente: die Polarität von Ereignis und Kontinuum, von Punkt und Sphäre, von Jetzt und Dauer bzw. Prozess. Evident ist die Unterscheidung, weniger evident der Zusammenhang des Unterschiedenen. Es gibt keine Ausstrahlung ohne Impuls. Der Impuls aber kann sich nur in der Ausstrahlung manifestieren, während er andererseits, auf ihrer Ebene und nach ihrer Maßgabe, *gar nichts* ist (der Impuls hat selbst keine Dauer, während doch alles Währen und Werden des Klangs auf einen Impuls zurückweist). Entsprechend *unterbricht* der Impuls auch nicht das Kontinuum, dessen *Erneuerung* er vielmehr bedeutet.

Das Verhältnis von Impuls und Ausstrahlung, das wir uns im Bild vom ins Wasser fallenden Steinchen vergegenwärtigen, eignet sich zur Deutung des Verhältnisses von Gegenwart und zeitlichem Nacheinander. Wie die Gegenwart gleichsam das Herz der Zeit bildet, ohne dass sie in der Zeitfolge je als ein Glied dieser Folge fassbar würde, so prägen Impulse die Klangbewegung, innerhalb derer sie nicht zu verorten und zu isolieren sind. Gegenwart und Impuls haben gleichsam eine Außen- und eine Innenseite: Nach außen lassen sie sich einem Punkt in der Zeitreihe zuordnen, während sie nach innen Zeit und Dauer in sich enthalten und aufheben. Ich kann eine zum aktuellen Ereignis gewordene Gegenwart einem Zeitpunkt zuordnen, indem ich etwa genau dann auf meine Uhr sehe. Diese Gegenwart ist aber in ihrem Erfahrenwerden kein Punkt, sondern intensive, nicht messbare Zeitfülle.

Impuls und Ausstrahlung sind jedoch, ich komme darauf zurück, auch ganz unmittelbar auf die musikalische Elementarlehre und die mechanischen Gegebenheiten des Klaviers zu beziehen. Ihre Polarität klärt das Verhältnis von *Anschlag* und *Betonung* auf. Der Anschlag ist ein punktueller Impuls, der in der Funktion der Tonbildung aufgeht. Betonung hingegen bezieht sich immer auf eine Dauer, verteilt auf eine längere Dauer oder verdichtet in einem Akzent. Einen Impuls zu betonen, ist eine ebenso wenig sinnvolle Vorstellung wie die, ein Steinchen, statt es ins Wasser fallen zu lassen, in dieses hineinzudrücken. Faktisch aber resultieren viele musikalisch-klavieristische Probleme genau aus einer mangelhaften Unterscheidung von Anschlag und Betonung – so wie auch der Wunsch, die Gegenwart fokussieren, einfangen, festhalten zu wollen ungeachtet ihrer Widersinnigkeit eine anthropologische Konstante darstellt.

Die Polarität von Impuls und Ausstrahlung hat zunächst keinen offenkundigen Bezug zum Gestaltmoment der ersten Polarität. Deshalb müssen die beiden Polaritäten jetzt zueinander in Beziehung gesetzt werden. Ausgangspunkt ist wieder die Betrachtung eines Einzeltaktes, der, wie ich sagte, paradigmatisch für das Funktionieren aller musikalischen Zeitgestalten ist.

3 Der Takt und die in ihm wirkenden und zum Ausgleich gebrachten Kräfte

Der polare Zusammenhang von Impuls und Ausstrahlung bzw. die Unterscheidung von Anschlag und Betonung betrifft zunächst den Taktanfang. Dieser, als Impuls der Eins, muss streng nach dem Bild des fallenden Steinchens begriffen werden. Ich bestimme zwar den Moment des Loslassens. Dann aber, mit dem Loslassen, ist das Steinchen meiner unmittelbaren Kontrolle und meinem Gestaltungswillen entzogen und sich selbst überlassen. Der Impuls ist ein Ereignis, an dem ich zwar beteiligt bin und dass ich meinem musikalischen Bewegungsvollzug aufnehme, aber eben doch als ein Ereignis, dessen Urheber ich nur in einem sehr mittelbaren Sinne bin. Mein musikalischer Bewegungsvollzug, während ich spiele, ist grundsätzlich *Nach*vollzug in dem Sinne, dass ich stets schon auf eine musikalische Bewegungsordnung treffe, die mir als vorgegeben begegnet. Dieser Nachvollzug ist aber zugleich im vollen Sinne des Wortes auch *Voll*zug, sogar *schöpferischer* Vollzug, da er die *Verwirklichung* dieses Vorgegebenen bedeutet, das erst durch sein Eintreten in den Klang wirklich wird.

Der Impuls ist also nicht von mir *gemacht*, sondern muss von mir *empfangen* werden. Nur sofern ich die Gerichtetheit meines Willens vor ihm zurücknehmen (eben: loslassen) kann, ist der Impuls in seiner Ausstrahlung freigegeben. Das Freigeben der Eins kann auch als Zurückhalten des metrischen Gewichts beschrieben werden. Dieses wird auf den Taktanfang, die erste Takthälfte, jedenfalls auf eine kürzere oder längere Dauer *verteilt*. Der Moment der Eins (als Schlag, Impuls) aber ist entschieden vom metrischen Gewicht zu befreien. Er darf nicht betont werden, darf keinen (schon gar nicht wörtlich verstandenen) *Nachdruck* bekommen.

Die von einem Impuls ausstrahlende Wellenbewegung ebbt ab; der Ton verklingt. Ein weitertreibendes, fortschreitendes, prozessuales Moment ist in dieser Bewegung nicht enthalten. Jeder einzelne Moment der Ausstrahlung weist umgekehrt auf deren Ursprung zurück. Impuls und Ausstrahlung bilden ein Ganzes, eine einheitliche Geste. Doch kann man andererseits dabei kaum von einer Gestalt reden, da diese Geste ins Offene weist und ihr jede innere Strukturierung fehlt.

Insofern ist der Einwand richtig, dass es sich bei der Polarität von Impuls und Ausstrahlung um keine primär *musikalische* Polarität handelt. Erst Metrum und Takt bringen spezifisch musikalische Bewegungsqualitäten ins Spiel. Der Grundschlag vertritt das „weiter" und die Betonungsordnung führt die Struktur ein. Der Takt aber ist ein Schema, noch keine Gestalt, welche immer individuell ist. Durch den Grundschlag wird die Eins zum Moment einer fortschreitenden Folge und durch den Takt wächst ihr ein zeitlicher Bezug auf den künftigen Moment zu, in dem die Eins wiederkehrt und ein neuer Taktzyklus beginnt.

Wie lässt sich das strukturierte und Gestalten freisetzende Fortschreiten der Musik aber auf die Gegebenheiten des Klaviers beziehen, die an die Polarität von Impuls und Ausstrahlung gebunden sind?

Nehmen wir in Gedanken nochmals alles weg, was erst durch die musikalisch-geistige Bewegungsordnung ins Spiel kommt. Übrig bleibt die Klangbewegung des Klaviertons: Impuls und Ausstrahlung. Wir können den Impuls als vertikalen, die Ausstrahlung als horizontalen Pfeil symbolisieren (a.) Dem horizontalen Pfeil entspricht aber kein „Weiter", keine Richtung. Die Ausstrahlung wird schwächer, verliert sich und verweist zurück auf ihren Ursprung (b.).

Das „Weiter" muss also „von außen", aus der Bewegungsordnung der Musik, hinzugebracht werden. Der Bewegungslogik von Impuls und Ausstrahlung angepasst, ist folglich zu sagen, dass der Grundschlag als eine stete *Erneuerung* des Anfangsimpulses zu verstehen ist (c.).

c.

Nun sind die Grundschläge aber nicht gleichwertig, sondern haben ihre Funktion als Momente des Taktzyklus. Und innerhalb taktübergreifender Zusammenhänge gibt es schwerere und leichtere Takte. Also gibt es sowohl eine Abfolge von zwei Impulsen, in welcher der zweite stärker ist (d.), wie umgekehrt eine solche, in welcher der zweite „im Schatten" des ersten verbleibt (e.).

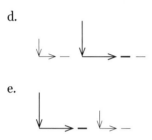

Der Moment der neuen Eins bedeutet nicht nur „zurück", sondern immer auch „weiter". Das „Weiter" muss auch auf der Ebene der Taktzyklen gleichsam „von außen" eingeführt werden. Es ist in einer nach Maßgabe von Impuls und Ausstrahlung gedachten Bewegung nicht impliziert. Zwar gibt es in ihr den Rückbezug auf den Ausgangspunkt (b.). Was dieser aber fehlt, ist der Bezug auf den *zukünftigen Moment* der Rückkehr zum Ausgangspunkt, der als zukünftiger eben nicht nur „zurück", sondern zugleich „weiter" bedeutet. Dieser Bezug ist in der Idee des Zyklus, nicht aber im Bild von Impuls und Ausstrahlung enthalten. Die Geste von Impuls und Ausstrahlung kehrt in sich selbst zurück. Es gibt in ihr keine weiterführende Tendenz.

Dieses fehlende „Weiter" muss auf dem Klavier beständig kompensiert werden. Der natürlichen Tendenz des Klaviertons, sich zu verlieren, ist entgegenzuwirken, indem die Bewegung auf spätere, von den Impulsen zeitlich entfernte Punkte hin orientiert wird. Man könnte sagen, dass es darum gehe, den *Bogen zu spannen*. Das ist der Sinn jener Maßnahme, die ich weiter oben als „Freigabe der Ausstrahlung" oder „Zurückhaltung des metrischen Gewichts" bezeichnet habe. Die auf den ersten Blick paradox scheinende Forderung, die Eins bzw. den Taktanfang von Betonung oder metrischem Gewicht zu entlasten (sie scheint der allgemeinen Musiklehre gerade entgegengesetzt), erweist sich als den Gegebenheiten des Instruments geschuldet. Mit dem Material des

Klaviertons lässt sich anders kein Bogen spannen. Die stärkere Gewichtung der ersten gegenüber der zweiten Takthälfte lässt sich mit der besagten Forderung jedoch gut vereinbaren.

4 Das Modell der Atmung

Um den Taktzyklus besser zu verstehen, kann man sich am *Modell der Atmung* orientieren. Die Atmung hat zwei Phasen, zwischen ihnen liegt jeweils ein Wendepunkt, und eine Phase ergibt sich gleichsam aus der anderen, indem ihnen eine Art Gegenstrebigkeit innewohnt: Je länger eine Phase dauert, desto stärker meldet sich das Bedürfnis nach der Gegenphase. Lösung einer Spannung und Aufbau einer neuen Spannung gehen ineinander über. Genau diese Momente lassen sich auf den Takt übertragen.

Zwei Phasen: Die Konkretisierung des Taktzyklus durch zwei gegenläufige Phasen verhilft zu einer deutlicheren Wahrnehmung des ganzen Zyklus bzw. der Funktion jedes einzelnen Momentes innerhalb des Zyklus'. Die Taktmitte (der Wendepunkt) wird als der Punkt fassbar, in dem gleichsam das Bewegungsprinzip des ganzen Taktes liegt. Es ist deshalb sinnvoll, auch einen Dreiertakt, nicht nur Taktarten mit einer expliziten Taktmitte (z. B. 4/4 oder 6/8), vor dem Hintergrund einer latenten Zweiphasigkeit zu begreifen.

Wendepunkt: Die Taktmitte als Wendepunkt zu verstehen, ist produktiv, weil damit die Aufmerksamkeit auf das Phänomen der *Richtung* oder *Gerichtetheit* gelenkt wird. Die Ausstrahlung eines Impulses, als die ich den Taktbeginn gedeutet habe, ist zunächst richtungslos. Der horizontale Pfeil, mit dem die Ausstrahlung symbolisiert wurde, ist insofern missverständlich, als er von einem Mittelpunkt aus in die Peripherie weist und durch unendlich viele weitere Pfeile (Strahlen) zu ergänzen wäre, um das Phänomen der Ausstrahlung angemessen zu repräsentieren. Der Bezug auf die zukünftige Wiederkehr der Eins und den Beginn eines neuen Zyklus kann hingegen als gleichsam *potentielle* Richtung bezeichnet werden. *Aktuell* wird sie im Durchschreiten des Wendepunktes der Taktmitte. Die zweite Takthälfte ist nämlich *auftaktig* auf den neuen Takt gerichtet, wobei dieses Gerichtetsein von der individuellen musikalischen Gestalt stärker oder schwächer hervorgehoben wird. Das bedeutet, dass der Wendepunkt der Taktmitte anders als bei der Atmung weniger eine Umkehrung der Bewegungsrichtung bedeutet, als den Umschlag von einer sphärisch-ungerichteten in eine zielgerichtete Bewegung. In der Gerichtetheit des Auftakts ist sowohl das „Weiter" wie das „Zurück" enthalten.

5 Gegenstrebigkeit

Die bei der Atmung gegebene Gegenstrebigkeit (Lösung und Aufbau von Spannung spielen ineinander) lässt sich exemplarisch auf die zweite Phase des Taktes übertragen. Sie ist, wie eben beschrieben, einerseits bestimmt durch die auftaktige Gerichtetheit auf den neuen Takt. Zugleich aber steht sie im Zeichen einer sphärisch-richtungslosen Ausstrahlung, die sich zusehends verliert und auf ihren Ursprung (die Eins bzw. deren schwächere Erneuerung in der Drei) zurückweist. Die Ausstrahlung kommt an kein Ende. Mit dem Sich-Verlieren der Ausstrahlung verliert sich auch die zeitliche Bestimmtheit als eine Folge von eindeutig definierten Momenten. Die Töne am Ende eines Taktes werden der Tendenz nach zeitlich ununterscheidbar und gehen in eine gemeinsame Gegenwart ein. Unter diesem Aspekt gesehen gibt es keine Gerichtetheit auf den neuen Takt. Der Übergang in diesen ist deshalb niemals als ein kontinuierlicher, linearer Prozess zu verstehen. Stattdessen ist ein Moment der Diskontinuität in Rechnung zu stellen, das sich in der Vertikalität des neuen Impulses (der neuen Eins) manifestiert. Die neue Eins kommt nicht aus der Richtung des alten Taktes, ist nicht notwendige Folge seines Zuendegehens.

Die Gegenstrebigkeit am Ende jedes Taktes lässt sich noch anders beschreiben. Die Auftaktigkeit der zweiten Takthälfte bedeutet, dass die Zeitspanne bis zur (antizipativ gegenwärtigen) Eins des nächsten Taktes eindeutig bestimmt ist. Das muss *kein Drängen* implizieren, so wie ja die Auftaktigkeit, wie sie zur zweiten Phase *jedes* Taktes gehört, im Einzelfall weitgehend in der Potentialität verharren kann. Diese Auftaktigkeit aber steht in jedem Fall unter dem Motto: „Meine Zeit ist bemessen". Demgegenüber ist die zweite Taktphase unter dem Aspekt der Ausstrahlung bestimmt durch ein „Ich habe Zeit". Die Geste der Ausstrahlung in ihrer Zeitfülle kommt jedoch angesichts der bemessenen Zeit der Auftaktgeste unter Zeitdruck. Diesem widersetzt sie sich, indem sie zur Geste des *Lassens* wird, des Geschehen-Lassens, Ausschwingen-Lassens. Dieses Lassen hat einen *aktiven* Sinn durch den Widerstand, den es dem Zeitdruck entgegensetzt. Somit entsteht hier eine Art Gegenstrebigkeit im Phänomen der Ausstrahlung selbst. Wurde diese als eine in sich selbst zurückkehrende Bewegung beschrieben, so wächst ihr unter dem Zeitdruck des Auftakts eine nach vorne weisende Richtung zu, in der sie gleichsam sagen möchte: „Ich bin noch nicht am Ende – lass mich ganz ausschwingen!" Die Ausstrahlung ist noch nicht vollendet, sie harrt noch ihrer letzten Erfüllung. Die Vollendung und Erfüllung aber wird *in der Zeit* nicht kommen, während sie andererseits, *sub specie aeternitatis*, im Impuls schon vorausgenommen ist. So erweist sich die benannte Gegenstrebigkeit als Konflikt von Zeit und Ewigkeit, und in dem Moment, in dem dieser Konflikt sich verdichtet, ist die Zeit reif für den *Augenblick* eines neuen Impulses. Der Augenblick ist nach Søren Kierkegaard „jenes Zweideutige, darin Zeit und Ewigkeit einander berühren."[2]

6   Konflikt und Berührung von Zeit und Ewigkeit

In der ersten Phase des Taktes haben wir es mit demselben Konflikt zu tun, nun aber unter umgekehrten Vorzeichen. Hier dominiert die richtungslossphärische Ausstrahlung, der gegenüber eine aktive Vergegenwärtigung der zeitlichen Maßbeziehungen (Bezug zur Eins des Folgetaktes und Bezug zur auftaktig auf sie gerichteten dynamischen Mitte) gefordert ist.

Während die beiden Phasen des Taktes von dem besagten Konflikt bestimmt sind, kommt es in den Impulsen, mit Kierkegaard zu sprechen, zur *Berührung* der Ordnungen von Zeit und Ewigkeit. Der Konflikt ist hier aufgehoben, ohne dass jedoch der Gegensatz der Ordnungen eliminiert wäre. Stattdessen ist der Impuls, wiederum mit Kierkegaard, im Zeichen einer *Zweideutigkeit* zu verstehen, indem er sowohl unter dem Aspekt der einen wie dem der anderen Ordnung gedeutet werden kann. Zeitlich ist der Impuls ein ausgezeichnetes Ereignis, dem eine eindeutige Zeitstelle zuzuordnen ist. Zugleich aber erneuert, aktualisiert er einen „Hintergrund", in dem alle zeitlichen Veränderungen und Ereignisse aufgehoben und bewahrt sind. Diesen Hintergrund kann man mit dem mystischen Konzept einer „ewigen Gegenwart" verbinden. Die so umschriebene Doppeldeutigkeit trifft sich mit derjenigen, die schon weiter oben dem Begriff der Gegenwart assoziiert wurde (Außenseite und Innenseite).

Der Impuls ist ein Anfang, in dem eine von ihm ausstrahlende Bewegung entspringt. Die Ausstrahlung ist nicht von dem in sie ausstrahlenden Impuls zu separieren. Umso mehr aber scheidet sich der Impuls von dem ihm zeitlich Vorausgehenden ab. Hier entsteht also eine *Zäsur*, von der allerdings nicht klar gesagt werden kann, ob sie unmittelbar *vor* dem Impuls liegt oder aber mit diesem zusammenfällt. Im Weiteren erweist sich diese Zäsur nicht nur als Einschnitt, sondern ebenso wohl auch als Brücke und Verbindung. Auch die Zäsur ist zweideutig. Vordergründig markiert sie eine Diskontinuität in der zeitlichen Folge; im Hintergrund setzt sie das von ihr Geschiedene in Beziehung und hält es zusammen. Gerade die Aufmerksamkeit auf die (vordergründige) Zäsur, lässt die im Hintergrund waltenden Bindekräfte wahrnehmen. An der Diskontinuität der Oberfläche wird die tieferliegende Kontinuität fassbar. Und

---

2   Søren Kierkegaard, *Der Begriff Angst*, 90 (SV IV 359).

der Hintergrund der ewigen Gegenwart wird immer nur *als Hintergrund* eines zeitlichen Vordergrundes gegenwärtig.

Die Zäsur, die mit jedem Impuls einhergeht, ist also selbst ein Aspekt der zuvor unabhängig von jener beschriebenen Berührung. Auch was sich berührt, ist durch die Linie der Berührung sowohl voneinander geschieden wie miteinander verbunden. In gewisser Weise werden somit die Taktstriche zum Symbol für die Berührung in ihrer Zweideutigkeit.

Wie jeder einzelne Klavierton als Impuls mit Ausstrahlung anzusehen ist, so ist jeder Ton und jeder Moment innerhalb eines musikalischen Zusammenhangs eine *potentielle* Gegenwart. Der menschliche Geist ist jedoch nicht dafür eingerichtet, sich in einer permanenten Gegenwart zu halten. Während im Augenblick einer aktuellen Gegenwart die Zeit aufgehoben ist, schreitet sie andererseits erbarmungslos fort. So wirft jede aktuelle Gegenwart gleichsam einen *Schatten*, welcher in der Polarität von Impuls und Ausstrahlung der letzteren entspricht. Im Schatten einer aktuellen Gegenwart (eines Impulses) liegen, musikalisch gesprochen, Töne, welche als Ausstrahlung eines Impulses auf eine vergangene Gegenwart zurückweisen, während ihre eigene, potentielle, Gegenwartsbedeutung unbeachtet bleibt.

Allerdings ist hier an die durchgehende Relationalität der Musik zu erinnern. Impuls oder Ausstrahlung, aktuelle Gegenwart oder deren Schatten – diese Prädikate gelten niemals absolut für einen bestimmten Ton, einen bestimmten musikalischen Moment. Vielmehr sind es immer Ton*beziehungen*, in denen der eine Ton oder Tonkomplex diesem Aspekt, der andere jenem zuzuordnen ist. Und indem jeder Ton/jeder musikalische Moment in einer unübersehbaren Vielzahl möglicher Beziehungen steht, ist es auch möglich, dass er zugleich unter dem Impuls- wie unter dem Ausstrahlungsaspekt angemessen gedeutet wird. Als Beispiel kann die dritte Zählzeit im Vierviertakt dienen: Sie liegt in der Ausstrahlung der Eins und impulsiert zugleich die zweite Takthälfte. Sie ist sowohl Ausstrahlung wie Impuls. Deshalb durfte im Blick auf Impuls und Ausstrahlung ja auch von einer *Polarität* die Rede sein.

Mit Blick auf die eingangs angeführte grundlegende musikalische Polarität von Prozess und Gestalt, von Zeitfolge und Zeitaufhebung, oder, mit Kierkegaard, von Zeit und Ewigkeit ließe sich die Aufgabe des guten Musikers folgendermaßen bestimmen: Er sollte darauf Acht haben, dass die Musik sich in beide Ordnungen zugleich einfügt. Die Berührung der Ordnungen bedarf einer ständigen Erneuerung und sollte immer neu gesucht werden. Dass Gegenwart, oder jedenfalls: *Gegenwärtigkeit*, unserem Sprachgebrauch nach *zu steigern* ist, findet in der Tatsache seine Bestätigung, dass es Pianisten gibt, bei denen die Musik in der Tat gegenwärtiger, aktueller wirkt als bei anderen. Die gesteigerte Gegenwärtigkeit war diejenige Eigenschaft des Klavierspiels meiner Lehrerin Esther Yellin, welche es für mich am deutlichsten vom Spiel anderer Pianisten unterschied.

7 Die Intentionalität des Pianisten und die Gerichtetheit der Musik

Als Pianist, als Musiker ist man darauf gerichtet, die Musik seinen Vorstellungen gemäß erklingen zu lassen. Neben dieser generellen Gerichtetheit gibt es aber eine spezifischere, die der einzelnen Phrase und zuletzt dem einzelnen Ton gilt. Bis zum Einzelton herunter habe ich eine differenzierte Vorstellung ausgebildet, wie die Musik zu klingen hat, und nach Maßgabe dieser Vorstellung bin ich auf die Musik gerichtet. Diese Gerichtetheit kann mit dem philosophischen Begriff der *Intentionalität* bezeichnet werden.

Indem das Spielen und Interpretieren von Musik aber immer *Nachvollzug* einer schon vorgegebenen dynamischen Ordnung, nicht dessen *creatio ex nihilo*, bedeutet, trifft meine Intentionalität immer schon auf eine Gerichtetheit der musikalischen Bewegung selbst. Von den Kräften und Richtungen, welche die der Musik immanente Dynamik ausmachen, war früher am Beispiel des Taktes ausführlich die Rede. Die Intentionalität des Klavierspielers und die Gerichtetheit der musikalischen Bewegung bedingen sich wechselseitig. Der Klavierspieler muss einen Impuls setzen (das Steinchen genau jetzt fallen lassen), sich zu einem Anfang entschließen. Sogleich aber muss er wahrnehmen, was diese Setzung im Kontext der vorgegebenen dynamischen Ordnung der Musik bedeutet und welche Konsequenzen sich aus ihr ergeben. Nehmen wir als Beispiel die Drei in einem Viervierteltakt. Indem ich sie, im mikrozeitlichen Bereich, fast unmerklich vorverschiebe, lasse ich die Gerichtetheit auf die folgende Eins hervortreten. Ich ziehe gleichsam ein am mir entgegengesetzten Ende fixiertes Gummiband leicht gegen mich, wodurch sich der Zug (der Zug im Gummiband!) verstärkt. Wie der Zug dem Gummiband, so gehört die auftaktige Gerichtetheit der musikalischen Dynamik selbst zu; doch Zug bzw. Gerichtetheit sind von meiner Einwirkung, meiner Maßnahme abhängig.

Für den Klavierspieler ist es außerordentlich produktiv, sich Rechenschaft davon abzulegen, worauf er bei einem gegebenen musikalischen Element genau gerichtet ist und ob diese seine Gerichtetheit der musikimmanenten Gerichtetheit entspricht. Schon beim Einzelton versteht sich das nämlich nicht unbedingt von selbst. Der Anfänger zielt oft auf einen pauschalen Moment, in dem Tastendruck und Tonentstehung eins sind. Es bedarf einer Schulung des Gehörs, der Aufmerksamkeit, der inneren Richtung, damit der Ton als das

Wesentliche vom Anschlag, als dessen bloßer Funktion, differenziert, und der Ton in seiner Entstehung und seinem Verklingen, also als Prozess bewusst erlebt wird. Hier verschiebt sich also die Gerichtetheit des Klavierspielers im mikrozeitlichen Bereich auf das Geschehen unmittelbar *nach* dem Anschlag.

Die Intentionalität dessen, der Klavier spielt, hat im Besonderen zu tun mit dem Phänomen der *Betonung*. Dass diese als *Gewichtung* in Unabhängigkeit vom punktuellen Anschlag zu verstehen ist, also immer einer Dauer oder Sphäre gilt, wurde früher schon ausgeführt. Die metrische Gewichtung ist unmittelbar mit der (allerdings sehr dosierten) Abgabe von *physischem* Gewicht koordiniert (Hinlegen der Hände). Im Abgeben von Gewicht wird mir eine Gegenkraft bewusst, die verhindert, dass es zum „freien Fall" in die Tasten kommt, die durch eine bestimmte Schule des Klavierspiels zum Ideal erhoben wurde. Ich bezeichne sie als *Auftrieb*. Ohne mich um dessen physiologischen Korrelate zu kümmern, beschreibe ich ihn als eine Erfahrung, die mit der *Entstehung und Entfaltung des Tons*, genauer: der Ausstrahlung eines Impulses, in Zusammenhang zu bringen ist. (Impuls und Ausstrahlung sind ja nicht auf eine Realisierung im physischen Klang angewiesen. Deshalb kann auch davon abgesehen werden, dass die „Entfaltung" beim Klavier, rein akustisch betrachtet, auf das *Verklingen* des Tons eingeschränkt ist.) Der Ton steigt gewissermaßen aus dem Klavier auf, er kommt mir, der ich in die Tasten hineinspiele, entgegen. Der Auftrieb gleicht einem Luftkissen, das meine Hände und Arme trägt, auf das ich sie ablegen kann. Allerdings ist dieses Luftkissen nicht statisch zu verstehen. Vielmehr unterliegt der Auftrieb einer Dynamik, die genau jener des metrischen Gewichts korreliert ist.

Indem nun aber die Sphäre vom Punkt, die Ausstrahlung vom Impuls ebenso wenig abzulösen ist wie umgekehrt dieser von jener, gibt es auch eine quasi-punktuelle Verdichtung von Betonung und Gewichtung. Hier wird die Gerichtetheit zum *Zielen auf*. Gezielt wird immer auf einen Punkt, auch wenn dieser Punkt zugunsten eines erfolgreichen Zielens nicht isoliert, sondern im Gegenteil in die Bewegung des Zielens integriert und mit dem Zielenden eins werden sollte.[3] An *Zielpunkten* in diesem Sinne ausgerichtet sind sowohl musikalische Bewegungszüge wie die Intentionalität des Klavierspielers. Im Kontext von Betonung und Gewichtung ist es wohl sinnvoll, sie auch als *Schwerpunkte* zu bezeichnen.

Die Schwerpunkte, in denen sich das metrische Gewicht verdichtet, fallen mit den Zäsuren zusammen, die an früherer Stelle erläutert und als mit jedem Impuls einhergehend beschrieben worden sind. Unter dem Aspekt von

---

3 Vgl. Eugen Herrigel, *Zen in der Kunst des Bogenschießens*, Konstanz 1948 (43. Aufl. [!] 2003).

Schwere und Gewichtung sind die Zäsuren nochmals anders und ergänzend zu beschreiben. In der Zäsur ist gleichsam für einen Moment die Kontinuität des Luftkissens durchbrochen. Wir können dabei wieder an das Bild vom Steinchen denken, das wir ins Wasser fallen lassen: Es gibt diesen Moment des Loslassens, der dem Augenblick des Impulses zuvorkommt. Aber dieses Loslassen gewärtigt schon den Moment des Impulses und die von ihm ausgehende Ausstrahlung als Kraft des Auftriebs und wird im Blick auf diesen Moment vollzogen. Zu beachten ist hierbei eine eigentümliche Dialektik: Einerseits sprach ich von einer Verdichtung des metrischen Gewichts, vom Phänomen der Betonung als einer Äußerung der Intentionalität dessen, der Klavier spielt, ich könnte auch sagen: einer Äußerung von dessen *Willen*. Zugleich ist nun aber dieser Willensakt gerade als ein Akt der Absage an den eigenen Willen durchsichtig zu machen, indem es sich eben um einen Akt des *Loslassens* handelt.[4]

Damit kann ich aber an meiner früher gemachten Behauptung festhalten, dass der Impuls von aller Betonung, von allem Gewicht freizuhalten ist. Wenn irgendwo auf dem Klavier Fall und Gewicht ihren Ort und ihre Bedeutung haben dürfen, dann im Moment der Zäsur *vor* dem Impuls (als der Entstehung des Tons). Wenn ich weiter oben von der *Freigabe* des Impulses bzw. seiner Ausstrahlung durch die *Zurückhaltung des metrischen Gewichts* gesprochen habe, so verursacht diese Aussage, für sich allein genommen, Schwierigkeiten, insofern dann nicht mehr einzusehen ist, wie die Hierarchie das Taktes, die Schwere an seinem Beginn oder überhaupt lautes Spiel realisierbar sein sollten. Dies wird erst durch die ergänzende Aussage aufgeklärt, dass die Freigabe von Impuls und Ausstrahlung gemeinsam durch Verdichtung des metrischen Gewichts *vor dem Impuls* und Zurückhaltung des Gewichts *nach dem Impuls* bewirkt wird. Wie das metrische Gewicht und dessen Verdichtung zu steigern sind, so auch die Stärke des mit ihm korrelierten Impulses, der aber gleichwohl selbst vom Gewicht befreit ist. Das Gewicht des fallenden Steinchens belastet die Ausstrahlung der Wellen nicht.

Die Zäsur vor dem Impuls ist doppelt doppeldeutig: Sie ist Schnitt und Verbindung; und sie ist Tun und Lassen, Akt und Ereignis, Absicht und Absichtslosigkeit.

Die Intentionalität des Pianisten, von der dieser Abschnitt handelte, ist aber, klavier- und musikgerecht verstanden, ihrerseits in gewissem Sinne doppeldeutig. Denn sie hat immer auf einen Impuls und dessen Ausstrahlung

---

4 Auch diese Dialektik lässt sich unschwer auf das Buch von Herrigel und die Kunst des Zielens beziehen.

zugleich zu gehen, auf einen Punkt und auf eine Sphäre. Genauer: Sie hat auf einen Impuls *als* Impuls *einer Ausstrahlung* zu zielen, auf einen Punkt *als* Mittelpunkt *einer Sphäre*. Anders gerät die Musik aus den Fugen.

8 Bewegungsvorstellung

Über meine Vorstellungen bin ich auf die zu spielende Musik gerichtet und kontrolliere ich den Spielvollzug. Wenn diese Vorstellungen genügend genau sind, lösen sich weitere Realisationsprobleme tendenziell auf. Nicht alle Vorstellungen sind aber kräftig genug, das Realisierungsproblem zum Verschwinden zu bringen. Einen besonderen Status haben hier die *Bewegungs*vorstellungen, deren spezifische Eigenschaft es ist, dass man sie nur haben kann, insofern man sie, wie latent auch immer, *vollzieht*. Diese Vorstellungen sind also nicht nur auf etwas Zeitliches, als ihren Inhalt, gerichtet, sondern ihr Haben ist selbst schon zeitlicher Vollzug. Deshalb vermindert sich der Abstand zwischen Vorstellung und Realisierung, worin der Grund liegt, dass es Pianisten gibt, die ein Stück im Zug oder Flugzeug, also ohne den direkten Kontakt mit dem Instrument, lernen können.

Die Bedeutung von Bewegungsvorstellungen ist längst über das sogenannte Mentale Training auch aus dem Sportbereich bekannt. Man kann das Klavierspiel seinerseits als einen Sport begreifen, und bestimmte geeignete Bewegungsmuster helfen zweifellos bei der Bewältigung spieltechnischer Probleme. Die Rede von Bewegungsvorstellungen hat hier aber einen anderen und viel umfassenderen Sinn. Sie beziehen sich nämlich bei meinem Ansatz nicht nur auf die Spielbewegungen, die gänzlich instrumentabhängig sind. Sondern sie beziehen sich ebenso sehr (oder sogar primär) auf die musikalische Dynamik, welche unabhängig vom jeweiligen Instrument ist und auf jedem Instrument dessen Gegebenheiten entsprechend ganz und gar unterschiedliche Spielbewegungen erfordern kann. Die richtigen Bewegungsvorstellungen werden bei meinem Ansatz aus der rein musikalischen, nicht auf ein bestimmtes Instrument bezogenen Polarität von Prozess und Gestalt einerseits, sowie der aufs Klavier bezogenen Polarität von Impuls und Ausstrahlung andererseits abgeleitet. Mit anderen Worten: Sie vermitteln zwischen der geistigen Bewegung der Musik und den physischen Spielbewegungen. Diese letzteren ergeben sich im Vollzug meiner Methode in erstaunlichem Maße von selbst. Der Grund hierfür dürfte in der von Anfang an zugrunde gelegten Unterscheidung und Beziehung der beiden Polaritäten liegen, die sich als Schlüssel für das Begreifen der inneren und äußeren Bewegungen erweist, in denen sich Klaviermusik und Klavierspiel vollziehen.

9   Im Kleinen wie im Großen

Der hier vorgestellte Ansatz geht davon aus, dass die musikalischen Zeitgestalten (als prozessual-offene Ganzheiten) überall denselben Gesetzmäßigkeiten gehorchen, im Kleinen wie im Großen, und dass der Takt das ideale Studienobjekt abgibt, an dem sich diese Gesetzmäßigkeiten studieren lassen. Beim Takt ist vieles vorgegeben, so die Anzahl der Grundschläge und ihre hierarchische Ordnung. In der weiteren Teilung der Notenwerte wiederholt sich diese Ordnung. Eine Gruppe von vier Sechszehnteln ist als ein kleiner Vierertakt innerhalb eines umfassenden Taktes zu behandeln. Darüber herrscht Einigkeit. Dass es nun umgekehrt auch Großtakte gibt, z. B. Viertaktgruppen, in denen die einzelnen Takte die Rolle der vier Grundschläge eines Vierertaktes übernehmen, ist ebenfalls unstrittig. Auf der taktübergreifenden Ebene gibt es jedoch manche Unregelmäßigkeit, der innere „Wendepunkt" innerhalb einer längeren Phrase muss keineswegs in deren Mitte liegen und schließlich ist hier auch ein relativ großer Interpretationsspielraum in Anschlag zu bringen. Mit den gemachten Einschränkungen lässt sich jedoch daran festhalten, dass der Takt das Modell abgibt, an dem sich das Funktionieren der Zeitgestalten jeder Größenordnung erlernen lässt.

Ich behaupte nun, dass produktives Üben zu einem überwiegenden Teil darin bestehen kann, die Aufmerksamkeit darauf zu lenken, ob man tatsächlich auf allen Ebenen dasselbe tut, d. h. ob man diese Viersechzehntelgruppe oder jene Viertaktgruppe *in Tat und Wahrheit* spielt wie einen Vierviertaltakt in „Hänschen klein". Das versteht sich nämlich nicht von selbst. Ich kann mir bewusst sein (und das hinwiederum versteht sich wirklich mehr oder weniger von selbst), *dass* es sich hier um eine Gruppe von vier Tönen bzw. dort um eine von vier Takten handelt. Aber das heißt noch nicht, dass ich die Normalform eines Vierertaktes der Vierton- oder Viertaktgruppe auch tatsächlich als Folie unterlege. Sobald ich das tue, erlebe ich auf Schritt und Tritt Überraschungen. Weshalb? Wie ein Vierertakt zu verstehen ist, lerne ich doch im ersten Unterricht; und die Parallelität von Vierertakt und Vierton- oder Viertaktgruppe liegt auch auf der Hand. Die Überraschung ist darin begründet, dass die phänomenale Oberfläche einer bestimmten Musik (der Gang der Melodie, der Rhythmus, die Verteilung von kontinuierlichen und diskontinuierlichen Momenten sowohl musikalischer als auch klaviertechnischer Art) mich immer wieder zu Betonungen und Spannungsverdichtungen verleitet, die nicht mit der Normalform kongruent sind. Oftmals genügt schon die Einsicht in diese Inkongruenz, die ich durch das Unterlegen der Normalform provoziere, um das Problem aus der Welt zu schaffen. Bisweilen folgt jedoch eine weitere Schwierigkeit auf dem Fuß: Unter Umständen bereitet schon jenes

Unterlegen der Normalform und deren Vergegenwärtigung gemeinsam mit der spezifischen Zeitgestalt der Musik große Mühe. Dies wiederum ist gegebenenfalls darin begründet, dass meine Vorstellung von dieser Normalform zu unbestimmt und kraftlos ist, sich gegen die gegenläufigen Tendenzen der musikalischen Oberfläche zu behaupten.

Ein wahrhaft produktiver Übeprozess besteht deshalb in der *wechselseitigen Bestimmung und Präzisierung* der spezifischen Form anhand der Normalform und umgekehrt der Normalform anhand der spezifischen Form. Das bedeutet, dass wir Abstand nehmen müssen von der Vorstellung, dass die Normalform (das Spannungsgefüge eines Taktes) etwas Fixes ist, was wir längst kennen und was keine Geheimnisse mehr birgt. Stattdessen treten in jedem neuen musikalischen Kontext wieder andere Aspekte dieser Normalform hervor. Mit der Unterlegung meiner aktuellen Vorstellung der Normalform unter eine besondere musikalische Zeitgestalt verändert sich also die Vorstellung der Normalform weiter. Diese veränderte Vorstellung lege ich nun als Folie einer weiteren Zeitgestalt zugrunde. Dabei werde ich ausnahmslos feststellen, dass sie auch in dieser neuen Anwendung „funktioniert", d. h. einen neuen Aspekt dieser weiteren Zeitgestalt erschließt. Zugleich aber verändert sich selbstverständlich auch die Normalform weiter – dank des neuen Kontextes, auf den sie bezogen wird. Wie ich früher etwa die Endphase des Taktes charakterisiert habe, ist in diesem Sinne zu verstehen: nicht als endgültige Fixierung, sondern als eine individuelle und vorläufige Beschreibung von etwas, was sich freilich in seinem gesetzmäßigen Kern immer deutlicher herausschält. Die Erfahrung lehrt, dass hier tatsächlich ein Sachverhalt besteht, der uns paradox erscheinen mag: Präzisierung und Bereicherung der Vorstellung der Normalform gehen Hand in Hand.

Von hier aus lassen sich auch alle jene Bedenken entkräften, die in diesem Ansatz eine unzulässige oder jedenfalls den Blick einschränkende *Verallgemeinerung* sehen. Jede Musik ist doch anders, und es gilt, ihre verschiedenen Parameter zu beachten, statt immer nur dieselbe Aufmerksamkeit zu üben – so lautet ein möglicher Einwand. Die hier angeregte Aufmerksamkeit ist aber nicht von der Art, dass sie sich auf Kosten anderer möglicher Aufmerksamkeiten etablieren würde. So wenig die Präzisierung der Vorstellung der Normalform ihrer Anreicherung durch immer neue Aspekte Abbruch tut, so wenig entsteht zwischen den verschiedenen Formen möglicher Aufmerksamkeit ein Konkurrenzverhältnis. Gerade indem ich mich auf dem Weg einer fortschreitenden Erfassung einer inneren Gesetzmäßigkeit wähnen darf, werde ich frei, den Reichtum verschiedener Aspekte zu gewahren, denn diese verschiedenen Aspekte stellen meinen Weg nicht in Frage, den ich als einen Weg der fortscheitenden Bestimmung *und* der fortschreitenden Anreicherung kennengelernt habe.

Das Bild der Folie, die ich unterlege, ist wörtlich zu nehmen. Ein solches Unterlegen ändert nichts am Vordergrund, aber er lässt diesen anders erscheinen. Die Vergegenwärtigung der Normalform greift also nicht unmittelbar in die klangliche Gestaltung der Musik ein, indem sie etwa deren Anpassung an sie verlangt. Aber die spezifische Zeitgestalt wird anders gehört, sie wird gleichsam *plastisch* wahrgenommen.

Götter im Menschen. Zur Konzeption der Sokrates-Figur in Platons *Phaidon*

Tim Gollasch

Die Anfangspassagen des *Phaidon*, in denen die Dialogsituation, die Sokrates-Figur sowie erste philosophische Probleme dargestellt werden, sind wie ein Rätsel. Unstrittig ist die Möglichkeit, den Dialog als apollinische Philosophie und Auseinandersetzung mit pythagoreischen Lehren einzuordnen. In welchem Verhältnis jedoch bei Platon der Mensch zum Göttlichen steht, ist die entscheidende Frage diesbezüglich. Eine mögliche Antwort ergibt sich durch einen genaueren Blick auf die Sokrates-Figur: Ihre Äußerungen und Tätigkeiten legen nahe, sie mit dem Gott Hermes zu identifizieren, dem Kenner und Vermittler des Göttlichen; gestützt wird diese These durch weitere platonische Dialoge. Mit der Identifikation von Individuum und Vermittlergott gerät ein Verständnis der menschlichen Seele ins Blickfeld, welches ihr erst zu entdeckendes schöpferisches Wesen im Hinblick auf sich selbst und die Welt betont.

> Bedenke wohl die erste Zeile,
> Daß deine Feder sich nicht übereile!
> GOETHE, FAUST

Der Volksmund weiß: Aller Anfang ist schwer. Das gilt natürlich auch für das Verfassen eines Textes. Jeder, der schon einmal versucht hat, zu schreiben, kennt das Gefühl, das weiße, unbeschriebene Blatt Papier anzustarren, und man meint gleichsam, das Blatt starre leer zurück, fragend: Was willst du sagen? Wie kommst du dahin? *Wie fängst du mich an?*

Zu Beginn müssen einige allgemeine Strukturen beachtet werden. Will man etwa einen wissenschaftlichen Text schreiben, muss man das Thema nennen; man muss die Fragestellung verdeutlichen, eine erste Einordnung vornehmen und vielleicht das Ergebnis schon einmal andeutend vorwegnehmen, um dem Leser ein Ziel, einen Leitfaden vor Augen zu stellen. Vielleicht will man aber auch eine Geschichte schreiben – dann muss anders vorgegangen werden: den Leser auf den Gang der Ereignisse einstimmen, indem man einen handlungsrelevanten, sozusagen mit Bedeutung aufgeladenen Ort im Geiste zeichnet; oder man stellt eine Person mit ihrem Charakter vor, sodass der Leser vorausgreifen kann: Hier wird sich etwas allgemein Menschliches, am dramatischen Charakter Nachvollziehbares entwickeln.

Wissenschaftlicher Text und erfundene, dramatische Geschichte – es geht um Platons Dialoge, die beides zugleich sind. Und so darf man sich vorstellen (wohl auch eine tröstliche Vorstellung), wie *Platon* dasitzt, angestarrt vom leeren Papyrus, das vor ihm liegt; wie dieser Meister nicht nur philosophischer, sondern auch dramatischer Komposition, eben jene Überlegungen zum Anfang des Dialoges durchführen musste. Diese exponierte Stellung des Anfanges wird auch von Platon ausgesprochen. „Nun weißt du doch wohl", sagt Sokrates in der *Politeia*, „daß der Anfang eines jeden Geschäftes das wichtigste ist (ἀρχὴ παντὸς ἔργου μέγιστον), zumal bei irgendeinem jungen und zarten Wesen. Denn da wird es vornehmlich gebildet (πλάττεται) und das Gepräge angelegt, welches man jedem einzeichnen will."[1] Ohne weiteres kann wohl das, was Platon hier über die Erziehung eines Kindes schreibt, auch für das Geschriebene gelten, wissen wir doch immerhin aus der Maieutik-Passage,[2] dass die *logoi* eines jeden wie Kinder sind. Der Anfang eines ἔργον, jedes Geschäftes, jedes Werkes, jeder Arbeit also stellt Weichen, welche Einfluss oder formende und bestimmende Funktion für den weiteren Verlauf haben – das ist es, was den Anfang so wichtig macht.

Damit kommen wir zum Dialog *Phaidon*, dieser platonischen wissenschaftlich-dramatischen Inszenierung der letzten Stunden des Philosophen Sokrates. Ich werde an diesem Beispiel einen Eindruck davon vermitteln, mit welchen Mitteln Platon welche Weichen stellt. Warum zeige ich das gerade am *Phaidon*? Erstens wird sich der Anfang dieses Werkes als ein Musterbeispiel an kunstvoll arrangierter Weichenstellung erweisen. Zweitens können wir in dem Anfang des Dialoges eine wesentliche philosophische Botschaft ausmachen, welche, wenn sie freigelegt ist, zum Verständnis der platonischen Philosophie und der dramatischen Komposition des platonischen Werkes überhaupt etwas beitragen kann. Drittens gewinnt man trotz der exponierten Stellung des Anfanges und seiner wegweisenden Funktion beim Lesen von Interpretationen des Öfteren den Eindruck von einer Unterbestimmtheit oder rhapsodischen Anordnung der Anfangspassagen, daher sehe ich noch Ergänzungsbedarf. Und viertens nimmt dieser Dialog für die Bewertung platonischer Philosophie eine zentrale Stellung ein: Die Lektüre entscheidet bei vielen wohl nicht unwesentlich darüber, ob sie mit Platon abseits historischer Einordnungen etwas anfangen können oder nicht. Umso dringender muss geklärt werden, welche inhaltliche Stoßrichtung dieser Dialog vorgibt. Denn

---

1 Platon, *Politeia* 377 a12–b3.
2 Platon, *Theaitetos* 148 e–151 d.

dass (dramatische, geschichtliche) Form und (philosophischer) Inhalt bei Platon eine Einheit sind bzw. die Form eine wesentliche Aussage trifft, dürfte feststehen; eine schwierige Frage jedoch ist, zu beantworten, welcher Form die Form ist – *welche* Geschichte also erzählt wird.

Man verstehe also meinen Beitrag als Angebot zur Diskussion über die Frage, welchem grundsätzlichen Konzept der platonische Dialog folgt. Ich werde eine Art Indizienbeweis für die These vorführen, dass der gesamte Anfang des Dialoges als philosophischer Hermes-Mythos mit Sokrates als Hauptcharakter gelesen werden kann. Ein Indizienbeweis, das meint: Ich werde mit Wahrscheinlichkeiten operieren, welche nicht explizit im Text stehen, welche aber in ihrer Häufung und Anordnung diesen Schluss zulassen. Wer anderer Meinung ist, wird sich freilich auf das Fehlen des echten Beweises berufen und entgegenhalten können, alles sei Spekulation. Aber so ist das mit Indizien: Sie lassen nur auf das Faktum *schließen* und sind nicht das Faktum selbst. Wie vor Gericht muss ich daher den Nachweis erbringen, dass die Interpretation auch in den Rest der Geschichte passt, das heißt, in den Rest des Gesamtwerkes integriert werden kann. Besonders werden sich der *Phaidon*, die thematisch und dramatisch eng verwandte *Apologie* und das zeitlich dem *Phaidon* nahestehende *Symposion* als eine Trias mit einem zusammengehörigen Grundmotiv erweisen.[3]

Bevor wir genauer auf den Anfang eingehen, soll zuerst einmal kurz ins Gedächtnis gerufen werden, worum es im *Phaidon* geht. Phaidon, ein Philosophenfreund des Sokrates, trifft längere Zeit nach dessen Tod einen Kollegen aus pythagoreischen Kreisen. Dieser will von Phaidon wissen, was in den letzten Stunden vor der Hinrichtung gesprochen und getan wurde. Also erzählt Phaidon, wie die Freunde Sokrates im Gefängnis besuchten: Hier treffen sie einen recht sorglosen Sokrates an, und diese Sorglosigkeit will den Freunden so gar nicht passend zum Bevorstehenden scheinen. So muss Sokrates sich rechtfertigen, warum er das Sterben so begrüßt: Es sei die Ablösung der Seele vom Leibe, eine Tätigkeit, die er als Philosoph verfolgt; er meint, im Jenseits dann würde seiner Seele Gutes zuteil. Die jungen Philosophen Simmias und Kebes, die hier die Rolle der Zweifler übernehmen und ebenso zumindest dem

---

3 Umso interessanter, dass mitunter aufgrund von Sprachuntersuchungen die Abfassung der *Apologie* zeitlich in die Nähe von *Phaidon* und *Symposion* (um 380 v. Chr.) gerückt wird. Auch der *Kratylos*, der in diesem Beitrag als Beleg für ein jene Werke verbindendes Motiv angeführt wird, ist in diese Schaffensphase einzureihen. Vgl. zu einem Überblick zur Datierung: Joachim Söder, „Zu Platons Werken", in: C. Horn, J. Müller, J. Söder (Hrsg.), *Platon-Handbuch. Leben – Werk – Wirkung*, Stuttgart 2009, 19–59, 22–25.

pythagoreischen Umfeld zugehören, verlangen aber eine Erklärung darüber, ob die Seele wirklich unsterblich ist und man sich auf den Tod freuen kann. Und so versucht Sokrates in seiner typischen Mischung aus Dialog und Dialektik, abgerundet von mythischen Jenseits- und Reinkarnationserzählungen, ihnen das Wesen und Erkennen der unsterblichen Seele auseinanderzusetzen, die Unterschiedenheit vom Leibe und das Leben der Seele im Jenseits.

Doch der Anfang stellt die Weichen. Also sehen wir uns ihn inhaltlich genauer an, wobei einige für meine Zwecke nun unwesentliche Aspekte unbeachtet bleiben sollen.

Teil 1: Die Rahmenhandlung (57 a–59 c)

Wir erfahren zu Beginn des *Phaidon* von seinem Namensgeber, dass zwischen Verurteilung und Hinrichtung des Sokrates eine längere Zeit verstrichen war, weil der Tag der Verurteilung zusammenfiel mit dem Beginn einer Prozession von Schiffen zum Apollonheiligtum auf der Insel Delos. In dieser Zeitspanne, ungefähr einem Monat, durften, bis die Prozessionsschiffe wieder zurückkehrten, keine Hinrichtungen vollzogen werden, um die Stadt rein zu halten. Nun waren die Schiffe zurück, der Tag der Hinrichtung war gekommen, und die Freunde Sokrates' besuchten ihn in der Frühe im Gefängnis, wie sie es schon vorher getan hatten. Phaidon schiebt noch eine Einschätzung der Stimmung im Kerker ein: Alle hätten eine merkwürdige Mischung aus zuversichtlicher Lust und trauernder Betrübnis verspürt; Betrübnis, weil Sokrates sie verlassen muss; Lust, weil man angesichts Sokrates' Furchtlosigkeit darauf vertraute, dass er nicht ohne göttlichen Einfluss (θείας μοίρας) in die Unterwelt gehen würde.

Teil 2: Die Gefängnisszene (59 c–61 c)

Im Gefängnis treffen die Freunde den bereits von seinen Fußfesseln gelösten Sokrates an, im Beisein von Xanthippe, Sokrates' Frau, samt kleinem Sohn. Xanthippe wird herausgeschickt, weil Sokrates sich offensichtlich durch ihr Jammern und Wehklagen und ihre Unbeherrschtheit gestört fühlt.

Als nun Ruhe eingekehrt ist, reibt sich Sokrates das von der Fesselung noch schmerzende, doch nun freigegebene Bein und drückt seine Verwunderung über die Natur des Angenehmen aus: Zwar seien das Unangenehme und das Angenehme etwas einander Entgegengesetztes, zu Unterscheidendes (das Angenehme ist nicht zugleich das Unangenehme). Jedoch sei der Mensch, wenn er das eine oder das andere versucht zu erlangen, immer genötigt, auch das Entgegengesetzte mitzunehmen. Was er meint, ist, wie er am Beispiel der Lösung der Fesseln ausführt, dass das Gefühl des Angenehmen nur deshalb eintritt, weil vorher das Unangenehme vorherrschte. Das eine entsteht also aus seinem Gegensatz, und daraus spinnt Sokrates ein Bild: Da sie nur zusammen zu denken sind, scheinen „sie zwei an einer Spitze zusammengeknüpft". Eine Äsop'sche Fabel (μῦθος) darüber, so Sokrates, hätte folgendermaßen ausgesehen: Ein Gott habe die sich im Kriege befindlichen Gegensätze aussöhnen wollen, „und weil er dies nicht gekonnt", habe er „sie an den Enden zusammengeknüpft", sodass „nun, wenn jemand das eine hat, komme ihm das andere nach."

Die Fabel erinnert Kebes daran, Sokrates etwas zu fragen, worüber sich schon mehrere gewundert haben, darunter kürzlich erst der Philosoph Euenos: Weshalb Sokrates im Gefängnis angefangen habe, sich den musischen Künsten zu widmen und Äsop'sche Fabeln in Verse zu bringen und einen Hymnus (προοίμιον) auf Apollon vorzutragen, was er vorher nie getan hatte. Sokrates berichtet, schon oft in seinem Leben hätte er einen Traum gehabt, der ihm anbefahl, zu musizieren, nur hatte er es bis dahin so verstanden, dass er die Philosophie als höchste musische Kunst (μεγίστης μουσικῆς) betreiben solle. Um sicherzugehen, dass nicht doch die gewöhnliche Kunst gemeint sei, dichte er nun zu Ehren der Götter. Weil er aber, wollte er Dichter sein, Erzählungen dichten müsse und nicht rationale Abhandlungen (ποιεῖν μύθους ἀλλ' οὐ λόγους), habe er, der selbst nicht sonderlich erfindsam in Mythen sei, sich bei Äsop bedient. Sokrates beendet die Begründung seines Dichtens mit dem Hinweis, dies solle Kebes dem Euenos ausrichten, und dieser „solle wohlleben und, wenn er klug wäre, mir nachkommen."

Teil 3: Was ist der Tod? (61 c–69 e)

Und hier folgt ein Einschnitt. Denn *wohin* nachzukommen es klug wäre, das ist die Gretchenfrage, die vielleicht nicht einfach mit ‚in den Tod' beantwortet wäre. Sokrates suggeriert dies zwar, wenn er abschließt, er müsse heute auf Befehl der Athener gehen. Simmias kann es dementsprechend nicht nachvollziehen, dass Sokrates ausrichten lässt, man solle in den Tod folgen; zum Sterben werde der gute Euenos doch nun weniger Lust verspüren. Doch Sokrates beharrt darauf: Euenos dürfe sich zwar nicht umbringen – von diesem Verbot sollte man wohl vom Pythagoreer Philolaos schon gehört haben –, als guter Philosoph müsse er den Tod aber wollen. Auch auf die orphisch-pythagoreischen Geheimlehren stützt Sokrates sich: Es sei doch schwer zu verstehen, aber *irgendwie richtig*, dass unser Körper ein Gefängnis sei, aus dem man aber nicht durch Selbstmord fliehen dürfe. Und noch einmal bestärkt er das Selbstmordverbot: Die Menschen seien eine Herde, von den Göttern gut behütet; da sei es doch wohl unvernünftig, sich umzubringen, bevor der Hirte das will.

Auch hier melden sich die Zweifler zu Wort: Das sei ja einsichtig – wenn man unter göttlicher Obhut im Leben steht, darf man sich nicht umbringen. Dann den Tod zu wollen, hieße aber, unvernünftigerweise der göttlichen Obhut entfliehen zu wollen! Doch Sokrates meint, er sei sich sicher, als guter Mensch und Philosoph auch im Tode zu den Göttern zu gelangen, wahrscheinlich wackere Männer zu treffen und überhaupt Gutes zu erfahren. Da verlangen die Zweifler natürlich Erklärung, also präzisiert Sokrates, was mit Tod und Sterben gemeint ist: Wer sein Leben nämlich der Philosophie widme, strebe schon immer danach, zu sterben und tot zu sein. Die Zweifler lachen: Ja, die Philosophen, so ziehen sie den Spott der Leute auf sich. Daher formuliert Sokrates die Fragen, die angesichts dessen zu stellen sind: Wer darüber lacht, weiß nicht, *wie* die wahren Philosophen (ἀληθῶς φιλόσοφοι) den Tod wünschen, noch *wie* sie ihn verdienen, noch *was für* einen Tod.

Was will also der Philosoph, wenn er den Tod will, und wie kommt er dahin? Der Tod, so Sokrates, sei, wenn die Seele abgesondert oder befreit (ἀπαλλαγὲν) vom Leibe ist und der Leib abgesondert von der Seele. Und der wahre Philosoph werde doch wohl bestrebt sein, sich soweit wie möglich seiner Seele zuzuwenden; die Beschäftigung mit den Leibeslüsten ist nicht sein Metier. Er betreibt also diese Absonderung von Leib und Seele und damit das, was man gemeinhin Sterben nennt. Die Begründung dafür ist ein allgemeiner erkenntnistheoretischer Diskurs: Der Philosoph versucht eben, Wahrheit zu erfassen; solange wir das Erkennen aber an die leibliche Wahrnehmung binden, wird es keine Wahrheit generieren. Ist der Leib der Maßstab für unser Handeln, wird er uns vom Erkennen der Wahrheit ablenken und irreführen. Zu Erkenntnis gelangen wir also nur durch den Tod, das heißt hier: durch die Reinigung (κάθαρσις) vom Körperlichen, bis der Gott selbst uns befreit. Sokrates gibt mehrmals zu verstehen, er habe diese Reinigung nach Vermögen schon vollzogen, und zwar auf folgende Weise: Man müsse die Seele daran gewöhnen,

> sich von allen Seiten her [πανταχόθεν] aus dem Leibe für sich zu sammeln [συναγείρεσθαι] und zusammenzuziehen [ἀθροίζεσθαι] und soweit wie möglich, sowohl gegenwärtig als hernach, für sich allein [μόνην καθ' αὑτήν] zu bestehen, befreit [ἐκλυομένην], wie von Banden, von dem Leibe.

Der Philosoph soll also den Tod fürchten, wo er mit den Göttern verkehrt? Das, was man den Tod nennt, strebt er doch die ganze Zeit an!

Was soll man nun damit anfangen? Was soll man mit der Anfangsszene assoziieren? Man kann zuerst einmal die Deutungsangebote studieren – und stellvertretend für viele die Thesen einiger Interpreten verwenden.

Die Apollonprozession aus der Rahmenhandlung mag dem Leser zur zeitlichen Einordnung dienen[4] oder die Wichtigkeit des Mythos für das antike Leben andeuten.[5] Sie mag natürlich ebenso bedeutsam sein, weil sie bereits die enge Verbindung von Sokrates' Schicksal und dem Gott Apollon anzeigt.[6] Bestärkt wird Sokrates' Religiosität ja auch durch den Apollonhymnus, den er im Gefängnis anstimmt. Auf diese Weise deutet Platon vielleicht die Unrechtmäßigkeit des Asebievorwurfes gegenüber Sokrates an und will ihn als eigentlich doch frommen Mann darstellen.[7] Sokrates' Musendienst könnte also genauso wie sein letztes Gespräch ein Gottesdienst sein – belegt auch durch den Traum, der ihm dies anbefiehlt, ein Traum, den Sokrates offensichtlich als göttlichen Auftrag versteht.

Und was Sokrates dichtet! Sein kleiner Mythos, wie ihn Äsop wohl erfunden hätte: das, was die Menschen Lust und Unlust nennen, vergänglich und werdend: Hier ist wohl schon spielerisch angesprochen, was im Dialog durch den Tod überwunden werden soll: die Zwiespältigkeit des menschlichen Daseins in der Zeit, die Leibgebundenheit, der die Vielen verfallen.[8] Und zeigt das nicht auch Phaidons Einschätzung, alle hätten diese merkwürdige emotionale Mischung verspürt, gegenüber der Sokrates völlig standhaft blieb?[9]

---

4 Michael Erler, „Die Rahmenhandlung des Dialoges", in: J. Müller (Hrsg.), *Platon. Phaidon*, Berlin 2011, 19–32, 20 und 26. Vgl. dazu auch Xenophon, *Memorabilia* IV, 8, 2.
5 David A. White, *Myth and Metaphysics in Plato's* Phaedo, Selinsgrove 1989, 28.
6 Dorothea Frede, *Platons „Phaidon"*. Der Traum von der Unsterblichkeit der Seele, Darmstadt 2005², 9.
7 Frede, *Platons „Phaidon"*, 10; Erler, „Die Rahmenhandlung des Dialoges", 26 f.; White, *Myth and Metaphysics in Plato's* Phaedo, 32.
8 Frede, *Platons „Phaidon"*, 12 f. und 24 f.; Erler, „Die Rahmenhandlung des Dialoges", 25; so auch Dirlmeier in seinen Erläuterungen zu: Platon, *Phaidon*, hrsg. u. übers. v. Franz Dirlmeier, München 1959², 253. Auch Ebert meint, Sokrates antizipiere hier bereits „die spätere Verwerfung körperlicher Vergnügen als dem philosophischen Leben abträglich". (Theodor Ebert, *Sokrates als Pythagoreer und die Anamnesis in Platons* Phaidon, Akademie der Wissenschaften und der Literatur [Abhandlungen der geistes- und sozialwissenschaftlichen Klasse 13], Mainz/Stuttgart 1994, 13). Ähnlich auch Romano Guardini, *Der Tod des Sokrates. Eine Interpretation der platonischen Schriften Euthyphron, Apologie, Kriton und Phaidon*, Mainz, Paderborn 1987⁵, 155. Guardini sieht hier eine Relativierung des Zeitlichen (Geburt und Tod) im Angesicht der Reinkarnation. White meint, dies sei ein Vorgriff auf die später folgende Theorie des Entstehens aus den Gegensätzen, welche das weltliche Geschehen kennzeichnet. (White, *Myth and Metaphysics in Plato's* Phaedo, 29)
9 Erler, „Die Rahmenhandlung des Dialoges", 25.

Vielleicht dichtet Sokrates aber auch aus reinem Zeitvertreib? So jedenfalls Barbara Zehnpfennig, die meint, Sokrates, der im Leben nichts versäumt hat, schlage damit die Zeit tot, bis seine Freunde wiederkommen.[10] Oder vielleicht aus einem noch anderen Grund? White meint, Sokrates habe offensichtlich erkannt, dass die philosophischen *logoi* limitiert seien und angefangen, daran zu zweifeln, dass die rein philosophische Arbeit der richtige Lebensweg gewesen sei.[11] Ein Hinweis Platons also darauf, dass der begrenzte Rationalismus der Philosophie – wie es der Dialog vormacht – in den Mythos münden muss?[12] Auch beliebt ist die These, dass durch die Präsenz der Mythendichtung zu Beginn das komplementäre Verhältnis von Mythos und Logos in Platons Werk spielerisch angedeutet ist: Beides steht eben im Dienste der Philosophie und wird von Sokrates genutzt.[13] Aber es erscheint auch paradox, dass Sokrates behauptet, er sei kein Mythenerfinder, und dann erfindet er einen aus dem Stegreif.[14] Angesichts dessen könnte man doch auch auf die Idee kommen, dass angedeutet ist, Sokrates sei immer noch humorvoll im Angesicht des Todes, sodass das ganze atmosphärische Wirkung auf den Leser ausübt.[15] Vielleicht sollte man sich auch vor einer Überinterpretation hüten? Jedoch sollte man gerade in Bezug auf Platon misstrauisch werden, wenn man liest: Eigentlich bedürfe die Gefängnisszene keines weiteren Kommentars,[16] oder: Man wolle diese oder jene Szene nicht überbewerten.[17]

Aber eines kann man doch zumindest neben den Bezügen auf Apollon als gesichert annehmen: Die zahlreichen Anspielungen auf pythagoreische und orphische Lehren, sei es durch die vielen genannten Pythagoreer, sei es

---

10   Barbara Zehnpfennig, Einführung zu: Platon, *Phaidon*, hrsg. u. übers. v. B. Zehnpfennig, Hamburg 1991, XX.
11   White, *Myth and Metaphysics in Plato's* Phaedo, 31.
12   White, *Myth and Metaphysics in Plato's* Phaedo, 31 f.
13   Erler, „Die Rahmenhandlung des Dialoges", 27.
14   White, *Myth and Metaphysics in Plato's* Phaedo, 30.
15   Frede, *Platons ‚Phaidon'*, 12; Erler, „Die Rahmenhandlung des Dialoges", 26.
16   Frede *Platons ‚Phaidon'*, 9.
17   Erler, „Die Rahmenhandlung des Dialoges", 27. Man trifft bisweilen auf *Phaidon*-Interpretationen, in denen die Anfangsszene gar nicht interpretiert wird. (Ein Beispiel dafür ist Peter Gardeya, *Platons Phaidon. Interpretation und Bibliographie*, Würzburg 1996; auch von Kutschera gibt im Wesentlichen den Inhalt wieder und verweist auf die Leibfeindlichkeit und den Pythagoreismus, den Platon neu begründen wolle: Franz von Kutschera, *Platons Philosophie*, Bd. 2, Paderborn 2002, 7–15) Dies gilt ebenso – was durchaus verständlich, aber dennoch problematisch ist – für Arbeiten, die sich einzelnen Themenkomplexen wie den Unsterblichkeitsargumenten oder dem Schlusswort widmen und darüber den Anfang als Weichenstellung vergessen.

durch das Selbstmordverbot, die Betonung der Katharsis, die Leib-Gefängnis-Analogie oder die später noch folgende Reinkarnationslehre. Nur wie haben wir das zu verstehen? Vielleicht adaptiert Platon einfach die Leibfeindlichkeit und predigt den Erkenntnisgewinn im Jenseits, indem er die vorgefundene Lehre auf rationale Füße stellen will?[18] Vielleicht ist der wahre Philosoph aber gerade nicht der Leibfeind, und Platon benutzt diesen Ausdruck ‚wahrer Philosoph' ironisch, sodass derjenige, der den Tod wünscht, die eigentliche Aufgabe und Anstrengung der Selbsterkenntnis verfehlt?[19]

Wir sind ganz offensichtlich von Indizienbeweisen, welche auf Assoziationen beruhen, umgeben, und wir werden nachher den stärksten wählen müssen. Dabei soll nicht bestritten werden, dass Apoll, der Philosophengott, ein Leitmotiv darstellt; auch wird nicht bestritten, dass der Pythagoreismus, der ja auch eine Apollonreligion ist, im Dialog diskutiert wird.[20] Vielmehr werden Apollonreligion und Pythagoreismus durch ein drittes und genauso wesentliches Leitmotiv bestätigt.

Ich werde zuerst auf die Gefängnisszene (Teil 2) und das zugrundeliegende Assoziationsmodell eingehen, welches den orakelhaft wirkenden szenischen Einzelheiten ihre Bestimmung gibt: Platon versucht zuerst, beim Leser das Alltagswissen anzuregen, um es assoziativ mit dem Text zu verbinden.

---

18 Frede, *Platons ‚Phaidon'*, 6; Erler, „Die Rahmenhandlung des Dialoges", 21 f.

19 Zehnpfennig, „Einführung", XXII. So sehr ich auch Zehnpfennigs Ansicht teile, dass hier eine Kritik der leibverachtenden Lehren angesprochen ist, welche die erkennende Seele auf das Jenseits vertrösten wollen: Ironisch wird der Ausdruck nicht gebraucht, ganz einfach weil Platon den Tod als Lebensprozess des wahren Philosophen umdeutet.

20 Überzeugend ist sicherlich die grundlegende Interpretation von Christina Schefer. Sie weist *en detail* nach, wie alle einzelnen Bestandteile des Anfanges des *Phaidon* sowohl die Argumentation als auch den apollinischen Duktus vorbereiten und Platons Philosophie als neue Apollonreligion auszeichnen. So weise – in diesem Rahmen können nur Stichworte wiedergegeben werden – der Theseusmythos (die Schiffahrt nach Kreta zur Tötung des Minotaurus) auffällige Parallelen mit dem Dialog auf, etwa die Schiffsmannschaft und die Aufzählung der Anwesenden, die Rolle Apollons als Retter der Seelen vor dem Untergang, die Charakterisierung des Dialoges und des Lebens als Seereise sowie das Theseusschiff als damals wohlbekanntes Paradebeispiel für das Problem der (apollinischen) Einheit. Die musische Betätigung, die Sokrates durch den Traum anbefohlen wurde, könne in Zusammenhang mit dem Musengott Apollon, mit der Verbindung von apollinischer Harmonie, der reinigenden Funktion von Musik, letztlich also mit Platons philosophischen Grundlagen, gebracht werden. Die kleine Fabel von den Gegensätzen weise zudem ebenso auf Apollon hin, der bei Platon stets als die Einheit und Harmonie im Gegensatz auftauche. (Christina Schefer, *Platon und Apollon. Vom Logos zurück zum Mythos*, Sankt Augustin 1996, 125–174) Mein Beitrag wird sich als Ergänzung und Erweiterung der Schefer'schen Deutung verstehen.

Natürlich handelt es sich hier um das Alltagswissen des *antiken* Lesers oder – noch wahrscheinlicher – Hörers, der auch in der mythischen Sagenwelt des Volksglaubens zuhause ist.

Assoziationen

Das erste, was wir von Sokrates erfahren, ist, dass er gerade von seinen Fesseln gelöst wurde. Man kann sich schon einmal deutend vortasten und hier eine Verbindung zum Befreiungsmotiv herstellen, welches Sokrates wenig später ausführt. Befreit von den Fesseln des Leibes soll ja die Seele rein für sich bestehen und in Begleitung der Götter anzutreffen sein. Wir sollen nun Sokrates vor uns sehen, von Fesseln gelöst – ist damit vielleicht ausgesprochen: Achtung! Du siehst *jetzt* den Sokrates, wie er befreit aussieht!? Das heißt: Du wirst *jetzt* Sokrates' Seele im Beisein der Götter sehen!?

Als nächstes erfahren wir, dass er seine jammernde Frau samt Sohn hinausschickt. Heißt das vielleicht: Achtung! Jetzt nicht die alltäglichen Verstrickungen, sondern Kontemplation!? Hinfort mit weibischen Gefühlsregungen, fange an, in aller Ruhe zu erkennen!? Und tatsächlich, bei der ersten Amtshandlung des Sokrates gegenüber seinen Freunden kann das Erkennen anfangen.

Jetzt nämlich, als Ruhe eingekehrt ist, reibt Sokrates sich das schmerzende Bein und sagt:

> Was für ein eigenes Ding, ihr Männer, ist es doch um das, was die Menschen angenehm nennen, wie wunderlich es sich verhält zu dem, was ihm entgegengesetzt zu sein scheint, dem Unangenehmen, daß nämlich beide zu gleicher Zeit zwar nie in dem Menschen sein wollen, doch aber, wenn einer dem einen nachgeht und es erlangt, er fast immer genötigt ist, auch das andere mitzunehmen, als ob sie zwei an einer Spitze zusammengeknüpft wären; und ich denke, wenn Äsopos dies bemerkt hätte, würde er eine Fabel daraus gemacht haben, daß Gott beide, da sie im Kriege begriffen sind, habe aussöhnen wollen, und weil er dies nicht gekonnt, sie an den Enden zusammengeknüpft habe, und deshalb nun, wenn jemand das eine hat, komme ihm das andere nach.

Nun weist diese Geschichte zumindest eine Ähnlichkeit mit einem Symbol und einem damit zusammenhängenden Mythos auf, welchen aber *Sokrates* tatsächlich nicht erfunden hat; er hat ihn vielleicht nur situationsbedingt verändert. In der griechischen Mythologie gibt es nämlich eine Geschichte über den Gott Hermes, überliefert bei Hyginus: Hermes traf der Sage nach in

Arkadien zwei Schlangen an, welche sich bissen und kämpften. Als er dies sah, warf er seinen Stab zwischen sie, um sie zu trennen. Diese Begebenheit liefert eine mythische Erklärung der zu Platons Zeit durchaus schon bekannten Darstellung des Hermesstabes mit zwei ineinander gewundenen Schlangen, welche sich wie zum Kusse bereit ansehen; die Schlangen sind also zwei und doch eins, sowohl mit den Enden als auch mit den Köpfen miteinander verbunden.[21] Solche Übereinstimmung könnte Zufall sein, erlaubt aber die Frage: Ist dies der Aufhänger, der uns auf Hermes aufmerksam machen soll?[22]

Wir erfahren daraufhin, dass Sokrates im Gefängnis Äsop'sche Fabeln in Verse bringt. Zumindest einmal ist Hermes ein Künstlergott, der damit in Verbindung gebracht werden könnte, aber das sind andere auch. Wir erfahren sogleich, dass Sokrates im Gefängnis einen Hymnus auf Apollon vorgetragen hat. Sicher auch nichts so Ungewöhnliches, und doch könnte es einen Zusammenhang mit einer bekannten Hermessage geben: Als Kind nämlich stahl Hermes eine Kuhherde des Apollon und baute aus Kuhdärmen und dem Panzer einer Schildkröte eine Lyra. Apollon schickte nun Satyrn, um den Dieb zu finden. Irgendwann, als diese durch Arkadien kamen, hörten sie wunderbare Klänge, die sie noch nie vernommen hatten. Vor einer Höhle treffen sie die Nymphe Kyllene an, die den Satyrn erzählt, sie hüte ein Kind, das ein Instrument aus Kuhdärmen und Schildkrötenpanzer erfunden hätte. Nun ist natürlich der Tathergang geklärt, Apollon erscheint, schleppt Hermes in den Olymp und klagt ihn vor Zeus an. Hermes gesteht letztlich seine Tat und zeigt sich demütig; später aber zeigt er Apollon sein Musikinstrument, spielt eine bezaubernde Melodie und singt dazu – *wie Sokrates* – einen Hymnus auf die Götter, sodass Apollon ihm sofort den Diebstahl verzeiht.

Ja, überhaupt die Lyra! Wir lesen doch im *Euthydemos* (272 b–d), dass Sokrates noch im hohen Alter Lyraunterricht nahm. Und diese Form der metrischen Dichtung, die Sokrates hier pflegt, heißt nicht umsonst Lyrik: Jeder

---

21 Was Schleiermacher mit Spitze oder Ende übersetzt, κορυφή, kann auch Kopf bedeuten.
22 Vgl. zu den folgenden Hermesmythen und Bedeutungen vor allem: Hyginus, *Poeticon astronomicon* II, 7; Homer, *Hymnus an Hermes*; Homer, *Odyssee* XXIV, 1–10; Sophokles, *Die Spürhunde*; Macrobius, *Saturnalia* I, XIX; Apollodoros, *Bibliotheke* III, 10, 2; Diodorus Siculus, *Bibliotheca historica* V, 75 und I, 16. Solche Quellen zusammenfassend auch Martin P. Nilsson, *Geschichte der griechischen Religion, Bd. 1. Die Religion Griechenlands bis auf die griechische Weltherrschaft*, München 1992 (1967), 507–510; Ludwig Preller, *Griechische Mythologie, Bd. 1. Theogonie und Götter*, Berlin 1860², 294–327; Wilhelm H. Roscher, *Ausführliches Lexikon der griechischen und römischen Mythologie*, Bd. 1, Leipzig 1884–1890, 2359–2384; Robert von Ranke-Graves, *Griechische Mythologie. Quellen und Deutung*, Hamburg 1994, 52–56. Vgl. auch Platons Ausführungen zu Hermes in *Kratylos* 407 e–408 b und zum ägyptischen Hermes-Äquivalent Theuth in *Phaidros* 274 c–275 b.

wusste damals, dass sie für gewöhnlich ein Singen von Versen war,[23] begleitet durch die Lyra. – Hat Sokrates seine Lyra dabei? Müssen wir uns also dieses Attribut des Hermes, sein Zeichen der Anwesenheit, atmosphärisch dazudenken? Eine Leier ist in der Gefängnisszene nicht erwähnt. Vielleicht durfte er sie nicht mit ins Gefängnis nehmen. Und auch später im Text steht nirgendwo, dass Sokrates seine Leier nähme.

Und doch: Aus einem alltäglichen Situations- und Handlungsverständnis heraus können wir annehmen, dass sie neben ihm liegt. Denken Sie einmal an ein philosophisches Seminar: Was macht man als Dozent, wenn man auf die Schnelle ein erkenntnistheoretisches Problem veranschaulichen will? Meiner Erfahrung nach bin ich nicht der einzige, der als Beispiel einen Tisch, einen Stuhl, eine Flasche oder einen der anwesenden Studenten nutzt, also Gegenstände, die *da* sind, worauf man bespielhaft denkend sehen kann, während man das Problem nachvollzieht. Sokrates macht das gleiche mit Anwesenden: Um das Problem der Größe und Kleinheit zu demonstrieren, verweist er auf den Vergleich von sich selbst, dem anwesenden Phaidon und dem anwesenden Simmias. (102 b–c)

Und um nun Simmias' These zu veranschaulichen, die Seele sei das harmonische Zusammenspiel des Leibes, verwendet Sokrates die Leier und ihre Stimmung. (92 b; auch Simmias benutzt die Leier zuvor in 85 e f. als Beispiel) Genauso verwendet Sokrates die Leier, um zu veranschaulichen, wie Erinnerung funktioniert. (73 d) Er meint, es sei doch wohl oft so, dass man, wenn man eine Sache sieht, sich an eine ganz andere Sache erinnert; zum Beispiel könne man doch, wenn man eine Leier sieht, sich an einen Freund erinnern, der Leier zu spielen pflegt. Nichts anderes als ein Assoziationsmodell ist hier angesprochen, verbunden möglicherweise mit einer Aufforderung: Wenn du eine Leier siehst, kannst du jemanden damit assoziieren, den du kennst! Ich gehe also von einer gewöhnlichen Handlung aus: Sokrates und seine Dialogpartner benutzen öfter anwesende Dinge, die jeder ansehen kann, in diesem Fall mehrmals die Leier. Sie ist also rückblickend auch in der Gefängnisszene am Anfang präsent; *und* sie ist die Erfindung des Hermes, mit der er genau wie Sokrates einen Hymnus gesungen hat.

Geht man dann weiter im Text, kommt man zu Sokrates' Bericht, er habe einen Traum gehabt, den er offensichtlich als göttlichen Auftrag versteht. Jedes griechische Kind wird wohl gewusst haben, welcher Gott mit seinem Stab einschläfern und aufwecken kann, welcher Gott Träume bringt und göttliche Botschaften an die Menschen vermittelt: Hermes.

---

23 Das deutet Platon auch in *Politeia* 601 b3–5 an. Vgl. zur Frage, ob Sokrates in dieser Szene auch singt oder bloß in Verse setzt: Schefer, *Platon und Apollon*, 138–140.

Auch der Abschluss dieser Gefängnisszene lässt uns nicht weiter rätseln: Sokrates sagt, er müsse heute auf Befehl der Athener in den Tod gehen. Jedes griechische Kind wird gewusst haben, wer ihn auf diesem Gang begleitet: Der Gott Hermes legt der Sage nach den Sterbenden seinen Stab über die Augen und überredet sie, mitzukommen; dann führt er die Seelen in die Unterwelt.

Was Äsop uns hier sagen soll, ermitteln wir später noch. Die Frage ist jetzt erst einmal, was wir mit dieser überbordenden Präsenz von Hermessignalen anfangen. Vielleicht sollten wir diese Spur verfolgen und einen etwas genaueren Blick darauf werfen, was Hermes für ein Gott ist und wofür er bekanntermaßen steht.

- Zur Wiederholung: Die Lyra ist eine Erfindung des Gottes Hermes, welcher damit so herzergreifend schöne Musik zu machen imstande war, dass Apollon Hermes, nachdem dieser sich zum Diener erklärt hatte und einen Hymnus auf die Götter sang, einen Viehdiebstahl verzieh. Die Sage geht aber noch weiter: Hermes gab die Lyra im Tausch für das gestohlene Vieh weiter an Apollon, genauso wie seine neue Erfindung, eine Flöte. Dafür erhielt er des Apollon Hirtenstab und wurde zum neuen *Hirtengott* ernannt, außerdem erhielt er von Apollon die Erlaubnis, sich das *Weissagen* beibringen zu lassen. Er ist also wie Apollon ein Musengott, ein Hirtengott und ein Weissager.
- Auch genannt wurde die Sage, in der Hermes in Arkadien zwei Schlangen antraf, welche sich bissen. Er warf also seinen Stab zwischen sie, woraufhin sie sich symbolisch am Hermesstab an einem Ende verknüpfen und einander liebend zuneigen.[24] Dadurch bekam der Hermesstab seine Bedeutung als Symbol des Friedens und der Versöhnung, der Vereinigung von Gegensätzen, sogar der Dialektik, welche das Rechte und Unrechte zu unterscheiden lehrt. Der eigentliche Sinn der Geschichte ist also nicht, das Werdende des menschlichen Daseins zu verdeutlichen, das Gefangensein im Leiblichen, sondern die Unterscheidung, Vereinigung und Versöhnung scheinbar unversöhnlicher Gegensätze, welche dann als Einheit auftreten.
- Hermes ist der Sohn des Zeus und der Nymphe Maia.
- Hermes wurde von Zeus zum Vermittler göttlicher Botschaften ernannt, unter der Auflage, nicht mehr zu lügen. Hermes ist nämlich bekannt als Täuscher und Trickser, als listiger Gott der Diebe. Da er das Wort listig einzusetzen weiß, wurde er auch zum Gott der Redekunst und des Überredens.

---

24 Es war in der Antike auch die Aufgabe eines Herolds, mit seinem Stab oder Zepter in Zweikämpfe einzugreifen. Vgl. Homer, *Ilias* VII, 274 ff.: Hier wird auf diese Weise Ajas und Hektor Einhalt geboten.

Hermes nun gibt Zeus das Versprechen, als Götterbote wahrheitsgemäß zu handeln – als Bote göttlicher Beschlüsse ist er so das Bindeglied zwischen auszulegendem göttlichen Logos und dem Menschen.
- Auch Hades, der Gott der Unterwelt, macht Hermes zu seinem Boten: Hermes legt den Sterbenden seinen Stab auf die Augen und überredet sie zum Mitkommen. Hermes gilt deshalb als Wegweiser und Führer der Seelen in die Unterwelt.[25] Der Hermesstab ist, Tod und Schlaf sind in der Tradition verwandt,[26] auch dazu da, den Schlaf zu bringen, Träume zu senden und jemanden aufzuwecken.[27]
- Hermes gilt als Erfinder unter anderem des Alphabets, der Astronomie, der Tonleiter, der Gewichte und Maße, des Boxens und Turnens. Er ist also ein Gott, der Neues hervorbringt, ein Gott kulturellen Schaffens und der Wissenschaften sowie körperlicher wie geistiger Harmonie.
- Hermes taucht im Homerischen *Hymnus an Hermes* auch als Erfinder des Feuers und des Speiseopfers auf.
- Hermes ist außerdem als Wegführer, als Redner und dank seiner List und Schnelligkeit der Gott der Händler und Kaufleute sowie der Reisenden zu Lande und zur See.

Es ist nicht nur so, dass Hermes bloß in der Gefängnisszene angedeutet wird; wir sehen: Auch im dritten Teil ist er wie Apollon als *Hirtengott* präsent, wenn es heißt, der Mensch sei ein Herdentier, im Leben gut behütet von den Göttern. Auch der Hermes als *Wahrsager* ist präsent: Sokrates vergleicht sich später im *Phaidon* mit den Schwänen des Apoll, die seine Diener seien und, weil sie zu ihm gehören, wahrsagerisch seien und das Gute im Tod im Voraus erkennen. (84 e f.) Sokrates sagt:

> Ich halte aber auch mich dafür, ein Dienerschaftsgenoß der Schwäne zu sein und demselben Gotte heilig und nicht schlechter als sie das Wahrsagen zu haben von meinem Gebieter [...]. (85 b)

Sokrates gibt es also vor: Ich bin genauso dem Apoll zugehörig und genauso ein Wahrsager, der die Kunst von seinem Herren hat![28] Und tatsächlich

---

25 Homer, *Odyssee* XXIV, 1 ff.
26 Vgl. Homer, *Ilias* XIV, 231.
27 Homer, *Ilias* XXIV, 343–344.
28 Wegen dieser Differenz zwischen Sklave und Herr halte ich es auch für unwahrscheinlich, wie Dunshirn annimmt, dass Sokrates (stets unvollendet) mit Apollon *identifiziert* werden kann. (Alfred Dunshirn, *Logos bei Platon als Spiel und Ereignis*, Würzburg 2010, 118–126) Zwar ist es richtig, das Sokrates Aspekte erfüllt, „die vom Mythos traditionell Apollon

müssten doch, wenn man diese Spur der Identifikation verfolgt, direkt einige Parallelen erkennbar werden. Nicht nur hält Sokrates sich wie Hermes für einen Wahrsager dank der Gunst Apolls. Nicht nur singt er wie Hermes mit seiner Leier einen Hymnus auf seinen Gott. Sehen wir uns die Sokrates-Figur in den platonischen Dialogen an, passen auch die weiteren Beschreibungen des Hermes sehr genau auf den Charakter und die Lehre des Philosophen.

- So, wie Hermes der Sohn der Nymphe Maia ist, einer Geburtshelferin und nährenden Mutter, ist die Sokrates-Figur nach eigener Aussage der Sohn einer μαῖα, einer Hebamme.[29]
- So, wie Hermes ein Vermittler göttlicher Botschaften ist, versteht sich Sokrates: In der *Apologie* (23 b) betont er, er helfe Apollon, indem er seine Anweisung unter die Menschen bringt. Damit schlüpft er in die Rolle des ‚ἑρμηνεύς', des Dolmetschers, wie Platon den Gott im *Kratylos* (407 e) nennt. Für eine solche Tätigkeit muss man aber den Umgang mit den Menschen mögen. Auffallend ist die Parallele in der *Ilias*: Hermes' liebste Tätigkeit sei es, in Geselligkeit und Konversation mit Männern sich zu begeben[30] – eine Eigenschaft, die für Sokrates genauso gilt.
- So, wie Hermes ein listiger Gott, ein Gott der Täuschung, aber auch des Überredens, der Rhetorik und der Dialektik ist, ist Sokrates an vielen, vielen Textstellen von seinen Dialogpartnern beschrieben.[31]
- So, wie der listige Hermes in seiner späteren Funktion als Botschafter zwar nicht lügt, aber doch orakelhaft nicht die ganze Wahrheit sagt und deshalb ausgelegt werden muss, ist Sokrates ein Lehrer, der zurückhält, versteckt, andeutet, den Deutenden auf sich selbst zurückwirft. Sokrates stellt den Leser der Dialoge so vor die gleiche Aufgabe, die ihm vom Delphischen Orakel als Botschaft des Apollon auferlegt ist: Der Orakelspruch, auf den ersten Blick leicht verständlich und oberflächlich, bedarf noch der genauen Untersuchung und Übersetzung, um seinen tieferen Sinn zu erfassen.[32] Gerade dieses Oszillieren beider zwischen ironischer Täuschung und Wahrheit lässt sich an zwei einander entsprechenden Gerichtssituationen

---

zugeschrieben werden" (ebd., 118) wie die Arztkunst, die Mantik, Musik, die Reinigung und das Treffen (mit Geschossen); auch ist richtig, dass Apoll sicherlich ein Ideal der Angleichung darstellt, doch Sokrates' Rolle ist noch eher die des Apollon wesensgleichen Bruders. Zumal es gerade Hermes ist, der als olympischer Gott stets als Diener bzw. Sklave (besonders des Zeus) auftritt: Bei Euripides (*Ion* 4) beispielsweise nennt er sich selbst λάτρις.

29 Platon, *Theaitetos* 149 a.
30 Homer, *Ilias* XXIV, 334–335.
31 Bspw. Platon, *Symposion* 215 c–d und 221 e.
32 Platon, *Apologia* 21 b ff.

festmachen: In Homers *Hymnus* (368–369) wird geschildert, wie Hermes, vor Zeus wegen des Viehdiebstahls angeklagt, behauptet, stets wahrhaftig zu sein, ja nicht einmal lügen zu können (obwohl er es *de facto* tut). Ebenso betont Sokrates in seiner Eröffnung der *Apologie* (17 a–18 a), vor den Anklägern nichts als die Wahrheit in schlichten Worten zu sagen – eine listige Selbstverkleinerung, die Sokrates' wohlgeführte rhetorische Angriffe noch nicht erahnen lässt.

- So, wie Hermes das Maß, das Zählen und die Gymnastik unter die Menschen bringt, also die Fähigkeit, Harmonie und rechte Verhältnisse zu erkennen, will Sokrates das Erkennen von leiblicher, kosmischer und seelischer Harmonie und Verhältnismäßigkeit fördern. Nicht von ungefähr ist Hermes, so erfahren wir im *Protagoras* (322 c), der Gott, der den Menschen auch Gerechtigkeitsempfinden einpflanzt, also ein Empfinden für das rechte Maß.

- So, wie Hermes, wie es im *Kratylos* (408 a) heißt, τὸ ἀγοραστικόν ist, also ein auf der Agora Verkehr Treibender, und dies auch noch auf der „Kraft der Rede" (περὶ λόγου δύναμιν) beruht, beschreibt sich Sokrates in der *Apologie* selbst: Seine Verteidigung will er führen, wie er es gewohnt ist, „auch auf dem Markt zu reden bei den Wechslertischen", wo die meisten ihn gehört hätten. (17 c) Passend ist auch, dass Sokrates immer wieder die Lebensführung, den Wissenserwerb und sein dialogisches Geschäft einem Handelsgeschäft analog setzt und seine Gesprächspartner anleitet, dabei keinen Verlust zu machen.[33] Er tritt also wie Hermes als derjenige auf, dem ein gelungener Erwerb von Gütern zu verdanken ist.

- So, wie Hermes der Schutzgott der Reisenden zur See und zu Lande ist, kann auch der Beistand und die Führung Sokrates' auf der im *Phaidon* genannten gefährlichen Floßfahrt des Lebens verstanden werden.[34]

- So, wie Hermes die unversöhnlichen Gegensätze nicht auslöscht, sondern sie vereint, sodass das eine nicht ohne das andere kann; genauso geht auch Sokrates vor: Das Sein nicht ohne das Werden; das Eine nicht ohne das Viele; die Welt nicht ohne Geist.[35]

---

33 Platon, *Phaidon* 69 a f. und *Symposion* 218 e f.

34 Vgl. Platon, *Phaidon* 85 c f.: Simmias bittet Sokrates mit einem neuen *logos* um Beistand für seine Reise. Ebenso bedeutsam ist sicherlich, dass Platons Aufzählung der Anwesenden zu Beginn genau der Schiffsmannschaft der Theseusfahrt entspricht: Nun ist es also Sokrates, der als Schiffsführer seine Mannschaft in den sicheren Hafen geleiten soll. (Vgl. dazu Schefer, *Platon und Apollon*, 135 f.)

35 Paradigmatisch für dieses sich durch Platons Werk ziehende Motiv sei auf den Gigantomachie-Abschnitt im *Sophistes* verwiesen (246 a ff.), in welchem der Fremde als

- Auch die Funktion des Hermes, die Schlafenden aufzuwecken, beansprucht Sokrates als Götterbote für sich: In der *Apologie* (31 a) hält er den Anklägern vor, sie würden ihn „leichtsinnig hinrichten, dann aber das übrige Leben weiter fort schlafen (καθεύδοντες)", wenn „nicht der Gott wieder einen anderen zuschickt aus Erbarmen." Genauso charakterisiert er sich im *Phaidon* (89 b) selbst als Wiedererwecker: hier des *logos*, nachdem dieser in eine Aporie geriet und den Anwesenden damit gestorben scheint.

- So, wie Hermes ein den Göttern opfernder Gott ist, achtet Sokrates darauf, nichts schuldig zu bleiben: Die zweifache Betonung des Opfers am Schluss des *Phaidon* (117 b) erhält vor diesem Hintergrund Sinn. Sokrates bittet zuerst darum, vom Inhalt des Schierlingsbechers etwas zu spenden, und nachdem er seine Freunde zur Ruhe ermahnt hat, weist er Kriton noch an, dem Asklepios einen Hahn zu opfern. (118 a) Dass Platon nicht ausführt, *weswegen* die Opfer dargebracht werden sollen – und auf dieses Weswegen richten die Interpreten zumeist ihr Augenmerk[36] –, könnte daher einen tieferen Grund haben: Platon geht es gar nicht so sehr darum, *wofür* konkret geopfert wird, sondern um die Tatsache, *dass* geopfert wird. Wenn es aber vorrangig um das Ausführen des ehrenden Speiseopfers geht, bietet sich die Deutung an, dass hier die Parallelität von Hermes und Sokrates am Schluss noch einmal aufgegriffen wird und so das Ende mit dem Anfang zusammen den Dialog ‚hermetisch' umschließt.[37]

Vermittler der unversöhnlichen Ideenfreunde und Materialisten auftritt.

36 Vgl. beispielsweise Gerrit Kloss, „Sokrates, ein Hahn für Asklepios und die Pflege der Seelen. Ein neuer Blick auf den Schluß von Platons Phaidon", in: *Gymnasium* 108 (2001), 223–239; Schefer, *Platon und Apollon*, 169.

37 In diesem Zusammenhang ist interessant, wie Platon im *Symposion* Asklepios charakterisiert. Der Arzt Eryximachos führt nämlich die Heilkunst zurück auf den von diesem Gotte gelehrten Ausgleich und die Befriedung von Gegensätzen. (186 b ff.) Dieses Prinzip der Harmonie und des Maßes gelte aber für alles, auch für die Gymnastik, die Tonkunst oder den Landbau. Asklepios bekommt hier also als Vermittler der Harmonie eine ganz ähnliche Rolle wie Hermes zugeschrieben; er ist auch mythisch eng verwandt mit Hermes und Apollon; den Hahn als Attribut haben sie ebenfalls gemeinsam. Wenn man daher über einen konkreten Zweck des Opfers spekulieren will, erscheint es nicht abwegig, dass hier die Anerkennung des Mittlerprinzips gemeint ist, letztlich also die Zeugung und Weitergabe des Göttlichen im Individuum. Dass dieses Prinzip ein wesentliches Motiv des *Symposion* ist, belegt auch Diotimas Unterrichtsstunde. Hier (202 d–203 a) wird dem Eros die Rolle des Hermes zugesprochen: „Was wäre also, sprach ich, Eros? Etwa sterblich? – Keineswegs. – Aber was denn? – Wie oben, sagte sie, zwischen dem Sterblichen und Unsterblichen. [...] Ein großer Dämon, o Sokrates. Denn alles Dämonische ist zwischen dem Gott und dem Sterblichen. – Und was für eine Verrichtung, sprach ich, hat es? – Zu verdolmetschen (ἑρμηνεῦον) und zu überbringen den Göttern,

- Im Zusammenhang mit den Opfern ist Homers *Hymnus* weiterhin von Interesse: Denn Hermes, zunächst noch kein olympischer Gott, wünscht sich nichts sehnlicher, als einer zu werden. Seiner Mutter Maia erzählt er, es sei besser, mit den unsterblichen Göttern zu leben, verehrt und mit Gütern gesegnet, als in der heimischen Grotte zu hausen. (166–175) Dieser Wunsch, bei den Göttern zu sein, erinnert an Sokrates im *Phaidon*, der im Kerker sitzend die Hoffnung ausspricht, nach dem Tode mit den Göttern zu leben. Hermes' Wunsch nun wird erfüllt. Als Belohnung für sein wunderbares Lyraspiel, den Hymnus auf die Götter sowie einen Eid zur Ehrlichkeit verspricht Apollon die Aufnahme bei den Göttern und seinen Günstling mehr zu lieben als jeden anderen Gott oder Menschen. (455–462 und 525–526) Wir dürfen dank der Ähnlichkeit beider Szenen annehmen, dass Sokrates, dem Orakelspruch zufolge der Weiseste von allen und Günstling des Apoll, nach seinem Hymnus ähnliche Ehre zuteil wird.
- Zuletzt bleibt noch die Eigenschaft des Hermes als Seelenführer, der die Seelen überredet, ihm in die Unterwelt, in den Tod zu folgen. Die Parallelität zu Hermes dürfte auf der Hand liegen, wenn Sokrates dem Euenos sinngemäß ausrichten lässt: *Euenos, wenn du klug bist, ein Freund der Weisheit, folge mir. Komm mit in den Tod, es erwarten dich gute Dinge!* Und wir ergänzen: *Ich führe dich, ich weise dir den Weg, halte dich an meiner Seite!* Das werden wir gleich tun und einen Blick wagen, wohin Sokrates uns führen will, denn es ist kaum zu bestreiten, dass Sokrates uns im dritten Teil als Seelenführer zeigen will, was der Tod ist und wie man dahin kommt: *Was für einen Tod die wahren Philosophen wollen, weißt du nicht*, sagt er zu Simmias, *noch auch, wie sie dahin gelangen!*

Bevor wir abschließend diesen Blick in den Tod wagen, will ich aber das bisherige Ergebnis meiner Untersuchung noch einmal herausstellen: Dieser Sokrates *ist* Hermes, der Diener des Apoll und Wahrsager, Versöhner der Gegensätze, der listige Verkünder, Vermittler und Anwender des rechten Maßes und der apollinischen Harmonie, der Überredende und Seelenführer, der Günstling des Apoll. An dieser Identifikation kommen angesichts der Fülle von Zeichen, die man mit Hermes assoziieren kann, kaum Zweifel auf. Das hieße aber, dass

---

was von den Menschen, und den Menschen, was von den Göttern kommt [...]. In der Mitte zwischen beiden ist also die Ergänzung, daß nun das Ganze in sich selbst verbunden ist. Und durch dies Dämonische geht auch alle Weissagung und die Kunst der Priester in Bezug auf Opfer und Weihungen und Besprechungen und allerlei Wahrsagung und Bezauberung. Denn Gott verkehrt nicht mit den Menschen; sondern aller Umgang und Gespräch der Götter mit den Menschen geschieht durch dieses, sowohl im Wachen als auch im Schlaf. Wer sich nun hierauf versteht, ist ein dämonischer Mann [...]."

Platon hier ein Individuum, einen Menschen, dem Gotte gleichsetzt.[38] Und wenn nun das literarische Individuum Sokrates zum Götterboten ernannt wird, müsste das bedeuten, dass er *als Mensch* auch das göttliche Wissen, welches er vermitteln soll, besitzt und erlangen konnte.

Dagegen könnte man einen gewichtigen Einwand vorbringen: Das würde doch einem Platon nicht einfallen – es gibt genug Textbelege, in denen die Unwissenheit, Differenz und Inferiorität des Menschen gegenüber dem Göttlichen deutlich ausgesprochen wird.[39] Die Frage ist also: Wie wahrscheinlich ist es, dass Platon so umfassend Mensch und Gott identifiziert? Gibt es einen anderen, vielleicht genauso eindeutigen Fall, in dem Platon diese Identifikation vornimmt, sodass man behaupten kann: Wenn er diese Technik hier so augenfällig anwendet, welchen Grund sollte es geben, nicht anzunehmen, dass er öfter Menschen als Individuen und Götter dramatisch *gleichsetzt*? Es gibt einen solchen eindeutigen Fall.

Gottmenschen

Man führe sich den Ablauf des *Symposion* vor Augen. Es wurde angefangen zu essen, Sokrates kommt dazu und wird von Agathon gebeten, sich neben ihn zu setzen, um ihn an der Weisheit teilhaben zu lassen. Sokrates kommt der Bitte nach, meint aber, seine Weisheit sei etwas Unsicheres wie ein Traum, da lasse er sich doch lieber von Agathons strahlender Weisheit anfüllen. Agathon riecht natürlich den Braten: *Du bist ein Spötter,* hält er Sokrates entgegen, *aber*

---

[38] Weitere Textstellen, in denen Sokrates mit dem Göttlichen identifiziert wird, sind: Platon, *Apologia* 31 a9–b1 und *Theaitetos* 151 c7–d2. Auch Sokrates' Neidlosigkeit oder Freiheit von Eifersucht (*Apologia* 33 a5–b3 und *Euthyphron* 3 d6–9) ist eine Eigenschaft, die wesentlich das Göttliche charakterisiert. (Vgl. zur Göttlichkeit des platonischen Sokrates und seiner Lebensführung in Bezug auf diese und andere Textstellen: Salvatore Lavecchia, *Una via che conduce al divino. La „homoiosis theo" nella filosofia di Platone*, Mailand 2006, 21–23, 37–41 und 51 f.; zur Neidlosigkeit v. a. 249–252.) Die Neidlosigkeit ist göttlich, weil kein Besitz, kein Gutes, das man geben könnte, vorenthalten wird. (Platon, *Timaios* 29 e) In Homers *Hymnus an Hermes* (464–466) betont auch Hermes, er sei nicht eifersüchtig, als er seine Lyra an Apollon abgibt und Apollon nun seine Stelle in der Kunst des Lyraspiels einnimmt!

[39] Beispielsweise Platon, *Apologia* 23 b. Frede etwa geht, wie viele andere auch, davon aus, dass Platon mit Sokrates die „Überzeugung von der engen Begrenztheit der menschlichen Erkenntnisfähigkeit" teilt, deshalb das Wirken göttlicher Mächte geglaubt und der Mythos zur Beschreibung des mit Vernunft nicht Erfassbaren verwendet werde. (Frede, *Platons ‚Phaidon'*, 11 f.)

wer weiser ist, das machen wir nach dem Essen aus, und Dionysos soll darüber Schiedsrichter sein. (174 a–175 e)

Dann beginnt das eigentliche Symposion, das immer rituell getrennt vom Mahle gehalten wurde,[40] es wird Dionysos geweiht, man beschließt, da die Anwesenden noch verkatert sind, das Trinken maßvoll anzugehen (176 a–176 e), und es folgen die verschiedenen Reden auf Eros. Man führe sich nun vor Augen, wie nach den Reden Alkibiades hereinplatzt und die Szene aufmischt. Es wird beschrieben, dass plötzlich draußen ein Heidenlärm zu hören ist, lautes Stimmengewirr von Feiernden, eine Flötenspielerin ist zu hören und lautes Pochen an der Tür vom Vorhaus. Alkibiades samt Meute wird hereingelassen, er poltert und schreit, kommt sturzbetrunken herein, gestützt von der Flötenspielerin, begleitet von seinem Gefolge und bekränzt mit einem dicken Kranz aus Efeu und Bändern. (212 c–e) – Der Lärm, der Rausch, die feiernden und Flöte spielenden Begleiter, der Efeukranz: Wie aus dem Lehrbuch sind dies die Attribute des Dionysos.[41]

Wir erinnern uns: Sokrates und Agathon wollten dem Dionysos die Entscheidung überlassen, wer der Weiseste sei. Und nun kommt dieser Alkibiades-Dionysos und verkündet: Jetzt bin ich da, um mit meinem Kopfschmuck das Haupt des weisesten und schönsten Mannes zu schmücken! Also geht er zu Agathon und bekränzt ihn als Sieger. Aber es wird erwähnt, dass Alkibiades die Anwesenheit Sokrates' noch nicht bemerkt hatte. Als er schließlich seiner gewahr wird, erschrickt er förmlich und befiehlt dem bekränzten Agathon, Sokrates von seinem Kopfschmuck zu geben. Dionysos hat entschieden: Der Schönste, wie er sagt, ist wohl Agathon, aber der Weiseste ist Sokrates. (212 e–213 e) Danach folgt eine sehr bekannte und sehr zentrale Aussage. Dieser Gott Dionysos, hier erschienen in Gestalt des Alkibiades, teilt Sokrates mit: *Du gleichst den Silenen (also hier als Gott: meinen Begleitern), welche die Bildhauer als Statuen fertigen: außen hässliche Mischwesen, aber wenn man in diese Fassade blickt, indem man sie aufklappt, wird man Bildsäulen von Göttern erblicken!* (215 a–b)

Wir finden im *Symposion* also einen ähnlichen und genauso eindeutigen Fall von einer Identifikation von Gott und Mensch. Und dieser Gott-Mensch Alkibiades bestätigt uns auch noch: Du, Sokrates, bist ein Gott, wenn man den Leib, das Äußere *absondert* und einmal nur das Innere, Wesentliche, die Seele,

---

40 Vgl. Karl Albert, *Griechische Religion und platonische Philosophie*, Hamburg 1980, 110.
41 Diese Identifikation von Alkibiades und Dionysos bemerkt auch Albert, und er kann sich dabei bereits auf zahlreiche andere Interpreten berufen. (Albert, *Griechische Religion und platonische Philosophie*. 114 f.) Vgl. zur Identifikation von Dionysos und Alkibiades auch das Gemälde *Das Gastmahl des Plato* von Anselm von Feuerbach.

ansieht. Die entscheidende Frage, *welcher* Gott es ist, der im Silenen Sokrates ansichtig wird, lässt sich nun beantworten.[42]

Sterben für Philosophen

Greifen wir also wieder die Hermes-Seele unseres Sokrates auf und versuchen wir, zum Abschluss wenigstens anzudeuten, in welchen Tod dieser Seelenführer uns geleiten möchte. Es sollte auffallen, dass Sokrates im dritten Teil die Verhältnisse umkehrt, was auch ein Merkmal der platonischen Jenseitsmythen ist: Die Absonderung der Seele vom Leibe ist der Tod. Da dies aber schon im Leben vollzogen wird, ist nun das Leben der Tod, das Leben ist das Sterben des Philosophen. Der Zustand nach diesem Tode *schon im Leben*, wenn man die Götter entdeckt hat und bei ihnen ist, ist dann ein der Zeit enthobenes Leben der Seele und doch zeitlich: Leben im Tode, Zeit in Ewigkeit, Wesen in Veränderung. Ob wir also die Mythen wie ein Reales lesen oder das Reale wie einen Mythos, ist systematisch unerheblich: Beides zeigt uns die platonische Verbindung dieser Gegensätze in der Seele.

Um nun zu der eigenen göttlichen Seele rein für sich zu kommen, müsse man sie von allen Seiten aus dem Leibe für sich sammeln, zusammenziehen und vom Leibe befreien. Man stelle sich das einmal bildlich vor, denn das ist ein Bild: Die Seele verstreut im Körper, eine disparate Vielheit, an die leiblichen Zufälligkeiten gebunden; und jetzt soll sie wie in einem Punkt, in einer reinen, mit sich identischen Einheit, konzentriert werden. Wir dürfen an die *Politeia* (588 c ff.) denken, in der die dreiteilige Seele als vielköpfiges Ungeheuer, Löwe und Menschlein bildlich dargestellt ist, ständig fluktuierend, und wo es dann heißt: Aus dem Vielen, das auch die Leibseele beinhaltet, soll Eines werden.

---

42 Da erscheint es nicht verwunderlich, dass Alkibiades möglicherweise noch einen weiteren versteckten Hinweis auf die Verbindung von Sokrates und Hermes gibt: In 220 c identifiziert Alkibiades durch ein Homer-Zitat (*Odyssee* IV, 243) Sokrates mit Odysseus. Odysseus aber ist ein direkter Nachfahre von Hermes, da sein Großvater Autolykos der Sage nach ein Sohn des Gottes ist. Läge es angesichts dessen nicht im Bereich des Möglichen, dass Platon sah, was Rudolf H. Klausen sah: dass mit derselben Assoziationsmethode auch Odysseus, der Hirtenfürst, mit Hermes identifiziert werden kann? (Rudolf Heinrich Klausen, *Die italischen Volksreligionen unter dem Einfluß der griechischen*, Bd. 2, Hamburg, Gotha 1840, 1137–1140)

Auch zu Beginn des *Symposion* (174 a) taucht ein möglicher versteckter Hinweis auf, der zu einer Assoziation einlädt: Sokrates, für gewöhnlich unbeschuht, erscheint beim Gastmahl mit umgebundenen Sandalen. Weshalb wird dies betont? Vielleicht, weil Hermes dem Homerischen *Hymnus* (79 ff.) zufolge als Erfinder der Sandalen gilt.

Doch im *Phaidon* ist noch die *Vor*stufe dazu beschrieben: Zuerst wird eine radikale Differenz gesetzt zwischen dem Wesenskern der Seele und dem Leib. Sich erst einmal als eine solche absolute Differenz zu setzen, sich als eine solche wesentliche, nicht den werdenden Zufällen unterliegende *Einheit* zu erfassen, ist notwendig, um im konkreten Lebensvollzug die auch körperlich gedachte Einheit harmonisch um diesen unzeitlichen Punkt zu gruppieren. Deshalb können in diesen Ausführungen des *Phaidon* im Sinne des Aufstiegs in den drei Gleichnissen der *Politeia* die Absonderung des Geistigen von der Sinnenwelt und das Verweilen bei ihm ausgemacht werden. Der Rückstieg in die Sinnenwelt ist hier noch nicht besprochen – wird aber, darüber lässt sich nachdenken, von Sokrates als zeugendem Dialogpartner *in actu* durchgeführt. Der Selbstmord im Leben nun machte genau diesen philosophischen Tod unmöglich: Das Zusammenziehen der Seele als *Anfangspunkt* einer schöpferischen, Bestand habenden Neuordnung und Neugruppierung der Seele. Worauf nun die Betonung liegt, ist, dass die Seele hier zu einer reinen Einheit zusammengezogen wird; vorher aber war sie eine disparate Vielheit; und sie kann auch später wieder zu einer Vielheit werden, nur dann möglichst zu einer harmonischen, einheitlichen, gerechten. In dieser Charakterisierung der Seele als Einheit und Vielheit, als Sein und gestaltungsbedürftiges Werden, kann man gleichzeitig die Identität, aber auch die Differenz zum Göttlichen, zum Einen-Guten sehen: Auch der Mensch hat als erkennendes Wesen eine divine, demiurgische Schöpferkraft; im Gegensatz zu den Göttern muss und *darf* er diese aber auch auf seine eigene Seele und die Seelen der Anderen anwenden – ein Motiv, das sich meines Erachtens durch das gesamte platonische Werk als Weg der Seele zu sich selbst entfaltet.[43]

Ob diese Selbstgestaltung mit Leibfeindlichkeit im strengen Sinne der Leibverachtung einhergeht oder einhergehen kann, darf zumindest angezweifelt werden. Denn die vorläufige Geringschätzung im Dienste einer präzisen Unterscheidung dessen, was das Prinzip des Schöpfertums und harmonischer Gestaltung ist, ist notwendig. Und dieser platonische Sokrates, der das Eine-Gute als Prinzip anerkennt und als Maßstab seiner Seelen-Unterscheidung auch anwendet – er kommt mit seiner Seelenreinigung dem Gott der Reinigung[44] Apollon nahe, um dann als Hermes wieder herabzusteigen und das zeugende Tätigsein im Zeitlichen zu perpetuieren. So wird der historische Sokrates bei Platon zu einem Mythos, zu einer Allegorie der Philosophie

---

43 Vgl. Vf., „Das Kind im Manne. Platons Bewertung der Leiblichkeit im Hinblick auf die Entwicklung der Seele", in: *Perspektiven der Philosophie*, 39 (2013), 131–154.
44 Vgl. Platon, *Kratylos* 400 d ff.

und des Philosophen überhaupt.[45] Das Nichtwissen und die Einsicht in den Unwert menschlicher Weisheit ist in der *Apologie* (23 a) der Anfang der Philosophie, nicht jedoch das letzte Wort; das Ziel für den Menschen, das durch solche Befreiung vom haltlosen Scheinwissen in den Blick gerät, ist das göttliche Wissen. Im Umgang mit dem Göttlichen und in der Besinnung auf das jedem zur Verfügung stehende ewige Wesen der Seele, so lesen wir im *Phaidros* (249 c), vermag es der Mensch, den absolut scheinenden Hiatus zum Göttlichen zu überwinden und als Individuum wahrhaft vollkommen zu werden. Jene Apotheose des Philosophen, dargestellt durch den Mythos Sokrates, zeigt daher das geistige Allgemeine, das Göttliche, *im* Individuum.

Dies ist eine veranschaulichende Technik, die auch in der *Politeia* explizit gemacht wird: Als Vorbild für die Untersuchung, so reflektiert Sokrates, dient nicht nur eine Definition von Gerechtigkeit, das abstrakt gefasste Prinzip, sondern ein ziemlich konkret gefasster Staatsentwurf, der seinerseits als Richtmaß fungieren soll.[46] Auch für den Einzelnen wird als Richtmaß des Glückes nicht bloß die Gerechtigkeit an sich angeführt, sondern der vollkommen gerechte Mann als ein ideales und doch historisches Individuum. Er stellt das Höchstmaß an Orientierung am Wesen dar und so die bestmögliche Verwirklichung des allgemeinen Gerechten. Genauso wird der Tyrann didaktisch verwendet als konsequenteste mögliche Ausformung eines verfehlten Lebens und Denkens, als Extrem, von dem es durchaus Mischformen gibt.

> Des Beispiels wegen also [Platon verwendet hier παράδειγμα, also auch des Vorbildes wegen], sprach ich, suchten wir die Gerechtigkeit an sich, was sie wohl ist, und den vollkommen gerechten Mann, wie es wohl einen geben könne und wie er sein würde, wenn es einen gäbe, und wiederum die Ungerechtigkeit und den Ungerechtesten, damit wir, auf jene sehend, wie sie uns erschienen in Absicht auf Glückseligkeit und ihr Gegenteil, genötigt würden, auch von uns selbst einzugestehen, daß, wer ihnen am ähnlichsten ist, auch das ihnen ähnlichste Los haben werde, nicht aber deshalb, um aufzuzeigen, daß dies wirklich so vorkomme.[47]

---

45 Daher ist umso nachdrücklicher jenen zuzustimmen, die in der Sokratesfigur eine platonische Heroisierung zur mythischen Figur sehen, so z. B. Joachim Dalfen, „Platons Jenseitsmythen: ‚Eine neue Mythologie'", in: M. Janka, C. Schäfer (Hrsg.), *Platon als Mythologe. Interpretationen zu den Mythen in Platons Dialogen*, Darmstadt 2014², 355–371, 360.
46 Platon, *Politeia* 473 a.
47 Platon, *Politeia* 472 c–d.

Als – negatives oder positives – Vorbild dient also das individuelle Mögliche, das aus dem Begriff Erzeugte, welches Allgemeinheit und Vereinzelung vereint und so erst Vor*bild* sein kann! Angesichts dessen kann es kein Zufall sein, dass Platons Sokrates sich in der *Apologie* selbst als gottgesandtes παράδειγμα bezeichnet, welches auf *alle* Individuen anwendbar ist; der Gott bediene sich nur seines Namens – d. h. Sokrates' Individualität –, um das Allgemeine daran zu veranschaulichen.[48] Der Mythos – das individuelle, geschichtliche und dramatische Moment platonischer Dialoge – macht also nicht nur den ideellen Gehalt des Faktischen ‚sichtbar'; er transzendiert auch das Faktische, indem er die ihm innewohnende, gestaltungsbedürftige Möglichkeit *aufzeigt*. Wenn die hier vorgeschlagene Identifikation von Hermes und Sokrates zutrifft, ist daher der wichtige platonische Gedanke, dass jede Seele ein Hermes ist: Jede Seele hat wie Hermes freien Zugang zu allen Bereichen, nämlich Himmel, Erde und Unterwelt. Damit wird das Vermittlerprinzip im Individuum bzw. die Auszeichnung der Seele, Anteil an allem zu haben, durch ein tradiertes mythisches Bild in den Menschen verlagert. Auf diese Weise wird der immer wieder geäußerten Forderung genüge getan, das Göttliche als das Eigene in sich zu entdecken:[49] als Prinzip das apollinische Eine, Gute, Schöne; hinzukommend jedoch auch das Hermetische als Verkörperung und Vermittlung des Logos und der Harmonie im Weltlichen.

Wir können durch solche Überlegungen erahnen, weshalb die Äsop'schen Fabeln in der Szene so präsent sind, warum Sokrates sie rezitiert: Die damals allseits bekannten Fabeln sind ein Paradebeispiel für die Verbindung von erfundener Geschichte (Mythos) und einer lebensrelevanten Weisheit (Logos). Immer geht es darum, dass eine fiktive Handlung oder Geisteshaltung der Protagonisten eine in Worte fassbare Wahrheit darstellt und insofern der Übersetzung bedarf. Immer zeigt ein Individuelles, etwa ein Tier, etwas Allgemeines des Menschen. Und Sokrates, dieser Gottmensch, singt das Äsop'sche Lied, das uns auf jene Verbindung von Sein und Individualität in der erfundenen Geschichte aufmerksam macht.[50]

---

48   Platon, *Apologia* 23 a–b.
49   Platon, *Politeia* 590 b; *Alkibiades I* 133 c; *Phaidros* 249 c.
50   Ob Zufall oder nicht: Philostratos erzählt in der *Vita Apollonii* (v, 15) eine Legende über Äsop: Äsop bittet Hermes um Weisheit. Da aber alle Formen von Weisheit schon verteilt sind, erhält Äsop von dem Gott die Gabe des Mythendichtens, d. h. ganz im Sinne Platons, Falsches zu erfinden, damit aber Wahres zu vermitteln (v, 14; vgl. Platon, *Politeia* 377 a) – das ist die Kunst, die Hermes selbst als Säugling zuerst lernte, als ihm im Olymp Geschichten erzählt wurden. Man kann mutmaßen, ob Philostratos hier vielleicht eine

Als Schlusswort will ich nach dieser Deutung noch einmal auf den Anfang des Dialoges verweisen, auf die Prozession zum Apollonheiligtum sowie Phaidons Äußerung, die Anwesenden seien betrübt gewesen wegen des bevorstehenden Verlustes und doch erfreut, weil man vertraute, Sokrates gehe angesichts seiner Seelenruhe mit göttlichem Beistand. Es ist wie eine Botschaft an den Athener, der gleich diesen Dialog lesen oder hören wird; eine Botschaft, die ihn vorbereitet auf das, was unmittelbar folgen wird: *Ihr huldigt Apoll, indem ihr Schiffe nach Delos entsendet? Seht, hier sitzt eingekerkert der, der den Weg weisen kann, aber ihr unterdrückt und tötet dasjenige in euch, was wirklich eine Huldigung des Gottes wäre!* Und der Weg, den der Leser oder Hörer gehen muss, wird von Phaidon angedeutet: *Sokrates sticht heraus aus uns, dem Rest der Anwesenden, und wird im Folgenden auf seinem Weg mit Göttern zu sehen sein! Achte auf ihn! Sieh hin!* Wie eingangs bemerkt wurde: Man kann sich vorstellen, wie Platon vor dem leeren Papyrus saß und überlegte: Ich muss das Thema nennen. Und vielleicht muss ich das Ergebnis zu Beginn andeutend vorwegnehmen.

Vorliegender Beitrag sollte diesen philosophischen Gehalt thematisieren, welcher durch kompositorisch-dramatische Kniffe realisiert wird und so zur Vernunfttätigkeit *auffordert*: Wir haben mit der Anfangsszene einen Text vor uns, der zusätzliche Belege für die alte These liefern kann, platonische Philosophie sei auch hermetische Philosophie. Es ist ein Text, der höchste Kunst und tiefste Philosophie vereint, der Interpreten verlegen machen kann und diese auf sich selbst zurückwirft; eine im wahrsten Sinne hermetische Passage, die Weichen stellt, *wenn man den Weichenhebel findet*; und wir sehen einen Text, der die Verschmelzung von Platons Sokrates-Figur, von traditionellem Mythos sowie Platons Philosophieverständnis verdeutlicht.

ältere, überlieferte und zu Platons Zeit bekannte Geschichte verarbeitet oder ob diese Legende eine spätere Erfindung ist; jedenfalls würde diese Verbindung von Hermes, der hermetischen Kunst des Mythologisierens, Äsop und der Sokrates-Figur hervorragend ins hier skizzierte Bild passen.

Sein, Seiendes und Nichts. Die Grenzen der Welt der Sprache

Sigbert Gebert

Die Welt ist für den Menschen unhintergehbar eine Welt der Sprache. In ihr stellen sich „erste" und „letzte" Fragen. Sie ergeben sich aus den Eigenheiten der Sprache, die zweiwertig, mit Unterscheidungen operiert. Als Grundunterscheidung unterscheidet sie das Sein von Seiendem, als Urunterscheidung das Sein vom umfassenden Nichts. Die Wirklichkeit begreift sie als zeitlich, räumlich, grundhaft, weshalb sich die Fragen nach Anfang, Ende, Grund von Welt und Leben stellen. Zeit, Raum und Grund entfalten sich in Unterscheidungen, bei denen kein Wert allein zu haben ist, so dass diese Fragen unbeantwortbar bleiben. Der „letzte" Grund ist das Nichts, über das sich nichts aussagen lässt.

1   Die Unhintergehbarkeit der Sprache

Den Menschen zeichnet philosophisch Sinnverstehen, Seins- oder Sprachverständnis aus. Menschliches Leben vollzieht sich in der Sprache. Die Sprache erschließt die Welt. Sprachlich operieren bedeutet zunächst, die Sprache zu vergessen und nur auf ihren Inhalt zu sehen. Die Sprache zieht sich zugunsten der Sache zurück. Traditionell galt die Sprache deshalb der Philosophie als bloß neutrales Mittel zum Ausdruck innerer, vorsprachlicher Vorgänge (Gedanken, Gefühle) oder zur Bezeichnung von Gegenständen. Dass alles Denken sprachlich verfasst ist, wurde nicht zum Problem. Man glaubte vielmehr, direkt auf die Wirklichkeit zugreifen zu können. Die Wirklichkeit ist für den Menschen aber immer eine sprachliche Wirklichkeit. Deshalb gilt: „*Die Grenzen meiner Sprache* bedeuten die Grenzen meiner Welt." Die Sprache und die Welt sind immer *meine* Sprache und Welt, sind, mit Heidegger gesprochen, durch „Jemeinigkeit" gekennzeichnet, sind je unterschiedliche Sprachen und Welten – was keinen Solipsismus bedeutet, da Sprache und Welt soziale Phänomene sind. Die sozialen Vorgaben werden auf individuelle Weise gelebt. So bewegen sich zwar die Glückliche und Unglückliche in den gleichen sozialen Vorgaben der Sprache und in der „äußerlich" gleichen Welt, erleben sie jedoch völlig anders: „Die Welt des Glücklichen ist eine andere als die des Unglücklichen."[1]

---

[1] Zitate: Ludwig Wittgenstein, *Tractatus logico-philosophicus*, Werkausgabe Bd. 1, Frankfurt 1984, 5.6, 6.43.

Deshalb gibt es Grenzen des gegenseitigen Verstehens, die die Philosophie meist meint, wenn sie von Grenzen der Sprache spricht. Zwischen Meinen (Ich) und Verstehen der anderen liegt eine unaufhebbare Differenz. Allgemein gefasst, meint kein Zeichen nach dem (je neuen) Gebrauch, der es verändert (der Kontext ist nie der gleiche), noch genau dasselbe wie vorher. Sinnverschiebungen sind immer möglich, doch sie werden sozial und logisch kontrolliert. Ein gemeinsamer Sinnhorizont ist immer gegeben, sonst wären weder Einverständnis noch Missverständnisse feststellbar. Immer ist irgendetwas gewiss, unhinterfragbar (also auch unbegründbar), ist Fundament für anderes. Auch die Dekonstruktion einer Unterscheidung ist nur aufgrund einer anderen möglich, die uneinholbare „Spur", Derridas différance, faktisch kein Problem, da gemeinsame, gewisse Unterscheidungen unhinterfragt als Ausgangspunkt der Kommunikation dienen. Dass Verständnis für andere Lebensformen und Übersetzungen möglich sind, jeder Mensch jede beliebige Sprache erlernen kann und sich Lebensformen angleichen können, besagt, dass es allen Lebensformen gemeinsame, universale Gewissheiten gibt, die die menschliche Erfahrung in je kulturspezifischer Form bestimmen. Die These von der Unbestimmtheit der Übersetzung oder Interpretation (Quine, Davidson) überbetont die Verschiedenheit: In fremder Umgebung wird man viel, aber nicht alles missverstehen, und je länger man in ihr lebt, um so mehr versteht man (im Dialog, in einem „unendlichen" Verstehensprozess, so Gadamer, nähert man sich dem gegenseitigen Verstehen). Die Grundbedingungen der menschlichen Lebensform überhaupt, die praktischen Erfordernisse sorgen für eine ähnliche Welt, für Universalien. Allen Lebensformen gilt so der Tod als einschneidende Zäsur, sind Raum und Zeit (in verschiedenen Interpretationen) unhintergehbare Vorgaben, haben Selbstzuschreibungen einen anderen Stellenwert als Fremdzuschreibungen, irritieren Widersprüche.

In den zugleich sozial und individuellen Welten vollzieht sich das Leben. „Die Welt und das Leben sind Eins."[2] Leben heißt „In-der-Welt-sein" (Heidegger). Jede Welt hat aber – qua definitionem – Grenzen. Sie lassen sich nicht von der jeweiligen Welt aus beobachten: Nach Wittgenstein ist die Grenze der Welt das Ich oder das metaphysische Subjekt – modern ausgedrückt: Der Beobachter, der sich selbst nicht sehen kann. Allgemein gefaßt: „Die" Welt, „das" Leben, „die" Sprache lassen sich nicht als Ganzes überblicken, denn es gibt keine Position außerhalb, von der aus sie sich beobachten ließen. Sie sind Vorgaben, in denen sich jede schon bewegt, und diese Vorgaben können immer nur bis zu einem gewissen Grad, nie völlig durchschaut werden – eine prinzipielle Grenze der Philosophie, die es ausschließt, metaphysisch auf einem letzten oder ersten

---

2 Wittgenstein, *Tractatus*, 5.621.

Grund aufzubauen: Es gibt nie eine erste Bedeutung, weil sie immer erst im Nachhinein festgestellt werden kann.

Welt, Sprache, Sinn oder Sein sind als unhintergehbar nicht von anderem her zu verstehen. „Doch das Sein – was ist das Sein? Es ist es selbst." Es ist dasjenige, was sich selbst gibt. Ebenso ist Sinn ein undefinierbarer, nur umschreibbarer Begriff: „Eine Definition zu versuchen, würde dem Tatbestand nicht gerecht werden, da bereits die Frage danach voraussetzt, daß der Fragende weiß, worum es sich handelt." Daraus ergibt sich das Rätselhafte oder Mystische von Leben und Welt. „Nicht wie die Welt ist, ist das Mystische, sondern *daß* sie ist."[3] Das Rätsel des „Dass" ist mystisch, weil man es als Urphänomen nicht auf anderes zurückführen, nicht erklären kann. Über es lässt sich nichts weiter aussagen. Und doch „weiß" man vom Dass: Es zeigt sich. Jede erfährt sich als Ich, Leben, In-der-Welt-sein, ohne einen Grund dafür angeben zu können, denn: „das Woher und Wohin bleiben im Dunkeln."[4] Die Fragen, warum gibt es die Welt und was ist ihr Ziel, finden keine Antwort. Alles hierzu *Gesagte* ist Unsinn. In der Sprache stellen sich Fragen, die sich nicht sinnvoll beantworten lassen. Die Sprache gelangt mit solchen Fragen an ihre Grenzen.

Das zeigt sich im Denken. Denken ist Operieren mit Zeichen (Sprachzeichen, mathematischen Zeichen, Schachsymbolen). Die Grenzen der Sprache werden im philosophischen Denken gezogen, sind Grenzen des Denkens. Die Philosophie unterscheidet Sinn und Unsinn, zieht eine Grenze von sinnvollem und unsinnigem Denken und Sagen. Wo diese Grenze liegt, wird historisch unterschiedlich bestimmt. Geht man von der Sprache als Urphänomen aus, so gibt sie durch ihre Ordnung dem Denken als Operieren mit Sprachzeichen einen Rahmen vor, innerhalb dessen es sich nicht beliebig bewegen kann, sofern es Konsistenz und Vermittelbarkeit anstrebt.

Sprache meint in einem weiten Begriff nicht nur die Lautsprache, sondern alle Sinnzusammenhänge, allen Sinn, alles, was verstanden werden kann. Musik, Kunst, Liebe sind stark leiblich fundierte Sinnzusammenhänge, die sich laut- und schriftsprachlich nur unzureichend verstehen lassen. Nur in der Laut- und Schriftsprache, den wichtigsten menschlichen Sinnzusammenhängen, kann sich Sinn jedoch auslegen oder auch selbst durchsichtig werden, und nur in ihnen lassen sich die Grenzen von Sinn bestimmen. Philosophie ist heute Selbstauslegung der Sprache, der Versuch, die eigenen Voraussetzungen

---

3 Martin Heidegger, *Wegmarken*, Frankfurt a. M. 1978, 328. Niklas Luhmann, *Soziale Systeme*, Frankfurt a. M. 1984, 93. Wittgenstein, *Tractatus*, 6.44.
4 Martin Heidegger, *Sein und Zeit*, Tübingen 1979, 134.

und Strukturen auszumachen. Das kann sie nur im Ausgang von diesen Voraussetzungen und Strukturen. Da es keine Position außerhalb von Sprache (und Welt) gibt, Zeichen Ausgangspunkt und Resultat jeder Auslegung sind, muss man immer mit einem Zeichen beginnen, das Sprachstrukturen voraussetzt, in einen Zirkel eintreten. Die Sprache ist so nicht „an sich" gegeben, sondern zu einem jeweiligen Zeitpunkt mit seinem Stand des Wissens. Von ihm muss eine Selbstauslegung ausgehen, will sie plausibel erscheinen. Die Sprache „je nach dem Stande der Beobachtungen in Einklang zu bringen mit sich selbst, mehr kann der Philosoph nicht wollen."[5] Die Auslegung „begründet" sich selbst, zeigt sich in der Durchführung als plausibel, leuchtet ein (oder leuchtet nicht ein). Heute, wo alles in zeitlicher Entwicklung, in Evolution gesehen wird, scheint der Ausgang von einer Grundbedingung allen Lebens plausibel, dem Unterscheiden.

2 Unterschiede und Unterscheidungen in der Welt

Leben bedeutet Verarbeiten von Informationen, und Informationen sind nach Bateson Unterschiede, die einen Unterschied machen. Die Unterschiede sind keine „objektive" Vorgabe, der zu folgen wäre, sondern die jeweilige Operationsweise konstruiert sich ihre Unterschiede, ihre Welt, ihre Ordnung. Dabei muss sie an etwas Vorgegebenem ansetzen, das ihr Unterscheiden bestätigt: Auch das nicht lebende Seiende ist durch Unterschiede gegliedert. Das Leben benutzt diese Unterschiede für seine Zwecke. Die Besonderheit der Sprache liegt darin, die Unterschiede mittels Unterscheidungen zu konstruieren. Alles Leben unterscheidet Unterschiede, aber nur die Sprache kennt Unterscheidungen. Mit ihr werden nicht einfach Unterschiede nachzuzeichnen versucht, für sie ist die Welt nicht einfach so, wie sie ist. Die Sprache macht aus der Welt eine sprachliche Welt. Die Welt der Lautsprache ist eine je auch anders mögliche Welt. Die Lautsprache stellt für alles eine positive und negative Fassung bereit. Jede Sprachoperation kann bejaht oder verneint werden. Das Leben unterscheidet, beobachtet „naiv", folgt Unterschieden. Von der Sprache aus gesehen, bezeichnet es unmittelbar eine Seite einer Unterscheidung, ohne etwas von einer nicht-bezeichneten Seite zu wissen – Spencer-Brown bezeichnet das als „Form". Unterschiede, Formen, sind ursprünglicher als Negationen und Unterscheidungen. Nur wenn man von zwei Seiten weiß, wird eine Wahl, die Negation möglich. Die Negation

---

5   Fritz Mauthner, *Beiträge zu einer Kritik der Sprache*, Bd. 3, Frankfurt a. M. 1982, 628.

benötigt eine Position, die sie negiert. Oder auch umgekehrt: Wer verneinen kann, unterscheidet zwei Seiten. Die „formale" Grundunterscheidung, der Sprachcode, dem jede sprachliche Operation unterliegt, ist die Unterscheidung von Ja und Nein, die Bejahung und Verneinung. Die Sprache ist binär, zweiwertig codiert, und diese Zweiwertigkeit bestimmt alle ihre Operationen – mehrwertige Unterscheidungen schließen an zweiwertige an. Manche Unterscheidungen beziehen sich auf „vorgegebene" Unterschiede, konstruieren etwa Objekte (als das, was gegen alles andere abgegrenzt ist), andere Unterscheidungen ordnen die soziale Welt (etwa gut/schlecht, Macht/Ohnmacht), andere Unterscheidungen sind fiktiv (wie heute philosophisch die Unterscheidung von Gott und Mensch, Teufel, Welt).

Alle Unterscheidungen aber müssen sich auf Unterschiede stützen, sonst hätten sie nichts zu unterscheiden (deshalb haben auch alle fiktiven Unterscheidungen – etwa Phantasiewesen – einen Bezug zur Welt). Die Welt der Unterschiede ist jedoch – für die Sprache – ein Kontinuum, die Sprache hingegen digitalisiert. Die Sprache kann die Unterschiede nicht einfach abbilden, analog wiedergeben, sondern führt mit ihren Unterscheidungen in die Welt diskrete Unterschiede ein, setzt mit der Bezeichnung Grenzen, Objekte, Identitäten. Im quasi übergangslosen Kontinuum gibt es aber keine festliegenden Grenzen. Als Folge hat die Sprache Schwierigkeiten Veränderungen, Übergänge zu begreifen (etwa die Übergänge vom Leblosen zum Leben, vom Leben zum Bewusstsein, vom Bewusstsein zur Sprache). Keine Bestimmung der Welt kann sie „als sie selbst" fassen. Die Sprache will zwar ihren jeweiligen Inhalt bestimmen als das, was er „an sich" ist. Das ist jedoch nur möglich durch Bezeichnung mit einem Wert, die einen Gegenwert benötigt, von dem sie sich abhebt. Der Inhalt ist Teil der jeweiligen Welt, die „an sich" ist, wie sie ist, auf einer Ebene, ohne Selbstbezüglichkeit, widerspruchslos (nur die Sprache, die die Welt bezeichnen muss, führt zu Widersprüchen oder Paradoxien), einwertig, während die sprachliche Welt eine zweiwertige Welt und als solche eine Welt der Möglichkeiten und Entscheidungen ist. Die Sprache erlaubt es, sich auf mehrere Möglichkeiten einzustellen und bewusst auf erwünschte Weltzustände abzuzielen. Was aber meint dann „die Welt", die zugleich Wirklichkeit und Möglichkeit ist?

Die Welt wird alltäglich als das All des innerhalb der Welt vorhandenen Seienden (Dinge, Personen) verstanden – nach Kant der Inbegriff aller Erscheinungen, moderner: als Gesamtheit der bezeichnenden und bezeichneten Dinge und ihrer Beziehungen – oder auch als die Welt, in der der Mensch lebt. Geht man von der Sprache aus, meint Welt hingegen das Sein, den Horizont, von dem her das jeweilige Innerweltliche erst verstehbar wird. Das alltägliche Verständnis der Welt als Gesamtheit der Dinge, der Wirklichkeit, vergisst, dass es Dinge und Personen nie isoliert gibt, sondern sie immer in Bezügen stehen, sie von einem (sprachlichen) Horizont her verstanden werden. Leben heißt In-Bezügen-sein, sprachliches Existieren In-der-Welt-sein. Mit der Sprache wird Welt als entfaltete Einheit von Horizont (Sein) *und* Seiendem. Seiendes kann nur offenbar werden im Horizont einer Welt, und Horizonte gibt es nur, wenn Seiendes ist. Da Welt als Einheit beides beinhaltet, bleibt der Begriff mehrdeutig.

Das führt zu Verwirrungen, etwa wenn man eine allen möglichen Welten vorausliegende Gesamtwelt zu bestimmen versucht. Luhmann bestimmt sie in Anlehnung an Spencer-Brown einmal als das, was durch die Form des Zeichens gespalten wird, als der Zustand, die „Welt vor jeder Unterscheidung" (unmarked state), den „unterscheidungslosen Weltzustand", eine „Hintergrundsunbestimmtheit (weder Sein noch Nichtsein)". Doch zugleich müssen die Unterscheidungen in der Welt schon angelegt sein: Welt ist dann die „Einheitsformel aller Unterscheidungen", der „Gesamthorizont alles sinnhaften Erlebens".[6] Wenn die Welt die Einheit aller Unterscheidungen, die Gesamtheit von Sinn- oder Sprachmöglichkeiten ist, kann sie aber nicht als bloßes, beliebig formbares Medium, als Chaos vorliegen, sondern muss der Sprache Angriffspunkte liefern, also immer schon geordnet sein. Ohne „Vor-Ordnung" könnten die Unterscheidungen nichts unterscheiden. Insofern gibt es keinen unterscheidungslosen Welt*zustand*, wie das Wort selbst schon sagt. Es gibt nur eine jeder Unterscheidung schon vorausliegende Welt, die sich mit jeder Unterscheidung erweitert. Leben bedeutet „naiver", Sprache bewusster Weltbezug. Erst das Ende der jeweiligen Welt im Tod hebt alle ihre Unterscheidungen und Bezüge auf (während andere Unterschiede, etwa physikalisch-chemische, weiterbestehen). Unterscheidungslos (ohne Bezüge) ist einzig das Nichts.

3 Das Paradox der Zweiwertigkeit

Jede Sprachfestlegung verweist aufgrund der Zweiwertigkeit auf ihre gegenteilige Möglichkeit. Daraus können Widersprüche entstehen, und zwar wenn etwas zugleich bejaht und verneint wird. Das muss verhindert werden: Widersprüche blockieren das weitere Operieren. Die Logik, die bei den

---

[6] Niklas Luhmann, *Die Gesellschaft der Gesellschaft*, Frankfurt a. M. 1997, 152 f., 897, ders., *Die Kunst der Gesellschaft*, Frankfurt a. M. 1995, 51 f.

Griechen aus dem Streitgespräch, aus der Erfahrung des Annehmens und Ablehnens entsprang, will deshalb explizit Widersprüche – vor allem in der wissenschaftlichen Kommunikation – vermeiden. Der Grundwiderspruch liegt jedoch in der Zweiwertigkeit selbst und findet sich in jeder Unterscheidung. Jede Unterscheidung trennt ihre Werte und bezieht sie zugleich aufeinander. Damit etwas unterschieden werden kann, müssen sich die Werte der Unterscheidung auf dasselbe Phänomen beziehen können, eine Einheit bilden (eine Person kann gut oder böse sein, ist die Einheit von gut und böse). Eine Einheit wiederum lässt sich nur über eine Differenz bestimmen (die Einheit Person etwa durch Abgrenzung von Tieren). Unterscheidung und Einheit, Differenz und Identität setzen sich wechselseitig voraus. Unterscheidung und Einheit sind zugleich selbst wieder eine Unterscheidung, die Einheit voraussetzt. Das Paradox der gleichzeitigen Differenz und Identität ergibt sich bei jeder Unterscheidung: Bevor sie angewandt, entfaltet wird, ist die Unterscheidung die Einheit ihrer unterschiedenen Werte, das Unterschiedene dasselbe.

Aus diesem Paradox ergeben sich bei Selbstanwendung Blockaden, die sich nur durch Rückgriff auf andere Unterscheidungen auflösen lassen. Für die Gesellschaft legt die Verfassung recht- und unrechtmäßige Verfahren fest. Es bleibt jedoch unentscheidbar, ob diese Festlegung selbst recht oder unrecht war. Das Recht kann sich nicht selbst als rechtmäßig begründen (die Berufung auf Menschenrechte verschiebt das Problem nur auf deren Begründung). In der Wissenschaft entscheidet die gewählte Methode über richtig und falsch, die selbst nicht richtig oder falsch, sondern erfolgreich oder nicht erfolgreich ist (die Vielfalt der Methoden rührt neben ihren Erfolgen daher, dass sich alle auf die selbstgeschaffene Wirklichkeit als Entscheidungsinstanz berufen). Die Religion muss sich mit den Paradoxien eines zugleich als transzendent und immanent gedachten Gottes herumschlagen, die Ethik und Politik, mit der Frage, ob der Einsatz von Moral selbst moralisch gerechtfertigt ist, die Philosophie mit den Problemen ihrer jeweiligen Grundunterscheidung, etwa der Unterscheidung von Selbstreferenz und Fremdreferenz, die im Bewusstsein zusammenfallen. Das Problem lässt sich nur praktisch, durch Entscheidung, die Entfaltung der Unterscheidung lösen. Theoretisch kann es nur verschoben werden, indem nach dem Vorbild Fichtes der eine der zwei Werte nicht nur als Gegensatz, sondern zugleich als umfassender Wert genommen wird, als Einheit der Differenz (das Ich teilt sich selbst in Ich und Nicht-Ich), wobei die Einheit dann aber wiederum der Differenz bedarf (das Ich eines Anstoßes, eines Etwas, das es nicht schon selbst ist). Das alles ergibt sich auch bei der Selbstreflexion der Sprache.

4 Die „inhaltliche" Grundunterscheidung der Sprache

Auch die Sprache kann sich selbst nur durch Abgrenzung, in Differenz zu anderem verstehen, muss sich von Nicht- oder Außersprachlichem unterscheiden, einem Jenseits von Sprache. Das Nicht- oder Außersprachliche kann zunächst alles das meinen, was nicht Sprache ist. In der Sprache, in Seinsweisen, zeigt sich das Seiende, das Nicht-Sprachliche. Umgekehrt gilt: „Sein ist jeweils das Sein eines Seienden." Das Sein oder die Sprache bezieht sich immer auf ein Seiendes. Was ist das Seiende? „Seiend ist alles, wovon wir reden, was wir meinen, wozu wir uns so und so verhalten, seiend ist auch, was und wie wir selbst sind."[7] Das Seiende meint nicht einfach Dinge oder Gegenstände, auch nicht nur das Wirkliche, sondern ebenso das Fiktive, das Unsinnige – schlechthin alles, von dem die Rede ist. Das Wirkliche (in der jeweiligen geschichtlichen Interpretation als Anwesen, Ding, Gegenstand) hat dabei den Vorrang, insofern ihm alles – Gott, das Fiktive – nachgebildet wird (Wirklichkeit und Fiktion sind zwei unterschiedliche Seinsweisen). Ganz formal meint das Seiende das „Etwas". Das Seiende ist eine Abstraktion vom Sein, von allen Bezügen.

Für den Menschen gibt es das Seiende nur in Bezügen, in Seinsweisen. Das Sein bringt zum Seienden die Bezüge „hinzu". Das Sein oder die Sprache stellt das Seiende in eine Welt, einen Horizont. Die Sprache macht, dass das Seiende als Seiendes offenbar wird, stellt es in den Horizont von „Seiendsein" überhaupt. Es kann als Ding, Gegenstand, Tatsache, Ich, Fiktives, Unsinniges, Ästhetisches angesprochen werden, weil es im Horizont von Dingheit, Gegenständlichkeit, Tatsächlichkeit, Ichheit, Fiktiv-, Unsinnig-, Gelungensein steht. Die „inhaltliche" Grundunterscheidung, mit der sich die Sprache selbst ihr Operieren ermöglicht, ist die Unterscheidung von umfassendem Horizont und des innerhalb des Horizonts erscheinenden „Etwas" – die Unterscheidung von Sprache, Sinn, Sein vom Seienden, die ontologische Differenz.

Wenn sich die Sprache von Nicht- oder Außersprachlichem, dem Seienden, unterscheidet, gilt einerseits: Nicht alles ist Sprache. Andererseits ist aber alles, was verstanden werden kann, sprachlich vermittelt: Das Nichtsprachliche lässt sich nicht nicht-sprachlich verstehen, benötigt zu seinem Erscheinen die Sprache. Die Sprache macht die Unterscheidung von Sprache und Außersprachlichem und vergisst sich selbst, um das Seiende als Seiendes verstehen zu können –, und zwar sprachlich, innerhalb von Unterscheidungen. Das Umfassende, die Einheit ihrer Unterscheidungen, ist die Sprache selbst. Die Sprache lässt sich nicht von außen begrenzen, sondern zieht in sich selbst

---

7 Heidegger, *Sein und Zeit*, 9 und 6 f.

eine Grenze zwischen sich und dem als Tatsachen, Gegenstände, Dinge, Fiktion, Unsinn interpretierten Seienden.

Die Sprache hat keine Grenze, sondern sie ist Grenzziehung und muss immer Außersprachliches von sich abgrenzen und voraussetzen. Wie das Ich Fichtes, das sich zwar immer wieder nur selbst findet, als solches aber erst einmal faktisch existieren muss und zu seiner Selbstfindung einen Anstoß braucht, so schafft sich auch die Sprache nicht selbst. Das Wie des Operierens bleibt rein immanent, aber das Dass eine uneinholbare Vorgabe. Die allumfassende Sprache ist nichts Unabhängiges, sondern hat vielfältige – physikalisch-chemische, biologische, psychische, soziale – Voraussetzungen. Diese Voraussetzungen färben auch auf sie ab, setzen ihr Grenzen. So benötigt sie menschliche Individuen für ihr Operieren und ist auf deren Bedürfnisse abgestellt, muss ihnen die unmittelbaren Lebensbedürfnisse sichern helfen und deshalb die Tatsachen berücksichtigen. Aber auch das benennt wiederum die Sprache selbst: Sprache bildet ein geschlossenes System, das alles, was es ausschließt, durch den bezeichneten Ausschluss einschließt.

Das Dass äußert sich als Widerstand: Die sprachliche Welt ist nicht beliebig möglich. Die Sprache wird vom Nicht-sprachlichen, den Tatsachen „kontrolliert". Wenn Beobachtungen nicht mit der Wirklichkeit übereinstimmen, dann liegt es nicht an der Wirklichkeit, sondern den Beobachtungen. „‚Irgendwo wirst du doch an Existenz und nicht-Existenz anrennen!' Das heißt aber doch an *Tatsachen* nicht an Begriffe." Tatsachen können zur Änderung von Begriffen führen: „Es ist Erfahrungstatsache, daß Menschen ihre Begriffe ändern, wechseln, wenn sie neue Tatsachen kennenlernen."[8] Kommt man dann aber nicht zu einer Art Realismus, bei dem sich die Sprache an die Tatsachen angleicht?

Ein Seiendes (innerhalb eines Begriffssystems, innerhalb von Unterscheidungen) kann sich ändern (Kernkraftwerken wird heute in Deutschland nicht mehr der Wert „sicher" zugeschrieben) oder aber das Verfahren zur Einordnung von Seiendem, das Begriffssystem, die Unterscheidungen werden ausgewechselt (Gott wurde vom höchsten Wesen zur menschlichen Projektion). Die Sprache definiert die Seinsweisen und so auch das, was als vorgegebene Realität hinzunehmen ist (heute sind das die Tatsachen der Wissenschaften). Und neue Erfahrungen mit den Tatsachen oder veränderte Tatsachen sind nie „als sie selbst" gegeben, sondern immer durch Sprache vermittelt. Zusammenstöße von Sprache und Wirklichkeit werden aufgelöst, indem man Werte anders zuweist oder neue Unterscheidungen einführt.

Die Grenze zwischen Sprache und Tatsachen, zwischen Sein und Seiendem muss auf irgendeine Art gezogen werden und bleibt doch unscharf. Auch hier

---

8 Ludwig Wittgenstein, *Zettel*, Werkausgabe Bd. 8, Frankfurt a. M. 1984, 363, 352.

macht sich das Paradox der Einheit von Unterscheidungen bemerkbar. Wenn die Unterscheidung von Sein und Seiendem, die ontologische Differenz, die Grundunterscheidung der Sprache darstellt, so stößt man hier gewissermaßen auf das Grundparadox: Sein und Seiendes zeigen sich zugleich in Verbindung und als Gegensatz; Sein und Seiendes sind verschieden und zugleich ununterscheidbar, insofern es Seiendes nur als Sein, nur in der Sprache gibt. Das Seiende ist nicht-sprachlich und sprachlich zugleich, wobei das Sein, die Bezüge, das Umfassende sind.

Aber auch für das Sein, die Bezüge gilt, dass sie verneinbar sind. Das Sein kann auch nicht sein. Das Nichtsprachliche kann auch das Weg von Sprache überhaupt meinen, das Nichts.

5 Die Urunterscheidung von Sein und Nichts

Die Sprache entfaltet sich über die Grundunterscheidung von Sein und Seiendem, benötigt aber auch einen Einheits- und Gegenbegriff: Ihr Umfassendes ist das Nichts, das das Sein, die Sprache aus sich hervorbringt – mit der Urunterscheidung von Sein und Nichts gibt es erst das Sein.

Das Nichts zeigt sich in der Welt als Tod. Der Tod bedeutet das Ende des Lebens, das Ende einer besonderen Organisationsweise, der Tod des Menschen das Ende seiner spezifischen sprachlichen Seinsweise, das Ende der Sprache, das Ende von Sinn und damit das Ende von Welt. Die letzte „Wirklichkeit" für die Sprache und das Leben überhaupt ist das Nichts. Das Nichts ist das Wegsein der besonderen Organisationsformen von Leben und Sprache. Es ist der Gegensatz zum Sein, das immer als Bezug besteht. Menschsein bedeutet In-der-Welt-sein, bedeutet als sprachlicher Weltbezug zu existieren. Die Toten sprechen hingegen nicht, und mit den Trägern der Sprache fehlt das „Haus des Seins", wenn sonstiges Leben stirbt, enden seine Weltbezüge.

Der Tod oder das Nichts kommt als Ende einer Welt in der Welt der anderen vor und lässt sich sprachlich negativ, als das, was er nicht ist, in Abgrenzung zu Leben, Sein, Sinn beschreiben. Das Ende des Seins, das Fehlen von Sinnbezügen, der Zustand, in dem sich Lebloses, Bezugloses, Sinn-loses befindet, wird aber auch in der negativen Beschreibung immer noch als Bezug (Gegensatz, Wegsein von) gefasst. Vom Seienden kann nur in der Sprache, soweit ihre Begriffe reichen, die Rede sein. Nur für Leben und Sprache gibt es aber den Tod. Nur Weltverhältnisse, das Leben, können nicht sein. Das Sein gibt es bewusst nur, solange Seinsverständnis ist. Alle sprachlosen Voraussetzungen der Sprache lassen sich deshalb nicht als sie selbst verstehen. Das Verstehen ist an Seiendes „gebunden", das auch ohne Sprache in irgendeiner Form weiter da ist, ohne dass die Sprache ein treffendes Wort für dieses „unsterbliche" Rest-Etwas, das sinn-lose, bezugslose Seiende hätte.

Ein absolutes Nichts von Seiendem ist – hier hat die Tradition völlig Recht – undenkbar. Das absolute Nichts bezieht sich nur auf das Sein. Vom Seiendem bleibt hingegen immer ein „Etwas" – traditionell gesprochen: ein materielles Substrat. Das Seiende unterliegt nur Veränderungen, löst sich aber nie in Nichts auf, ist vom Nichts nicht betroffen. Der gestorbene Mensch ändert als Seiendes so „nur" seine Form, der Organismus löst sich auf, wird zu Staub, aber eben nicht zu nichts. Ein Musikstück entsteht nicht aus dem Nichts und endet nicht im Nichts, sondern differenziert sich als besonderer Weltbezug im Bereich des Hörens aus, entsteht aus der Stille. Mit dem Ende des Weltbezugs, dem Tod, endet das Hören, Töne und Stille verschwinden im Nichts, aber nicht das Schwingen von Wellen. Wenn alles Leben endet, wenn das Nichts „ist", ist weiterhin etwas in der Welt, in Raum und Zeit. Das Seiende wird ohne das Sein weiterhin „sein". Es gibt dann das Lebendige nicht mehr, aber immer noch physikalisch-chemische Abläufe, Ordnungen, Gleichverteilungen, „Evolution" oder „Chaos". Insofern gilt der antike Grundsatz „ex nihilo nihil fit". Das Seiende ist in diesem Sinne unabhängig vom Sein, das Seinsverständnis „nur" die Bedingung dafür, dass Seiendes verstanden wird. Das Sein braucht hingegen das Seiende, um erscheinen zu können, braucht insbesondere das verstehende Individuum. „An sich", „ohne" Sein, „ist" das Seiende, wie es ist – ohne Bezug, ohne Mangel, ohne Verneinung, ohne Zeit, Raum, Grund. Bezüge kommen erst mit dem Leben, als verstandene erst mit der Sprache auf. Nur sie werden zu nichts. Wenn alles Leben endet, „ist" das Nichts und „ist" das sinn-lose, leblose Seiende, das Seiende ohne Bezüge, ohne Welt, das sich nicht denken lässt.

Wie ein Wald eine Lichtung umfasst, so ist das Nichts das Umfassende des Seins. Mit der Geburt wird Sprache, lichtet sich das Sein als Unterschied von Sein und Seiendem, um im Tod wieder ins „Dunkle" zu verschwinden. Von ihm lässt sich zwar nur sprechen, wenn es sich im Sein zeigt. Das Nichts gibt es, solange es Sein gibt: ohne Sein kein Nichts. Aber das, was ohne Sein und dem von ihm abgegrenzten Nichts „ist", ihre Einheit, ist das allumfassende Nichts – formal ist das Fichte-Schema unumgehbar. Das Sein kann nur gedacht werden als sich lichtend aus einer umfassenden „Dunkelheit" oder „Finsternis", aus dem Nichts, in das es einst wieder versinken wird. Die Einheit von Sein und Nichts ist dann nicht das Sein, sondern das Nichts, das sich zeitweise einschränkt, in dem sich alle Bezüge aber einst wieder auflösen werden. Es ist der letzte „Grund" des Seins. Wer von etwas redet, setzt das umfassende Nichts voraus. Das Nichts als das Nicht-Verstehbare erschließt das Verstehbare, lässt erst verstehen, was Verstehen (im Unterschied zu Nichtverstehen) heißt. Jedes

Denken muss mit einer Differenz anfangen, die immer ihre beiden Seiten „mitschleppt". Positiv anschließen, weitere Unterscheidungen treffen, kann das Denken aber immer nur auf der Seite des Seins. Es setzt zwar den Hintergrund des Nichts voraus, kann ihn aber nicht weiter bezeichnen – weshalb er „vergessen" wurde. Der Philosophie ist so heute nicht mit Heidegger das Vergessen des Seins, sondern das Vergessen des Nichts vorzuwerfen.

Mit der Urunterscheidung von Sein (als allumfassenden Verstehen) und Nichts differenziert sich die Sprache selbst als System aus, zieht eine Grenze zwischen sich als „Haus des Seins" und ihrer prinzipiell unerreichbaren, aber benennbaren Umwelt, dem Nichts. Die Sprache bleibt in das Nichts, den begriffslosen „Zustand", eingebettet. Als Begriff bleibt das Nichts zwar bestimmt durch Gegenbegriffe: Sein, Welt, Sinn, Zeit und zeigt sich nur, solange sie sind. Aber es ist der Begriff, der keine weitere Differenzierung, keine Entfaltung über Unterscheidungen, erlaubt. Die Urunterscheidung von Sein und Nichts, auf der alle Kommunikation, alles Denken, alles Verstehen aufbaut, weist als sinnvolle, welthafte, zeitliche Unterscheidung über Sinn, Welt und Zeit hinaus, ohne mit diesem Jenseits noch etwas Sinnhaftes, Weltliches, Zeitliches zu beschreiben. Das Nichts ist der Begriff, der als Begriff zwar einen Bezug zum Sein hat, aber zugleich auf den völligen Bruch mit dem Sein, auf das Bezugslose deutet.

Die Unterscheidungen von Leben und Tod oder Sein und Nichts sind diejenigen Unterscheidungen, die als innerweltliche auf die außerweltliche Voraussetzung der Welt deuten. Mit dem absoluten Nichts ist der blinde Fleck von Sprache bezeichnet, der sich zwar noch bezeichnen, aber nicht mehr als er selbst verstehen lässt, denn das würde bedeuten, das Nichts als etwas zu verstehen. Insofern gibt es auch keine mystische Erfahrung des Nichts, über die man reden könnte – Erfahrungen sind immer Erfahrungen von etwas, und Grenzerfahrungen erfahren Grenzen, die ein Diesseits von einem Jenseits trennen, kein Nichts.

Und doch weiß jede von ihm. Das absolute Nichts zeigt sich in der „Urtatsache" des Todes, die es zugleich verbirgt. Auch für den Tod gilt, dass sich über ihn nur im Leben, als Sinnphänomen, sprechen lässt. Der Tod als „er selbst" ist der Sinnsphäre, jedem Verständnis, entzogen, weder sinnvoll noch sinnlos. Den Tod (im Gegensatz zum Sterben als Phänomen des Lebens) erfährt man nicht. Als Begriff, der sich nur innerhalb einer Verknüpfung mit anderen Begriffen, als Beziehung, denken lässt, ist der Tod nicht das, auf was er deutet und was sich in ihm zeigt: das absolute Nichts. Die Beschreibung der Position außerhalb der Sprache geschieht innerhalb der Sprache. Der Ausschluss des Nichts aus der Sprache schließt es in die Sprache ein. Aus der Sprache gibt es, solange sie ist, kein Entkommen.

6 Zeit, Raum und Grund

Die Sprache entfaltet sich über die Urunterscheidung von Sein und Nichts. Weiter anschließen lässt sich jedoch nur auf der Seite des Seins mit der („inhaltlichen") Grundunterscheidung von Sein und Seiendem. Seiendes kann jedoch nicht als „es selbst", sondern muss sprachlich bezeichnet werden, also innerhalb von Unterscheidungen. Mit der Unterscheidung von Sein und Seiendem gehen weitere grundlegende Unterscheidungen einher, die die Wirklichkeit „konstituieren". Die Wirklichkeit, das Außersprachliche wiederum bestätigt diese Unterscheidungen als notwendig. Mit den grundlegenden Unterscheidungen ist die Wirklichkeit gegeben, mit der Wirklichkeit die Unterscheidungen – weshalb es auch hier keinen Anfang gibt, sondern nur das Immer-schon-sein in der (sprachlichen) Wirklichkeit.

Die Welt kann nur in bestimmten Grundunterscheidungen erfahren werden, die nicht anders gedacht werden können – sie sind gewiss – und als fester Hintergrund die Einordnung kontingenter, auch anders möglicher Phänomene durch Zuweisung eines Wertes erlauben. Die Erfassung und Erfahrung der Welt in den entfalteten Unterscheidungen beruht auf der jeweiligen paradox konstituierten Einheit der Unterscheidungen. Welterfahrung führt deshalb in letzter, „metaphysischer" Instanz auf Paradoxien.

Grundlegend für die Welterfahrung sind Zeit, Raum und Grund. Mit der Zeit „entsteht" erst die Welt. Die Zeit ermöglicht die Entfaltung von Unterscheidungen, sorgt dafür, dass ein Wechseln von einem Wert zum anderen möglich wird und je ein Wert zugewiesen werden kann.

Die Zeit entfaltet zunächst die Urunterscheidung von Sein und Nichts. Aus dem zeitlosen Nichts entspringen und in ihm enden Sein und Zeit. Während Sein und Zeit sind, ist das Nichts nicht. Die Zeit unterscheidet Zeitliches und Unzeitliches und schließt das Unzeitliche, das Nichts, die „Ewigkeit", aus sich aus (traditionell meint Ewigkeit allerdings Andauern, zeitlich unbegrenztes Fortdauern, einen – paradoxen – Zeitbegriff). Nur das Zeitliche kann weiter entfaltet werden. Die Zeit (das Zeitliche) ist als Vorher und Nachher, als Nichtmehr und Noch-nicht mit einer unumkehrbaren Ausrichtung in die Zukunft. Die Einheit ihrer Unterscheidung, die Einheit von Vorher und Nachher, von Vergangenheit und Zukunft, die Gegenwart, ist nie (oder immer), sondern nur stets wechselnde Horizonte von Vergangenheit und Zukunft. Deshalb gibt es auch in der Zeit keinen absoluten Anfang und kein Ende.

Die Zeit erlaubt es, Gegensätzliches zu denken, löst dafür aber alle Identitäten auf. Zur Festlegung von Identitäten braucht es den Raum. Wie seine Zeit, so hat jedes Seiende seinen Ort, nimmt eine Raumstelle ein, ist entweder hier oder dort und deshalb auch mit sich selbst identisch, nicht-identisch mit etwas an anderer Stelle (das Geistige oder Psychische oder auch das Sein sind zwar „an sich" unräumlich, nicht an einem Ort lokalisierbar, aber notwendig an einen Träger, eine Erscheinung im Raum gebunden). Jeder Raum ist abgrenzbar: Der Raum konstituiert sich mit der Unterscheidung von Innen und Außen. Jede Einheit von Innen und Außen bildet eine neue Grenze. Ein allumfassender, unendlicher Raum ist deshalb undenkbar.

Die Zeit bildet sich mit der Unterscheidung von Vergangenheit und Zukunft, der Raum mit der Unterscheidung von Innen und Außen, und sie werden bei jeder Sinnfestlegung reproduziert. Aus Zeit und Raum gibt es kein Entkommen – solange das Leben lebt. Erst mit dem Tod, dem Nichts, „ist" das Unzeitliche und Unräumliche – und nur im Nichts. Innerhalb von Zeit und Raum lässt es sich nicht denken. Die Religion, die unter Unzeitlichkeit und Unräumlichkeit die allgegenwärtige Ewigkeit Gottes versteht, fordert deshalb, wenn sie solches Undenkbare behauptet, Glauben – ein Erbe, das heute die Physik übernommen hat, wenn sie den „ewigen" oder „unzeitlichen", „unendlichen" Kosmos zu denken versucht.

In Raum und Zeit gibt es ein „Etwas". Dieses „Etwas" setzt immer etwas Vorheriges voraus und etwas Nachfolgendes, wie es der Satz vom Grund ausdrückt: Nihil est sine ratione: Nichts ist ohne Grund. In kausaler Interpretation bedeutet das: Jede Wirkung hat eine Ursache und jede Ursache eine Wirkung. Der Satz vom Grund setzt ein Verständnis der Zeit und des Raums zur Lokalisierung von Grund und Folge voraus. Im praktischen Umgang mit den Dingen werden immer neue Ursache-Wirkungszusammenhänge isoliert und auf Dauer gestellt, das heißt, Techniken entwickelt. Insbesondere die Naturwissenschaften suchen immer weiter nach Ursachen von Ursachen. Die empirische Suche nach Gründen endet allerdings immer im Münchhausen Trilemma: in einem Zirkel, der das zu Begründende als Grund voraussetzt, mit einem unendlichen Regress oder faktisch meistens mit einem unbegründeten, dogmatischen Abbruch. Es kann keine erste Ursache und keine letzte Wirkung geben.

Auch der Satz vom Grund ist wie alles Sprachliche nicht von einer vorgegebenen Welt gefordert, und Gründe sind keine an der Welt ablesbaren Tatsachen, sondern beruhen auf Zurechnungen, die je nach Beobachter unterschiedlich ausfallen können. Mit der Auseinanderziehung von Gründen und Folgen wird ein Zusammenfallen von gegensätzlichen Bestimmungen in einer Einheit, Paradoxien, vermieden – allerdings auf Kosten anderer Probleme. Der Satz vom Grund treibt zu metaphysischen, unbeantwortbaren, aber nicht stillzustellenden Fragen wie: Was steht am Anfang des Kosmos oder der Natur, was ist ihr Grund, was steht am Ende, was ist der Sinn des Lebens?

Für die Fragen nach Anfang und Natur des Kosmos ist heute die Physik zuständig. Sie verfängt sich zwangsläufig im „Münchhausen-Trilemma". Bei der Suche nach letzten Teilchen liegt ein unendlicher Regress nahe: Immer wieder finden sich neue „Teilchen" oder werden aus theoretischen Gründen postuliert. Ein Ende bei der Suche nach Elementarteilchen wird durch technische und finanzielle Grenzen gezogen werden – Teilchenbeschleuniger können die postulierten hohen Energien des Urknalls nicht annähernd erreichen und sind teuer –, nicht durch die „Wirklichkeit", denn sie lässt sich *logisch* immer weiter zergliedern. Deshalb dürfte man irgendwann dogmatisch abbrechen, etwa bei „Strings". Dogmatisch enden auch die Kosmologen: Nach dem Standardmodell beginnt mit dem Urknall erst Zeit und Raum. Es ist die gleiche Lösung, die Metaphysik und Theologie vorschlagen: Nach Augustinus entstand die Zeit erst mit der Schöpfung und ist die Frage nach einer Zeit vor der Schöpfung deshalb unsinnig. Was soll das aber heißen: die Zeit *beginnt*? Die Behauptung hat die Form eines empirischen Satzes, obwohl sie nichts Empirisches sagen will. Wer einen Anfang setzt, setzt empirisch und logisch ein Davor des Anfangs. Das Abweisen der Frage nach einem Vorher (oder auch Nachher) „operiert mit einem unvorstellbaren, in sich paradoxen, differenzlosen Zeitbegriff und erweist sich eben damit als religiös."[9] Dasselbe gilt bei unvorstellbaren Raumbegriffen, so für die Behauptung eines zugleich endlichen und unendlichen Universums (Steady-State-Theorie). Auch eine Expansion des Universums ins Nichts (und seine Entstehung aus dem Nichts) ergibt keinen Sinn, weil es physikalisch nur eine (nach der Quantentheorie nicht leere) Leere gibt und die Kosmologie keinen anderen Begriff des Nichts kennt. Alle Ereignisse und alle Objekte sind zeitlich und räumlich.

Raum, Zeit und Grund entfalten sich als kontradiktorische Unterscheidungen, bei denen das *tertium non datur* gilt und sich kein Wert allein haben lässt: Mit einem Außerhalb ist ein Innerhalb, mit einem Anfang ein Ende, mit einer Ursache eine Wirkung gesetzt – das gehört zur Definition von Zeit, Raum und Grund. Daran kann auch Mathematik nichts ändern. Mathematisch lassen sich zwar beliebig viele Dimensionen beherrschen, machen komplexe Zahlen Sinn und lässt sich mit der Zeit vorwärts und rückwärts rechnen. Die Übersetzung solcher mathematischer Modelle des Undenkbaren in die Alltagssprache ergibt jedoch zwangsläufig Unsinn. Die normale Lautsprache und mit ihr Zeit, Raum und Grund „funktionieren" in der sichtbaren Welt gut, zeichnen die sichtbaren „natürlichen" Unterschiede funktionsgerecht nach, erlauben ihre effektive Beherrschung. Für den Mikro- und Makrobereich bedarf es hingegen der von der sichtbaren Realität abstrahierenden Mathematik, Berechnungen, denen in der wahrnehmbaren Realität nichts entspricht.

---

9 Niklas Luhmann, *Die Religion der Gesellschaft*, Frankfurt a. M. 2000, 51.

Die Sprache muss für das Leblose Begriffe verwenden, die nur für das Leben Sinn machen. Raum, Zeit, Welt gibt es nur für das Leben. Einzig das Nichts „ist" unzeitlich, unräumlich, weltlos – nicht das „Nichts", die Leere der Physik, sondern das Nichtsein von Sein, der Sprache, der Weltverhältnisse des Lebens. Das Leblose ist immer schon im Nichts, in diesem Sinne unzeitlich und unräumlich. Für es gibt es keinen absoluten Anfang und kein absolutes Ende. Die Begriffe Anfang und Ende haben für das Leblose nur einen relativen Sinn: Es kennt nur veränderte Zustände, aber kein Nichtsein. Die Sprache vermag jedoch nicht aus sich herauszutreten, muss alles zeitlich begreifen – auch das, was sich wie „Anfang" und „Ende" des Kosmos nicht sprachlich und zeitlich fassen, über das sich folglich nur Unsinn erzählen lässt.

Kant löste seine ersten beiden („mathematischen") Antinomien – die Welt hat einen Anfang in der Zeit und ist dem Raum nach begrenzt versus sie hat keinen Anfang und keine Grenze; es gibt einfache Teile versus es gibt sie nicht – mit seinen Grundunterscheidungen von Ding an sich und Erscheinung sowie empirisch und transzendental (transzendent). Alle Thesen sind als Tatsachenbehauptungen falsch, die Fragen lassen sich nicht empirisch beantworten und wie es sich „wirklich" verhält, wissen wir nicht, intelligible erste Gründe kennen wir nicht. Allerdings setzt Kant Raum und Zeit als Formen des äußeren und inneren Sinns – Zeit und Raum sind weder Bestandteil der Dinge, da die Dinge sich in Zeit und Raum befinden, noch sind sie selbst Dinge, da sie sich sonst selbst enthalten müssten – noch zu „empirisch" an. Sie sind eine sprachliche Vorgabe. Die Zeit oder der Raum „an sich" sind ihre jeweiligen Unterscheidungen, die dazu führen, dass sich empirisch immer wieder ein Vorher und Nachher sowie ein Innen und Außen und ein „Etwas", immer weitere Ursachen und Wirkungen, feststellen lassen. Die einzig logisch befriedigende Theorie auf die Fragen nach Anfang und Ende der Welt sowie erster Ursache und letzter Wirkung wäre die ewige Wiederkehr des Gleichen, die Kreisform. Die Paradoxien von Zeit und Grund werden dabei auf den Raum verschoben – wie überhaupt die Zeit, die sich „an sich" nicht vorstellen lässt, in räumlichen Kategorien, als Linie, als Kreisform gedacht wird. Das Umgekehrte funktioniert nicht: Der Raum lässt sich nur räumlich, visuell vorstellen, die Paradoxie der Einheit von Innen und Außen nicht weiter verschieben – weshalb bei der ewigen Wiederkehr die Fragen, in welcher zeitlichen Ausdehnung (eine räumliche Kategorie) und in welchem Raum, offen bleiben.

Raum und Zeit sind aber als einzelne schon eine Abstraktion, lassen sich nur gemeinsam haben – weshalb der Satz vom Grund den Zusammenhang „herstellt", in Grund/Folge Raum und Zeit „verbindet". Raum, Zeit und Grund sind nicht unabhängig voneinander, setzen sich gegenseitig voraus (wobei die Zeitlichkeit wegen des Wissens um den Tod besondere Bedeutung für den Menschen hat). Die Frage nach einem ersten Anfang müsste zugleich die Fragen, in welchem Raum mit welchem Geschehen beantworten, die Frage nach einer Grenze zugleich die Fragen, in welcher Zeit mit welchem Geschehen und die Frage nach einem ersten Grund oder einer letzten Folge (einem Ziel) zugleich die Fragen, in welchem Raum und in welcher Zeit – weshalb man mit Gott Zeit und Raum beginnen ließ.

Die metaphysischen Fragen sind unbeantwortbar, weil sie den Rahmen betreffen, die Sprache und ihre Welt, in der es erst Zeit, Raum, Gründe, Sinnvolles, Unsinniges und Sinnloses gibt. Jeder Ursprung, jeder mythische Anfang – sei es die Schöpfung Gottes oder der Urknall – und jedes Ziel ist immer eine Eigenkonstruktion, gibt es sie doch nur in Sinnzusammenhängen innerhalb der Sprache. Jeder Anfang und jedes Ziel setzen die Struktur, die sie begründen wollen, schon voraus. Anfänge und Ziele gibt es nur in „naiven", nicht selbstreflexiven Theorien. Die Sprache liegt als Einheit aller Unterscheidungen, als Einheit von Zeit, Raum, Grund, als Einheit von Sinnvollem, Unsinnigen, Sinnlosen und als Zeit-, Raum-, Grund- und Sinngebendes jenseits von Zeit, Raum, Grund und Sinn. Sie entfaltet sich als Zeit, Raum, Grund und Sinn und situiert sich als empirisches Phänomen auch selbst in einer Zeit, einem Raum, gibt Gründe für ihr Vorkommen an – solange sie ist. Der letzte „Grund" der Sprache, aus dem sie entspringt, ist kein Grund, sondern das Nichts. Die Sprache lichtet sich aus dem Nichts und wird im Nichts verlöschen und mit ihr Zeit, Raum, Grund – die Welt.

Denken in Geschichten als Umgang mit sich selbst. Zu Hannah Arendts Konzeption des menschlichen Selbst

Florian Salzberger

Das Anliegen dieses Beitrages ist es mit Hilfe der Terminologie Hannah Arendts den besonderen Denkvorgang, der ein erlebtes Ereignis zu einer Geschichte aufbereitet, zu rekonstruieren und zugleich damit Arendts Konzeption des menschlichen Selbst darzustellen. Meine Hauptthese ist dabei zum einen, dass Hannah Arendt in ihrem Spätwerk eine originelle und profunde Konzeption des menschlichen Selbst vorlegt, die sich in einer Traditionslinie mit der Konzeption von Kierkegaard befindet, und zum anderen, dass sich diese Konzeption des menschlichen Selbst gut mit der Beschreibung des Denkaktes, der ein erlebtes Ereignis zu einer Geschichte aufbereitet, rekonstruieren lässt. Mit dieser Rekonstruktion soll auch Arendts Kritik an der Tradition der Metaphysik transparent werden.

Der Titel meines Beitrages lautet „Denken in Geschichten als Umgang mit sich selbst. Zu Hannah Arendts Konzeption des menschlichen Selbst." Dieses Thema passt gut zur Leitfrage dieses Symposions „Subjekt und Subjektlosigkeit. Das metaphysische Selbstverständnis in der Krise?"[1], denn Hannah Arendt nimmt in ihrem Spätwerk[2], auf welches ich mich im Wesentlichen beziehe, eine dezidiert metaphysikkritische Position ein. Arendt gehört aber nicht

---

1 Der vorliegende Beitrag wurde als Vortrag gehalten auf dem Symposion des Forschungskreises Metaphysik zum Thema „Subjekt und Subjektlosigkeit. Das metaphysische Selbstverständnis in der Krise?" auf Schloss Schwanberg/Rödelsee, vom 26.–29. Mai 2015.
2 Mit „Spätwerk" bezeichne ich alle Werke nach dem Werk *Eichmann in Jerusalem*. Die Unterscheidung in Frühwerk und Spätwerk impliziert keine Unterstellung einer Inkohärenz unterschiedlicher Phasen im Werk Arendts, sondern weist lediglich auf unterschiedliche thematische Schwerpunkte hin. So wandte sich Arendt nach dem Eichmannprozess dezidiert den sogenannten geistigen Tätigkeiten „Denken", „Wollen" und „Urteilen" zu, welche im Frühwerk zwar bereits angelegt und angedacht sind, aber noch nicht begrifflich genauer expliziert wurden.

zu den Denkern, die die Tradition der Metaphysik gänzlich verabschieden, sondern sie zeigt stattdessen in guter phänomenologischer Manier auf, wie es zu metaphysischem Denken kommt. Sie fragt sich also nach den Konstitutionsbedingungen der Metaphysik im Vorgang des Denkens selbst. Um diese Konstitutionsbedingungen genauer aufzeigen zu können, ist es notwendig Arendts Auffassung dessen, was es heißt zu denken, näher zu betrachten. Hierfür ist ein Vorgang, den Arendt selbst an unterschiedlichen Stellen als Beispiel dafür heranzieht, was sie unter „Denken" versteht, von entscheidender Bedeutung, nämlich die Art und Weise, wie wir über mitmenschliche Situationen nachdenken. Also: Wir begegnen jemandem und denken im Nachhinein über diese Begegnung nach. Wie beschreibt Arendt nun diesen speziellen Denkvorgang, der sich auf eine eigens erlebte Umgangserfahrung zurückbezieht bzw. diese re-flektiert? Folgende Antwort findet sich in Arendts Spätwerk, in der Vorlesung *Über das Böse:*

> Denken als Tätigkeit kann aus jedem Ereignis entstehen; es ist da, wenn ich einen Vorfall auf der Straße beobachtet habe oder in ein Geschehen hineingezogen wurde und danach beginne, das, was geschah, zu betrachten, es mir selbst als eine Art Geschichte erzähle, es auf diese Weise für die anschließende Kommunikation mit Anderen aufbereite usw.[3]

Arendt beschreibt diesen Denkvorgang, der sich auf eine eigens erlebte Umgangserfahrung zurückbezieht, als einen Aufbereitungsvorgang zu einer Geschichte. Das Anliegen dieses Beitrages[4] ist es also diesen besonderen Denkvorgang, der ein erlebtes Ereignis zu einer Geschichte aufbereitet, mit

---

3 Hannah Arendt, *Über das Böse. Eine Vorlesung zu Fragen der Ethik* (2006). München 2007, 75. Ähnliche Äußerungen Arendts finden sich etwa in dem Band *Ich will verstehen*. „Jeder, der eine Geschichte über das, was er vor einer halben Stunde auf der Straße erlebt hat, erzählt, muß diese Geschichte in eine Form bringen. Und dieses Die-Geschichte-in-eine-Form-Bringen ist eine Art von Denken." (Hannah Arendt, *Ich will verstehen. Selbstauskünfte zu Leben und Werk* (1996), München ²2006, 74 f.) oder in den aus dem Nachlass herausgegebenen Seminarnotizen „Über ein Ereignis wird nachgedacht, indem es eine Geschichte wird, die erzählt werden kann, durch Erinnerung." (Hannah Arendt, „Politische Erfahrungen im 20. Jahrhundert. Seminarnotizen 1955 und 1968", in: *Dichterisch denken. Hannah Arendt und die Künste*, hrsg. v. Wolfgang Heuer und Irmela von der Lühe. Göttingen 2007, 217).

4 Folgende Ausführungen beziehen sich im Wesentlichen auf meine Dissertationsschrift *Kein Mensch hat das Recht zu gehorchen. Eine Untersuchung zu Hannah Arendts Philosophie des Umgangs im Anschluss an die Narrativitätskonzeption ihres Spätwerkes*, die voraussichtlich im Januar 2016 in der Reihe „*dia-logik*" im Verlag Karl Alber erscheinen wird.

Hilfe der Terminologie Hannah Arendts zu rekonstruieren und zugleich damit Arendts Konzeption des menschlichen Selbst darzustellen.

Wie hängt jedoch „Denken" mit dem „menschlichen Selbst" zusammen bzw. wie kommt der Terminus „Umgang mit sich selbst" mit ins Spiel? Arendt beschreibt das Denken als Selbstverhältnis bzw. als „Umgang mit sich selbst"[5]. Das Denken als Umgang mit sich selbst ist dabei in spezifischer Weise in den Umgang mit Anderen eingebettet. Wenn also mit Arendt der Denkvorgang, der ein erlebtes Ereignis zu einer Geschichte aufbereitet, rekonstruiert werden soll, so muss zugleich damit Arendts Umgangsphilosophie mitrekonstruiert werden. Oder andersherum formuliert: Eigentlich geht es darum Hannah Arendts Konzeption des menschlichen Selbst darzustellen und zwar mittels der Rekonstruktion dieses narrativen Denkaktes als einer speziellen Form des Selbstverhältnisses.

Meine Hauptthese ist es also zum einen, dass Hannah Arendt in ihrem Spätwerk eine originelle und profunde Konzeption des menschlichen Selbst vorlegt, die sich in einer Traditionslinie mit den Konzeptionen von Kierkegaard, Jaspers und Heidegger befindet,[6] und zum anderen, dass sich diese Konzeption des menschlichen Selbst gut mit der Beschreibung des Denkaktes, der ein erlebtes Ereignis zu einer Geschichte aufbereitet, rekonstruieren lässt.

1 Kierkegaard als Vorläufer der arendtschen Konzeption des menschlichen Selbst

Arendts Konzeption bezieht sich implizit immer auf Kierkegaards Beschreibung des menschlichen Selbst in *Die Krankheit zum Tode*, wo dieser ausführt: „[D]as Selbst des Menschen […] [ist] ein Verhältnis, das sich zu sich selbst verhält und im Verhalten zu sich selbst zu einem Anderen verhält."[7]

Diese Konzeption greift Arendt auf und unterscheidet zwei Umgangsmodi „sich zu sich selbst zu verhalten": Zum einen kann man den Umgang mit sich selbst „pflegen", diesen Umgangsmodus nennt Arendt „Denken"[8], und zum anderen kann man den Umgang mit sich selbst „meiden" bzw. „unterlassen", diesen Umgangsmodus nennt Arendt „Gedankenlosigkeit"[9]. Vor dem

---

5   Hannah Arendt, *Vom Leben des Geistes. Das Denken. Das Wollen* (1979). München [4]2008, 187.
6   In diesem Beitrag werde ich nur auf Kierkegaard als Vorläufer des arendtschen Denkens und der arendtschen Selbstkonzeption eingehen.
7   Sören Kierkegaard, *Die Krankheit zum Tode* (dän. 1849), Stuttgart 2009, 14.
8   Vgl. Arendt, *Über das Böse*, 74.
9   Vgl. Arendt, *Vom Leben des Geistes*, 14.

Hintergrund der kierkegaardschen Konzeption ist Arendt klar, „daß mein Betragen Anderen gegenüber von meinem Betragen mir gegenüber abhängig ist."[10] „Denken" bzw. „Gedankenlosigkeit" als mögliche Modi „sich zu sich selbst zu verhalten" sind also nichts „Unabhängiges" oder „Isoliertes", sondern diese Modi zeitigen durch ihre Verwobenheit in ein intersubjektives Verhältnis immer auch unmittelbare Auswirkungen auf den Umgang mit Anderen. *Ob* man denkt und *wie* man denkt, zeigt sich im Umgang mit Anderen und hat Konsequenzen auf den Umgang mit Anderen. Dies möchte ich als die *ethische* Dimension des Denkens bezeichnen.

Aus diesen Einsichten ergibt sich folgende Gliederungsstruktur für die Aufgabe der Rekonstruktion des narrativen Denkvorganges: Zunächst ist ein eher *deskriptiver* Teil erforderlich, der das Verhältnis zwischen Denken als „Umgang mit sich selbst" und dessen Einbettung in den „Umgang mit Anderen" klärt (vgl. Kapitel 2) und der den Aufbereitungsvorgang zu einer Geschichte als „Repräsentationsvorgang" auslegt (vgl. Kapitel 3); sodann ein eher *ethischer* Teil, der sich nach den ethischen Auswirkungen des Denkens bzw. der Gedankenlosigkeit fragt, zunächst in Bezug auf das Selbst (vgl. Kapitel 4) und dann in Bezug auf die Anderen (vgl. Kapitel 5). Diese Gliederungsstruktur soll auch für die nun folgenden Ausführungen übernommen werden.

2 Zum Verhältnis zwischen dem „Umgang mit sich selbst" und dem „Umgang mit Anderen"

Arendts Auffassung hierzu könnte man folgendermaßen zusammenfassen: Denken geht als Umgang mit sich selbst aus dem Umgang mit Anderen hervor, bleibt während des Denkens in den Umgang mit Anderen eingebettet und bereitet sich als Umgang mit sich selbst auch wiederum auf den künftigen Umgang mit Anderen vor.

Zum ersten Teilsatz „Denken geht als Umgang mit sich selbst aus dem Umgang mit Anderen hervor": Zunächst erleben wir eine Situation, dann erst denken wir darüber nach, indem wir die Situation in einem dialogischen Selbstverhältnis zu einer Geschichte aufbereiten. Primat hat also der Umgang mit Anderen, Denken als Selbstverhältnis ist etwas der unmittelbaren Begegnung Nachgeordnetes, ja Abgeleitetes. Mit Arendt könnte man sogar sagen: Nur weil ich Umgang mit Anderen haben kann, kann ich auch in ein Umgangsverhältnis mit mir selbst eintreten, sprich „denken". Die intersubjektive Einbindung ist für das Denken also konstitutiv, das Denken

---

10   Arendt, *Über das Böse*, 79.

als Dialog konstituiert sich sogar allererst aus dem dialogischen Umgang mit Anderen.

Zum zweiten Teilsatz „Denken bleibt während des dialogischen Umgangs mit mir selbst in den Umgang mit Anderen eingebettet": Arendt bezeichnet es als sogenannten „metaphysischen Trugschluss"[11] zu meinen wir seien in einer anderen, vermeintlich „höheren" Welt – z. B. in einem platonischen Ideenhimmel –, wenn wir denken. Wenn wir denken, haben wir lediglich unsere Aufmerksamkeit von der äußeren und notwendig plural verfassten Welt abgewandt und sie repräsentierten „Gedankengegenständen" zugewandt, bleiben aber nichtsdestotrotz in den Umgang mit Anderen involviert. Der Denkvorgang selbst bzw. im Speziellen die für das Denken konstitutive „Einbildungskraft"[12] „suggeriert" unausweichlich eine höhere, wirklichere Welt, und blendet dabei die inkarnierte Einbindung in den Umgang mit Anderen aus. Die unhintergehbare Einbindung in den pluralen Umgang mit Anderen ist für Arendt gleichbedeutend mit der „physis" des Menschen, also gleich einer unhintergehbaren Grundbedingung des Menschseins: „Nicht der Mensch bewohnt diesen Planeten, sondern Menschen. Die Mehrzahl ist das Gesetz der Erde."[13] Dem Denken ist also notwendig ein metaphysischer Zug in Form eines Scheins inhärent, über den man nur als „metaphysischen Trugschluss" – entsprechend Kants „Logik des Scheins"[14] – aufklären kann.[15]

Zum dritten Teilsatz „Denken bereitet sich als Umgang mit sich selbst auf den künftigen Umgang mit Anderen vor" – und damit sind wir bei der Bedeutung der Geschichten im Vorgang des Denkens: Die Geschichten, die aus dem Auftrennungsakt des Denkens hervorgehen, können durch ihre Empfindungsdimension als Orientierungsmuster für künftiges Handeln dienen.

Wie beschreibt aber nun Arendt diese Selbstverhältnis bzw. diesen Umgang mit sich selbst? Arendt spricht von einem Selbst*verhältnis*, wir sind also nicht einer allein, wenn wir denken, sondern treten in ein Verhältnis mit uns ein, das heißt wir sind im Denken „Zwei in einem"[16]. An dieser Stelle kommt Arendts Dialogbegriff ins Spiel: Sie beschreibt das Denken als Zwiegespräch über alle

---

11   Vgl. Arendt, *Vom Leben des Geistes*, 22; 193 f.
12   Vgl. hierzu Arendt, *Das Urteilen. Texte zu Kants Politischer Philosophie*, München 1985, 106 f., 60 ff.; Arendt, *Über das Böse*, 140 ff.
13   Arendt, *Vom Leben des Geistes*, 29.
14   Vgl. Immanuel Kant, *Kritik der reinen Vernunft* (1781/1787), hrsg. v. Jens Timmermann, Hamburg 1998. A 296 ff./B 353 ff., 407 ff.
15   Vgl. Arendt, *Vom Leben des Geistes*, 54.
16   Vgl. Arendt, *Vom Leben des Geistes*, 179 ff.

Dinge bzw. Alltagserfahrungen, die einen bewegen. Die Gesprächspartner dieses Zwiegesprächs beschreibt sie als Freunde:[17] Wenn wir denken, begeben wir uns in ein dialogisches Selbstverhältnis, das einem Gespräch zwischen Freunden gleicht. Der Freund ist dabei nicht das andere Selbst, wie bei Aristoteles,[18] sondern: Nur weil wir die Erfahrung der tatsächlichen Freundschaft gemacht haben, können wir mit uns selbst befreundet sein. Dem wirklichen Freund verdankt sich die Möglichkeit in ein freundschaftliches Verhältnis mit sich eintreten zu können. Der Freund ist also nicht das andere Selbst, sondern das Selbst ist der andere Freund.[19]

„Inhaltlich" geht es in diesem freundschaftlich gestimmten Denkgespräch weniger um die Frage danach „was etwas ist", also um die Frage der Erkenntnis, sondern vielmehr um den Sinn, also um die Frage „Warum ist etwas? bzw. Was ist der Sinn von etwas?". Arendt selbst plausibilisiert dies am Beispiel des Hauses: Die Frage des Erkennens lautet: „Was ist das?" Die Antwort auf unser Beispiel ist also recht einfach, indem ich nämlich dem Zeigefinger des Fragenden folge und antworte: „Das ist ein Haus". Die Frage des Denkens hingegen lautet: „Was ist der Sinn eines Hauses?" Hier wird die Antwort vermutlich schwerer fallen als bei der ersten Frage, zumal es nicht nur eine, sondern eine Vielzahl an zutreffenden Antworten gibt. Arendt gibt in ihrem Werk *Vom Leben des Geistes* selbst einige Antwortbeispiele auf die Frage nach dem Sinn eines Hauses, etwa: „[W]ohnen, ein Heim haben, behaust sein [...]"[20]. Die Reihe der Antworten auf diese Frage ließe sich endlos fortsetzen. Antwortmöglichkeiten auf Sinnfragen sind – wie dieses Beispiel anschaulich zeigen kann – letztlich endlos, was aber nicht heißt, dass sie beliebig sind, sprich, jede Antwort gültig ist. Sie sind endlos, aber dennoch wohlumgrenzt. Zudem können Antworten auf Sinnfragen nie so präzise gegeben werden, wie Antworten auf Fragen der Erkenntnis. Letztere folgen einem „Entweder-oder-Schema" – entweder ist die Antwort richtig oder falsch, entweder ist es ein Haus oder es ist keines etc. –, erstere haben eher den Charakter „mehr oder weniger" zuzutreffen – dass ein Haus etwas ist, um sich darin vor der Witterung zu schützen, mag für fast alle Häuser zutreffen, allerdings gibt es auch Häuser, die dieses Charakteristikum nicht bzw. kaum erfüllen; dass ein Haus etwas ist, um darin Purzelbäume zu schlagen, mag für kaum ein Haus gelten, allerdings ist es auch nicht völlig

---

17 Vgl. Arendt, *Vom Leben des Geistes*, 187.
18 Vgl. Aristoteles, *Die Nikomachische Ethik*, übers. v. Olof Gigon, hrsg. v. Rainer Nickel, Düsseldorf 2001, 1166 b, 382 f.
19 Vgl. Hannah Arendt, *Denktagebuch 1950 bis 1973* (2002), München 2003², 688.
20 Arendt, *Vom Leben des Geistes*, 175.

aus der Luft gegriffen, wenn man beispielsweise an Turnhallen und die ungünstigen Bedingungen, die einem die Natur außerhalb von Häusern für diese Aktivität bietet, denkt. An Arendts Antworten – „Wohnen, ein Heim haben, behaust sein" – sieht man auch, dass es sich bei allen Beispielen um Verbformen handelt. Verbformen weisen auf kleine Handlungssequenzen bzw. Geschichten hin, so dass man sagen kann: Antworten auf Sinnfragen erfolgen weder in Form von Zahlen, noch in Form von Fakten, sondern in Form von Geschichten als repräsentierte Umgangserfahrungen.

3 Die Rolle der kantischen Einbildungskraft bzw. unseres Repräsentationsvermögens bei dem Aufbereitungsvorgang zu einer Geschichte

Damit sind wir beim zweiten Punkt des *deskriptiven* Teils, nämlich bei der kantischen Einbildungskraft bzw. dem Repräsentationsvermögen, das eine konstitutive Rolle bei dem Aufbereitungsvorgang zu einer Geschichte spielt, angelangt.

Zum einen meint „Repräsentation" so viel wie „Vergegenwärtigen": Wenn wir eine Situation bedenken, müssen wir Distanz zur Gegenwart der Situation einnehmen, die Präsenz verlassen und die Situation in der Vorstellung „vergegenwärtigen", eben „re-präsentieren". Dieser für das Denken konstitutiven Repräsentation, die ja notwendigerweise mit einer Ausblendung der Aufmerksamkeit auf die Gegenwart einhergeht, ist ebenso unausweichlich ein „Zwei-Welten"-Empfinden implizit,[21] nämlich in Form der Empfindung, dass die repräsentierten Gedankengegenstände einer höheren, wirklicheren Welt zugehören[22] als die Gegenstände der Erscheinung. Dass man über diesem dem Denken inhärenten Trug nur aufklären, ihn selbst im Denken aber nicht aufheben kann, machte sich Arendt zur Aufgabe, insbesondere in ihren Ausführungen zu den „metaphysischen Trugschlüssen des Denkens"[23].

Zum anderen sagt der Terminus „Repräsentation" auch etwas über die Beschaffenheit des „Repräsentierten" aus: Dieses ist nämlich „repräsentativ" in dem Sinne, dass Wichtiges überbetont und unwichtig Erscheinendes weggelassen wird. Geschichten als erinnerte Umgangssituationen sind also keine

---

21 Vgl. Arendt, *Vom Leben des Geistes*, 196 f.
22 Vgl. Arendt, *Vom Leben des Geistes*, 35.
23 Vgl. Arendt, *Vom Leben des Geistes*, 193 ff.

Spiegelungen einer Situation, sondern repräsentativ aufbereitete Stilisierungen einer Situation.

Vom erkenntnistheoretischen Status her handelt es sich bei den Geschichten um Beispiele.[24] Auch hier bezieht sich Arendt auf Kants Urteilskraft, indem sie eine gewagte Analogie herstellt: Wie wir nämlich im ästhetischen Bereich, vor allem in Bezug auf die Frage nach der Schönheit, über keine exakten Allgemeinstandards verfügen, sondern nur über unterschiedliche Beispiele, so auch im mitmenschlichen Bereich. Also: Wir wissen nicht, was schön ist, aber wir verfügen über unterschiedliche Beispiele des Schönen; ebenso wissen wir nicht im Sinne eines exakten Allgemeinkriteriums, was etwa Gerechtigkeit, Freundschaft oder Liebe ist, dennoch verfügen wir auch hier über unterschiedliche Beispiele des gerechten Handelns, des freundschaftlichen Umgangs, der partnerschaftlichen Liebe, etc. Geschichten fungieren dabei als Repräsentationsformen dieser Beispiele.

Das maßgebliche Vermögen, das hier am Werke ist, um aus einer je besonderen Einzelsituation heuristische „Standards" in Form von Exemplaren bzw. Beispielen zu generieren nennt Kant „reflektierendes Urteilen"[25].

Arendt beschreibt dieses Vermögen als „Denken ohne Geländer"[26]. Es kommt in Situationen zur Anwendung, in denen wir „uns nicht an irgend etwas Alltäglichem festhalten [können], aber an einem bestimmten Besonderen, das zum Beispiel wurde."[27] Genau dies ist auch die Situation, in der wir uns befinden, wenn wir eine besondere Situation, die wir erlebt haben, zu einer Geschichte aufbereiten, indem wir sie nachträglich bedenken.

So ganz ohne Geländer sind wir aber auch in diesen Situationen nicht, denn zum einen verfügen wir über Beispiele aus eigenen Umgangserfahrungen, die wir als „Vergleichsmaßstäbe" heranziehen, um adäquat urteilen zu können, und zum anderen versorgen uns diese Beispiele – laut Arendt – mit einem „*Qualitätsunterschied*"[28], der für unsere eigene Selbst- und Umgangsgestaltung entscheidend ist.

---

24 Vgl. Arendt, *Über das Böse*, 141 ff. Vgl. Arendt, *Das Urteilen. Texte zu Kants Politischer Philosophie*, 106 f.
25 Vgl. hierzu Kant, *Kritik der Urteilskraft*, B XXVI f., 19 ff., Arendt, *Denktagebuch 1950 bis 1973*, 571 f.
26 Vgl. Hannah Arendt, *Ich will verstehen*, 113.
27 Arendt, *Über das Böse*, 146.
28 Arendt, *Über das Böse*, 146.

4 Denken in Geschichten als Selbst- und Persönlichkeitskonstitution

Kommen wir nun zum *ethischen* Teil der Ausführungen, und zwar in Bezug auf das Selbst. Was meint Arendt mit diesem „Qualitätsunterschied", mit dem uns die Geschichten als Beispiele im Denken versorgen?

Arendt führt in ihrem Werk *Das Urteilen* aus, dass Geschichten, die aus dem Dialog mit mir selbst hervorgehen, als Erinnerungen immer empfindungsmäßig konnotiert sind.[29] Sie vergleicht diese Empfindung mit dem Geschmack: Wenn ich etwas esse, in etwas hineinbeiße, ist damit unweigerlich eine Geschmacksempfindung mitgegeben in dem Sinne, dass der Geschmack mir unmittelbar signalisiert „schmeckt mir" oder „schmeckt mir nicht". Das, was mir nicht schmeckt, werde ich natürlich auch künftig nicht mehr essen. Also lässt sich sagen, dass der Geschmack das eigene Handeln orientieren kann, vorausgesetzt man erinnert sich an vorangegangene Geschmackserlebnisse und Erfahrungen.

Ebenso sind Geschichten als repräsentierte Ereignisse unweigerlich empfindungsmäßig konnotiert im Sinne „passt zu mir" oder „passt nicht zu mir". Geschichten sind also Gradmesser dessen, was zu mir persönlich passt oder nicht, oder in der Sprache des Geschmacks: Was ich mir einverleiben könnte oder nicht. Ebenso wie beim Essen werde ich alles unterlassen, was mir signalisiert, dass es mir nicht schmeckt bzw. nicht zu mir passt.

Warum aber orientiert sich jemand, der gewohnt ist zu denken, an diesen eigenen Empfindungen? Denken ist unsere Sinn- und Orientierungsfunktion, also unsere Möglichkeit unser Leben zu vertiefen bzw. *„Wurzeln zu schlagen"*[30], wie Arendt sagt. Jeder, der es gewohnt ist sein Leben denkend zu vertiefen, weiß – aus der Erfahrung vorübergehender Unfähigkeit mit sich zu sein,[31] – dass dieser Verlust der Möglichkeit in ein freundschaftliches Verhältnis mit sich eintreten zu können, auch dauerhaft sein kann. Dies wäre gleichbedeutend mit Selbstverlust. Es ist die Angst vor Selbstverachtung, vor dem dauerhaften Verlust der Möglichkeit in einen dialogischen Umgang mit sich selbst einzutreten, die einen denkenden Menschen dazu führt sich primär an den eigenen Empfindungen bzw. Wegweisern in Form von Geschichten zu orientieren und sich nicht fremdgegebenen Orientierungsmustern in Form von Befehlen zu unterwerfen.

---

29 Vgl. Arendt, *Das Urteilen. Texte zu Kants Politischer Philosophie*, 96.
30 Arendt, *Über das Böse*, 77.
31 Vgl. Arendt, *Über das Böse*, 79.

5 Die Auswirkungen des (narrativen) Denkens bzw. der Gedankenlosigkeit auf den Umgang mit Anderen

Denkende Menschen sind also gewohnt sich *selbst zu verantworten*. Sie können sich nicht alles einverleiben, nicht mit allem zusammenleben, sondern sie *begrenzen ihr Handeln* selbst. In Situationen, in denen sie gezwungen werden wider ihre eigenen Empfindungen zu agieren, werden sie eher ein *Exempel statuieren* als sich äußeren Zwängen beugen.

Nebenbei bemerkt, gibt Arendt damit Kants Beispielbegriff bzw. Kants Vermögen des reflektierenden Urteilens eine existentielle Wendung: Wie beim reflektierenden Urteilen wissen wir nicht in einem exakten Sinne, was das Beurteilte ausmacht, sondern nur in einem heuristischen Sinne. Wenn wir urteilen, tun wir so, „als ob" wir wüssten, was beispielsweise „Schönheit" ist. Tatsächlich aber haben wir nur einen Begriff von „Schönheit" angenommen.[32] Was wir jedoch genau wissen, ist, was etwas nicht ist und das schließen wir durch unser Urteilen aus. Arendt gibt nun diesem Urteilsvermögen eine existentielle Wendung, indem sie es als unser zentrales Vermögen für die Beurteilung mitmenschlicher Situationen aufgreift. Wenn wir eine erlebte Situation beurteilen, ordnen wir im Geiste diese Situation einem angenommenen, heuristischen Begriffe zu, also: Diese Geschichte ist ein Beispiel für gerechtes Handeln, oder ein Beispiel für Freundschaft, für Nächstenliebe etc. Wir werden nie über einen exakten Begriff von Gerechtigkeit, Freundschaft oder Liebe verfügen, sondern nur über ein Set von narrativen Beispielen aus eigenen Umgangserfahrungen, die in Form von erinnerten narrativen Beispielen – eben den Geschichten – mehr oder weniger Aufschluss darüber geben, was Liebe, Freundschaft oder Gerechtigkeit sein könnte. „Mehr oder weniger" deshalb, weil es „die" Gerechtigkeit, „die" Freundschaft und „die" Liebe nicht gibt, zumindest nicht hier auf Erden, sondern immer nur Situationen und gelebte Beispiele, die dem „Mehr oder Weniger" entsprechen. Aufschluss darüber gibt uns die mit der Erinnerung mitgelieferte Empfindungsdimension bzw. das damit einhergehende Kriterium der Selbstverachtung: „Wenn ich so wie XY ‚Gerechtigkeit' leben wollte, müsste ich mich selbst verachten bzw. könnte nicht mehr mit mir zusammenleben, daher schließe ich dieses Handeln in meinem eigenen Existenzvollzug aus." Denkende Menschen verfügen also über ein sicheres Wissen darüber, was etwas, das sie bedenken, nicht ist und dies schließen sie in ihrem eigenen Existenzvollzug aus, so dass sie zwar in einem positiven Sinn nicht wissen, was etwas ist, aber durch diesen Ausschluss in der Existenz sich existenziell peu à peu zu einem lebendigen und

---

32 Vgl. hierzu Arendt, *Denktagebuch 1950 bis 1973*, 569; 823.

einzigartigen Beispiel dessen „herausschälen", was ihnen fraglich geworden ist. Dieses gelebte Beispiel – wenn auch vom Denkenden selbst nicht intendiert – kann wiederum Andere im tätigen Umgang zum Nachdenken anregen bzw. dazu anstiften sich auch auf die nachfragende Suche zu begeben. Der Anstoß zum Denken geht also aus dem Umgang mit Anderen hervor und es geht auch wiederum in den Umgang mit Anderen ein, denn die Art und Weise wie man denkt zeigt sich allererst im Umgang mit Anderen, nämlich am unvergleichlichen ἦθος bzw. Charakter dieses Menschen. In diesem Gedankenkreis ist auch Arendts Begriff der „Person" in ihrer Anfänglichkeit und Unvergleichlichkeit angesiedelt und in diesem Sinne ist ebenso Arendts existentielle Wende des kantischen Beispielbegriffs bzw. des reflektierenden Urteilens zu verstehen, welches in entscheidender Weise mit der Personalitätsdimension des Menschen in Verbindung steht.

Im Gegensatz dazu haben gedankenlose Menschen kein Problem fraglos ein *vorgegebenes Beispiel zu reproduzieren*, müssen sie doch letztlich nichts vor sich selbst rechtfertigen. Die Handlungsrechtfertigung wird auf die Sprache verlagert, und somit die existentielle *Verantwortung abgegeben*. Auf diese Weise bildet Gedankenlosigkeit die Grundlage für *entgrenztes Handeln*. Prototyp dieses gedankenlosen Menschen ist für Arendt Eichmann, der sein Handeln damit rechtfertigte nur Befehlen anderer Folge geleistet zu haben und daher nicht verantwortlich für sein Tun zu sein.[33]

Arendt hält dem entgegen: „Kein Mensch hat [...] das Recht zu gehorchen."[34] Niemand hat das Recht Verantwortung an Andere abzugeben, denn jeder gesunde Mensch kann denken und sich – unabhängig von Befehlen und Geboten – fragen, womit er selbst zusammenleben kann oder nicht. Und niemand, der denkt – so unterschiedlich die Inhalte und „Resultate" des Denkgespräches auch sein mögen – könnte dabei ernsthaft behaupten, dass er mit einem Mörder Unschuldiger in Freundschaft zusammenleben kann. Nach Arendt hat also „Kein Mensch das Recht zu gehorchen", weil jeder Mensch die Möglichkeit hat zu denken.

---

33 Vgl. Hannah Arendt, Joachim Fest, *Eichmann war von empörender Dummheit. Gespräche und Briefe*, hrsg. v. Ursula Ludz, Thomas Wild, München 2011, 46.
34 Arendt, Fest, *Eichmann war von empörender Dummheit*, 44.

TEIL 2

Vernunft und Glaube

Moral nur mit Gott? Über die angebliche Notwendigkeit von Religion für Moralbegründung und moralische Motivation

Dagmar Fenner

Viel diskutiert wird der angebliche Werteverfall und Wertrelativismus der Gegenwart, der mit dem Verlust der jüdisch-christlichen Tradition notwendig einhergehen soll. Der Beitrag unterscheidet zwischen der Notwendigkeit Gottes hinsichtlich der Begründung der Moral (Teil 1) und der moralischen Motivation (Teil 2). Teil 1 problematisiert die These, eine überzeugende Begründung und v. a. Letztbegründung erfordere ein tragendes Fundament in einer göttlichen Instanz. Teil 2 diskutiert die motivationsspezifischen theologischen Argumente für die christliche Religion wie göttliche Sanktionen oder universelle Liebe. Der Beitrag kommt zu dem Schluss, dass Moral nicht auf Gott angewiesen ist.

Es wird in unseren westlichen säkularisierten Gesellschaften viel geklagt über einen Wertverfall, Wertverlust oder Wertrelativismus, dessen Ursache Papst emeritus Joseph Ratzinger und viele andere Gläubige im Rückgang der christlichen Religion und in der zunehmenden Gottesvergessenheit erblicken.[1] Infolge des Erschlaffens der jüdisch-christlichen Tradition scheinen auch die tief in unserer abendländischen Kultur verankerten Werte verloren zu gehen. Bis heute hält sich in religiösen Kreisen hartnäckig das Vorurteil, dass nichtreligiöse Menschen tendenziell egoistisch und hedonistisch seien.[2] So erklärt die evangelische Pfarrerin Angela Rinn-Maurer:

> Menschen, die ihre Beziehung zu Gott verloren haben, sind besonders gefährdet, aus Angst vor der eigenen Bedeutungslosigkeit ihre eigenen

---

1 Vgl. dazu Detlef Horster, *Jürgen Habermas und der Papst. Glauben und Vernunft, Gerechtigkeit und Nächstenliebe im säkularen Staat*, Bielefeld 2006, 13.
2 Vgl. zur jahrhundertelangen Gleichsetzung von „gläubig=sittlich" und „ungläubig=unsittlich" bzw. von „moralisch-christlich" und „amoralisch-unchristlich" Bernhard Stoeckle, *Grenzen der autonomen Moral*, München 1974, 8.

Interessen in den Mittelpunkt ihres Lebens zu stellen und ethische Aspekte dem unterzuordnen.[3]

Mit dem schwindenden Einfluss der traditionellen Kirche schlage das Streben nach Autonomie und Selbstverwirklichung leicht in Egoismus und Gleichgültigkeit gegenüber den anderen um.[4] Den Bedeutungsverlust hinsichtlich jenseitiger Belange wie Erlösung und ewiges Leben versuchen die Kirchen zu kompensieren mit innerweltlichen Funktionen wie Wertvermittlung und Moralerziehung. Auch Politiker kommen auf die Kirchen vor allem im Zusammenhang mit der Wertdebatte zu sprechen, so dass eine „Moralisierung der christlichen Religion" in der Öffentlichkeit diagnostiziert wird.[5] Kaum je fehlt bei Diskussionen und Abhandlungen zum Thema Religion und Moral der berühmte Ausspruch von Fjodor Dostojewski: „Wenn Gott nicht existierte, wäre alles erlaubt".[6] Meist wird diese Sentenz so interpretiert, dass es ohne Gottesglauben keine Moral geben kann. Doch es bleibt dabei im Dunkeln, auf welche Weise Gott eine Bedingung für moralisches Denken und Handeln sein soll. Grundsätzlich müssen bei dieser Frage begründungslogische und motivationale Aspekte auseinander gehalten werden, weshalb im vorliegenden Beitrag folgende Teilthesen untersucht werden sollen: 1. die These der Notwendigkeit einer höheren transzendenten Macht für die Begründung moralischer Normen (Teil 1) und 2. die Notwendigkeit einer übermenschlichen Instanz für die Motivation zu moralischem Handeln (Teil 2).

1 Moralbegründung

Aus theologischer Sicht sind die moralischen Normen, an denen sich Ungläubige orientieren, unbegründet, schlecht begründet oder mindestens nicht letztbegründet. Ihnen fehle das Fundament, der „tragende Grund".[7] Nur wenn sie auf

---

3   In: Hans Küng und Angela Rinn-Maurer, *Weltethos christlich verstanden. Positionen, Erfahrungen, Impulse*, Freiburg i. Br. 2005, 28.
4   Vgl. Anja Stöbener und Hans Nutzinger, „Braucht Werterziehung Religion?", in: Hans Joas (Hrsg.), *Braucht Werterziehung Religion?*, Göttingen 2007, 23–66, 51.
5   Vgl. Mareike Lachmann, „Moralisierung der christlichen Religion", in: Birgitta Kleinschwärzer-Meister (Hrsg.), *Religion und Moral*, Münster 2011, 47–61, 47.
6   Fiodor Dostojewski, *Die Brüder Karamasow*, München 1978, 97 f.
7   Vgl. Karl-Wilhelm Merks, *Grundlinien einer interkulturellen Ethik. Moral zwischen Pluralismus und Universalität*, Fribourg 2012, 39.

den göttlichen Willen zurückgeführt werden können, scheinen moralische Sollensforderungen nicht willkürlich zu sein und ein objektives Fundament zu haben. Viele Theologen räumen zwar die prinzipielle Möglichkeit einer *Begründung* moralischer Normen ohne Rekurs auf einen göttlichen Willen ein, weil eine Leugnung der vorhandenen Vielfalt an säkularen philosophischen Begründungsmodellen nicht sinnvoll wäre. Die bislang vorgelegten philosophischen Begründungsansätze hält man aber für unbefriedigend, weil sie lediglich zu einem unendlichen Begründungsregress geführt hätten statt eine „wahre Stütze" zu liefern und sich darüber hinaus in einer unüberschaubaren Pluralität gegenseitig widerstreiten.[8] Vor allem fehle die *Letztbegründung* elementarer Prinzipien oder Normen, die heutige Philosophen nicht liefern könnten oder wollten:[9] Philosophische Vernunft sei nur zu einer „faktisch vorletzten" Begründung fähig. Im Rekurs auf menschliche Bedürfnisse und Interessen lasse sich keine „Unbedingtheit der Verpflichtung", kein kategorisches Sollen begründen.[10] Eine Letztbegründung moralischer Normen oder eines „Ethos" sei nur in Gott als dem einzigen Unbedingten möglich.[11] Wenn Religionen eine spezifische religiöse Moralbegründung leisten könnten, müsste diese grundsätzlich die Form einer Ableitung aus einer transzendenten Wirklichkeit aufweisen und damit einem linearen Begründungsmuster entsprechen. Doch wie hat man sich eine religiöse Begründung oder gar Letztbegründung „in Gott" genau vorzustellen, deren Vorzug vor säkularen Begründungsversuchen also vor allem im objektiven Fundament und der absoluten Verbindlichkeit der Sollensforderungen liegen sollen?

1.1 *Positivistische Moralauffassung*

Es überrascht wenig, dass man auch auf der Suche nach einer religiösen Moralbegründung auf höchst unterschiedliche Ansätze stößt. Karl-Wilhelm Merks unterscheidet bei seiner theologischen Ausdeutung des Satzes von Dostojewski ein „moralpositivistisches" und ein „fundamentalmoralisches" Verständnis:[12] Während bei der in Kapitel 1.2 zur Sprache kommenden fundamentalmoralischen Auffassung Gott eher in einem transzendentalphilosophischen Sinn Bedingung der Möglichkeit von Moralität darstellt, wird Moral bei der positivistischen Moralauffassung als „positive" Offenbarung des Willens Gottes verstanden. In dieser zweiten, in diesem Kapitel zu

---

8 Vgl. exemplarisch Stoeckle, *Grenzen der autonomen Moral*, 88.
9 Vgl. Hans Küng, *Handbuch Weltethos: Eine Vision und ihre Umsetzung*, München 2012, 55.
10 Vgl. Hans Küng, *Existiert Gott? Antwort auf die Gottesfrage der Neuzeit*, München 1978, 635.
11 Vgl. Küng, *Existiert Gott?*, 638 f.
12 Vgl. Karl-Wilhelm Merks, „Gott in der Moral", in: Thomas Laubach (Hrsg.), *Angewandte Ethik und Religion*, Tübingen/Basel 2003, 39–60, 41.

problematisierenden Auffassung stellt der Glaube an Gott tatsächlich die notwendige Voraussetzung für Moral dar. Es wäre dann die Frage zu beantworten, wie sich der Wille Gottes und die Inhalte der göttlichen Normen erkennen lassen sollen und wie es um die argumentative Kraft der Berufung auf jene steht. Es werden theologisch folgende Möglichkeiten göttlicher Offenbarung unterschieden: Während Gott seinen Willen bei der speziellen Offenbarung ganz direkt und konkret einzelnen Menschen kundtut, zeigt er sich bei der allgemeinen Offenbarung gleichsam indirekt über die von ihm geschaffene Schöpfungsordnung. Bezüglich der speziellen Offenbarung gibt es zwei unterschiedliche Auffassungen darüber, wie sich eine individuelle Weisung durch Gott ereignen soll.[13] In evangelikalen Kreisen beispielsweise geht man davon aus, dass der einzelne Gläubige den Willen Gottes in einer unmittelbaren Inspiration erfassen und sich direkt vom Heiligen Geist lenken lassen kann. Wer sich in schwierigen Entscheidungssituationen im Gebet an Gott wende, könne durch göttliche Erleuchtung oder Eingebung auch ohne Worte erfahren, was er zu tun habe. Wenn man sich aber auf eine solche direkte Leitung verlässt und den Willen Gottes in Zeichen, in inneren Stimmungen oder Intuitionen zu ergründen sucht, kann man sich leicht täuschen.[14] Da ein nachvollziehbares rationales Unterscheidungskriterium fehlt, könnte es sich statt um göttliche Weisungen auch bloß um willkürliche Entscheidungen, spontane „Gedankenblitze" oder „Bauchgefühle" handeln. Von einer zuverlässigen Methode zur Moralbegründung kann bei dieser Form der speziellen Offenbarung kaum die Rede sein.

Das zweite Modell einer speziellen Offenbarung hingegen verweist die Gläubigen auf das geoffenbarte Wort Gottes in den Heiligen Schriften. Anders als bei den prinzipiell allen Gläubigen offen stehenden individuellen Weisungen durch göttliche Inspirationen wie im ersten Modell können hier nur wenige auserwählte Menschen Gottes Stimme vernehmen. Es stellt sich dann das Problem der Glaubwürdigkeit der Propheten, zumal in der Bibel selbst zwischen „wahren" und „falschen" Propheten unterschieden wird.[15] Wenn außerdem die Offenbarung oder die Offenbarungsereignisse erst nach dem Tod der Propheten in schwer verständlichen und interpretationsbedürftigen Heiligen Schriften fixiert werden, schwindet die Sicherheit des transzendenten Ursprungs und damit der göttlichen Legitimation der einzelnen Worte zusätzlich. Entweder setzen dann autoritäre religiöse Kreise ein Deutungsmonopol durch oder es kommt zu einer Vielfalt von Auslegungstraditionen und

---

13   Vgl. Horst Afflerbach, *Handbuch Christliche Ethik*, 2. Aufl., Wuppertal 2002, 275.
14   Vgl. Afflerbach, *Handbuch Christliche Ethik*, 282.
15   Vgl. z. B. 1 Kön 22/Mt 7,15 ff.

Schulen, die sich über das geoffenbarte Ethos uneins sind. Mit dem Nachweis der Entstehungsbedingungen und der menschlichen Herkunft der Heiligen Schriften durch die historisch-kritische Forschung ist der Glaube an die unmittelbare Eingebung durch Gott mächtig erschüttert worden. Diese Forschungsergebnisse entpuppten den Anspruch religiöser Moralpositivisten auf ein absolutes und unumstößliches Fundament der Moral als höchst problematisch. Grundsätzlich ist die Vorstellung zurückzuweisen, moralische Normen seien sakrosankt und ewig gültig in Stein gemeißelt, und nur auf diese Weise entkomme man einem moralischen Relativismus und Subjektivismus. Wertvorstellungen und moralische Normen können sich unter veränderten Umweltbedingungen, sozialen und politischen Verhältnissen, infolge eines Wissenszuwachses und erweiterten Handlungs- und Kontrollmöglichkeiten als unzeitgemäß und falsch erweisen. Besonders deutlich wird dies bei Jahrtausende alten, in Heiligen Schriften fixierten Geboten und Verboten, welche die Sexualmoral oder die Stellung der Frau betreffen.

Um die Heiligen Schriften als ewig wahre Quellen letztbegründeter Normen zu disqualifizieren, verweisen nichtreligiöse Skeptiker gern auf Widersprüche in den Texten oder zitieren moralisch fragwürdige Verse oder Erzählungen. Beispielsweise lassen sich in der Bibel Stellen finden, die entweder zur Friedfertigkeit oder zu aggressivem Handeln aufrufen.[16] Allerdings müsste man die entsprechenden Stellen in ihrem inhaltlichen und historischen Kontext interpretieren. Berücksichtigt man die jeweiligen Kontexte, zeigt es sich, dass es sich nicht im strengen Sinn um logische Widersprüche handelt, welche die Glaubwürdigkeit der Texte nachhaltig unterminieren würde. Wie Rolf Schieder in Bezug auf die grausame Exodus-Stelle in der Bibel recherchiert hat, handelt es sich dabei um eine spätere Einfügung, die im Konstrast zu Moses sonstigem Verhalten steht und bei der späteren Rekapitulation der Sinaiereignisse schon nicht mehr aufgeführt wird.[17] Auch forderten die Geschichten des Alten Testaments anders als die des Neuen Testaments grundsätzlich nicht zur Nachahmung auf, sondern zum Nachdenken über die Gesetze und das teilweise fehlerhafte Verhalten der Menschen. Wenn man die Heiligen Schriften allerdings nach dieser Lesart nur als Anregung zur eigenen ethischen Reflexion über die richtigen Normen und Verhaltensweise versteht, spricht man ihnen automatisch den Anspruch auf ein objektives Fundament absolut verbindlicher Sollensforderungen ab. Dasselbe gilt für den gezielten Einsatz der zahlreichen hermeneutischen Verfahren, um missliebige Stellen

---

16 Vgl. Lev 19,18 bzw. Ex 32,27 oder Sam 15.
17 Vgl. Rolf Schieder, *Sind Religionen gefährlich? Religionspolitische Perspektiven für das 21. Jahrhundert*, Berlin 2011, 112 f.

weg- oder umzuinterpretieren, z. B. durch metaphorische statt wörtliche Lesart oder das Unterscheiden verschiedener Textschichten. Der Streit über die normative Richtigkeit von Handlungsweisen scheint dann lediglich auf eine hermeneutische Ebene transponiert zu werden, auf der aber nichts über normative Verbindlichkeit entschieden werden kann. Für eine methodisch überzeugende Moralbegründung durch das offenbarte Wort Gottes reicht es jedenfalls nicht aus, dass sich in Heiligen Schriften einzelne auch auf andere Weise gut begründbare Normen finden lassen.[18]

Auch wenn alle Zweifel über die Inhalte der göttlichen Handlungsanweisungen beseitigt wären, bliebe offen, wie der universelle Geltungsanspruch auf moralische Richtigkeit der göttlichen Gebote begründet ist. Schließlich kann Gott, wie im Falle von Abraham geschehen, moralische Gebote und Verbote erlassen, die den Menschen als irrational und unmoralisch erscheinen und keiner rationalen Begründung zugänglich sind. Prinzipiell kann nicht davon ausgegangen werden, dass Wünsche oder Anweisungen von mächtigen Autoritäten immer schon moralisch richtig und gut begründet sind. Ein moralisches Sollen lässt sich aus philosophischer Sicht nicht mit dem Verweis auf einen noch so mächtigen souverän gebietenden Willen begründen.[19] Obwohl Gott als allmächtige und höchste Instanz eine besondere Autorität darstellt, muss das von ihm Befohlene nicht zwangsläufig „gut" in einem moralischen Sinn, d. h. gut für das Wohl oder zum Schutz aller potentiell Betroffener sein. Die im Rahmen des „Eutyphron-Problems" verhandelte Frage, ob etwas gut ist, weil es von den Göttern gewollt wird, kann durch die schlichte Behauptung der Identität der beiden Prädikate „gottgewollt" und „gut" nicht gelöst werden.

Auch die Gott zugeschriebenen Prädikate Allgüte und moralische Vollkommenheit können die göttlichen Normen nicht legitimieren, wenn die für eine Beurteilung der moralischen Qualität notwendigen moralischen Maßstäbe lediglich aus Gott selbst abgeleitet werden. Die Argumentation, Gottes Gebote seien aufgrund der Güte Gottes moralisch legitim und letztbegründet, ist zirkulär, solange „gut" mit „gottgewollt" expliziert wird und keine vom Willen Gottes unabhängigen Kriterien für seine Güte oder moralische Vollkommenheit vorhanden sind.[20] Philosophisch betrachtet können moralische Normen also nicht letztbegründet sein aufgrund ihrer Herkunft von einer Autorität, die einfach zum unhintergehbaren Maßstab von Gut und Böse

---

18 Vgl. Norbert Hoerster, „Moralbegründung ohne Moral", in: Birgitta Kleinschwärzer-Meister (Hrsg.), *Religion und Moral*, Münster 2011, 39–46, 45.
19 Maximilian Forschner, „Religion", in: Otfried Höffe, *Lexikon der Ethik*, 7. neu bearbeitete und erw. Aufl., München 2008, 261–264, 263.
20 Vgl. Norbert Hoerster, *Die Frage nach Gott*, München 200 5, 54 f.

erhoben wird. Eine theonome Begründung im Rekurs auf eine transzendente Autorität als Grund für unbedingte Verpflichtungen erscheint vielmehr als „moralisch dubios" und „geltungstheoretisch unnötig und unmöglich."[21] Da der Begründungsgang beim souveränen Willen Gottes für beendet erklärt wird, liegt statt eine Letztbegründung ein dogmatischer Abbruch des Verfahrens vor. Viele Theologen wenden freilich gegen eine solche philosophische Skepsis ein, bei expliziten Geboten wie den 10 Geboten handle es sich um einen „numinosen Imperativ", der in seinem Offenbarungskontext mit dem furchterregenden großen Feuer und der gewaltigen göttlichen Stimme überwältigend und absolut sei und keiner Argumentation und Begründung bedürfe.[22] Nur aus einem solchen überwältigenden Anspruch mit religiöser Rückbindung könne eine unbedingte Verpflichtung und moralische Objektivität erwachsen.[23] Solche Befehle seien direkt ins Herz der Betroffenen gerichtet, so dass sie den Adressaten keinen argumentativen und reflexiven Spielraum ließen und nicht wie eine Behauptung bzw. Sollensforderung richtig oder falsch sein könnten. Religiöse Menschen orientieren sich aus der Perspektive des Glaubens an göttlichen Geboten, weil sie Gott lieben, ihm vertrauen oder Demut empfinden. Theologisch gesehen mag auf solchem Wege eine Begründung oder sogar Letztbegründung moralischen Sollens gelingen. Für Philosophen sind das höchstens psychologische Argumente, die zu einer rationalen geltungstheoretischen Begründung nichts beitragen.[24]

1.2 Fundamentalmoralische Auffassung

In einem fundamentalmoralischen Sinn sei der Glaube an Gott wichtig für die Moral, weil die Moral in der „Tiefe" mit Gott zu tun habe (vgl. oben). Nach Merks ist „der die Moral erst konstituierende Impuls die Frage nach dem Guten schlechthin": Wer „die Frage nach dem Guten in ihrer Eigenheit" verstehe, könne sich „der transzendierenden Kraft dieser Frage nach dem Guten nicht entziehen".[25] Diese Frage finde keine Antwort in den Begierden des Einzelnen oder in einem zwischenmenschlichen Konsens oder Kontrakt. Moral sei letztlich eben „kein willkürliches menschliches Machwerk", sondern

---

21 Helmut Fahrenbach, „Die Notwendigkeit des Projekts Weltethos – aber ohne ‚theonome Begründung'", in: Hans Küng und Karl-Josef Kuschel (Hrsg.), *Wissenschaft und Weltethos*, München 1998, 383–414, 400.
22 Vgl. Werner Theobald, *Ohne Gott? Glaube und Moral*, Augsburg 2008, 19 mit Bezug auf Dtn 5,2–24.
23 Vgl. Theobald, *Ohne Gott?*, 22 und 44.
24 Vgl. Fahrenbach, „Die Notwendigkeit des Projekts Weltethos", 400.
25 Merks, „Gott in der Moral", 41 f.

konfrontiere die Menschen mit dem „Anruf und Appell an unsere Freiheit und Verantwortlichkeit", der von Gott komme und den man traditionell den „Willen Gottes" genannt habe.[26] Bei diesen fundamentalmoralischen Thesen über das Prinzip Hoffnung und den Ruf des Gewissens geht es aber weniger um die Begründungs- als um die Motivationsproblematik, die in Teil 2 beleuchtet wird. Noch „fundamentaler" ist Franz Böckles Entwurf einer *Fundamentalmoral*, bei der Gott als „Grund autonomer Freiheit" das Fundament moralischen Denkens und Wollens schlechthin bildet:[27] Im Anschluss an den Transzendentalphilosophen Hermann Krings versucht er aufzuzeigen, dass jeder Akt der ethischen Selbstgesetzgebung oder Autonomie die Bejahung der Freiheit als solcher voraussetzt. Diese vollkommene, unbedingte oder „transzendentale Freiheit" als das letzte und höchste Prinzip der Ethik soll identisch sein mit dem Gott der abrahamitischen Religionen. Ohne hier auf den transzendentalen philosophischen Begründungsgang selbst näher eingehen zu können, scheint doch der persönlichen Gott des Christentums etwas ganz anderes zu sein als der auf einen formalen Sollensanspruch reduzierten Gott der Transzendentalphilosophie.

2 Das Motivationsproblem

Seitens religiöser Menschen wird in der Gegenwart der einseitige „moralphilosophische Aktivismus" der säkularen Ethik an den Pranger gestellt. Obwohl die logische Stringenz ihrer Argumente immer besser geworden sei und sich die moderne Ethik auf einem so hohen argumentationstheoretischen Niveau befinde wie noch nie, habe sich das Denken und Handeln der Menschen kaum verändert.[28] Dies liege daran, dass die moderne Ethik zu „kopflastig", d. h. auf den kognitiven Überzeugungsgehalt ihrer Argumente fixiert sei und ein zwiespältiges Verhältnis zum Gefühl habe. Entsprechend ihrem aufklärerischen Grundimpetus setze sie allein auf die Vernunft und verkenne völlig, dass Argumente auch Emotionen ansprechen müssten. Wenn jemand erst Gründe und Argumente dafür ins Feld führen müsse, wieso man nicht töten darf, sei doch die Moral der Gegenwart ohnehin schon verloren![29] Oft halten religiöse Menschen wie Hans Küng es für ausgeschlossen, dass ein Mensch ohne Grundvertrauen in die ihn tragende sinnhafte Wirklichkeit und Hoffnung

---

26 Vgl. Merks, „Gott in der Moral", 50.
27 Vgl. Franz Böckle, *Fundamentalmoral*, 4. Aufl., München 1985.
28 Vgl. Theobald, *Ohne Gott?*, 115 f.
29 Vgl. Theobald, *Ohne Gott?*, 116.

auf das Gute schlechthin oder auf die Herankunft des Reichs Gottes moralisch handeln kann. Da jeder Mensch Schuld und Sühne auf sich lade, sei er auf Gott auch deswegen angewiesen, weil nur dieser ihn davon wieder erlösen könne.[30] Doch wie genau sehen die wichtigsten motivationsspezifischen Begründungsstrategien für die These der Notwendigkeit Gottes im Einzelnen aus und wie überzeugend sind sie?

2.1 Göttliche Sanktionen

Ein großer Vorzug theistischer Religionen wird oft in den positiven und negativen Sanktionsmöglichkeiten durch Gott gesehen. Damit göttliche Strafen und Belohnungen als extrinsische Motive ihre enorme Kraft entfalten können, sind aber autoritäre Glaubensauffassungen und Gottesvorstellungen Voraussetzung. Solche herrschten während der 2000-jährigen Dominanz des abendländischen Christentums vor und sind im Islam noch heute die Regel. Es liegt dann ein positivistisches Moralverständnis vor, bei dem der göttliche Wille inhaltlich vorgibt, was moralisch richtig und falsch ist (vgl. Teil 1.1). Wer nicht nach den göttlichen Geboten und Verboten handelt oder sich gar von Gott abwendet, dem drohen ewige Höllenqualen im Fegefeuer, wohingegen die Guten ins Paradies einziehen dürfen. In der Bibel ist immer wieder in drastisch Worten vom göttlichen Gericht und den göttlichen Sanktionen die Rede.[31] Es kann nicht geleugnet werden, dass die Angst der Menschen vor dem Tod und drohenden Höllenqualen und die Hoffnung auf das Paradies ein wesentliches Element in der religiösen „Erziehung" der Völker darstellte. Die Vorteile gegenüber allen irdischen moralischen und juristischen Sanktionen liegen klar zutage: Nicht-institutionalisierte moralische Sanktionen sind relativ schwach. Selbst die härteren staatlich geregelten juristischen Sanktionen wie Buße und Gefängnisstrafe können maximal mit lebenslänglicher Haft oder gegebenenfalls mit der Todesstrafe, also der Beendigung des irdischen Lebens drohen, was im Vergleich zu ewigen Höllenqualen immer noch als mild erscheint. Außerdem ist die Kontrollfähigkeit der menschlichen Gemeinschaft hinsichtlich der von ihr verhängten Sanktionen sehr beschränkt. Gegen ein Unrechttun im Verborgenen kann sie nichts ausrichten, wohingegen Gott alles sieht und weiß.

Im Zuge der Aufklärung und Säkularisierung hat man sich jedoch von einem solchen autoritären Glaubens- und Gottesverständnis mehr und mehr verabschiedet. Zu oft wurden die Ängste der Menschen vor dem Tod und vor Strafen für ihre Sünden von den Kirchen missbraucht. Christliche

---

30 Vgl. Küng, *Existiert Gott?*, 523 und 629 ff.
31 Vgl. exemplarisch Mk 9,43.

Theologen der Gegenwart bemühen sich daher um größtmögliche Distanz zur Geschichte des Christentums, in der den Menschen von den Kirchen der Verpflichtungscharakter moralischer Sollensforderungen in Verbindung mit göttlichen Sanktionen eingeschärft wurde. Psychiater, Psychotherapeuten und Betroffene haben umfassend die negativen psychischen Folgen beschrieben, die ein Missbrauch Gottes als Instrument der Einschüchterung und Erziehung haben kann:[32] Bei vielen Menschen wurde Gott zur Quelle übersteigerter Schuldgefühle, ständiger Gewissens- und Sündenangst oder gar krankhafter Zwangsstörungen, so dass die Betroffenen keine Freude am Leben mehr hatten. Während 1975 in Westdeutschland noch 13% der über 18-Jährigen die Aussage „Gott ist ein strenger und gerechter Richter. Wer nicht nach seinen Geboten lebt, wird beim Jüngsten Gericht bestraft" bejahen, waren dies 1995, also 20 Jahre später, nur noch 3%.[33] Durch die Verabschiedung des strengen und strafenden Gottesbildes geht dem Christentum allerdings auch eine der stärksten Motivationsquellen verloren. Denn in wissenschaftlichen Studien wurde vielfach bestätigt, dass die Vorstellung des Beobachtetwerdens von einer mit Macht ausgestatteten Instanz Menschen moralisch besser macht. So wurde in einer jüngeren Studie der Universität von British Columbia experimentell nachgewiesen, dass Menschen moralischer handeln, wenn sie sich von einem außerirdischen Wesen beobachtet glauben: Diejenigen Studenten haben im Versuchsraum deutlich weniger geschummelt, denen erzählt wurde, es sei dort der Geist einer toten Kommilitonin gesehen worden.[34]

2.2 *Überwindung des Egoismus durch altruistische Grundhaltung*
Nach einer weit verbreiteten Meinung versetzen Religionen die Menschen in die Lage, dank des inneren Bezugs zu einer höheren transzendenten Wirklichkeit ihre Selbstzentriertheit und ihren Egoismus zu überwinden. Allein durch die Eingliederung in einen umfassenden religiösen Deutungshorizont und einen universellen Ordnungszusammenhang scheint die Perspektive der Ich-Bezogenheit und des Eigennutzes aufgebrochen zu werden. Statt nur an den eigenen Vorteil zu denken und dabei mit anderen Menschen zu konkurrieren, haben religiöse Menschen eine höhere Aufgabe oder einen „Auftrag"

---

32 Vgl. dazu den Erfahrungsbericht des Psychoanalytikers Tilman Moser, *Von der Gottesvergiftung zu einem erträglichen Gott. Psychoanalytische Überlegungen zur Religion*, Stuttgart 2003, 22 f. und 135 f. sowie die Forschungsergebnisse in Bernhard Grom, *Religionspsychologie*, vollst. überarb. 3. Aufl., München 2007, 67–73.
33 Vgl. Grom, *Religionspsychologie*, 67.
34 Vgl. Azim Shariff und Ara Norenzayan, „God ist Watching You", in: *Psychological Science* (2007), vol. 18, no. 9, 803–809, 803.

zu erfüllen. Religionen leiten dazu an, sich selbst zu besiegen und sich in den Dienst der Mitmenschen oder des Weltganzen zu stellen. Fundamentale ethische Prinzipien der meisten Religionen sind die Tugend der Demut und eine altruistische Haltung der Fremdzentriertheit.[35] Religiöse Menschen sollen anderen Menschen nicht nur in Demut und mit Respekt begegnen, sondern sich aktiv und uneigennützig für andere engagieren. Zugrunde liegende intrinsische Motivationsquellen sind je nach Religion Gefühlsdispositionen oder Geisteshaltung der Gelassenheit, des Wohlwollens, Mitleids oder der Liebe. Exemplarisch soll hier ein Blick auf Christentum und Buddhismus geworfen werden.

Nachdem die meisten theologischen Hauptrichtungen heute ein autoritäres Glaubensverständnis und eine extrinsische moralische Motivation nicht mehr für angemessen halten, verkündet man vornehmlich die „Frohe Botschaft" vom Gott der Liebe mit seiner unendlichen Vergebungsbereitschaft. Ins Zentrum rückt die intrinsische Motivation der Gottesliebe oder Dankbarkeit gegenüber Gott als dem Schöpfer alles Seienden. Vor dem Hintergrund eines positivistischen Moralverständnisses würde dies bedeuten, dass vorgegebene göttliche Weisungen aus Liebe zu Gott erfüllt werden. Weil der Mensch Gott sein Dasein verdanke, müsse er schon aus dieser Dankbarkeit heraus die göttlichen Gebote befolgen. Es kann aber auch gemeint sein, dass die göttliche Liebe oder der Heilige Geist direkt in den Gläubigen wirkt: Wer im Glauben und im Vertrauen auf Gottes umfassende Liebe diese Liebe weiterschenkt, könne „wahrhaft Werke der Nächstenliebe" vollbringen.[36] Aufgrund des Ethos' der Liebe, christlich verstanden als Geist der Menschenfreundlichkeit, sollen die Gläubigen auf die Not der Bedürftigen und Ausgegrenzten ausgerichtet sein und intuitiv das moralisch Richtige tun. Eine solche geistliche Ausrichtung könne sich der Mensch nicht selbst geben und sie lasse sich „auch nicht rational andemonstrieren wie eine kognitive Überzeugung"[37]. Allein die Gemeinschaft mit Gott befreie den Menschen dazu, sich „mit ungebrochenem Engagement für die Verbesserung der Zustände der Welt"[38] einzusetzen. Es besteht kein Zweifel daran und verdient große Anerkennung, dass sich Millionen von Priestern, Seelsorgern, Nonnen oder Laien aus dieser genuin christlichen Motivation

---

35 Vgl. dazu die interreligiöse Studie von Karam Sing Raju, *Ethical Perceptions of World Religions. A Comparative Study*, Guru Nanak Dev University Amritsar 2002, 138 ff. und 144 ff.
36 Vgl. Ernst, *Grundfragen theologischer Ethik*, 211.
37 Johannes Fischer, *Theologische Ethik: Grundwissen und Orientierung* 2002, 148.
38 Alfons Auer, *Zur Theologie der Ethik. Das Weltethos im theologischen Diskurs*, Freiburg/Schweiz 1995, 216.

heraus unermüdlich für Bedürftige und für den Frieden auf der Welt einsetzen. Genauso wenig kann aber bestritten werden, dass auch nichtreligiöse Menschen ohne diese motivationalen Ressourcen zur Überwindung des Egoismus und zu uneigennützigem altruistischem Engagement fähig sind. Mutmaßlich ist ein christlicher Geist der Liebe nur für extrem heroische Taten der Selbstlosigkeit oder für einen wenig realistisch erscheinenden Umsturz der diesseitigen Verhältnisse nötig, wie sie charismatische Persönlichkeiten mit religiösem Hintergrund wie Mutter Teresa oder Martin Luther King vollbrachten.

Die Überwindung des Egoismus und eine altruistische Grundhaltung versprechen auch die sich heute im Westen rasch ausbreitenden östlichen Meditationspraktiken wie die buddhistische Zen-, Metta- oder Mitleidsmeditationen. Durch die Erweiterung der Grenzen des eigenen Selbst und das Niederreißen der Schranken zwischen sich und anderen soll generell eine gelassenere, tolerantere und friedfertigere Einstellung erreicht werden. Dank der Erleuchtung und der Einsicht in die Geisthaftigkeit und Einheit aller Erscheinungen als Resultat der Zen-Praxis begegne man spontan allen Wesen, Dingen und Ereignissen auf der Welt mit großer Barmherzigkeit, universeller Liebe, Güte und Mitgefühl.[39] 2012 hat eine in der Zeitschrift *Frontiers in Human Neuroscience* veröffentlichte Studie verschiedener amerikanischer Forschungszentren nachweisen können, dass schon ein achtwöchiges Training in der auf Atmen, Gedanken und Gefühle konzentrierten „Achtsamkeitsmeditation" oder in der auf liebevolle Freundlichkeit und Mitgefühl abzielenden „Mitgefühlsmeditation" die Aktivierung des Mandelkerns im Hirn reduziert.[40] Die damit erreichte Veränderung bei der Verarbeitung von Gefühlen und Erinnerungen führt zu einer größeren emotionalen Gelassenheit der Praktizierenden während dieser Zeit. Die meisten neueren wissenschaftlichen Untersuchungen zu Achtsamkeits- oder Mitgefühlsmeditationen klammern allerdings die religiöse oder spirituelle Dimension völlig aus. Für diese meditativen Praktiken und ihre erwünschten positiven Wirkungen ist also keine religiöse Weltanschauung mit der Annahme einer tatsächlichen tieferen Einheit aller irdischen Erscheinungen

---

39   Vgl. Hsin Tao, „Geist-Erleuchtung und Wesensschau", in: Michael von Brück (Hrsg.), *Religion. Segen oder Fluch der Menschheit?*, Frankfurt a.M./ Leipzig 2008, 196–203, 199 und 203.

40   Vgl. http://info.kopp-verlag.de/medizin-und-gesundheit/gesundes-leben/j-d-heyes/meditation-veraendert-die-verarbeitung-von-gefuehlen-im-gehirn.html (zuletzt aufgerufen am 29. März 2015).

erforderlich.[41] „Gut" wären dann in ersten Linie die toleranz- und friedensfördernden Meditationspraktiken, aber nicht zwangsläufig auch sämtliche sie anwendenden religiösen Orientierungssysteme dahinter. Bei der Zen-Meditation kann es durchaus vorkommen, dass das Bewusstsein, etwas Besonderes erfahren zu haben und erleuchtet zu sein, das Ich anschwellen lässt und egoistische Begierden weckt.[42] Mystiker oder Gurus sind gefährdet, sich nach der religiösen Erleuchtung mit Gott oder dem Absoluten zu identifizieren und sich als auserwählte Gesandte gegen die Übermacht des Bösen zu stellen.[43] Auch unter Buddhisten und Mystikern aller Religionen gab und gibt es Fundamentalisten, die nicht durch Toleranz und Freundlichkeit, sondern durch Abgrenzung und Kampf auffallen. Anders als Metta- oder Mitleidsmeditationen sind Aufmerksamkeitsmeditationen zur Schulung des Geistes grundsätzlich ambivalent und können bei der Durchführung sowohl von moralischen als auch unmoralischen Handlungen dienlich sein.

Aus meiner Sicht bilden Gefühle des Verbundenseins mit einem Übernatürlichen, mit den Mitmenschen und der Natur sowie die Erfahrung der Gleichwertigkeit oder der tieferen Einheit alles Vorhandenen die beachtlichsten spezifisch religiösen Motivationsquellen. Die daraus bezogene motivationale Kraft oder spirituelle Energie treibt viele Gläubige an, sich ehrenamtlich in uneigennützigen Organisationen zu betätigen, sich für die Verbesserung der Lebensverhältnisse Benachteiligter einzusetzen oder Umweltschutzprojekte zu unterstützen oder ins Leben zu rufen. Je nach religiöser Richtung und abhängig von den Idealen des Gurus oder der Religionsgemeinschaft kann dieselbe Grundhaltung aber auch eine individualistische Spiritualität begünstigen, bei der Solidarität und Wohlwollen keine Rolle spielen.[44] Im Fall einer durch exzessives Meditieren erreichten dauerhaften Ich-Entgrenzung und Aufhebung von Innen und Außen kommen ohnehin die Voraussetzungen für moralisches Handeln abhanden. Demgegenüber stellt zwar eine aktivbejahende engagierte Grundeinstellung mit altruistischen Gefühlen der Liebe oder Solidarität eine moralisch wertvolle motivationale Basis dar, garantiert aber nicht schon in jedem Fall ein moralisch richtiges Handeln. Denn eine universelle Liebe oder Freundlichkeit lässt vielmehr offen, was genau zu tun

---

41　Vgl. http://www.handelsblatt.com/technologie/das-technologie-update/healthcare/hirnscan-studie-die-signatur-des-mitgefuehls/9264740-2.html (zuletzt aufgerufen am 29. März 2015).
42　Vgl. Tao, „Geist-Erleuchtung und Wesensschau", 212.
43　Vgl. Friedrich W. Graf, „Lob der Unterscheidungen", in: Uwe J. Wenzel (Hrsg.), *Was ist eine gute Religion? Zwanzig Antworten*, München 2007, 11–15, 13.
44　Vgl. Grom, *Religionspsychologie*, 136.

ist und in einer konkreten Situation moralisch richtig ist. Gerechtes Handeln resultiert nicht automatisch aus altruistischen Motiven, sondern erfordert eine eingehende Analyse der Handlungssituation und der berechtigten Interessen und Ansprüche aller Beteiligten sowie ein unparteiisches Abwägen moralischer Kriterien, Werte und Normen durch die praktische Vernunft. Trotz der moralisch begrüßenswerten motivationalen Ressourcen sind Religionen dann nicht mehr „gut" und nützlich für das gesellschaftliche Zusammenleben, wenn sie diese diskursiv-rationale Ebene diskreditieren und nur auf mystische Einheitserlebnisse setzen.

2.3 Befreiung von Existenzangst und Sünde

Aus theologischer Sicht ist der religiöse Glaube mindestens als negative Randbedingung der Motivation unverzichtbar, weil nur Religionen die vielfältigen existentiellen Gefährdungen der positiven Motivation zu moralischem Handeln beseitigen könnten. Zu den meist genannten Hindernisfaktoren zählen die Angst vor dem Scheitern beim Erreichen des Guten, das Gefühl der Ohnmacht angesichts all der Ungerechtigkeit auf der Welt und die Furcht vor der Endlichkeit des eigenen Daseins: Religion müsse Antworten auf existentielle Verunsicherungen und Fragen geben wie beispielsweise diejenige, ob das moralische Bemühen der einzelnen sterblichen Menschen auf dieser Welt nicht absurd sei.[45] Nur in der existentiellen Gewissheit des Glaubens, „von Gott unbedingt gehalten und angenommen zu sein", könne der Mensch „die Angst überwinden, die aus der Erfahrung seiner Endlichkeit, Verletzlichkeit und Todesverfallenheit resultiert und die ihn dazu bringt, dass es ihm letztlich nur um sich selbst geht".[46] Im religiösen Glauben werde die Angst davor relativiert, „dass man selbst untergeht oder nicht anerkannt wird" oder „zur Verantwortung gezogen" wird und sich ständig behaupten muss.[47] Notwendig für die „Befreiung" des Menschen zu moralischem Handeln ist aus theologischer Perspektive außerdem die Erlösung des Menschen von seinen Sünden. Dabei gilt in der christlichen Tradition jeder Mensch grundsätzlich als Sünder, und nur Gott kann ihn von der Macht der Sünde befreien. Viele dieser negativen Randbedingungen moralischer Motivation lassen sich auch auf eine positive Formel bringen: Gott sei nicht das Prinzip „Verantwortung", welches eine menschliche Kategorie darstelle, sondern das Prinzip „Hoffnung".[48] Bedingung für moralisches Handeln sei das Vertrauen in Gott und die Hoffnung auf die Realisierung des Guten bzw. die Ankunft des Reiches Gottes.

---

45   Martina Aufenanger, *Religion und/oder Ethik in der Schule?*, Münster 1999, 335.
46   Stephan Ernst, *Grundfragen theologischer Ethik. Eine Einführung*, München 2009, 22.
47   Ernst, *Grundfragen theologischer Ethik*, 310.
48   Vgl. Merks, „Gott in der Moral", 42.

Natürlich stellt die Endlichkeit des menschlichen Lebens insofern ein Problem dar, als die Möglichkeiten, Gutes zu tun, entsprechend der eigenen Lebenszeit begrenzt sind. Gemäß dem ethischen Grundsatz „Sollen impliziert Können" kann jedoch niemand zu etwas moralisch verpflichtet werden, das außerhalb seiner Einfluss- und Handlungsmöglichkeiten liegt. Bei den meisten nichtreligiösen Menschen führt das säkulare Bewusstsein der eigenen Endlichkeit nicht zu einer handlungslähmenden „Angst vor der Todesverfallenheit", wie von religiöser Seite unterstellt wird. Gegen die Furcht vor dem Scheitern beim Verfolgen konkreter Handlungsziele stehen ihnen allerdings nur diesseitige Hilfsmittel wie eine begrenzt trainierbare Frustrationstoleranz oder die Unterstützung durch das soziale Umfeld zur Verfügung. Auch sind sie einem ständigen Rechtfertigungsdruck ausgesetzt und können sich nicht auf Gottes unendliche Vergebungsbereitschaft verlassen. Der unausweichliche Zwang zur Rechtfertigung des Tuns vor der Handlungsgemeinschaft bildet aber in aller Regel einen positiven Ansporn zu moralischem Handeln, weil daran die wechselseitige Anerkennung als moralische Subjekte geknüpft ist. Empirisch nicht plausibel ist auch die These, moralische Motivation setze die Hoffnung auf den „Sieg des Guten" oder die „Ankunft des Reichs Gottes" voraus. Zwar setzt die Durchführung insbesondere von langwierigen komplizierten Handlungsprozessen unstreitig die Hoffnung oder Zuversicht auf das Erreichen des anvisierten Ziels voraus. Diese immanente Hoffnung als indirekte Bedingung des Handelns hat aber mit Gott und der Ankunft seines Reiches wenig zu tun. Sie ist im säkularen Verständnis nur dann begründet und angebracht, wenn ausreichende Informationen über die Kompetenzen der Handlungssubjekte und die aktuelle Handlungssituation eingeholt wurden und sich die Zielerreichung als wahrscheinlich herausstellte. Damit das Handeln dem einzelnen Menschen angesichts seiner begrenzten Lebenszeit und des bescheidenen Aktionsradius' nicht sinnlos vorkommt, schließt er sich rationalerweise mit anderen Menschen zu gemeinsamen moralischen Projekten zusammen. Menschen verfolgen „überindividuelle" moralische Ziele, die von sehr vielen gemeinsam getragen werden und aufgrund ihrer langfristigen Perspektive die zeitliche Existenz des Einzelnen sprengen.[49]

Die Erbsündenlehre schließlich mit der These, alle Menschen seien immer schon Sünder und könnten sich nicht allein aus der Macht der Sünde befreien, lässt sich aber auf der Grundlage menschlicher Erfahrungen trotz verschiedener Deutungsversuche kaum plausibel machen.[50] Im Laufe der Säkularisierung wurde der Begriff „Sünde" zunehmend verharmlost und verniedlicht und findet

---

49 Vgl. Aufenanger, *Religion und/oder Ethik*, 338.
50 Ausführliche Erläuterungen zu verschiedenen Verstehenszugängen finden sich bei Ernst, *Grundfragen theologischer Ethik*, 286–300.

heute fast nur noch in Ausdrücken wie „Verkehrssünden", „Umweltsünden" oder „Diätsünden" Verwendung.

2.4 Gewissen

In der christlichen Ethik wird dem Gewissen bis heute eine große Bedeutung als Quelle der Motivation beigemessen, wohingegen der Begriff in der gegenwärtigen philosophischen Ethik selten Erwähnung findet. Als innere moralische Sanktion verbindet das Gewissen das Wissen darüber, dass das Gute zu tun und das Schlechte zu unterlassen ist, mit einem moralischen Gefühl. Diese Gefühlskomponente treibt die Betroffenen zum Tun des Guten an und macht sich beim Zuwiderhandeln als „Gewissenbiss" bemerkbar. Mit Berufung auf das biblische Diktum „Man muss Gott mehr gehorchen als den Menschen" gilt das Gewissen als eine letztverbindliche Instanz.[51] Ausgehend von der persönlichen Gewissenserfahrung einer wie von außen kommenden Stimme, erblickt man die hervorstechenden Merkmale des Gewissensphänomens in der Unmittelbarkeit und Unhintergehbarkeit seiner subjektiven Ansprache sowie dem absoluten und kategorischen Anspruch. Insbesondere das schlechte Gewissen bringe einen in innere Not und verweise auf eine „absolute Dimension von Gerechtigkeit", die allen utilitaristischen Güterabwägungen und überhaupt jeder rationalen philosophischen Argumentation und Begründung weit enthoben sei.[52] Diese Erfahrungen eines fordernden Anspruchs und einer drängenden Kraft wurden in der Tradition seit Sokrates metaphysisch und theologisch gedeutet. Aus dieser Warte entzieht sich das Gewissen einer rein empirischen Erklärung und verweist auf etwas Übernatürliches und Göttliches. Indem es das Selbst zu überschreiten und anscheinend eine unverfügbare eigene Wahrheit von Gut und Böse zu vermitteln scheint, verstand man es als Transzendenzbewusstsein und identifizierte es als Stimme Gottes.[53] In der Bibel wird der Sitz des Gewissens im „Herzen" lokalisiert. Doch welches ist genau der inhaltliche Maßstab von Gut und Böse und wieso ereilt der Gewissensruf unbestrittenermaßen auch Atheisten? Wie lässt es sich erklären, dass Menschen trotz der Berufung auf ihr eigenes Gewissen zu ganz unterschiedlichen Bewertungen einer Handlung kommen können?

Weder in der Bibel noch in der christlichen Tradition wurde je bestritten, dass auch nichtreligiöse Menschen ein Gewissen haben und von ihm zum richtigen

---

51 Apg 5,29, zur Deutung vgl. Ernst, *Grundfragen theologischer Ethik*, 103.
52 So die Argumentation von Theobald, *Ohne Gott?*, 45.
53 Vgl. Gerhard Marschütz, *Theologisch ethisch nachdenken*, Würzburg 2009, 77 ff.

Handeln motiviert werden können.[54] Paulus und viele seiner Nachfolger gehen im Sinne des Naturrechtsdenkens davon aus, dass sowohl Christen als auch Nichtchristen die göttlichen Weisungen oder das natürliche Sittengesetz dem Gewissen als einer Art anthropologischen Konstante eingeschrieben ist. Da das menschliche Gewissen aber durch verschiedene biologische und psychosoziale Einflussfaktoren getrübt sein kann, müsse der Gläubige immer wieder neu in der Orientierung an der Bibel oder am kirchlichen Lehramt nach dem wahren Willen Gottes suchen und dank dieser Gewissensbildung zum „Urgewissen" vorstoßen.[55] Die moderne Psychologie hat für das Phänomen des Gewissens und seine Irrtumsanfälligkeit demgegenüber ganz andere, weltliche Erklärung bereit: Gewissen wird definiert als eine moralische Selbstkontrolle, die sich auf verinnerlichte Normen und Werte bezieht und durch ein selbstverstärkendes Belohnungs- und Bestrafungssystem Emotionen und Verhalten zu regulieren vermag.[56] Seit Sigmund Freud nimmt man an, dass bereits in früher Kindheit die elterlichen und gesellschaftlichen Gebote und Verbote verinnerlicht werden und zum Gewissen oder „Über-Ich" führen. Psychologisch betrachtet ist das Gewissen also keine unbedingte transzendentale Instanz oder Stimme Gottes und kann damit auch kein zuverlässiger moralischer Kompass sein.

Aus der Perspektive säkularer Ethik ist eine unmittelbare Orientierung am persönlichen Gewissen grundsätzlich problematisch, wenn die Sollensforderungen ungeprüft von einer autoritären Instanz oder im Verlauf des Erziehungsprozesses von Kirche oder Gesellschaft übernommen werden. Denn statt sich die inhaltlichen Maßstäbe von Gut und Böse, Richtig und Falsch von irgendwelchen Autoritäten vorgeben zu lassen, soll man nur diejenigen Normen akzeptieren, die man aufgrund vernünftiger Überlegungen eingesehen hat. Nun kommt es in der Praxis aber auch vor, dass das eigene Gewissen in Widerspruch steht zu den im sozialen oder institutionellen Umfeld allgemein akzeptierten Normen. Für diese Fälle garantiert das moralische und juristische Recht auf Gewissensfreiheit jedem Menschen ausdrücklich, nach eigenem Gewissen entscheiden und handeln zu dürfen. Auch solche abweichende individuelle Gewissensansprachen sind jedoch nicht über jeden Irrtum erhaben, weil sich beispielsweise hinter der scheinbar untrüglichen moralischen Instanz subjektive Interessen und Ansprüche verbergen können. Von theologischen Vertretern einer autonomen Ethik wird aus diesem Grund betont, ein

---

54   Auch wenn den Heiden das göttliche Gesetz unbekannt ist, sollen ihnen „die Forderungen des Gesetzes ins Herz geschrieben" sein: „Ihr Gewissen legt Zeugnis davon ab, ihre Gedanken klagen sich gegenseitig an und verteidigen sich" (Röm 2,14 f.).
55   Vgl. Marschütz, *Theologisch ethisch nachdenken*, 85.
56   Vgl. Grom, *Religionspsychologie*, 63.

echtes Gewissensurteil erfordere hinreichende Informationen über die Handlungssituation und das sorgfältige Abwägen von Argumenten für und gegen die zur Verfügung stehenden Handlungsoptionen.[57] Obgleich das Gewissen selbst keine Gründe für seine Forderungen angibt, darf die Berufung auf das eigene Gewissen nicht zu einer Dispens von jeder Begründung und Kritik und zum resignativen Abbruch vernünftiger Verständigung führen. Gewissensbildung kann also nicht die bloße Internalisierung von Normen und Werten bedeuten, sondern letztlich nur das Fördern der ethischen Argumentations- und Urteilskompetenzen. Das Irrtumsfreie an der motivationalen Instanz des Gewissens wäre dann nicht der normative Inhalt, sondern lediglich der rein „formale ethische Anspruch", das Gute zu tun und das Böse zu lassen.[58] Während theologische Ethiker diesen Anspruch als Stimme Gottes oder von Gott den Menschen ins Herz gelegtes natürliches, aus sich heraus einsichtiges Sittengesetz deuten, handelt es sich weltlich betrachtet um ein erworbenes bzw. antrainiertes selbstregulierendes Bewertungs- und Motivationssystems.

3   Resümee und Fazit

Die theonome Letztbegründung im Rahmen eines positivistischen Moralverständnisses erwies sich begründungslogisch als wenig überzeugend: Bei der speziellen Offenbarung, d. h. dem unmittelbaren Erfassen des göttlichen Willens fehlen rationale Kriterien zur Abgrenzung tatsächlicher göttlicher Eingebungen von bloß subjektiven Bauchgefühlen. Genauso irrtumsanfällig ist die Berufung auf Heilige Schriften als angeblich unfehlbarem und sicherem Fundament, weil „wahre" und „falsche" Propheten schwer zu unterscheiden sind und die menschliche Herkunft religiöser Texte nach heutigem Stand der Wissenschaften außer Zweifel steht. Allein aufgrund diverser Widersprüche erfordern die Textsammlungen zudem eine Auswahl und Interpretation durch den Leser, die meist nach unausgesprochenen externen moralischen Maßstäben erfolgen. Schließlich steht bei der Berufung auf eine transzendente Autorität generell in Frage, wieso das Gottgewollte überhaupt in einem moralischen Sinn „gut" sein soll. Der Rekurs auf einen souveränen Willen Gottes als Grund moralischer Verpflichtung stellt aus philosophisch-ethischer Sicht einen dogmatischen Abbruch des Verfahrens dar. Somit erwies sich das lineare Begründungsmuster des Ableitens moralischer Normen aus

---

57   So die Argumentationen von Ernst, *Grundfragen theologischer Ethik*, 119 f. und Marschütz, *Theologisch ethisch nachdenken*, 87 f.
58   Vgl. Ernst, *Grundfragen theologischer Ethik*, 115.

einer transzendenten Wirklichkeit als unzulänglich. Demgegenüber präsentieren gegenwärtige Ethiker erfolgreich eine Art Letztbegründung durch reflexive, konstruktivistische Begründungsmodelle etwa der Diskursethik oder des handlungsreflexiven Ansatzes oder verzichten im Rahmen kohärentistischer Begründungen ganz auf eine Letztbegründung, da sie nicht mehr als Bedingung für eine überzeugende Moralbegründung angesehen wird.[59]

Etwas besser schneiden die motivationsspezifischen Argumente zum Beweis der Notwendigkeit Gottes für die Moral ab: Konzeptuell ist es naheliegend, dass in einem religiösen Weltbild durch den Bezug zur transzendenten Wirklichkeit die egozentrische Perspektive leichter überwunden werden kann und durch meditative und mystische Praktiken eine tiefe Verbundenheit mit allem Seienden erfahrbar wird. Auch bei dieser beachtlichsten, spezifisch religiösen Motivationsquelle hängt es aber wie gesehen vom Glaubensstil ab, ob sie zu einer individualistischen Spiritualität und Weltflucht oder zu aktivem moralischem Engagement in der Außenwelt führt. Zum Problem werden religiöse emotionsbezogene Quellen der Moral immer dann, wenn sie zu einer antirationalistischen Haltung verleiten, bei der Überlegungen und Abwägungen der praktischen Vernunft für überflüssig gehalten werden. Die angeblich unabdingbare universelle göttliche Liebe und das bedingungslose Akzeptiertsein durch einen barmherzigen Gott scheinen auch lediglich für heroische Taten völliger Selbstlosigkeit notwendig zu sein, wohingegen im Normalfall die mit der rationalen Einsicht verbundene „Triebfeder" der Achtung vor dem moralisch Gebotenen und die moralische Anerkennung oder Belohnungen durch die Gemeinschaft als interne und externe Motive ausreichen. Bei dem als „Stimme Gottes" interpretierten „Ruf des Gewissens" kann ein Irrtum nicht ausgeschlossen werden, so dass die Ansprüche des eigenen Gewissens einer kritischen Prüfung bedürfen. Grundsätzlich hängt der Motivationsgrad religiöser Menschen stark vom persönlichen Glaubensstil und der jeweiligen Religionsgemeinschaft ab. Christliche Vorstellungen eines unbedingten Angenommenseins durch einen versöhnlichen Gott und einer ausgleichenden Gerechtigkeit im Jenseits können Menschen Mut machen zu uneigennützigem Einsatz für eine bessere Welt, wohingegen autoritäre Gottesvorstellungen Menschen blockieren und fundamentalistische Glaubensstile zu Gewalt motivieren können.

Bei verschiedenen motivationspsychologischen Studien in Deutschland und in den USA hat sich ein statistisch relevanter, wenngleich schwacher positiver Zusammenhang zwischen der Religiosität und einer „prosozialen

---

59 Vgl. zum kohärentistischen Begründungsansatz beispielsweise Michael Quante, *Einführung in die Allgemeine Ethik*, Darmstadt 2003, 147 und 157 f.

Motivation", d. h. Wohlwollen und Hilfsbereitschaft gegenüber anderen Menschen ergeben.[60] Sowohl die ideelle Wertschätzung von Wohltätigkeit und Hilfsbereitschaft als auch das entsprechende moralische Verhalten wurden allerdings nur über Selbsteinschätzungen von überwiegend christlichen Gläubigen erhoben. Obwohl das höchste christliche Gebot zur universellen Nächstenliebe auffordert, fiel Religiosität nicht mit 100%iger prosozialer Motivation zusammen, sondern die religiösen Menschen bleiben sozusagen hinter ihren hohen Idealen zurück. Zur Erklärung dieser Differenz gibt es verschiedene Ansätze und Modelle, die auf das notwendige Zusammenwirken vieler Faktoren aufmerksam machen:[61] Förderlich scheint die aktive Teilnahme am Leben einer Kirchen- oder Synagogengemeinde zu sein, die ihre Mitglieder z. B. mit konkreten Spendenaufrufen zu karitativem Engagement auffordern. Neben der moralischen Unterweisung braucht es ein Lernen am Modell in einer solidaritätsfördernden Umgebung mit Fremdverstärkung und sozialer Bestätigung, damit moralisches Empfinden, Denken und Handeln ein Teil des eigenen Selbstkonzepts werden und sich ein selbstregulierendes System der Selbstkontrolle und Selbstverstärkung ausbilden kann. Dieselben moralfördernden Bedingungen lassen sich aber prinzipiell auch in einem nichtreligiösen Umfeld herstellen und liegen faktisch in vielen Familien ohne einen Horizont religiöser Welt- und Selbstdeutung vor. Im Gegensatz zu den Selbstbefragungen ergaben wissenschaftliche Tests zum konkreten Verhalten keine Unterschiede zwischen Gläubigen und Ungläubigen, so z. B. beim „Samariter"-Experiment zur Ermittlung der Hilfsbereitschaft.[62] Da auch bei nichtreligiösen Menschen durch eine moralische Erziehung mit geeigneten Vorbildern und solidaritätsförderndem Umfeld die prosoziale Motivation in vergleichbarer Weise gestärkt werden kann, ist Moral also weder in Hinsicht auf die Begründung noch die Motivation auf Religion angewiesen. Es wäre an der Zeit, mit diesen hartnäckigen Vorurteilen aufzuräumen.

---

60 Vgl. die Synopse bei Grom, *Religionspsychologie*, 130 f.
61 Vgl. Grom, *Religionspsychologie*, 131–137.
62 Vgl. die bereits zitierte Studie der Universität von British Columbia von Azim Shariff und Ara Norenzayan, „God is Watching You", 803–809. Vgl. auch Ralph Hood, Peter Hill und Bernard Spilka, *The Psychology of Religion*, 4. Auflage, New York/London 2009, Kapitel 12.

Doktrinaler Glaube und metaphysischer Diskurs bei Kant

Robert Theis

Die Abhandlung beabsichtigt, „das Glauben" in der Fassung des sog. *doktrinalen (Vernunft)glaubens* als die spezifische epistemische Modalität des metaphysischen Diskurses in Kants kritizistischem Vernunftprojekt aufzuweisen. Die Argumentation erfolgt in drei Schritten: Zuerst werden die kantischen Topoi zum Thema des doktrinalen (Vernunft)glaubens analysiert. In einem zweiten Schritt wird der metaphysische Diskurs zunächst in seiner transzendentalen Konfiguration und Bedeutung als regulativer, sodann in seiner inhaltlichen Ausdifferenzierung und hier insbesondere in seiner singulären und bezeichnenden Fokussierung auf die *theologische* Vernunftidee rekonstruiert. In einem dritten Schritt wird das Glauben als die das Wissen ergänzende epistemische Modalität dieses metaphysischen Diskurses herausgearbeitet.

Die folgenden Überlegungen setzen sich zum Ziel, zu rekonstruieren, welche *doktrinale* Gestalt ein *theoretischer* erfahrungstranszendenter Diskurs bei Kant unter den Voraussetzungen der Ergebnisse der „Transzendentalen Analytik" annimmt, gemäß denen der menschliche Verstand „*a priori* niemals mehr leisten [kann], als die Form einer möglichen Erfahrung überhaupt zu anticipiren"[1] und insofern die Schranken der Sinnlichkeit nicht überschreiten kann, wenn gleichzeitig gelten soll, dass ein solcher Diskurs einem notwendigen Bedürfnis bzw. Interesse der Vernunft entspricht.

Mit dieser Fragestellung ist eine epistemische Problematik verbunden, die in der Kantinterpretation so gut wie unberücksichtigt bleibt und die

---

1 KrV B 303. Wir zitieren im Folgenden die *Kritik der reinen Vernunft*, wenn nicht anders vermerkt, nach der Ausgabe B (1787) und verweisen im Textcorpus auf die entsprechenden Stellen. Die anderen veröffentlichten Schriften sowie der handschriftliche Nachlass (*Reflexionen*) und die Vorlesungen werden nach der von der Königlich Preußischen Akademie der Wissenschaften und Nachfolger betreuten Ausgabe von *Kant's gesammelte[n] Schriften*, Berlin 1910 ff. (¹1902) zitiert unter Voranstellung der Sigle Ak. mit Angabe des Bandes in römischer, der Seite in arabischer Ziffer.

wir hier als Arbeitshypothese zu Grunde legen. Sie ergibt sich im Ausgang von der Feststellung der merkwürdigen Präsenz, im *Kanonkapitel* in der „Transzendentalen Methodenlehre" der *Kritik der reinen Vernunft*, eines Abschnitts, in dem Kant über die *epistemischen Modalitäten des Wissens, Meinens und Glaubens* reflektiert. Merkwürdig bzw. bedenkenswert ist die Präsenz dieses Abschnitts deswegen, weil in ihr gleichsam *ex post* – wenngleich sozusagen *en passant* – über den Status des notwendig stattfindenden erfahrungstranszendenten *theoretischen* Diskurses befunden wird, der in seiner *doktrinalen* Gestalt, d. h. als Diskurs, der Episteme des *Glaubens* (im Unterschied zum Wissen und Meinen) zugeordnet werden muss. Der Titel dieses Beitrags ist demnach zu lesen als: Metaphysischer Diskurs *als* doktrinaler Glaube.

Mit dieser Feststellung erhält dann allerdings die These aus der Vorrede B vom aufgehobenen Wissen, um zum Glauben Platz zu bekommen,[2] das von Kant selber auf den *praktischen* Vernunftgebrauch fokussiert, gar eingeschränkt wird, für einen erfahrungstranszendenten, sprich „metaphysischen" Diskurs, eine unerwartete Wendung.

Um diese These darzulegen, soll in drei Schritten vorgegangen werden:

1. werden Kants Äußerungen zum epistemischen Status des Glaubens rekonstruiert;
2. wird nach der Ausdifferenzierung des erfahrungstranszendenten Diskurses gefragt;
3. wird dieser auf die spezifische epistemische Modalität des Vernunftglaubens hin gedeutet.

1 Der epistemische Status des Vernunftglaubens

Die Erörterung des Themas des Glaubens siedelt sich bei Kant im Kontext der *Logik* an. In der von Jäsche herausgegebenen Logikvorlesung (*Logik Jäsche*) behandelt er es im Rahmen eines Abschnitts, der den Titel trägt: „Logische Vollkommenheit des Erkenntnisses der *Modalität* nach"[3]. Den Begriff der logischen Vollkommenheit findet Kant in George Friedrich Meiers *Auszug aus der Vernunftlehre* (1752) vor, also in jenem Handbuch, das er für seine Logikkollegia benutzte. Im § 22 schreibt Meier:

---

2 Siehe KrV B XXX.
3 *Logik Jäsche*, Ak. IX 65.

> Wenn das Mannigfaltige in einer Erkenntniss zu einer Absicht übereinstimmt, oder den hinreichenden Grund von derselben enthält: so besteht darin *die Vollkommenheit der Erkenntniss* (perfectio cognitionis). Die Vollkommenheiten der Erkenntniss finden entweder in ihr statt, in so ferne sie deutlich oder in so ferne sie undeutlich ist [...]. Jene werden *die logischen Vollkommenheiten der Erkenntniss* (perfectio cognitionis logica), und diese *die Schönheiten derselben* genannt (pulcritudo et perfectio aesthetica cognitionis). Z.E. die mathematische Gewissheit ist eine logische Vollkommenheit, und die malerische Lebhaftigkeit eine Schönheit der Erkenntniss.[4]

In seinen Logikvorlesungen sowie in den *Reflexionen* übernimmt Kant Meiers Unterscheidung zwischen logischer und ästhetischer Vollkommenheit, zumindest terminologisch. Allerdings definiert er sie in differenter Weise. Unter Vollkommenheit allgemein versteht er die „Übereinstimmung mit allgemeinen gesetzen"[5]; die *logische* Vollkommenheit besteht in der Übereinstimmung mit den objektiven Gesetzen oder, wie es in der *Logik Jäsche* heißt: mit Gesetzen des Verstandes,[6] die *ästhetische* hingegen mit den subjektiven[7] oder den Gesetzen der Sinnlichkeit.[8]

In der *Logik Pölitz* (Anfang der 80er Jahre) unterscheidet Kant vier „Hauptstücke", nach denen die logische Vollkommenheit der Erkenntnis betrachtet werden kann: a. nach der *Quantität*, wenn sie allgemein ist; b. nach der *Qualität*, wenn sie deutlich ist; c. nach der *Relation*, wenn sie wahr ist; d. nach der *Modalität*, wenn sie gewiss ist.[9] Mit dieser Einteilung, die man auch in der *Logik Jäsche* findet, ist nun eine bemerkenswerte Konfiguration gegeben.

---

4   Georg Friedrich Meier, *Auszug*, § 22, in: Ak. XVI 101 f.
5   *Reflexion* 1845, Ak. XVI 135.
6   *Logik Jäsche*, Ak. IX 36.
7   Siehe *Logik Philippi*, Ak. 24.1. 344; *Wiener Logik*, Ak. 24.2. 806. In der *Logik Pölitz* unterscheidet Kant zwischen logischer, ästhetischer und praktischer Vollkommenheit (s. diesbezüglich auch *Wiener Logik*, Ak. 24.2. 806; *Logik Dohna-Wundlacken* [Ak. 24.2. 708], wo besagte Vollkommenheiten an der Trias Verstand – Urteilskraft – Vernunft vorgestellt werden), gibt aber bezüglich dieser letzteren zu bedenken, sie gehöre nicht in die Logik (Ak. 24.2. 516). Was die ästhetische betrifft, so heißt es, sie gehöre eigentlich auch nicht in de Logik, aber sie werde deshalb behandelt, weil durch die Entgegensetzung zur logischen diese letztere besser erläutert werden könne (ebd., 517).
8   Siehe *Logik Jäsche*, Ak. IX 36.
9   Siehe *Logik Pölitz*, Ak. 24.2. 517; siehe auch *Wiener Logik* (Anfang 80er Jahre), Ak. 24.2. 509, sowie *Logik Dohna-Wundlacken* (90er Jahre), Ak. 24.2. 709; vgl. die andere Anordnung in der *Logik Jäsche*: Quantität, Relation, Qualität, Modalität.

In der Tat! Der für unsere Frage zunächst wichtige Aspekt ist die logische Vollkommenheit der *Relation* nach und zwar, weil dieser die *Wahrheit* der Erkenntnis betrifft. Von ihr heißt es, sie sei die logische *Hauptvollkommenheit*[10] oder die „Vornemste logische Vollkommenheit"[11]. Sie besteht darin, dass eine Erkenntnis nach den Gesetzen des Verstandes zustande gekommen ist, d. h., dass die Erkenntnis auf der Übereinstimmung mit dem Objekt beruht. Allerdings betrifft sie nur die *eine* Seite der Beziehung unserer Erkenntnis, nämlich eben die auf das Objekt oder auch die *Wahrheit der Erkenntnis*. Die andere Seite ist die Beziehung auf das *Subjekt* der Erkenntnis.[12] Sie betrifft, wie es in der *Logik Pölitz* heißt, „das Bewußtsein [einer] Vorstellung"[13] oder den Gewissheitsmodus. In der gleichen Vorlesung heißt es weiter, die Gewissheit bestehe in dem Bewusstsein der Notwendigkeit der Wahrheit.[14] In eine ähnliche Richtung gehen auch die *Wiener Logik* sowie die *Logik Dohna-Wundlacken*.[15] Letztere unterscheidet noch dahingehend, dass die Modalität ein notwendiges *oder* zufälliges Urteil betreffen kann.

Die Darstellung dieser logischen Vollkommenheit in der *Logik Jäsche* lautet indes anders. Was Wahrheit als „*objective Eigenschaft* der Erkenntniß"[16] ist, das ist *Fürwahrhalten* als subjektive.

> Wahrheit ist *objective Eigenschaft* der Erkenntniß, das Urtheil, wodurch etwas als wahr *vorgestellt* wird; die Beziehung auf einen Verstand und also auf ein besonderes Subject ist *subjectiv* das *Fürwahrhalten*.[17]

Nach der Lesart der *Logik Jäsche* kann das Fürwahrhalten gewiss oder ungewiss sein. In ersteren Fall spricht man von Gewissheit, oder, wie es in einer *Reflexion zur Logik* heißt, von „subiective[r] completudo des Vorwarhaltens"[18] bzw. vom „maximum des Vorwahrhaltens"[19], im letzteren von Ungewissheit. Diese Unterscheidung findet sich interessanterweise nicht in anderen Texten. So spricht etwa die *Logik Pölitz*, aber auch die *Kritik der reinen Vernunft* sowie

---

10   Siehe *Logik Jäsche*, Ak. IX 49; siehe *Logik Blomberg*, Ak. 24.1., 56; siehe *Logik Pölitz*, Ak. 24.2. 517.
11   *Reflexion* 1841, Ak. XVI 134.
12   Siehe *Logik Jäsche*, Ak. IX 33.
13   *Logik Pölitz*, Ak. 24.2. 510.
14   Siehe *Logik Pölitz*, Ak. 24.2. 517.
15   Siehe *Wiener Logik*, Ak. 24.2. 810; siehe *Logik Dohna-Wundlacken*, Ak. 24.2. 709.
16   *Logik Jäsche*, Ak. IX 65.
17   *Logik Jäsche*, Ak. IX 65 f.
18   *Reflexion 2450*, Ak. XVI 373.
19   *Logik Philippi*, Ak. 24.1. 421.

die Schrift *Was heißt: Sich im Denken orientieren?* von zureichendem bzw. unzureichendem Fürwahrhalten.[20]

In der *Logik Jäsche* geht Kant von der Unterscheidung zwischen gewissem und ungewissem Fürwahrhalten aus, um drei diesbezügliche Modi zu unterscheiden: Meinen, Glauben, Wissen.[21] Das Meinen wird dort als ein problematisches Fürwahrhalten bezeichnet, das Glauben als ein assertorisches, das Wissen schließlich als apodiktisches.[22] In der *Kritik der reinen Vernunft* bzw. in *Was heißt: Sich im Denken orientieren?* sowie in der *Logik Pölitz* lauten die Unterscheidungen etwas anders: das Meinen ist ein mit Bewußtsein *sowohl* subjektiv *als* objektiv unzureichendes Fürwahrhalten; das Glauben ist ein zwar subjektiv zureichendes aber objektiv unzureichendes Fürwahrhalten; das Wissen schließlich ist sowohl subjektiv als objektiv zureichendes Fürwahrhalten.[23]

Was ist nun genauer unter subjektivem bzw. objektivem Fürwahrhalten zu verstehen? Beginnen wir mit der Frage nach der Bedeutung des „Fürwahrhaltens". Kant definiert es, soweit ersichtlich, bloß an einer einzigen Stelle in seinen Schriften, nämlich in der *Kritik der reinen Vernunft*. Der Abschnitt über *Meinen, Wissen und Glauben* beginnt gar mit dieser Definition: „Das Fürwahrhalten ist eine Begebenheit in unserem Verstande, die auf objectiven Gründen beruhen mag, aber auch subjective Ursachen im Gemüthe dessen, der da urtheilt, erfordert" (B 848). Zunächst also wird das Fürwahrhalten etwas unscharf als eine *Begebenheit des Verstandes* identifiziert, womit die subjektive Bezogenheit des Urteils gemeint ist. Diese kann nun auf objektiven Gründen beruhen. Ein – äußerlicher – Probierstein hiervon besteht in der Allgemeingültigkeitsfähigkeit bzw. Mitteilbarkeit eines solchen Urteils, d. h. dass es für jede Menschenvernunft notwendig gilt.[24] Das Fürwahrhalten wird in diesem Fall als *Überzeugung* bezeichnet. Was aber ist unter „subjectiven Ursachen" des Urteilenden zu verstehen? Kant identifiziert diese mit dem, was er als „Privatgültigkeit" bezeichnet.[25] Gefühle,[26] Empfindungen oder Reize[27] haben bloß Privatgültigkeit, z. B. im Bereich des Geschmacks; ebenso

---

20 Siehe *Logik Pölitz*, Ak. 24.2. 541 f.; KrV B 850; *Was heißt: Sich im Denken orientieren?* (= *Was heißt...?*), Ak. VIII 141.
21 Siehe *Logik Jäsche*, Ak. IX 66.
22 Siehe ebd.
23 Siehe KrV B 850; *Logik Pölitz*, Ak. 24.2. 541 f.; *Was heißt...?*, Ak. VIII 141.
24 Siehe KrV B 848; siehe auch *Reflexion* 680, Ak. XV 302; *Reflexion* 2466, Ak. XVI 382.
25 Siehe KrV B 848.
26 *Reflexion* 1821, Ak. XVI 128.
27 *Reflexion* 1829, Ak. XVI 130.

Wahrnehmungsurteile, also Urteile ohne einen Begriff vom Gegenstand[28] im Bereich der Erkenntnis. Von dieser Art von Fürwahrhalten heißt es, es lasse sich *nicht* mitteilen.[29] Es ist subjektiv zureichend, aber eben *bloß* subjektiv. Ähnliches behauptet Kant auch vom Glauben. In der *Reflexion* 2489 schreibt er: „Glauben giebt eine Überzeugung, die nicht communicabel ist. (wegen der subiectiven Gründe.)"[30]

Wir wollen das bisher Eruierte nun mit Blick auf den Bereich des Spekulativen thematisieren, von dem wir zumindest, auf der Grundlage der Ergebnisse der „Transzendentalen Analytik" wissen, dass es hiervon kein Wissen geben kann. In der *Kritik der reinen Vernunft* lesen wir die Sätze: „Im transscendentalen Gebrauche der Vernunft ist [...] Meinen [...] zu wenig, aber Wissen auch zu viel" (B 851). Während man sich nun darauf gefasst hält, zu lesen: „Also bleibt nur das Glauben", hören wir hingegen:

> In bloß speculativer Absicht können wir also hier gar nicht urtheilen: weil subjective Gründe des Fürwahrhaltens wie die, so das Glauben bewirken können, bei speculativen Fragen keinen Beifall verdienen, da sie sich frei von aller empirischen Beihülfe nicht halten, noch in gleichem Maße andern mittheilen lassen (B 851).

Diese Bemerkung eine Suspension des Urteilens in spekulativen Fragen betreffend, scheint unseren vorigen Schluss zu widerlegen. Die Begründung, die Kant diesbezüglich anführt, ist indes merkwürdig: das *subjektiv Zureichende*, das den einen Aspekt der Glaubensepisteme ausmacht, ist seiner Meinung nach hier nicht gegeben, weil der spekulative Diskurs keine empirischen Anhaltspunkte hat, damit verbunden die Mitteilbarkeit nicht durchführbar ist. Die Begründung, die Kant anführt, widerstreitet aber auch dem, was man in der *Logik Jäsche* lesen kann. Dort heißt es nämlich über das Glauben, es beziehe sich auf

> Gegenstände, in Ansehung deren man nicht allein nichts wissen, sondern auch nichts meinen [...], sondern bloß gewiß sein kann, daß es nicht widersprechend ist, sich dergleichen Gegenstände so zu denken, wie man sie sich denkt.[31]

---

28 Siehe *Kritik der Urtheilskraft* (= KU), § 9, Ak. V 217; siehe *Reflexion* 3146, Ak. XVI 679.
29 Siehe KrV B 848.
30 Ak. XVI 391.
31 *Logik Jäsche*, Ak. IX 67.

Wir werden dieser Spur nachzugehen haben. Die in der *Kritik der reinen Vernunft* sich ergebende Suspension in theoretischer Hinsicht soll indes keinen skeptischen Stillstand der Vernunft in spekulativen Fragen nach sich ziehen. Man kennt die Wendung aus der Vorrede B: Die Aufhebung des Wissens macht den Weg zum Glauben frei, aber eben nur in *praktischer Beziehung*,[32] ja sie ist die Bedingung hierfür. Es heißt, dass es „überall bloß in *praktischer Beziehung* das theoretisch unzureichende Fürwahrhalten Glauben genannt werden [kann]" (B 851). Es ergibt sich somit, auf den ersten Blick, eine vollständige Disjunktion zwischen theoretischer und praktischer Vernunft, was die Episteme des Glaubens hinsichtlich des Transzendenten betrifft. Den praktischen Glauben bezeichnet Kant auch als moralischen Glauben[33] oder reinen praktischen Vernunftglauben, von dem es im übrigen heißt, es handle sich dabei um einen „ungewohnten Begriff"[34]. In der *Preisschrift* von 1793 heißt es diesbezüglich, ein solcher Glaube sei „das Fürwahrhalten eines theoretischen Satzes, z. B. *es ist ein Gott*, durch praktische Vernunft."[35] In der *Kritik der reinen Vernunft* wird die Gewissheit, die der praktischen Vernunft innewohnt, sogar dahingehend radikalisiert, dass man nicht einmal sagen muss: „*Es ist* moralisch gewiß, daß ein Gott sei etc., sondern: *ich bin* moralisch gewiß" (B 857).

Diese Fokussierung auf den praktischen Vernunftglauben bzw. die Einschränkung der Episteme des Glaubens auf die praktische Vernunft lässt sich in Kants Schriften mit überzahlreichen Belegen nachweisen.

Dennoch soll dieser Topos hier nicht weiter vertieft werden, sondern es soll gegen Kant, gleichsam mit ihm selbst, der Nachweis erbracht werden, dass auch in theoretischer Hinsicht von Glauben berechtigterweise gesprochen werden kann, und weiterhin soll das dieser Möglichkeit entsprechende diskursive Modell schematisch rekonstruiert werden.

Wir haben vorhin auf die Bemerkung aus der *Logik Jäsche* hingewiesen, die uns bereits einen bedeutsamen Hinweis auf das von uns Intendierte gibt. Indes, bevor wir diesen Punkt vertiefen, wollen wir zunächst eine Reihe von Stellen erwähnen, in denen von einem theoretischen Vernunftglauben die Rede ist. So heißt es z. B. in *Reflexion* 2487: „Aller Glaube ist entweder theoretisch [...] oder practisch."[36] Auch ist die Rede von einem logisch hinreichenden Fürwahrhalten, von dem es allerdings heißt, es sei ohne Interesse, und einem praktisch hinreichenden Fürwahrhalten.[37] In der *Reflexion* 6219 schreibt Kant:

---

32 Siehe KrV B xxx.
33 Siehe KrV B 855.
34 *Kritik der praktischen Vernunft* (= KpV), Ak. V 144.
35 *Fortschritte*, Ak. XX 297.
36 Ak. XVI 390.
37 Siehe *Reflexion* 2489, Ak. XVI 391.

Der Glaube, ohne welchen es unmöglich ist, selbst den Erfahrungsgebrauch der Vernunft, es sey im theoretischen oder practischen [vollstandig] sich selbst gnugthuend zu machen, ist ein reiner Vernunftglaube.[38]

Aber bereits in dem Abschnitt über *Meinen, Wissen und Glauben* in der *Kritik der reinen Vernunft* wird die anfänglich formulierte Exklusivität des Glaubens auf den alleinigen Bereich des Praktischen relativiert. Ausgehend von der Definition des Glaubens heißt es, dass wenn wir etwas nur in Gedanken fassen und hinreichende Gründe haben, es unter gegebenen Voraussetzungen auch objektiv zu behaupten – womit zumindest eine nicht unwichtige Erweiterung des Glaubensbegriffs vorgenommen wird –, so kann man dieses Fürwahrhalten, in *Analogie* zum praktischen Fürwahrhalten, als *doktrinalen Glauben* bezeichnen.[39] Dieser Begriff – übrigens ein *Hapax* – wird dann einige Sätze später am Beispiel der Lehre vom Dasein Gottes exemplifiziert: „Nun müssen wir gestehen, daß die Lehre vom Dasein Gottes zum doctrinalen Glauben gehöre" (B 854).

Es soll nun diese – zunächst von Kant nicht zugestandene – Möglichkeit eines doktrinalen oder theoretischen Vernunftglaubens von einem anderen Text aus erhärtet werden, nämlich dem 1786 in der *Berlinischen Monatsschrift* erschienenen Aufsatz *Was heißt: Sich im Denken orientieren?* Der Ausgangspunkt seiner Argumentation findet sich – was unsere Problematik betrifft – in der Einführung des Begriffs des sich im Denken, d. h. logisch Orientierens. Dieser bezieht sich auf denjenigen Bereich, der das Erfahrungstranszendente betrifft. In Abwesenheit objektiver Gründe bleibt der Vernunft hier nur ein subjektives Prinzip. So gibt denn Kant in einer Anmerkung zu bedenken: „Sich im Denken überhaupt *orientiren*, heißt also: sich bei der Unzulänglichkeit der objectiven Principien der Vernunft im Fürwahrhalten nach einem subjectiven Princip derselben bestimmen."[40] Kant bringt dies nun in Verbindung mit einem der Vernunft eigenen Bedürfnis, ja gar mit einem *Recht* eines solchen Bedürfnisses. Dieses macht das Urteilen *notwendig*, da die Vernunft einmal befriedigt sein möchte.[41] Kant lässt es bezüglich dieser Notwendigkeit zunächst offen, ob sie das theoretische und/oder das praktische Urteil betrifft. Späterhin[42] wird er lediglich hinsichtlich des *praktischen* Bedürfnisses von einer solchen

---

38 Ak. XVIII 509.
39 Siehe KrV B 853.
40 *Was heißt... ?*, Ak. VIII 136 Anm.
41 Siehe *Was heißt... ?*, Ak. VIII 136.
42 Siehe ebd., Ak. VIII 139.

Notwendigkeit des Urteils reden. Dem entspricht dann auch die Lectio in der *Kritik der praktischen Vernunft*.[43]

Kant gibt sodann eine Art methodologische Anleitung, wie hier zu verfahren ist: 1. muss die Widerspruchsfreiheit der diesem Bedürfnis entsprechenden Begriffe aufgezeigt werden; 2. muss das Verhältnis des dem Begriff entsprechenden Gegenstandes zu den Erfahrungsgegenständen unter Kategorien gebracht werden.[44] Das Erste einmal angenommen, welches einer logischen Minimalforderung entspricht, wie ist das Zweite zu denken?

In *Was heißt: Sich im Denken orientieren?* bleibt Kant diesbezüglich recht allgemein, was sich aus dem speziellen Anlass der Schrift heraus erklärt, nämlich der Auseinandersetzung mit Mendelssohn und Jacobi. Der Grundtenor ist gegen eine Auffassung vom Bedürfnis der Vernunft gerichtet, das ins Schwärmerische und Diffuse hintendiert (Mendelssohns Vernunfteinsicht und Jacobis Vernunfteingebung),[45] letztlich ins rational nicht mehr Nachvollziehbare oder Überprüfbare. Kants Forderung lautet, dass untersucht werden müsse, inwiefern das Erfahrungstranszendente wenigstens als *tauglich* für den Erfahrungsgebrauch gedacht werden kann.[46]

Den epistemischen Status nun, der auf solche Setzungen zutrifft, bezeichnet Kant als *Vernunftglauben*: „[...] ein Vernunftglaube ist der, welcher sich auf keine andere Data gründet als die, so in der *reinen* Vernunft enthalten sind."[47] Das aber sind letzten Endes die Ideen, deren Vernunftgegründetheit in einer metaphysischen Deduktion im ersten Buch der „Transzendentalen Dialektik" aufgewiesen worden ist.[48]

Kant bezeichnet die das theoretische Bedürfnis der Vernunft befriedigenden Instanzen in *Was heißt...?* als *Vernunfthypothesen*, was allerdings in Widerspruch steht mit der in der *Kritik der reinen Vernunft* verfügten Sprachregelung, gemäß der in spekulativen Fragen keine Hypothesen statthaben.[49] Ihnen entsprechen, in praktischer Hinsicht, die *Postulate*.[50] In *Was heißt...?* gelangt Kant zu der folgenden Schlussfolgerung:

---

43   Siehe KpV, Ak. V 142.
44   Eine solche Forderung entspricht dem, was bereits in den *Prolegomena* angedacht worden war (siehe ebd., § 57, Ak. IV 355).
45   Siehe *Was heißt...?*, Ak. VIII 140.
46   Siehe *Was heißt...?*, Ak. VIII 136 f.
47   *Was heißt...?*, Ak. VIII 141.
48   Siehe KrV B 378 ff.
49   Siehe KrV B 804. Die einige Zeilen weiter zugestandene Zulässigkeit wird dann dahingehend interpretiert, dass sie im polemischen Sinn, also zur „Vereitelung der Scheineinsichten des Gegners" (B 804) dienen.
50   Siehe auch KpV, Ak. V 142.

Ein reiner Vernunftglaube ist also der Wegweiser oder Compaß, wodurch der speculative Denker sich auf seinen Vernunftstreifereien im Felde übersinnlicher Gegenstände orientiren, der Mensch von gemeiner, doch (moralisch) gesunder Vernunft aber seinen Weg sowohl in theoretischer als praktischer Absicht dem ganzen Zwecke seiner Bestimmung völlig angemessen vorzeichnen kann; und dieser Vernunftglaube ist es auch, der jedem anderen Glauben, ja jeder Offenbarung zum Grunde gelegt werden muß.[51]

2 Metaphysischer Diskurs – theoretisch

Der Vernunftglaube bezieht sich, wie bereits mehrfach angedeutet, auf Entitäten, deren Begriffe in der Vernunft selbst gründen. In Kants Darlegungen zu diesem Thema tauchen immer wieder zwei Aussagen auf: *Es ist ein Gott; es ist ein zukünftiges Leben*. Nun weist die *Kritik der reinen Vernunft*, im Abschnitt über *Meinen, Wissen und Glauben* ausdrücklich darauf hin, dass die „Lehre vom Dasein Gottes zum doctrinalen Glauben gehöre" (B 854). In *Was heißt...?* taucht diese Aussage ebenfalls auf und zwar im Zusammenhang mit der näheren Bestimmung des theoretischen Vernunftglaubens.

Dieser ist – und das ist hier die These – nicht bloß zu verstehen im Sinn eines Fürwahrhaltens der genannten *isolierten* Aussagen, sondern diese sind sozusagen der zusammenfassende Ausdruck von damit zusammenhängenden Diskursen oder Argumenten. Wir verwenden hier den Ausdruck „Diskurs", um ihn gegenüber dem der „Demonstration" oder des „Beweises" abzugrenzen. In der *Reflexion* 2474 schreibt Kant: „Zum Glauben ist argument gnug, darf nicht Beweis seyn."[52]

Zu fragen ist, wie ein solcher Diskurs in theoretischer Hinsicht konfiguriert ist. Eine notwendige Bedingung ist die bereits erwähnte „Tauglichkeit" der erfahrungstranszendenten Gegenstände zum Erfahrungsgebrauch.[53] Dies ist indes eine transzendentale Forderung, die noch nichts aussagt über die innere Beschaffenheit dieses Diskurses. Kant selbst gibt uns im Abschnitt über *Meinen, Wissen und Glauben* einen Hinweis, wie dies zu verstehen ist:

---

51   *Was heißt...?*, Ak. VIII 142.
52   Ak. XVI 385.
53   Siehe *Was heißt...?*, Ak. VIII 136.

> Denn ob ich gleich in Ansehung der theoretischen Weltkenntniß nichts zu *verfügen* habe, was diesen Gedanken als Bedingung meiner Erklärungen der Erscheinungen der Welt nothwendig voraussetze, sondern vielmehr verbunden bin, meiner Vernunft mich so zu bedienen, als ob alles bloß Natur sei: so ist doch die zweckmäßige Einheit eine so große Bedingung der Anwendung der Vernunft auf Natur, daß ich, da mir überdem Erfahrung reichlich davon Beispiele darbietet, sie gar nicht vorbeigehen kann (B 854).

Ein solcher Diskurs gehört allerdings nicht mehr *im strengen Sinn* zum „kritischen" Geschäft der Philosophie, sprich: Er gehört eigentlich *nicht* in die *Kritik der reinen Vernunft*. Seine systematische Entfaltung ist demnach auch von dessen transzendentalphilosophischer Verortung zu unterscheiden. Letztere behandelt Kant bekanntlich an mehreren Stellen im Dialektikteil in der *Kritik der reinen Vernunft*, beginnend mit den Einleitungen und dem ersten Buch in die „Transzendentale Dialektik"[54]. Es ist indes der *Anhang* zur „Transzendentalen Dialektik", der für unser Thema von ganz besonderem Interesse ist.[55] Die Forschung hat sich mit diesem Abschnitt immer wieder schwer getan. Stellvertretend sei diesbezüglich Rolf-Peter Horstmann zitiert: „Der *Anhang zur transzendentalen Dialektik* mit seinen beiden Abschnitten gilt nicht zu Unrecht als ein relativ dunkler und verwirrender, wenn nicht gar verworrener Text."[56]

Man kann diesen Text gleichsam als einen redaktionell unabhängigen Entwurf lesen – eben als *Anhang* oder *Scholion* –, in dem Kant einerseits, und zwar im ersten Abschnitt, die *kritizistische* Kodifizierung des erfahrungstranszendenten Vernunftgebrauchs vornimmt, in der die Hauptergebnisse dessen, was an früheren Stellen diesbezüglich z. T. fragmentarisch – Kant würde sagen: tumultuarisch – erwogen wurde,[57] systematischer ausformuliert.[58] In den

---

[54] Siehe KrV B 350 ff.
[55] Siehe KrV B 670 ff.
[56] Rolf-Peter Horstmann, „Der Anhang zur transzendentalen Dialektik", in: Georg Mohr und Marcus Willaschek (Hrsg.), *Immanuel Kant. Kritik der reinen Vernunft*, Berlin 1998, 525.
[57] Siehe z. B. KrV B 503.
[58] Henry E. Allison weist darauf hin, dass der erste Teil des Anhangs in der jüngsten Vergangenheit von den Interpreten in einem weitaus günstigeren Licht gesehen worden ist, insofern sie in ihm – nicht zuletzt auch mit Blick auf die Einleitung in die dritte *Kritik* – einen integralen Teil von Kants Auffassung über Natur und Bedingungen der wissenschaftlichen Erkenntnis erblicken (siehe *Kant's Transcendental Idealism*, Yale Univ. Press 2004, 424).

Prolegomena hat sich der Verfasser im übrigen ausdrücklich zu diesem Punkt geäußert:

> Für ein [...] mehr mit dem Inhalte der Metaphysik verwandtes Scholion müßte die Auflösung der Fragen gehalten werden, die in der Kritik von Seite 642 bis 668 fortgehen. Denn da werden gewisse Vernunftprincipien vorgetragen, die die Naturordnung, oder vielmehr den Verstand, der ihre Gesetze durch Erfahrung suchen soll, *a priori* bestimmen.[59]

Sodann skizziert der Autor andererseits im zweiten Abschnitt eine Art *doktrinale* Skizze eines solchen Diskurses. Es fällt bei der Lektüre dieses *Anhangs* auf, wie sehr Kant hier um adäquate Formulierungen seiner Thesen ringt; das Repetitive und gleichsam Experimentierende seiner Darlegungen sollte man demzufolge auch als ebensoviele *Versuche* deuten, wie sich die transzendentale Grundlagentheorie und eine auf ihr aufbauende doktrinale Durchführung aufeinander abstimmen lassen.

a. Die sogenannte kritizistische Kodifizierung des erfahrungstranszendenten Vernunftgebrauchs, so wie sie im *ersten* Abschnitt entwickelt wird,[60] rekurriert auf ein Geflecht konvergierender Begrifflichkeiten. Die Richtung der Darlegungen ergibt sich auf der Grundlage der kantischen Überzeugung, dass „alles, was in der Natur unserer Kräfte gegründet ist [...], zweckmäßig [sein muss]" (B 670). Dies bedeutet zunächst, dass die Begriffe der reinen Vernunft, die transzendentalen Ideen, deren Status als notwendige Vernunftbegriffe und Systematik im Ersten Buch der „Transzendentalen Dialektik" dargelegt worden ist, ihren „guten und folglich *immanenten* Gebrauch haben" (B 671). Dieser wird auf einer ersten Stufe als einheitsstiftend in Bezug auf die Verstandeserkenntnisse verstanden. Darin erblickt Kant auch die Vollendung des Erkenntnisvollzugs. So heißt es bereits in der Einleitung in die „Transzendentale Dialektik":

> Alle unsere Erkenntniß hebt von den Sinnen an, geht von da zum Verstande und endigt bei der Vernunft, über welche nichts Höheres in uns angetroffen wird, den Stoff der Anschauung zu bearbeiten und unter die höchste Einheit des Denkens zu bringen (B 355).

In der *Kritik der Urteilskraft* ist die Rede davon, dass die nicht unnützen oder entbehrlichen Ideen den Verstand nach einem Prinzip der Vollständigkeit und

---

59 *Prolegomena*, Ak. IV 364.
60 Siehe KrV B 670–696.

dadurch die – allerdings nie zu erreichende – Endabsicht aller Erkenntnis befördern.[61]

Wie konzipiert Kant im ersten Abschnitt des *Anhangs* diesen „guten" Gebrauch der Ideen? Ein wichtiger Begriff diesbezüglich ist der – nicht unproblematische – des *hypothetischen Vernunftgebrauchs*; ein weiterer, mit diesem konvergierender ist der der systemstiftenden Funktion der transzendentalen Ideen.

Wie ist die Rede vom hypothetischen Vernunftgebrauch – ein *hapax* – zu verstehen? Um dies zu eruieren, müssen wir zunächst Kants Ausführungen zum Thema „Hypothese" klären. Was ist eine Hypothese? Kant beschreibt sie in der *Kritik der reinen Vernunft* folgendermaßen: Sie ist eine Meinung, die mit der Wirklichkeit und Gewissheit eines Gegenstandes, als deren gegründete Erklärung verknüpft wird.[62] Die *Logik Jäsche* definiert klarer:

> Eine Hypothese ist ein *Fürwahrhalten des Urtheils* von der Wahrheit *eines Grundes um der Zulänglichkeit der Folgen willen*, oder kürzer; *das Fürwahrhalten einer Voraussetzung als Grundes*. Alles Fürwahrhalten in Hypothesen gründet sich demnach darauf, daß die Voraussetzung, als Grund, hinreichend ist, andre Erkenntnisse, als Folgen, daraus zu erklären.[63]

Diese beiden Erklärungen enthalten wichtige Gemeinsamkeiten: Hypothesen stehen in Beziehung auf Erkenntnisse, für die sie *Grund* sein sollen. Es wird zu ihrer Aufstellung von etwas als Folge auf sie als Grund *geschlossen* zum Zweck der *Erklärung*. Ihre Gewissheit liegt zunächst nicht in ihnen selber, sondern in der *Relation* auf anderes, sprich in der Zulänglichkeit für ... Kant bezeichnet weiterhin die Hypothese als *Meinung*,[64] wobei dieser Ausdruck unspezifisch zu sein scheint, also nicht im Sinn eines subjektiv und objektiv unzureichenden Fürwahrhaltens zu verstehen ist. In der *Kritik der praktischen Vernunft* ist bezüglich der Hypothesen die Rede von allervernünftigster Meinung.[65]

---

61 Siehe KU, Ak. V, Vorrede, V.
62 Siehe KrV B 797. Siehe *Reflexion* 2682. „Die Hypothese ist eine Meinung, daß etwas *sey*, weil die Folgen, welche *sind*, daraus abgeleitet werden können. Die Möglichkeit der Voraussetzung muß gewiß seyn".
63 *Logik Jäsche*, Ak. IX 84 f.; vgl. siehe auch *Logik Pölitz*, Ak. XXIV 2. 558.
64 Siehe Volker Gerhardt, „Die Disziplin der reinen Vernunft, 2. bis 4. Abschnitt", in: Georg Mohr und Markus Willaschek (Hrsg.): *Immanuel Kant. Kritik der reinen Vernunft*, Berlin 1998, 589 f.
65 Siehe KpV, Ak. V 142.

In der *Wiener Logik* unterscheidet Kant indes streng die Meinung von der Hypothese:

> Meinung ist ein unvollständiges Vorwahrhalten aus unzureichenden Gründen, aus denen ich nichts ableite. Hypothese aber bedeutet das Urtheil von der Wahrheit aus Gründen, die zulänglich sind [...] Sie ist demnach das Vorwahrhalten einer Voraussetzung, nicht einer Erkenntniß, so fern sie selbst aus Gründen abgeleitet ist, sondern weil sie mittelbar gewiß ist.[66]

Im dritten Abschnitt des *Disziplinkapitels* in der „Transzendentalen Methodenlehre" der *Kritik der reinen Vernunft*, das von der Disziplin der reinen Vernunft in Ansehung der Hypothesen handelt, bringt Kant das Aufstellen von Hypothesen mit „Dichten" und „Meinen" in Verbindung: Die *Einbildungskraft* dichtet „unter der strengen Aufsicht der Vernunft" (B 798), was sie von der Schwärmerei unterscheidet und besagt, dass es vorher etwas völlig Gewisses geben muss. In der *Logik Blomberg* heißt es, solche „Dichtungen" oder „Fictiones" seien heuristisch, d. h. dass sie „zum Zweck haben etwas zu erfinden."[67] Insofern bezeichnet Kant sie als eine *Methode der Vernunft*, aber sie müssen immer problematisch[68] angenommen werden[69] – möglich, aber nicht an sich gewiss. „Eine Hypothese bleibt [...] immer eine Hypothese, d. i. wird keine völlige Gewißheit."[70] Das bestätigt auch der dritte Abschnitt des Disziplinkapitels wo es heißt:

> Weil wir denn durch Kritik unserer Vernunft endlich soviel wissen, daß wir in ihrem reinen und speculativen Gebrauche in der That gar nichts wissen können: sollte sie nicht ein desto weiteres Feld zu *Hypothesen* eröffnen, da es wenigstens vergönnt ist, zu dichten und zu meinen, wenn gleich nicht zu behaupten? (B 797)

---

66   *Wiener Logik*, Ak. 24.2. 886.
67   *Logik Blomberg*, Ak. 24.1. 224.
68   In der *Logik Dohna-Wundlacken* definiert Kant das „Problematische" im Zusammenhang der Ausführungen über das Meinen folgendermaßen: Das Fürwahrhalten ist „problematisch", „wenn es nämlich so angenommen wird, daß es noch zu erweisen ist. Es heißt problematisch, weil es nur dazu dient, unter mehrern Gründen den zureichenden zu finden" (Ak. 24.2. 732).
69   Siehe *Logik Blomberg*, Ak. 24. 1. 224.
70   *Wiener Logik*, Ak. 24.2. 887.

Was hier als – offensichtlich rhetorische – Frage formuliert wird, wird etwas später in einer bemerkenswerten Weise interpretiert:

> Ob aber gleich bei bloß speculativen Fragen der reinen Vernunft keine Hypothesen stattfinden, um Sätze darauf zu gründen, so sind sie dennoch ganz zulässig, um sie allenfalls nur zu vertheidigen, d. i. zwar nicht im dogmatischen, aber doch im polemischen Gebrauche (B 804).

Hypothesen haben nach dieser Sichtweise lediglich den Zweck, *Wissens*ansprüche (ob behauptender oder verneinender Natur) in erfahrungstranszendenten Fragen in ihrer kognitiven Berechtigung in Frage zu stellen. „[…] im speculativen Gebrauche der Vernunft [haben] Hypothesen keine Gültigkeit als Meinungen an sich selbst, sondern nur relativ auf entgegengesetzte transscendente Anmaßungen" (B 809). In den *Prolegomena* führt Kant diesen Gedanken etwas ausführlicher aus, indem er zeigt, wie die transzendentalen Ideen die „verengende[n] Behauptungen des *Materialismus, Naturalismus* und *Fatalismus*"[71] aufheben.

Diese „polemische" Interpretation der spekulativen Hypothese trifft aber nun nur indirekt auf das zu, was Kant mit dem *hypothetischen Vernunftgebrauch* im Sinn hat. Er führt ihn ein im Vergleich zum sogenannten apodiktischen Gebrauch der Vernunft. Die Vernunft wird in diesem Argumentationszusammenhang in ihrer logischen Funktion verstanden als das Vermögen, das Besondere aus dem Allgemeinen abzuleiten. Wenn das Allgemeine *an sich gewiss* ist, so ist nur Urteilskraft zur Subsumtion nötig und das Besondere wird dadurch notwendig bestimmt, da es unter der Bedingung des Allgemeinen steht. Dies ist der apodiktische Gebrauch der Vernunft. Wird hingegen das Allgemeine nur problematisch angenommen, so ist der Vernunftgebrauch ein (bloß) hypothetischer. Etwas problematisch annehmen heißt: es als nicht widersprüchlich, also als denkbar annehmen:

> Ich nenne einen Begriff problematisch, der keinen Widerspruch enthält, der auch als eine Begrenzung gegebener Begriffe mit andern Erkenntnissen zusammenhängt, dessen objective Realität aber auf keine Weise erkannt werden kann (B 310).

Diese Bedeutung des Problematischen trifft speziell auf die Begriffe der reinen Vernunft, also auf die Ideen zu. Sie sind in der Tat problematische Begriffe,

---

[71] *Prolegomena*, § 60, Ak. IV 363.

insofern sie sich ohne Widerspruch denken lassen, denen aber kein kongruierender Gegenstand in einer Erfahrung entspricht.

Irritierend ist nun, dass die nähere Bestimmung des hypothetischen *qua* problematischen Vernunftgebrauchs, die Kant in der Folge anführt, in eine Richtung zielt, die sich nicht direkt mit dem eben Gesagten deckt. Er behauptet nämlich, dass die Wahrheit der Hypothese als allgemeiner Regel, „wenn man nach aller Strenge urtheilen will" (B 675) sich nicht notwendigerweise im Ausgang von den Folgen ergibt, weil man nicht alle Fälle kennt, die man als Ausgangspunkt für das Aufstellen der Hypothese benötigt. Das heißt aber dann auch, dass sie *nicht* als Erklärung der in der Erfahrung gegebenen Dinge herangezogen werden kann. Das wäre, wie Kant schreibt, ein „Princip der faulen Vernunft" (B 801). Wenn nun der „logische" Status der Vernunftideen als Hypothesen so schwach ist, dass sie zu Erkenntniszwecken untauglich sind, wozu dienen sie dann?

Die Antwort auf diese Frage führt hin auf zwei Perspektiven, die als zwei Seiten einer Medaille angesehen werden müssen, deren eine sich auf der Ebene der im weiten Sinn transzendentalen Untersuchung über die menschliche Vernunft ansiedelt, die andere indes dem doktrinalen Geschäft zuzurechnen ist.

Die erste Ebene, auf der sich eine Antwort auf die vorhin gestellte Frage findet, lässt sich unter dem Stichwort der regulativen Funktion bzw. der systematischen Einheit der Erkenntnisse der Ideen zusammenfassen. Den transzendentalen Ideen wohnt eine regulative und erkenntnis*strukturierende Dynamik* inne.

Die Diskussion des regulativen Gebrauchs der Ideen erfolgt in der *Kritik der reinen Vernunft* an mehreren Stellen. Die wohl ausführlichste findet sich im achten Abschnitt des Antinomiekapitels.[72] Hier entwickelt Kant die sachlichen Eckpfeiler dieses Begriffs, die dann auch späterhin im *Anhang* Eingang finden. Dennoch gibt es zwischen diesem achten Abschnitt und dem *Anhang* unterschiedliche Akzentsetzungen. Während im Antinomieabschnitt der *problematische* Charakter der Ideen, der den Regressus vom Bedingten zum Unbedingten als Aufgabe gebietet, damit aber auch die Abgrenzung dieses Grundsatzes der Vernunft gegenüber einer *konstitutiven* Leistung, d. h. einer solchen, die die Totalität der Bedingungen bis hin zum Unbedingten als in den Gegenständen der Erfahrung *gegeben* behauptet, wird im *Anhang* das Problem der objektiven wenngleich unbestimmten Gültigkeit der sich am Leitfaden dieser Regeln aufbauenden *Systematik* der Erkenntnisse zum zentralen Anliegen.

---

[72] Siehe KrV B 536 ff.

Im *Anhang* spricht Kant davon, dass die Ideen Einheit der Verstandeserkenntnisse *postulieren*,[73] nämlich die Gebiete der im Rahmen des Verstandesgebrauchs zustandegekommenen Erkenntnisse zusammenzufügen. Was zunächst nur Aggregat und damit zufällig nebeneinander besteht, *soll* kraft eines Prinzips in einen notwendigen Zusammenhang in der Form eines *Systems* gebracht werden. In einer kompakten Formulierung bringt er dies zum Ausdruck:

> Übersehen wir unsere Verstandeserkenntnisse in ihrem ganzen Umfange, so finden wir, daß dasjenige, was Vernunft ganz eigenthümlich darüber verfügt und zu Stande zu bringen sucht, das *Systematische* der Erkenntniß sei, d. i. der Zusammenhang derselben aus einem Princip (B 673).

Ja, Kant geht in diesem Zusammenhang gar so weit zu sagen, unsere Erkenntnis sei *mangelhaft*, so lange sie den Ideen nicht adäquat sei.[74] Er *erläutert* diesen Gedanken der Vereinheitlichung ausführlich am *Beispiel* der Prinzipien der Homogenität, der Spezifikation und der Kontinuität der Formen[75] und fasst deren zentrale Gedanken folgendermaßen zusammen:

> Das erste Gesetz [...] verhütet die Ausschweifung in die Mannigfaltigkeit verschiedener ursprünglichen Gattungen und empfiehlt die Gleichartigkeit; das zweite schränkt dagegen diese Neigung zur Einhelligkeit wiederum ein

---

73 Siehe KrV B 673.
74 Siehe KrV B 673 f.
75 Siehe KrV B 680 ff. Rudolf Zocher vertritt die Auffassung, dass diese drei Prinzipien die einzigen Ideen sind, die der *Anhang* kennt („Der Doppelsinn der Kantischen Ideenlehre", in: *Zeitschrift f. philos. Forschung* 20 [1966], 224). Er meint wohl damit den ersten Abschnitt des *Anhangs*. Von ihm unterscheidet er den sog. Schlussabschnitt, wo Kant von den transzendentalen Ideen Seele, Welt und Gott redet. Diesbezüglich fragt er: „Wird hier nicht auf die drei systematischen Prinzipien des ‚Anhangs' angespielt?" (ebd., 225) – eine Frage, die er verneint. Er schließt daraus, dass die fraglichen Abschnitte von einer *„verschiedenen* Ideen*dreiheit"* handeln (225). Zochers Vermutung läuft darauf hinaus, dass Kant bei der Reflexion über die drei im ersten Teil des *Anhangs* angeführten Ideen den Begriff der reflektierenden Urteilskraft noch nicht konzipiert hatte, „aber die Prinzipien, die ihm zugewiesen wurden, schon vor Augen sah, sie aber nur in die Ideen der Vernunft [sprich die drei erwähnten Prinzipien] einreihen konnte, ohne daß es ihm gelang, sie von den Ideen, die dem transzendentalen Schein ausgesetzt waren, schon genügend klar abzuheben" (226). So sehr der Hinweis auf die fehlende reflektierende Urteilskraft auch stimmen mag, so falsch scheint uns die Bemerkung zu sein, dass diese im Diskurs über die transzendentalen Ideen im zweiten Abschnitt des Anhangs, nicht anwesend sind. Genau das Gegenteil ist der Fall!

und gebietet Unterscheidung der Unterarten, bevor man sich mit seinem allgemeinen Begriffe zu den Individuen wende. Das dritte vereinigt jene beide, indem es bei der höchsten Mannigfaltigkeit dennoch die Gleichartigkeit durch den stufenartigen Übergang von einer Species zur anderen vorschreibt, welches eine Art von Verwandtschaft der verschiedenen Zweige anzeigt, in so fern sie insgesammt aus einem Stamme entsprossen sind (B 688).

Diese Prinzipien, Gesetze oder auch *Maximen* der Vernunft – Maximen, weil einem Interesse der Vernunft entsprechend[76] – zeigen das Verfahren oder die Methode an, um die Gegenstandserkenntnisse *„so viel als möglich"* (B 694) in einen Zusammenhang zu bringen.

In diesem Zusammenhang weist Kant auch auf eine These hin, die dann im zweiten Abschnitt des *Anhangs* den sachlichen Mittelpunkt bilden wird, nämlich, dass diesen Prinzipien, trotz ihres subjektiven Charakters, der also *nicht* aus der Beschaffenheit der Objekte hergeleitet ist, dennoch eine „objective, aber unbestimmte Gültigkeit" (B 691) zukommt. Das erläutert er an dieser Stelle allerdings (nur) dahingehend, dass sie in der Bearbeitung der Erfahrungserkenntnisse als „heuristische Grundsätze mit gutem Glücke gebraucht werden" (B 691), was wohl so viel heißt als: dass sich an ihrem Leitfaden Entsprechungen in der Erfahrung feststellen lassen. Wie dies zu verstehen ist, wird allerdings nur aus indirekten Formulierungen ersichtlich. So gibt er im Zusammenhang der Besprechung der oben genannten Prinzipien als solchen, die bestimmten Philosophen eigen sind, zu bedenken:

> [...] daß die Natur der Dinge selbst zur Vernunfteinheit Stoff darbiete, und die anscheinende unendliche Verschiedenheit uns nicht abhalten [dürfe], hinter ihr Einheit der Grundeigenschaften zu vermuthen, von welchen die Mannigfaltigkeit nur durch mehrere Bestimmung abgeleitet werden kann (B 680).

Bereits an früherer Stelle[77] hatte er eine dahingehende Bemerkung gemacht und kommt später noch einmal auf genau diesen Zusammenhang zwischen dem Regulativem und dem *Wesen der Dinge* zurück:

---

76 Siehe KrV B 694.
77 Siehe KrV B 676.

> Das regulative Princip verlangt, die systematische Einheit als *Natureinheit*, welche nicht bloß empirisch erkannt, sondern a priori, obzwar noch unbestimmt, vorausgesetzt wird, schlechterdings, mithin als aus dem Wesen der Dinge folgend vorauszusetzen. (B 721)[78]

Systematische Natureinheit als unbestimmte, weil (noch) *in progressu infinito* zu konstruierende setzt voraus, dass sie in dem Wesen der Dinge, dieses verstanden als ganzer Gegenstand der Erfahrung, (also nicht quasi-ontologisch) bestimmbar ist. Was Kant am Beispiel der vorhin genannten Prinzipien erläutert hat, nämlich deren regulative und systematische Funktion, wird nun in der weiteren Ausführung auf die transzendentalen Ideen angewandt. Dabei ist die Stoßrichtung die, von ihnen eine Art von *transzendentaler Deduktion* zu geben.[79]

b. Wie ist eine solche zu denken und welche Form nimmt ein darauf aufbauender Diskurs an?

Zu diesem Zweck wollen wir unseren Ausgangspunkt beim zweiten Teil des *Anhangs* zur „Transzendentalen Dialektik" nehmen, der überschrieben ist: „Von der Endabsicht der natürlichen Dialektik der menschlichen Vernunft" (B 697). Dieser Titel ist indes irreführend, weil es in der Argumentation um genau das Gegenteil der natürlichen *Dialektik* geht, sondern eben um den Aufweis einer transzendentalen Deduktion der Ideen der reinen Vernunft und der daraus folgenden Diskursivität, worin Kant sogar die „Vollendung des kritischen Geschäftes der reinen Vernunft" (B 697) erblickt. Eine erstaunliche Aussage, wenn man sich an das erinnert, was an früherer Stelle zu diesem Thema gesagt

---

[78] Diese Formulierung ist höchst bezeichnend, insofern sie auf eine sehr alte Schicht in Kants Denken verweist. Bereits in der *Allgemeinen Naturgeschichte und Theorie des Himmels* (1755) hatte er die – gegen Newton gerichtete – Auffassung vertreten, dass sich die harmonische Einrichtung des Universums aus den wesentlichen Bestimmungen der Naturdinge herleiten lassen (siehe Ak. I 331 ff.).

[79] Über dieses Thema einer „transzendentalen Deduktion" der Ideen sind eine Reihe von Untersuchungen angestellt worden, von denen nur einige exemplarisch hier erwähnt werden sollen: Rudolf Zocher, „Zu Kants transzendentaler Deduktion der Ideen", in: *Zeitschrift f. phil. Forschung* XII (1958), 43–58; Rudolf Malter, „Der Ursprung der Metaphysik in der reinen Vernunft. Systematische Überlegungen zu Kants Ideenlehre", in: Joachim Kopper und Wolfgang Marx (Hrsg.), *200 Jahre Kritik der reinen Vernunft*, Hildesheim 1981, 169–210, bes. 198 ff.; Mario Caimi, „Über eine wenig beachtete Deduktion der regulativen Ideen", in: *Kant-Studien* 86 (1995), 308–320.

worden war, nämlich dass von den transzendentalen Ideen keine objektive Deduktion möglich sei.[80]

Kants Argumentation geht von einer Unterscheidung aus, die er als „ziemlich subtil, aber gleichwohl in der Transscendentalphilosophie von großer Wichtigkeit" (B 704) erachtet, nämlich der zwischen einer schlechthinnigen Annahme eines Gegenstandes (*suppositio absoluta*) und dessen Annahme bloß in der Idee oder relativ auf anderes (*suppositio relativa*).[81] Für das Problem der quasi-transzendentalen Deduktion der Ideen ist naturgemäß der zweite Gesichtspunkt von Interesse. Wie ist diese *suppositio relativa* genauer zu bestimmen? Sie bedeutet nicht, dass ein Gegenstand *hypothetisch* gesetzt wird, sondern, dass der durch die Idee vermeinte Gegenstand ein *Schema* darstellt.

Was ist darunter zu verstehen? Gemäß dem, was Kant über den Begriff des Schemas der reinen Verstandesbegriffe im *Schematismus*kapitel der *Kritik der reinen Vernunft* schreibt, nämlich, dass das Schema „die reine Synthesis gemäß einer Regel der Einheit nach Begriffen überhaupt" (B 181) ist, lässt sich in Analogie dazu sagen, dass die reinen Vernunftbegriffe eine Regel der Einheit ausdrücken, sozusagen eine Methode der Vereinheitlichung. Mit Blick auf den Gottesbegriff im Modus einer höchsten Intelligenz, den Kant in diesen seinen Darlegungen mit guten Gründen bevorzugt zur Verdeutlichung seiner Thesen heranzieht, heißt dies, dass mit dieser Bestimmung als höchster Intelligenz nichts als am „Gegenstand" selbst bestimmt ausgesagt wird, sondern nur, dass Gegenstände der Erfahrung „gleichsam von dem eingebildeten Gegenstande dieser Idee als seinem Grunde oder Ursache" (B 698) abgeleitet werden, und zwar zu dem Zweck, die größte systematische Einheit der Erfahrungserkenntnis zu bewirken.

Wir ersehen aus diesem Gedankengang, auf welch schmalem Grat sich Kant hier bewegt: Einerseits gilt ja, dass bei der *suppositio relativa* ein (transzendenter) Gegenstand *nicht* als Hypothese gesetzt werden soll, andererseits spricht Kant von einem „eingebildeten" Gegenstand der Idee, aus dem als Grund Erfahrungsgegenstände abgeleitet werden. Letztere aber sind wirklich gegeben. Genau dieses Konstrukt aber, nämlich die Ableitung aus etwas als unter der strengen Aufsicht der Vernunft gedichtetem Grund, entspricht dem Begriff der Hypothese, so wie Kant ihn versteht.[82]

---

80   Siehe KrV B. 393.
81   Siehe KrV B 698; B 704.
82   Siehe KrV B 798. In der *Kritik der praktischen Vernunft* schreibt Kant die mit Blick auf das eben Gesagte zunächst verwirrenden Sätze, das Bedürfnis der reinen Vernunft in

Aber nicht genug damit: Der Zweck dieser Ableitung, die eben nicht im Sinn einer konstitutiven Leistung verstanden werden darf, besteht darin, einen Leitfaden, eine Methode (im Sinn eines orientierten Weges) anzuzeigen, wie systematische Einheit der durch die Verstandestätigkeit und die Urteilskraft zustandegekommenen Erkenntnisse oder Diskurse anzustellen sei.

Wenn also gilt, dass durch solche Ableitungen die Erfahrungserkenntnisse *nicht* erweitert werden,[83] dann fragt man sich, wieso Kant einige Seiten vorher behaupten kann, unter der Voraussetzung (sic!) eines Gegenstandes in der Idee führten die Regeln des empirischen Gebrauchs der Vernunft auf systematische Einheit und *erweiterten* die Erfahrungserkenntnis jederzeit.[84] Aber gleichsam als wolle er hier ein mögliches Missverständnis ausräumen, fährt er dann fort:

> Und dieses ist die transscendentale Deduction aller Ideen der speculativen Vernunft, nicht als *constitutiver* Principien der Erweiterung unserer Erkenntniß über mehr Gegenstände, als Erfahrung geben kann, sondern als *regulativer* Principien der systematischen Einheit des Mannigfaltigen der empirischen Erkenntniß überhaupt, welche dadurch in ihren eigenen Grenzen mehr angebauet und berichtigt wird, als es ohne solche Ideen, durch den bloßen Gebrauch der Verstandesgrundsätze, geschehen könnte (B 699).

Diese zusammenfassende Bemerkung besagt, dass durch die Ideen den Erfahrungserkenntnissen eine Art Bedeutungszuschuss zugesprochen wird. Einerseits, indem von „anbauen" die Rede ist, soll angedeutet werden, dass das in der Erfahrung Gewachsene bzw. Wachsende in ein Ganzes geordnet werden soll; andererseits, indem von „berichtigen" gesprochen wird, soll zum Ausdruck gebracht werden, dass die Immanenz der Erfahrungserkenntnisse nicht schon an sich das ganze Interesse der Vernunft erschöpft. Diesbezüglich mag auf eine frühere Stelle verwiesen werden, wo Kant schreibt, dass das, was zur Welt gehört, nicht zur Idee des Prinzips der größtmöglichen Einheit „schicklich" ist.[85]

Dies führt nun zu der Frage, wie ein solcher, in seiner Gültigkeit objektiv, wenngleich unbestimmter Diskurs in seiner Entfaltung auszusehen hat. Es ist

---

ihrem spekulativen Gebrauch führe auf Hypothesen, die zur *Erklärung* der Ordnung und Zweckmäßigkeit der Natur nötig sind (siehe KpV, Ak. V 142).
83 Siehe KrV B 702.
84 Siehe KrV B 699.
85 Siehe KrV B 646.

hier der Ort, die Rede vom „Als ob" einzuführen.[86] Interessanterweise hat diese in Kants veröffentlichten Schriften keine lange Tradition. Erst in der *Kritik der reinen Vernunft* trifft man sie an. Hier taucht sie in der singulären Form, die uns in diesem Zusammenhang interessiert, ein erstes Mal im Abschnitt über die „Entdeckung und Erklärung des dialektischen Scheins in allen transccendentalen Beweisen vom Dasein eines nothwendigen Wesens" (B 642) auf. Kant antizipiert in diesem Abschnitt bereits die zentrale Aussage, die späterhin im *Anhang* vertieft wird. Mit Blick auf die Problematik des notwendigen Wesens soll man einerseits so über die Natur philosophieren, „*als ob* es zu allem, was zur Existenz gehört, einen nothwendigen ersten Grund gebe" (B 644), um auf diese Weise systematische Einheit zustande zu bringen. Andererseits aber verwendet Kant in besagtem Abschnitt den Ausdruck „als ob" in einer sozusagen entgegengesetzten Richtung, nämlich, dass wir bei den Erscheinungen der Welt immer so vorgehen müssen, „als ob es kein nothwendiges Wesen gäbe" (B 646), aber er fügt hinzu, dass dies durchaus kompatibel ist mit dem Streben der Vernunft nach Vollständigkeit, nämlich so, als ob eine höchste Ursache vorausgesetzt wäre.

In der *Reflexion* 5637, die eine Reihe von skizzenhaften Bemerkungen enthält, die in die unmittelbare Entstehungszeit der *Kritik der reinen Vernunft* hinweisen,[87] lesen wir:

> Zuletzt vom speculativen Interesse der Vernunft. Wenn man auch gleich iene Ideen der Vernunft realisirt hat, so muß man doch die Natur so erklären, als ob kein Anfang, kein einfaches, keine Freyheit, keine absolute Zufälligkeit wäre und als ob keine ausser der Welt befindliche Ursache da sey. Denn die Natur ist unsere Aufgabe, der text unserer Auslegungen.[88]

In diesem Sinn wird die Formulierung auch im Abschnitt über *Meinen, Wissen und Glauben* verwendet. In der theoretischen Weltkenntnis bin ich verpflichtet, mich meiner Vernunft so zu bedienen, „als ob alles bloß Natur sey" (B 854).

Wie also stellt sich der Vernunftdiskurs im Modus des „Als ob" dar? Kant spielt das Grundmodell mit Blick auf jede der drei transzendentalen Ideen (Ich,

---

86 Siehe Claudio La Rocca, „Formen des Als-Ob bei Kant", in: Bernd Dörflinger und Günter Kruck (Hrsg.), *Über den Nutzen von Illusionen. Die regulativen Ideen in Kants theoretischer Philosophie*, Hildesheim 2011, 29 ff.
87 Siehe Erich Adickes' Anmerkung in: Ak. XVIII 269.
88 Ak XVIII, 274.

Welt, Gott) durch.[89] Es ist indes auffallend – oder vielmehr bezeichnend –, dass seine Ausführungen hinsichtlich der dritten Idee, also zum „Vernunftbegriff von *Gott*" (B 713) als „einige[r] und allgenugsame[r] Ursache aller kosmologischen Reihen (B 713)" am ausführlichsten sind. Zunächst wiederholt er die prinzipielle These von der *suppositio relativa*, von der oben bereits die Rede war. Aus ihr folgt, dass wir nicht berechtigt sind, einen diesem Begriff entsprechenden Gegenstand an sich zu behaupten, sondern nur, die kausalen Verknüpfungen in der Welt so anzusehen, „*als ob* sie insgesammt aus einem einzigen allbefassenden Wesen als oberster und allgenugsamer Ursache, entsprungen wären" (B 714) und damit in ihrer Einheit begreiflich werden.

Dieser Gedanke ist zunächst trivial. Aber in einem nächsten Schritt erweitert Kant diese These und führt hierfür eine *zentrale neue Begrifflichkeit* ein, die bis dahin noch nicht berücksichtigt worden war:

> Die höchste formale Einheit, welche allein auf Vernunftbegriffen beruht, ist die *zweckmäßige* Einheit der Dinge, und das *speculative* Interesse der Vernunft macht es nothwendig, alle Anordnung in der Welt so anzusehen, *als ob* sie aus der Absicht einer allerhöchsten Vernunft entsprossen wäre (B 714).

Mit der Einführung des Begriffs der *Zweckmäßigkeit* als der höchsten formalen Einheit und den damit zusammenhängenden Konnotationen ist für das Verständnis des hier zu diskutierenden Problems des diskursiven Status angedeutet, dass ein solcher Diskurs „neue Aussichten" auf „das Feld der Erfahrungen" eröffnet. Wir wollen zunächst nach dessen innerem Zusammenhang fragen, um uns dann der Frage nach dem ihm zugrundeliegenden Prinzip zuzuwenden.

Zunächst einmal ist zu beachten, dass Kant in der *Kritik der reinen Vernunft* trotz häufiger Verwendung der Begriffe des „Zwecks" bzw. der „Zweckmäßigkeit" diesbezüglich keine ausdrücklichen Definitionen anführt. Sie müssen in zwei sich ergänzende Fragerichtungen ausdifferenziert werden, einmal in Richtung auf die Bedeutung der Rede, dass etwas Zweck ist bzw. dass ihm Zweckmäßigkeit zugesprochen wird, zum anderen in Richtung auf die Frage nach einer Instanz, die Zwecke setzt.

Im Bereich der theoretischen Vernunft, auf den wir unsere Untersuchung eingeschränkt haben, bezieht sich die Rede von den Zwecken bzw. der Zweckmäßigkeit auf die Natur, die Welt der Erscheinungen. Im Abschnitt über die Unmöglichkeit eines physikotheologischen Gottesbeweises schreibt Kant,

---

[89] Siehe KrV B 710 ff.

die „gegenwärtige Welt" eröffne „uns einen [...] unermeßlichen Schauplatz von Mannigfaltigkeit, Ordnung, Zweckmäßigkeit und Schönheit" (B 650). Hier, wie auch an vielen anderen Stellen, taucht der Begriff der Zweckmäßigkeit in Zusammenhang mit dem der Ordnung bzw. Anordnung auf.[90]

Eine solche lässt sich nun grundsätzlich auf zweierlei Art und Weise deuten: Einmal im Sinn einer „immanenten" Teleologie, was so viel bedeutet, dass sie „aus Naturgründen und nach Naturgesetzen erklärt werden" bzw. in ihnen zu *finden* ist. „Ordnung und Zweckmäßigkeit in der Natur muß [...] aus Naturgründen und nach Naturgesetzen erklärt werden" (B 800). Die teleologische Erforschung der Natur hat insofern auch „allein an der Kette der Naturursachen" (B 722) also „mechanistisch" zu geschehen.[91]

So einfach dieser Gedanke zunächst klingen mag, so sehr muss dabei beachtet werden, dass Kant hier auf ein Prinzip zurückgreift, das er nicht ausdrücklich erwähnt, ja in dieser Form in der *Kritik der reinen Vernunft* nicht einführt, nämlich das der „reflektierenden Urteilskraft". Es wird erst in der *Kritik der Urteilskraft* sein, wo er sich ausführlich mit diesem Thema beschäftigen wird. Für den hier zur Diskussion stehenden Zusammenhang reichen einige wenige Hinweise: Der vierte Teil der Einleitung in die *Kritik der Urteilskraft* handelt von der Urteilskraft als einem *a priori* gesetzgebenden Vermögen.[92] Sie wird hier definiert – in Übereinstimmung übrigens mit der Definition in der ersten *Kritik* – als „das Vermögen, das Besondere als enthalten unter dem Allgemeinen zu denken."[93] Die „bestimmende Urteilskraft", von der die *Kritik der reinen Vernunft* handelt, ist „das Vermögen, unter Regeln zu *subsumiren*" (B 171). In der *Logik Jäsche* bringt Kant ihr Vorgehen lapidar auf den Begriff: Die bestimmende Urteilskraft „geht *vom Allgemeinen zum Besondern*"[94]. Das Allgemeine ist hier zu verstehen als das apriorische Gesetz der Natur, das durch den Verstand gegeben ist und unter das der einzelne Fall gebracht wird.

---

90   Siehe KrV B 425; B 651; B 655; B 657; B 725; B 726; B 800; B 802; B 827.

91   Dieser Gesichtspunkt entspricht Kants konstanten Auffassungen seit der frühen Auseinandersetzung mit der vorherrschenden Physikotheologie. Ordnung und Zweckmäßigkeit sind danach im Wesen der Materie enthalten und lassen sich aufgrund elementarer Gesetze aus diesem herleiten (siehe *Allgemeine Naturgeschichte und Theorie des Himmels*, Ak. I 331 ff.; *Der einzig mögliche Beweisgrund zu einer Demonstration des Daseins Gottes*, Ak II 103 ff.; siehe Robert Theis, *Gott. Untersuchung zur Entwicklung des theologischen Diskurses in Kants Schriften zur theoretischen Philosophie bis hin zum Erscheinen der Kritik der reinen Vernunft*, Stuttgart Bad Cannstatt 1994, 85–143).

92   Siehe KU, Ak. V 179 ff.

93   KU, Einleitung IV, Ak. V 179; siehe KrV B 171.

94   *Logik Jäsche*, § 81, Ak. IX 131.

Gegeben ist also hier zweierlei: das Gesetz und der einzelne Fall, von dem zu urteilen ist, ob er unter das Gesetz oder die Regel falle.

Von der bestimmenden Urteilskraft ist die reflektierende dadurch unterschieden, dass sie „*vom Besondern zum Allgemeinen*"[95] geht. In der *Kritik der Urteilskraft* lesen wir diesbezüglich: „Ist aber nur das Besondere gegeben, wozu sie [die Urteilskraft] das Allgemeine finden soll, so ist die Urtheilskraft bloß *reflectirend.*"[96] Insofern die Urteilskraft in diesem letzteren Fall ein Allgemeines *sucht*, das hinsichtlich der Natur prinzipiell als „Gesetz" gedacht werden muss, muss sie auf ein Prinzip zurückgreifen, das apriorischer Natur ist. Und genau an dieser Stelle führt nun Kant in der *Kritik der Urteilskraft* das in der *Kritik der reinen Vernunft* fehlende Glied ein. Wir wollen diese etwas längere Passage *in extenso* zitieren:

> Nun kann dieses Princip kein anderes sein als: daß, da allgemeine Naturgesetze ihren Grund in unserem Verstande haben, der sie der Natur (obzwar nur nach dem allgemeinen Begriffe von ihr als Natur) vorschreibt, die besondern empirischen Gesetze in Ansehung dessen, was in ihnen durch jene unbestimmt gelassen ist, nach einer solchen Einheit betrachtet werden müssen, als ob gleichfalls ein Verstand (wenn gleich nicht der unsrige) sie zum Behuf unserer Erkenntnißvermögen, um ein System der Erfahrung nach besonderen Naturgesetzen möglich zu machen, gegeben hätte. Nicht als wenn auf diese Art wirklich ein solcher Verstand angenommen werden müßte (denn es ist nur die reflectirende Urtheilskraft, der diese Idee zum Princip dient, zum Reflectiren, nicht zum Bestimmen); sondern dieses Vermögen giebt sich dadurch nur selbst und nicht der Natur ein Gesetz.[97]

Die entscheidende Bemerkung in diesem Exposé ist die, dass die reflektierende Urteilskraft *sich selbst* eine apriorische Bedingung oder ein *transzendentales* Prinzip gibt,[98] das diskursiv so gedacht wird, als ob ein Verstand dem, was zunächst (noch) für uns unbestimmt ist, eine systemermöglichende Einheit eingeprägt hätte. In der *Kritik der Urteilskraft* wird dieses Prinzip der Urteilskraft in der Behauptung von der „Zweckmäßigkeit der Natur"[99] festgemacht.

---

95   Ebd.
96   KU, Einleitung IV, Ak. V 179.
97   KU, Einleitung IV, Ak. V 180.
98   In der *Logik Jäsche* spricht Kant davon, das Vorgehen der reflektierenden Urteilskraft habe „nur *subjective* Gültigkeit" (siehe *Logik Jäsche*, § 81, Ak. IX 131).
99   KU, Einleitung V, Ak. V 181.

Vor dem eben skizzierten Hintergrund werden nun zuerst einmal die vorhin gemachten Überlegungen Kants zum Konzept einer „immanenten Teleologie" verständlicher, insofern dem Vorgehen des Verstandes am Leitfaden der Naturursachen jener *ergänzende* Gesichtspunkt der Suche nach *Einheit* dieser mechanisch erklärbaren Natur kraft der reflektierenden Urteilskraft aufgepfropft wird.

Nun aber erweitert Kant diese Idee einer immanenten (vollständigen) Teleologie, indem er – und dies ist der zweite Gesichtspunkt – ein Junktim zwischen ihr und einer transzendenten Ursache herstellt: Die Idee einer systematischen und zweckmäßigen Einheit, ja genauer: die vollständige zweckmäßige Einheit ist die Grundlage der „Möglichkeit des größten Gebrauchs der Menschenvernunft" (B 722) und mit dem Wesen der Vernunft verbunden, so dass es „sehr natürlich [ist], eine ihr correspondirende gesetzgebende Vernunft (intellectus archetypus) anzunehmen, von der alle systematische Einheit der Natur als dem Gegenstande unserer Vernunft abzuleiten sei" (B 723). Was aber heißt hier „Ableitung"? Kant scheint sich bewusst zu sein, auf welch problematisches Terrain er sich hier begibt. Einerseits betont er, dass dieser Gedanke nicht so verstanden werden dürfe, als sei durch eine solche Ableitung die Nicht*untersuchung* als *vollendet* anzusehen und als würde damit die Naturforschung aufgehoben. Das wäre eine „konstitutive" Verwendung der Behauptung einer höchsten Intelligenz. Dennoch muss sie, dem Sinn des Begriffs „Ableitung" zufolge, als (immer schon) vollendet *gedacht* werden. Hier kommt das zum Ausdruck, was Kant in der *Logik Jäsche* als die subjektive Gültigkeit der reflektierenden Urteilskraft bezeichnet hat.[100]

Das vorhin erwähnte Junktim zwischen immanenter Teleologie und Theologie, das die Vernunft natürlich herstellt, hat aber noch eine weitere komplementäre Seite, nämlich, dass im *Ausgang* von jener Ordnung auf einen intelligenten *Urheber* derselben geschlossen wird. In der *Kritik der reinen Vernunft* spielt Kant indirekt auf diese Argumentation an, wenn er schreibt:

> Wenn wir diese [die vollständige zweckmäßige Einheit] nicht in dem Wesen der Dinge, welche den ganzen Gegenstand der Erfahrung, d. i. aller unserer objectivgültigen Erkenntniß, ausmachen, mithin in allgemeinen und nothwendigen Naturgesetzen finden, wie wollen wir daraus gerade auf die Idee einer höchsten und schlechthin nothwendigen Vollkommenheit eines Urwesens schließen, welches der Ursprung aller Causalität ist? (B 722).

---

[100] Siehe *Logik Jäsche*, § 81, Ak. IX 131.

Diese offenbar rhetorische Frage findet späterhin eine entschiedene Antwort, nämlich, dass durch diese – in die mechanische Ordnung hineingelegte Idee einer Zweckmäßigkeit – das Dasein einer solchen Ursache „als schlechthin nothwendig"[101] zu erkennen sei. Diese These eines *Beweises*[102] einer intelligenten obersten Ursache auf der Grundlage der Naturordnung ist allerdings, angesichts der Ergebnisse der „Transzendentalen Analytik" und der in der „Transzendentalen Dialektik" erfolgten Kritik am physikotheologischen Beweis,[103] höchst erstaunlich und geht wohl auch über das eigentlich Intendierte hinaus. Denn die Annahme einer solchen obersten Ursache kann nur, aufgrund all dessen, was wir vorher erarbeitet haben und von Kant auch immer wiederholt wird, nur im Sinn einer regulativen Voraussetzung behauptet werden, d. h. so, dass dadurch die Nachforschung der Natur *orientiert* wird, ohne dass das Gesuchte (nämlich die zweckmäßige Einrichtung) als vollendet und gegeben behauptet würde. Freilich gesteht Kant auch, dass selbst, wenn ein solcher Beweis nicht gelingen mag, die *Idee* richtig bleibe. Das aber impliziert dann, dass derjenige Beweis, der dieser gesamten Gemengenlage am nächsten steht, nämlich der physikotheologische, neu zu bedenken wäre.

In dem in der „Transzendentalen Methodenlehre" sich befindenen Abschnitt über das Ideal des höchsten Guts kommt Kant noch einmal, nun aber unter einem *erweiterten* Gesichtspunkt, nämlich unter Einbeziehung der sittlichen Perspektive und der auf dieser Grundlage sich ergebenden neuen Betrachtung der systematischen Einheit der Zwecke auf dieses Thema der Physikotheologie zu sprechen: Unter der Voraussetzung des moralischen Vernunftgebrauchs, so heißt es jetzt, „bekommt alle Naturforschung eine Richtung nach der Form eines Systems der Zwecke und wird in ihrer höchsten Ausbreitung Physikotheologie" (B 844) bzw. transzendentale Theologie.[104]

Freilich kann es sich bei einer solchen nur um eine epistemisch anders verortete, nämlich eine „reflektierende" handeln. Deren grundsätzliches Konzept – das ist hier die These – entwickelt Kant zunächst – ohne den Aspekt der praktischen Vernunft einzubeziehen – unter dem Begriff einer „transzendentalen Theologie[105] in den Schlussabsätzen des *Anhangs*.

---

101 Siehe KrV B 722.
102 Siehe KrV B 721.
103 Siehe KrV B 648 ff.
104 Siehe KrV B 844. Kants Verwendung des Begriffs „transzendentale Theologie" ist uneinheitlich. Siehe z. B. KrV B 659 und B 660: Hier versteht er einerseits eine Disziplin, die ihren Gegenstand bloß durch reine Begriffe denkt; andererseits bildet sie den Oberbegriff für Kosmotheologie und Ontotheologie, also für eine Disziplin, die das Dasein eines Urwesens entweder durch eine Erfahrung überhaupt *oder* durch reine Begriffe zu erkennen vermeint (siehe auch *Reflexion* 6247, XVIII 527; *Reflexion* 6433, XVIII 715).
105 Siehe KrV B 723.

In einer gleichsam katechismusartigen Form werden mehrere Fragenkomplexe gestellt: Die *erste* Frage, „ob es etwas von der Welt Unterschiedenes gebe, was den Grund der Weltordnung und ihres Zusammenhanges nach allgemeinen Gesetzen enthalte" (B 723 f.), bildet die Grundfrage einer jeden „natürlichen" Theologie – *an sit ens extramundanum?* Kants Antwort lautet: „*Ohne Zweifel*" (B 724). Diese Antwort erstaunt auf den ersten Blick, da sie als *assertorische* Aussage – „Es gibt einen von der Welt unterschiedenen Grund etc." – eine *Erweiterung* der Erkenntnisleistungen des Verstandes über die Erfahrungsgrenzen hinaus zu bedeuten scheint. Ein Blick auf die angeführte Begründung zeigt indes, dass hier etwas anderes im Spiel ist: Die Welt ist eine Summe von Erscheinungen, was hier dahingehend zu verstehen ist, dass sie als das Ganze der Erscheinungen in ihrem geordneten Zusammenbestehen angesehen wird; daraus wird *geschlossen*: „es muß also irgend ein transscendentaler Grund [...] derselben sein" (B 724). Der Schluss, um den es in diesem Zusammenhang geht, hat die Form eines *apodiktischen* Urteils, das der Gruppe der modalen Urteile zuzurechnen ist, von denen generell gilt, dass in ihnen „der Werth der Copula in Beziehung auf das Denken überhaupt" (B 100) unter Absehen des Inhalts des Urteils zum Ausdruck kommt. Der genannten Aussage kommt insofern (nur) *subjektive* Gültigkeit zu.

Die *zweite* von Kant aufgeworfene Frage dieser transzendentalen Theologie lautet, „ob dieses Wesen Substanz, von der größten Realität, nothwendig etc. sei" (B 724). Von dieser Frage heißt es, dass sie keine Bedeutung habe, weil hier die exemplarisch genannten Bestimmungen nur insofern Anwendung finden, wie ihnen ein empirischer Gegenstand gegeben ist. Man kann/muss sie zwar einräumen, aber man *versteht* in diesem Fall nichts. In der Konsequenz der die „Transzendentale Analytik" abschließenden Darlegungen[106] muss diese Bemerkung dahingehend verstanden werden, dass solche kategorialen Bestimmungen sich nicht über alles in objektiver Hinsicht – d. h. als Wissen – erstrecken können. Es ist nicht die These, dass die Vernunft auf einen leeren Gegenstand ohne Begriff (*nihil negativum*) schließt, die hier vertreten wird, sondern viel eher die These, dass die Vollkommenheit des Wissens an dieser Stelle an ihre Grenze stößt.

Diese Interpretationsrichtung ergibt sich u. E. aus der *dritten* Frage, „ob wir nicht wenigstens dieses von der Welt unterschiedene Wesen nach einer *Analogie* mit den Gegenständen der Erfahrung denken dürfen" (B 724). Der Hinweis auf ein auf der Idee der Analogie aufbauendes Denkens eines welttranszendenten Wesens wird auf zwei Stufen vorgetragen.[107] Auf der ersten

---

106 Siehe KrV B 303 ff.
107 Zum Problem der Analogie im Rahmen der kantischen Theologie, vgl. François Marty, *La naissance de la métaphysique chez Kant*, Paris 1980, 157–198; ders., „Symbole et discours

wiederholt Kant den Grundgedanken, der der Idee des regulativen Gebrauchs in Bezug auf systematische Einheit zugrunde liegt: Wir können ein solches Wesen „nur als Gegenstand in der Idee" (B 725) denken, sofern es ein unbekanntes Substratum der systematischen Einheit ist. Mit diesem Hinweis ist indes der Kern der kantischen Aussage nicht getroffen. Der Ausdruck „Analogie" besagt wohl in diesem Zusammenhang in erster Linie soviel wie: „Ähnlichkeit". Freilich muss recht bedacht werden, *was* genau *womit* „ähnlich" ist bzw. was die Rede vom *Substratum* der systematischen Einheit bedeutet. Diese betrifft die Verursachung: So wie in der Erfahrungswelt jeder Zustand auf einen andern nach einer Regel, also notwendig, folgt – womit der Begriff der Ursache gemeint ist, so ist auch eine (wie auch immer geartete) Ursache der systematischen Einheit, die ja, *als* systematische, Ordnung und Notwendigkeit impliziert, zu denken notwendig.[108] Es geht also auf dieser ersten Stufe um die Denkmöglichkeit eines Welturhebers. Es sei hier auf eine frühere Stelle im *Anhang* verwiesen:

> So ist der transscendentale und einzige bestimmte Begriff, den uns die bloß speculative Vernunft von Gott giebt, im genauesten Verstande *deistisch* d. i. die Vernunft giebt nicht einmal die objective Gültigkeit eines solchen Begriffs, sondern nur die Idee von Etwas an die Hand, worauf alle empirische Realität ihre höchste und nothwendige Einheit gründet, und welches wir uns nicht anders, als nach der Analogie einer wirklichen Substanz, welche nach Vernunftgesetzen die Ursache aller Dinge sei, denken können, wofern wir es ja unternehmen, es überall als einen besonderen Gegenstand zu denken, und nicht lieber, mit der bloßen Idee des regulativen Princips der Vernunft zufrieden, die Vollendung aller Bedingungen des Denkens, als überschwenglich für den menschlichen Verstand bei Seite setzen wollen; welches aber mit der Absicht einer vollkommenen systematischen Einheit in unserem Erkenntniß, der wenigstens die Vernunft keine Schranken setzt, nicht zusammen bestehen kann. (B 703)

---

théologique chez Kant. Le travail d'une pensée", in: *Le mythe et le symbole. De la connaissance figurative de Dieu*, Paris 1977, 55–92; Aloysius Winter, „Transzendentale Theologie der Erkenntnis", in: ders., *Der andere Kant. Zur philosophischen Theologie Immanuel Kants*, (Europaea Memoria I 11) Hildesheim 2000, 407 ff.; vgl. auch Annemarie Pieper, „Kant und die Methode der Analogie", in: G. Schönrich und Y. Kato (Hrsg.), *Kant in der Diskussion der Moderne*, Frankfurt a. M. 1996, 92–112, bes. 100–103.

108 Siehe KU, § 85, Ak. V 437.

Die weitere Stoßrichtung bezüglich der Einführung des Analogiebegriffs liegt aber auf der zweiten Stufe. Kant schreibt: Wir können in dieser Idee eines von der Welt unterschiedenen Wesens aufgrund der Analogie „gewisse Anthropomorphismen, die dem gedachten regulativen Princip beförderlich sind, ungescheut und ungetadelt erlauben. (B 725)

Die in diesem Zusammenhang aufgezählten Prädikate (Einzigkeit, Weisheit, Allmacht) laufen der Tendenz nach auf einen „theistischen" Gottesbegriff hinaus.[109] Ja, Kant geht sogar etwas später so weit, zu behaupten, dass wir „nach einem subtileren Anthropomorphism" (B 728) dem Welturheber noch weitere Prädikate zuschreiben können: Verstand, Wohlgefallen/Missfallen, Begierde und Willen, darüber hinaus unendliche Vollkommenheit, „die also diejenige weit übersteigt, dazu wir durch empirische Kenntniß der Weltordnung berechtigt sein können" (B 728). Mit diesem Ausdruck „subtilerer Anthropomorphismus" spielt Kant wohl auf *diskursive Entfaltungen* an, die mit dem Gottesbegriff einhergehen. Die Grundthese ist freilich die, dass dem höchsten Wesen keine Eigenschaften an sich selbst zugesprochen werden.

In den *Prolegomena* wird die Thematik der Analogie weiterentwickelt. Hier spricht Kant davon, dass mit dem Standpunkt, gemäß dem dem höchsten Wesen keine Eigenschaften an sich zugesprochen werden, der sogenannte *dogmatische Anthropomorphismus* vermieden[110] wird. Dabei nimmt er in dieser Schrift einen Gedanken auf, den er bereits in der sogenannten Metaphysik Pölitz (wahrscheinlich aus der 2. Hälfte der 70er Jahre stammend) vorgetragen hatte.

> Ein Geschöpf erkennt Gott per analogiam, nach den Vorstellungen, die ihm durch die Natur gegeben sind, und die davon abstrahirt werden. Diese Begriffe, die von den Sinnen abstrahirt sind, drücken nichts aus, als Erscheinung. Gott ist aber ein Gegenstand des Verstandes; also kann kein Geschöpf die Eigenschaften Gottes nach den Begriffen, die von den Sinnen abgezogen sind, absolut erkennen, sondern nur das Verhältniß, das Gott als eine Ursache zur Welt hat [...] Hieraus können wir aber Gott nicht erkennen, *wie er ist*, sondern wie er sich als ein Grund zur Welt bezieht; und das nennt man Gott per analogiam erkennen.[111]

---

109   Siehe KrV B 726. Den Standpunkt des Theismus hat Kant bereits an früherer Stelle folgendermaßen charakterisiert: Der Theist behauptet, „die Vernunft sei im Stande, den Gegenstand nach der Analogie mit der Natur näher zu bestimmen, nämlich als ein Wesen, das durch Verstand und Freiheit den Urgrund aller anderen Dinge in sich enthalte" (KrV B 659 f.). Für den Theisten ist Gott Welturheber, also Schöpfer, und nicht bloß Weltursache.
110   Vgl. *Prolegomena*, § 57, Ak. IV, 357.
111   *Metaphysik Pölitz*, Ak. XXVIII.1, 329 f.

In den *Prolegomena* heißt es, dass wir die Eigenschaften „dem Verhältnisse desselben zur Welt [beilegen], und uns „einen *symbolischen* Anthropomorphism, der in der That nur die Sprache und nicht das Object selbst angeht"[112], erlauben. Dementsprechend ist diese Art von Erkenntnis analoger Natur oder eine Erkenntnis nach der Analogie, deren Begriff, in Übereinstimmung mit den Bemerkungen in der *Metaphysik Pölitz* dahingehend bestimmt wird, daß sie „nicht etwa, wie man das Wort gemeiniglich nimmt, eine unvollkommene Ähnlichkeit zweier Dinge, sondern eine vollkommne Ähnlichkeit zweier Verhältnisse zwischen ganz unähnlichen Dingen bedeutet."[113]

Der Ausdruck „symbolischer Anthropomorphismus" ist, soweit ersichtlich, ein *hapax*. Die Beschäftigung mit dem Begriff des „Symbols" hingegen findet sich an mehreren Stellen in Kants Schriften. In der *Anthropologie in pragmatischer Hinsicht* heißt es allgemein, „Gestalten der Dinge (Anschauungen), so fern sie nur zu Mitteln der Vorstellung durch Begriffe dienen"[114], seien Symbole. Weiter heißt es, Symbole seien

> blos Mittel des Verstandes, aber nur indirect durch eine *Analogie* mit gewissen Anschauungen, auf welche der Begriff desselben angewandt werden kann, um ihm durch Darstellung eines Gegenstandes Bedeutung zu verschaffen.[115]

In den *Fortschritten* wird der Gedanke der Symbolisierung nun direkt mit Blick auf das Problem des theologischen Diskurses hin angesprochen. Hier spricht Kant von „Symbolisirung des Begriffs"[116] – wiederum ein *hapax* –, den er folgendermaßen definiert:

> Das Symbol einer Idee (oder eines Vernunftbegriffes) ist eine Vorstellung des Gegenstandes nach der Analogie, d. i. dem gleichen Verhältnisse zu gewissen Folgen, als dasjenige ist, welches dem Gegenstande an sich selbst, zu seinen Folgen beygelegt wird, obgleich die Gegenstände selbst von ganz verschiedener Art sind [...]. Auf diese Art kann ich vom

---

112 *Prolegomena*, § 57, Ak. IV, 357. In der *Reflexion* 6056 spricht Kant von einem *regulativ gedachten Anthropomorphismus*, der die Bedingungen der Sinnlichkeit auf göttliche Handlungen als ein Schema der Anwendung derselben im Erfahrungsgebrauch anwendet, im Gegensatz zum *konstitutiven Anthropomorphismus* (Ak. XVIII, 439).
113 *Prolegomena*, § 58, Ak. IV, 357.
114 *Anthropologie in pragmatischer Hinsicht*, § 38, Ak. VII 191.
115 Ebd.
116 *Fortschritte*, Ak. XX, 279.

> Übersinnlichen, z. B. von Gott, zwar eigentlich kein theoretisches Erkenntniß, aber doch ein Erkenntniß nach der Analogie, und zwar die der Vernunft zu denken nothwendig ist, haben; wobey die Kategorien zum Grunde liegen, weil sie zur Form des Denkens nothwendig gehören, dieses mag auf das Sinnliche oder Übersinnliche gerichtet seyn, ob sie gleich, und gerade eben darum, weil sie für sich noch keinen Gegenstand bestimmen, kein Erkenntniß ausmachen.[117]

Von der Symbolisierung zu unterscheiden ist der Schematismus: von letzterem ist dann die Rede, wenn der Begriff in einer ihm korrespondierenden Anschauung „Anwendung" findet bzw. unmittelbar dargestellt werden kann;[118] von Symbolisierung hingegen, wenn ein Begriff „nur in seinen Folgen [...] dargestellt werden"[119] kann. Dies ist, wie Kant sich ausdrückt, eine „Nothülfe für Begriffe des Übersinnlichen"[120]. Aus dieser Definition leitet sich dann der Gedanke des „Symbols einer Idee (oder eines Vernunftbegriffes)"[121] ab, nämlich, dass er

> eine Vorstellung des Gegenstandes nach der Analogie, d. i. dem gleichen Verhältnisse zu gewissen Folgen, als dasjenige ist, welches dem Gegenstande an sich selbst, zu seinen Folgen beygelegt wird, obgleich die Gegenstände selbst von ganz verschiedener Art sind.[122]

Mit diesen Klarstellungen erhält nun Kants Rede vom Anthropomorphismus in der *Kritik der reinen Vernunft* deutlichere Konturen. Er behauptet in diesen späteren Texten (*Prolegomena, Fortschritte*) im Prinzip nichts anderes als das, was er bereits in der *Kritik* formuliert hat, nämlich, dass wir die Natur so *ansehen* müssen, *als ob* sie das Werk einer höchsten Intelligenz sei (bei gleichzeitiger Forderung, sie so zu *studieren, als ob* überall zweckmäßige Einheit in der größten Mannigfaltigkeit anzutreffen sei). Entscheidender – und auf seine Bedeutung hin zu befragen – ist indes die These aus den *Prolegomena*, dass der symbolische Anthropomorphismus *nicht das Objekt, sondern die Sprache betrifft*.

---

117 *Fortschritte*, Ak. XX, 280.
118 Siehe KrV B 176 ff.; siehe *Fortschritte*, Ak. XX 279.
119 *Fortschritte*, Ak. XX 279.
120 Ebd.
121 *Fortschritte*, Ak. XX 280.
122 Ebd.

Im *Anhang* erörtert Kant neben den bereits besprochenen Fragen noch eine weitere – die wir aus systematischen Gründen erst jetzt anführen, nämlich die nach dem *Gebrauch* des Begriffs und der Voraussetzung eines höchsten Wesens „in der vernünftigen Weltbetrachtung" (B 726). Die hier gestellte Frage bzw. deren Beantwortung greift nun auf weithin bereits Gesagtes zurück. Mit der Rede vom „Gebrauch" meint Kant die *Anwendung* der Idee eines vernünftigen Wesens im Bereich der immanenten Naturbetrachtung unter dem Blickwinkel der zweckmäßigen Anordnung. Diese lässt sich nun prinzipiell als Herleitung aus dem göttlichen Verstand und Willen deuten, wobei eine solche ihrerseits erkenntnismäßig *irrelevant* ist: Da, wo Ordnung und Zweckmäßigkeit angetroffen werden, muss es für den Forschenden „einerlei sein, zu sagen: Gott hat es weislich so gewollt, oder die Natur hat es also weislich geordnet" (B 727).

In der Vorrede zur ersten Auflage der *Kritik der reinen Vernunft* lesen wir, die Hauptfrage bleibe „was und wie viel [...] Verstand und Vernunft, frei von aller Erfahrung erkennen [kann]" (A XVII). Die Metaphysiker sind so lange von ihren Geschäften zu suspendieren, bis sie diese Frage (die nach der Lesart der *Prolegomena* lautet, wie synthetische Erkenntnisse a priori möglich sind) zufriedenstellend beantwortet haben.[123] Im *Anhang* zur „Transzendentalen Dialektik", so unsere Arbeitshypothese, tritt Kant den Versuch an, das Geschäft der Metaphysik unter den Voraussetzungen der gefundenen Antwort auf diese Hauptfrage neu zu bedenken. Das hier entwickelte Konstrukt bildet den Versuch, ausgehend von der Topografie der Vernunft im Gesamtkonzept der Rationalität, einerseits deren transzendentale Leistungen zu verorten (im Modell des *regulativen Gebrauchs der Ideen* hinsichtlich der Erkenntnisleistungen des Verstandes), andererseits deren metaphysische Restambitionen zu skizzieren (kulminierend im Modell einer *reflektierenden Physikotheologie*). Die Schwierigkeit dieses Unterfangens bestand dabei darin, diese zwei Ebenen diskursiv zu unterscheiden. Nicht zuletzt zeigt sich dies in den in diesem Schlussteil der „Transzendentalen Elementarlehre" immer wieder ansetzenden, sich ergänzenden oder korrigierenden Ausführungen zu den genannten Perspektiven.

Wir wollen nun, unserer eingangs erwogenen Frage nachgehen, inwieweit der in seiner Funktion oder Anwendung als regulativ begriffene Diskurs in seiner *epistemischen* Valenz als *doktrinaler Glaubensdiskurs* zu begreifen ist, der das diskursiv notwendige Komplement des Wissens darstellt.

---

123 Siehe *Prolegomena*, § 5, Ak. IV 278.

3 Metaphysik im epistemischen Modus des Vernunftglaubens

In transzendentaler Reflexion (erster Stufe) gewinnt Kant den Zugang zur Ebene erfahrungstranszendenter Begriffe über den Weg der der Vernunft innewohnenden, gar sie als Vernunft konstituierenden notwendigen Tendenz zu Prinzipien. Die Vernunft, als *„Vermögen der Principien"* (B 356) stiftet höchste Einheit des Denkens, die sich, am Leitfaden der ihr eigenen logischen Tätigkeit in der Form von Vernunftschlüssen (kategorisch, hypothetisch, disjunktiv), in dreierlei Prinzipiellem oder auch Unbedingtem auslegt.

In transzendentaler Reflexion (zweiter Stufe) stellt Kant den spezifischen Status dieser unbedingten Bedingungen oder auch Ideen heraus: Es handelt sich bei ihnen *nur* um Ideen,[124] d. h. um geschlossene Begriffe, die objektiv nicht instanziierbar sind, d. h. es lassen sich von ihnen keine kongruierenden Gegenstände angeben unter den Voraussetzungen und Bedingungen, die für eine derartige Instanziierung erforderlich sind, nämlich dass uns der Gegenstand in der Anschauung gegeben sein muss. Die sich am Leitfaden der oben genannten Vernunftschlüsse ergebenden unbedingten Bedingungen bringt Kant in systematischer Absicht mit den traditionellen Themen der Metaphysik zusammen, alsda sind: Seele, Welt, Gott.[125]

Auf dieser Reflexionsstufe weist Kant nun auf ein merkwürdiges „Phänomen" hin, mit dem die Vernunft in diesem ihrem Hinausdenken auf das Unbedingte hin behaftet ist, nämlich das Auftreten eines „Scheins" da, wo die die Vernunft antreibende und ihr als Vernunft innewohnende Eigendynamik sie „immer höher, zu entfernteren Bedingungen" (A VII) forttreibt. Kant bleibt, was die genaueren Ausführungen über diese Grundsätze, die das Hinaufsteigen leiten, unscharf. Wichtiger ist ihm die systematische These, nämlich, dass der hier auftretende Schein *unvermeidlich* ist, insofern die Vernunft, als *reines* Vermögen, im Verknüpfen einer Erkenntnis mit seiner Bedingung (was im Vernunftschluss erfolgt) gleichzeitig und mit Notwendigkeit eine *synthetische* Leistung vollzieht, indem sie in dieser Verknüpfung die *gesamte* Reihe der Bedingungen, die in einer unbedingten Bedingung ihren Abschluss findet, *als gegeben* setzt. Die transzendentale Reflexion (zweiter Stufe) vermag diesen Schein aufzudecken und damit auch zu verhüten, dass er betrüge, aber „daß er […] auch verschwinde und ein Schein zu sein aufhöre, das kann sie niemals bewerkstelligen" (B 354). Der Schein ist also so unvermeidlich wie die Vernunftsetzungen notwendig sind.

---

124   Siehe KrV B 384.
125   Siehe KrV B 390 ff.

Die drei Ideen Seele, Welt, Gott, unter denen die notwendigen Vernunftsetzungen angezeigt werden, sind als *Titel* zu verstehen, d. h. sie stehen für *Diskurse*, die sich gesondert darstellen lassen bzw. auch dargestellt worden sind. Kant identifiziert sie auch ausdrücklich mit den „Gegenständen", die in der rationalen Psychologie, der allgemeinen Kosmologie und der natürlichen Theologie abgehandelt werden.[126] Anders gewendet, jede dieser „Ideen" kann „besonders erwogen werden" (B 365) und ist somit der Ausgangspunkt für das, was man im weiteren Sinn des Wortes als systematischen Diskurs bezeichnen kann. Dieser ist im Prinzip nicht zu verstehen – oder zumindest nicht ausschließlich – als rein analytische Arbeit an Begriffen, sondern als begriffliches Eindringen in die *Sachen* selbst. Ein solches aber erfolgt, um an Kant anzuknüpfen, auf der Grundlage der das menschliche Denken auszeichnenden Grundbegriffe (die sogenannten „Stammbegriffe des reinen Verstandes" sowie die daraus „*abgeleitete*[n] Begriffe [B 107]") und Grundsätze.[127]

Auf der Grundlage der Erkenntnisse der „Transzendentalen Analytik" gilt nun aber, dass solche Begriffe des reinen Verstandes, durch die sich synthetisch apriorische Erkenntnisleistungen konstituieren (also objektive Erkenntnis) eben nur Bedeutung haben, sofern ihnen etwas in der Anschauung entspricht.[128] Nichtsdestotrotz gilt, dass sich die systematischen erfahrungstranszendenten Diskurse notwendigerweise, in dem Maße wie es sich um argumentierende Diskurse handelt, nicht anders als im Gewande derselben synthetisch apriorischen Leistungsträger konstituieren. Es wohnt diesen Diskursen insofern eine unvermeidliche Paradoxie inne: im Vollzug ihrer *diskursiven* Leistung nicht *erkenntnis*leistend sein zu können. Dies ist ein *epistemisches* Paradoxon, das der gesamten Diskussion über den sogenannten *regulativen* Gebrauch bzw. über die *Anwendung* oder die Funktion der Ideen im Hinblick auf die systematische Konstruktion des Wissens *vorgelagert* ist und auch nicht mit ihm ineinsfällt.

Der epistemische Status der erfahrungstranszendenten systematisch sich entfaltenden Diskurse (gemäß den drei transzendentalen Ideen), die sich mit Notwendigkeit aus dem Vernunftbedürfnis herleiten und demnach in ihrer subjektiven Notwendigkeit in Letzterem begründet sind, denen aber keine kongruierende Erfahrungsrealität entspricht, die also nicht der Episteme des Wissens entsprechen, kann nur der des *Glaubens* sein, und zwar in dem von

---

126 Siehe KrV B 391.
127 Diese sind nach kantischem Verständnis nicht im Sinne von *ideae innatae* zu verstehen. Vgl. diesbezüglich Michael Oberhausen, *Das neue Apriori. Kants Lehre von einer ‚ursprünglichen Erwerbung' apriorischer Vorstellungen*, Stuttgart/Bad-Cannstatt 1997.
128 Siehe KrV B 178; B 707; *Prolegomena*, § 4, Ak. IV 316.

uns in dieser Untersuchung ins Auge gefassten Gesichtspunkt des so genannten *doktrinalen Glaubens*, von dem es in einer schönen Formulierung heißt, er sei „ein Ausdruck der Bescheidenheit in *objectiver* Absicht" (B 855).

Die inhaltliche Entfaltung eines solchen Diskurses ist von Kant nur skizzenhaft vorgelegt. Am Beispiel des theologischen Diskurses haben wir zu zeigen versucht, wie er regelrecht um einen solchen *ringt* und wie unfertig er insbesondere im *Anhang* des Dialektikteils der *Kritik der reinen Vernunft* letztlich (noch) bleibt.

Dass Kant hier immer wieder auf dessen *regulative* Funktion gegenüber der Erfahrungserkenntnis hinweist, ergibt sich dabei aus den vorausgehenden konstruktiven und dekonstruktiven Teilen der *Kritik*, aber gerade diese Betonung des Regulativen muss hinterfragt werden auf die ihr korrelierende *epistemische Bedeutung*. In dieser Beziehung lassen sich u. E. zwei Aspekte hervorheben: einerseits die präservative *Bedeutung*, nämlich den metaphysischen (Glaubens-) Diskurs vor Wissensansprüchen (die ihm beiwohnen, insofern er notwendigerweise auf das kategoriale Instrumentarium der Wissenskonstitution, sprich: der Verstandesbegriffe, rekurrieren muss) zu schützen; andererseits soll die Rede vom Regulativen zugleich sichtbar machen, dass die von der Vernunft geforderte und diskursiv auch einzulösende Rationalität des Ganzen, im epistemischen Modus des Glaubensdiskurses, genau jene Leerstelle besetzen muss, die durch die Ansprüche der im Wissensbegriff kodifizierten transzendentalen Bedingungen nicht (mehr) zu besetzen ist. Es liegt also in dieser anderen Episteme (des doktrinalen Glaubens) neben der vorhin erwähnten von der Bescheidenheit in objektiver Absicht noch eine *Aussage über die Episteme des Wissens* beschlossen. Diese betrifft jene Dimension, die man – mit einiger Zurückhaltung – als die des *Sinns* oder der Orientierung bezeichen könnte. Diese scheint uns im Rahmen des theoretischen metaphysischen Konstrukts in der Einführung der Begrifflichkeit des Zwecks und der Zweckmäßigkeit angedeutet zu sein (womit gleichzeitig auch die von Kant selber privilegierte Bezugnahme auf die Theologie verständlich wird). Hier freilich öffnet sich der doktrinale Glaube hin auf das, was Kant dann mit dem spezifischeren Begriff des Glaubens vermeint, nämlich dem *moralischen*. Die Vernunft aber ist *eine* und insofern ist der doktrinale Glaube nicht ohne erhebliche Gefährdung der Einheit des Vernunftprojekts vom praktischen abzukoppeln. Auch wenn Kant das *spekulative* Interesse an Freiheit, Unsterblichkeit und Gott als nur gering erachtet,[129] ja den doktrinalen Glauben diesbezüglich als „etwas Wankendes" (B 855) bezeichnet, gar bisweilen sogar davon spricht, dass, was das theoretische Bedürfnis der Vernunft betrifft, man genötigt sei, die Existenz Gottes vor-

---

[129] Siehe KrV B 826.

auszusetzen, wenn man urteilen *wolle*,[130] wahr bleibt, dass er diejenige Seite des Vernunftprojekts betrifft, die auf das dem Wissen *Fehlende* und nie im reinen Wissen zu Erreichende (wenngleich nie ohne Bezug auf das Wissen sinnvoll sein Könnende – da es anderfalls bloßes Schwärmen wäre) hinweist, damit aber auch dem Wissen den Anspruch auf Sinn und Orientierung abspricht und es – *sit venia verbo* – der Episteme des Glaubens letztlich *unterordnet*.

---

130 Siehe *Was heißt . . . ?*, Ak. VIII 139; KpV V 142.

Estne philosophia ancilla theologiae? Die Bedeutung der Philosophie in der theologischen Topologie des 16. Jahrhunderts (Melchior Cano LT IX)

Boris Hogenmüller

Die Verwendung philosophischer Grundsätze in der theologischen Disputation des 16. Jahrhunderts ist sicher nicht zu leugnen und scheint geradezu postuliert. Die Hierarchie von Theologie und Philosophie steht dabei jedoch grundsätzlich fest: *Philosophia est ancilla theologiae.* Ungeachtet dessen wird der ‚Zofe' im Werk des spanischen Dominikanertheologen Melchior Cano (1506/09 bis 1560) *Über die Orte der Theologie* (*De locis theologicis*) erstmals eine Art von Autorität zugeschrieben, die insbesondere in der Auseinandersetzung mit Häretikern nicht zu missachten ist. Den zugrundeliegenden Ursachen wie auch grundsätzlich der Bedeutung der Philosophie in der theologischen Topologie nachzugehen, ist Anlass der vorliegenden Studie.

1 Vorwort

Der spanische Dominikanertheologe Melchior Cano (1506/09 bis 1560) verfasste Mitte des 16. Jahrhunderts[1] ein Kompendium theologischer Orte[2], das für Jahrhunderte maßgeblich die Methodologie, nach Auffassung Elmar

---

1 Die *de locis theologicis* betitelte Schrift wurde wohl während Canos Zeit an der Universität von Alcalá de Henares in den 1540er Jahren – J. Belda Plans, *La escuela de Salamanca*, Madrid 2000, 553 [zwischen 1540 und 1546]; A. Lang, *Die Loci theologici des Melchior Cano und die Methode des dogmatischen Beweises* (Münchner Studien zur historischen Theologie, Heft 6), München 1925, 18 [LT I bis X zwischen 1543 und 1550, LT XI und XII zwischen 1553 und 1560]; V. Beltrán de Heredia, „Melchor Cano en la Universidad de Salamanca", in: *CTom* 48 (1933) 188–189 [um 1544 oder 1548] – begonnen. Zur Chronologie vgl. auch meinen Beitrag: „Melchior Cano ‚De locis theologicis'. Neue Überlegungen zur Entstehung", in: *Göttinger Forum f. Altertumswissenschaft* 16 (2013) 399–418.
2 In Canos Verständnis sind die *loci* die *sedes argumentorum*, die der Theologe einsehen muss, um geeignete Argumente für die Auseinandersetzung mit Heiden, Andersgläubigen und

Klingers, nicht allein der „neuzeitlichen Theologie, sondern der neuzeitlichen Dogmatik"[3] überhaupt prägte. Canos Schrift *Über die Orte der Theologie* steht unbestritten am Anfang – Max Seckler sieht in Canos Entwurf des *locus theologicus* „den Ausdruck eines *Baugesetzes* der Kirche [...], das im Begriff der erkenntnistheoretischen und erkenntnispraktischen Katholizität [...] erfassbar ist"[4] – einer langen Reihe topologischer Werke katholischer Theologen wie Gaspar Juénin (1650 bis 1713), Johann Opstraet (1651 bis 1720), Girolamo Buzi (1720 bis ca. 1793) und Benedict Stattler (1728 bis 1797).[5]

Canos Werk, das auf zehn aus dem zum damaligen Zeitpunkt reichen Fundus an sogenannten ‚Orten der Theologie' eingegrenzt ist,[6] gliedert sich dabei grob in zwei Arten von *loci*, die für sich genommen einander diametral entgegenstehen.

Während die ersten sieben Topoi klassische theologische Orte (LT I,1: *peculiares quosdam theologiae locos*) darstellen – neben der Autorität der Heiligen Schrift als erstem Ort in ihrer Rangfolge absteigend die Autorität der Traditionen Christi und der Apostel, die Autorität der Katholischen Kirche, die Autorität der Konzilien, die Autorität der Römischen Kirche, deren Vorrang vor den anderen Kirchen nicht zu bestreiten ist, die Autorität der alten Heiligen bzw. Kirchenväter und die Autorität der scholastischen Theologen[7] – sind

---

Häretikern zu erhalten. Zu diesen theologischen Orten gehören seiner Ansicht nach u. a. die Heilige Schrift und die Autorität der Kirchenväter.

3 Vgl. E. Klinger, *Ekklesiologie der Neuzeit*: Grundlegung bei Melchior Cano und Entwicklung bis zum Zweiten Vatikanischen Konzil, Freiburg 1978, 53.

4 Vgl. M. Seckler, „Die ekklesiologische Bedeutung des Systems der loci theologici. Erkenntnistheoretische Katholizität und strukturale Weisheit", in: W. Baier u.a. (Hrsg.): *Weisheit Gottes – Weisheit der Welt*. FS J. Ratzinger, St. Ottilien 1987, 38.

5 Vgl. dazu meinen Beitrag: „Über die Orte der Theologie (De locis theologicis): Melchior Cano, Gaspard Juenin und Hieronymus Buzi im Vergleich", in: *Würzburger Jahrbücher f. Altertumswissenschaft* 36 (2012) 169–184.

6 In LT I,3 weist der Dominikaner darauf hin, dass er für seine Auswahl der Orte keine uneingeschränkte Autorität verlangt hat, es durchaus Variationen geben kann.

7 LT I,3: „Primus igitur locus est auctoritas Sacrae Scripturae, quae libris canonicis continetur, Secundus est auctoritas traditionum Christi et apostolorum, quas, quoniam scriptae non sunt, sed de aure in aurem ad nos pervenerunt, vivae vocis oracula rectissime dixeris; Tertius est auctoritas Ecclesiae Catholicae; Quartus auctoritas Conciliorum, praesertim generalium, in quibus Ecclesiae Catholicae auctoritas residet; Quintus auctoritas Ecclesiae Romanae, quae divino privilegio et est et vocatur Apostolica; Sextus est auctoritas sanctorum veterum; Septimus est auctoritas theologorum scholasticorum, quibus adiungamus etiam juris pontificii peritos. Nam juris huius doctrina, quasi ex altera parte, scholasticae theologiae respondet." Vgl. dazu auch LT I, 1; Lang, *Die Loci theologici des Melchior Cano*, 80–86; B. Körner,

die drei letzten Orte zwar keine, im theologischen Sinn gesehen, *loci proprii*, sondern *loci alieni*; dennoch enthalten auch diese für den Theologen in der Disputation mit Häretikern oder Heiden notwendige und nicht zu verachtende *argumenta ascripta* bzw. *argumenta velut ex alieno emendicata*,[8] deren er sich bedienen muss.

Zu den fremden Orten gehören nach Ansicht des Spaniers neben der Profangeschichte explizit die natürliche Vernunft und die Autorität der Philosophen,[9] zwei Argumentationsquellen, die weniger für den Theologen als für den Philosophen eigentümlich scheinen. Dennoch muss auch der Theologe sie als solche anerkennen und nutzen, wenn es ihm nicht möglich ist, geeignete Argumente aus der Autorität der sieben erstgenannten Orte zu beziehen. Bisweilen jedoch, so Cano weiter, könne er aber auch beide Arten von Argumenten parallel verwenden.[10] Dies begründet er dadurch, dass insbesondere der *ratio naturalis* als *locus alienus* eine gewisse Autorität

---

Melchior Cano, De locis theologicis. Ein Beitrag zur Theologischen Erkenntnislehre, Graz 1994, 93–108; Belda Plans, *La escuela de Salamanca*, 564; ders., *Melchor Cano. De locis theologicis*, Madrid 2006, LXXXIV.

[8] Aus diesen drei letztgenannten *loci* können zwar keine (glaubensspezifische) *argumenta propria*, jedoch für die Theologie durchaus notwendige *argumenta ascripta* bzw. *argumenta velut ex alieno emendicata* entnommen werden. Im zweiten Kapitel führt Cano die grundlegende Unterscheidung zwischen einer Argumentation *a ratione* und einer Argumentation *ab auctoritate* ein. Die Theologie besitzt im Vergleich zu den anderen Wissenschaften, die ihre *argumentatio a ratione* führen, den Sonderstatus der *argumentatio ab auctoritate*, so dass es zwangsläufig zwei Arten von *loci* geben muss (LT I, 2: *Duplices loci, uni ex auctoritate, alteri ex ratione*). Doch es ist nach Canos Überzeugung dem Theologen bei seiner Auseinandersetzung mit Häretikern bedingt möglich, beide Arten des Argumentierens heranzuziehen (LT I, 3: „Nam cum sint, ut supra dixi, duo genera argumentandi, unum per auctoritatem, alterum per rationem, cumque illud proprium sit theologi, hoc philosophi, confugiendum theologo est ad posterius, si ut ei non licet superiori. Quamquam licet aliquando untrumque simul argumentandi genus adhibere, ut suo postea loco demonstraturi sumus).“

[9] LT I, 3: „Octavus ratio naturalis est, quae per omnes scientias naturali lumine inventas latissime patet. Nonus est auctoritas philosophorum, qui naturam ducem sequuntur; in quibis sine dubio sunt Caesarei jurisconsulti, qui veram et ipsi, ut jureconsultus ait, philosophiam profitentur. Postremus denique est humanae auctoritas historiae, sive per auctores fide dignos scriptae, sive de gente in gentem traditae, non superstitioso atque aniliter, sed gravi constantique ratione.“

[10] LT I, 3: „Nam cum sint, ut supra dixi, duo genera argumentandi, unum per auctoritatem, alterum per rationem, cumque illud proprium sit theologi, hoc philosophi, confugiendum theologo est ad posterius, si ut ei non licet superiori. Quamquam licet aliquando untrumque simul argumentandi genus adhibere, ut suo postea loco demonstraturi sumus.“

zugesprochen werden muss, auch wenn er sie nicht explizit nennt. Damit steht die Philosophie[11] als fremder Ort zwar nicht auf Augenhöhe mit den *proprii loci theologici*, doch nähert sie sich ihnen an. Canos Konzeption der Orte markiert somit einen gewagten Einschnitt in der christlichen Topologie, der jenen jahrhundertealten Primatanspruch der Theologie gegenüber der Philosophie relativieren könnte.

Welches Verhältnis der Dominikaner zur Philosophie hatte und welche Gründe ihn zu einer Aufnahme der *ratio naturalis* in die Orte der Theologie veranlasst haben, soll in der folgenden Studie analysiert werden. Bevor dies jedoch geschehen wird, scheint es angebracht, näher auf das traditionelle Verhältnis von Philosophie und Theologie und deren Hierarchie einzugehen.

2 Das Verhältnis von Philosophie und Theologie – Philosophia est ancilla theologiae[12]

Für viele Jahrhunderte wurde das Verhältnis von Philosophie und Theologie zueinander durch die geradezu dogmatisch anmutende Formulierung *Philosophia est ancilla theologiae* – die Philosophie ist die Zofe der Theologie – bestimmt.

Bereits im ersten Jahrhundert findet sich jene Relation, jedoch noch nicht in einem christlichen Kontext in der Schrift *de congressu eruditionis gratia* des neuplatonischen jüdischen Philosophen Philon von Alexandria (um 15/10 v. Chr. bis 40 n. Chr.). In Kapitel 79 und 80 schreibt er explizit:

[79] ἔστι γὰρ φιλοσοφία ἐπιτήδευσις σοφίας, σοφία δὲ ἐπιστήμη θείων καὶ ἀνθρωπίνων καὶ τῶν τούτων αἰτίων·... [80] καὶ φιλοσοφία δούλη σοφίας·

Philon verwendet den Begriff σοφία synonym für ἐπιστήμη θείων καὶ ἀνθρωπίνων καὶ τῶν τούτων αἰτίων in Bezug auf das Alte Testament. Philosophie stellt für den jüdischen Theologen die ἐπιτήδευσις – die Hingabe – an die σοφία dar, die dem im Alten Testament enthaltenen Wissen dienen soll – φιλοσοφία δούλη

---

11   Cano selbst unterscheidet nicht exakt zwischen *ratio naturalis* und *philosophia*, sondern verwendet beide Begriff häufiger fast synonym. Vgl. dazu auch Körner, *Melchior Cano*, 263 f.
12   Vgl. dazu die ausführlichen Beiträge von B. Baudoux [„Philosophia ‚Ancilla Theologiae'", in: *Antonianum* 12 (1937), 293–326] und M. Seckler [„‚Philosophia ancilla theologiae'. Über die Ursprünge und den Sinn einer anstößig gewordenen Formel", in: *Theologische Quartalschrift* 171 (1991) 161–187].

σοφίας. Mit dieser These ging Philon jedoch keine neuen Wege, sondern stützte sich auf die überkommene Tradition, dass bereits der Philosoph Pythagoras (um 570 v. Chr. bis ca. 510 v. Chr.) seine Lehre aus dem Alten Testament gewonnen hätte.[13] Diese hierarchische Unterordnung der Philosophie unter die Theologie verdeutlicht Philon durch die Allegorie der Unterordnung der ägyptischen Sklavin Hagar unter Sarah, die Ehefrau Abrahams.

Erst der von Philon beeinflusste[14] Clemens von Alexandria (ca. 150 bis 215) machte sie zu einem Teil der christlichen Tradition. Im ersten Buch seiner *stromateis*, worin der Versuch unternommen wird, die grundsätzliche Vereinbarkeit von griechischer Philosophie und christlichem Glauben und die Überlegenheit des Letzteren zu beweisen, kommt auch er auf die aus Philon bekannte Episode von Sarah (Sarai) und Hagar in der Genesis (Gen 16,10–11) zu sprechen. Aus der Analogie des Verhältnisses der *artes liberales* zur Philosophie und deren Relation wiederum zum Wissen (strom. I, 5) schließt er am Ende, dass das Wissen die Herrin der Philosophie ist – κυρία τοίνυν ἡ σοφία τῆς φιλοσοφίας.[15]

In der lateinischen Tradition des Mittelalters sind zunächst keine direkten Zeugnisse zu finden, die dieses Verhältnis explizit beschreiben.[16]

Erst im 11. Jh. kommt der italienische Kardinal Petrus Damiani (1006 bis 1076), Berater Papst Gregors VII. und scharfer Gegner der damaligen Dialektik in der Theologie, auf das Verhältnis zu sprechen (*de divina omnipotentia, De futuris contingentibus*). In Bezugnahme auf die allegorische Exegese von Dtn 21,10–13 äußert sich Damiani zur Behandlung der Philosophie durch den Theologen. Zunächst solle er ihr die Haare abschneiden, die als Metapher

---

13   Hermippos von Smyrna (3. Jh. v. Chr.) hatte überliefert, Pythagoras sei ein Schüler der Judäer gewesen. Nach Aristobulos (2. Jh. v. Chr.) war Pythagoras geistiger Schüler Moses (Euseb. praep. ev. 12,12). Vgl. dazu u. a. W. L. Gombocz, „Die Philosophie der ausgehenden Antike und des frühen Mittelalters", in: W. Röd (Hrsg.), *Geschichte der Philosophie* IV, München 1997, 43; F. Siegert (Hrsg.), *Flavius Josephus, Über die Ursprünglichkeit des Judentums, Contra Appionem*, Göttingen 2008, 31.

14   Vgl. A. van den Hoek, *Clement of Alexandria and his use of Philo in the Stromateis. An early Christian reshaping of a Jewish model*, Leiden et al. 1988.

15   Diese geradezu dogmatische Ansicht wurde auch von weiteren griechischen Kirchenvätern übernommen wie Gregor von Nazianz und Gregor von Nyssa. Sie alle beriefen sich auf die biblische Allegorie von Sarah und Hagar, um das Verhältnis von Philosophie und Theologie und deren Hierarchie zu beschreiben.

16   Tertullians Ansicht, der Glaube verdiene den Vorrang vor der Vernunft, da beispielsweise die Auferstehung des Gekreuzigten sicher sei, weil sie von der Vernunft als unmöglich beurteilt wird (*de carne Christi* 5: „Certum est quia impossibile est" [CSEL 70, 200, 27]), weist nur implizit auf dasselbe Phänomen.

für die unnützen Theorien stehen, hiernach beschneide er ihr die Nägel – die Werke des Aberglaubens – und nehme ihr die alten Kleider weg – die heidnischen Fabeln und Mythen. Erst danach solle er sie zur Frau nehmen, wobei sie jedoch auch jetzt noch seine Dienerin bleiben und sich dem Glauben unterordnen müsse. Explizit schreibt Damiani:[17] „[Scil. Philosophia] non debet ius magisterii sibimet arroganter suscipere, sed velut ancilla dominae quodam famulatus obsequio subservire." Die Philosophie dürfe sich nicht (*non debet*) das Recht des Lehramtes (*ius magisterii*) anmaßen, vielmehr müsse sie wie eine Magd ihrer Herrin (*velut ancilla dominae*) – d. h. der kirchlichen Lehre – dienen (*obsequio subservire*). Wie leicht zu erkennen ist, findet sich in Damianis Worten erstmals die lateinische Metapher von *ancilla* und *domina*, um das unterordnende Verhältnis von Philosophie und Theologie zu beschreiben.

Noch stärker jedoch war das Urteil Martin Luthers (1483 bis 1546) gegenüber der *philosophia*. Er empfand Wissenschaft wie auch Philosophie als für die Theologie unnütz, da ihr eigentliches Fachgebiet die weltlichen, nicht die göttlichen Dinge seien. Daher könne sie in der Theologie keine normative Instanz sein. Maßt sie sich dies jedoch an, so müsse man sie als „teuffels hure", „ertz hure" und „teuffelsbraut" bezeichnen.[18] Das Philosophieren außerhalb von Christus nämlich sei wie der Verkehr außerhalb der Ehe. Damit wird eine grundsätzliche Abwertung der Philosophie in der Theologie vorgenommen, die rational kaum nachzuvollziehen ist, aber sich genau in Luthers Forderung nach *sola scriptura*, *sola gratia* und *sola fide* einfügt.

3 Die Philosophie als fremder Ort der Theologie (LT IX)

Eine differenziertere Haltung zeigt sich erstmals in Melchior Canos Hauptwerk *de locis theologicis*, der die *ratio naturalis* als fremden Ort der Theologie explizit in sein Werk aufgenommen hat.

Sein neun Kapitel umfassendes neuntes Buch enthält nach eigenen Angaben die Argumente der natürlichen Vernunft (*qui rationis naturalis*

---

17 PL 145, 592–622; K. Reindel (Hrsg.), Die Briefe des Petrus Damiani. Teil 3: Briefe 91–150 (MGH: Die Briefe der Deutschen Kaiserzeit, Bd. 4.3), Hannover 1989, Nr. 119, 354. Zur Zuschreibung des Zitats vgl. H. J. Detjen, Geltungsbegründung traditionsabhängiger Weltdeutungen im Dilemma: Theologie Philosophie, Wissenschaftstheorie und Konstruktivismus, Berlin 2010, 203.

18 Vgl. WA 18, 164, 26 (Wider die himmlischen Propheten); vgl. dazu M. Brecht, *Martin Luther 2*, Stuttgart 1985, 165 ff.; T. Kaufmann, *Die Abendmahlstheologie der Straßburger Reformatoren bis 1528*, Tübingen 1992, 223.

argumenta continet) und bietet ein nicht zu verachtendes *Apologeticon* derselben. Die ersten drei Kapitel bilden dabei eine Beschreibung des *status quo* der Philosophie in der Praxis der Theologie. Konkret wird in Kapitel I zunächst die Überbewertung der Philosophie in der Theologie behandelt.

Für Cano hat dieser Ort, ganz gegen die überkommene Ansicht, durchaus Berechtigung, unter die theologischen Orte gerechnet zu werden. Er schreibt dazu,[19] dieser Ort sei ein weites Feld (*locus late patens*) – eine Reminiszenz an Cic. orat. 162 – und, obgleich der Theologie nicht eigen (*proprius*), sondern fremd (*alienus*), dennoch bedeutsam (*magnus*) und sowohl von allen übrigen Scholastikern wie auch besonders von den Anhängern des heiligen Thomas sehr gehaltvoll behandelt worden.

Trotzdem sei es für den Theologen notwendig, bei der Nutzung der aus der natürlichen Vernunft entnommenen Argumente Vorsicht walten zu lassen, um nicht in Irrtümer zu geraten. So schreibt er:[20]

> Anfangs aber muss ich bei der Behandlung dieses Ortes zwei entgegengesetzte Irrtümer vermeiden. Der erste ist jenen eigen, die sich so sehr den aus der Vernunft gezogenen Argumenten verschreiben, dass sie, ob sie nun disputieren oder schreiben, den Anschein erwecken, die Heilige Schrift und die Bücher der heiligen Väter überhaupt nicht gelesen zu haben.

Die Dialektik als Teil der Philosophie nämlich sei, wie Cano fortfährt, für den Theologen äußerst notwendig (*Dialectica enim est locata in peritia usuque partiendi, finiendi, argumentandi, id quod theologo est pernecessarium*), die Sophistik (*sophistica*) jedoch weise „nichts als hohle Phrasen" (*argutationes vanas*) auf, „die in der Theologie nichts bringen" (*nullus in theologia fructus*). Wörtlich heißt es:[21]

---

[19] LT IX, 1, p. 287: „Est enim hic locus late patens, et quanquam non est theologiae proprius, sed alienus, magnus tamen est, et cum ab scholasticis reliquis, tum a Divi Thomae familia excultus uberrime."

[20] LT IX, 1, p. 287: „Principio autem in hujus loci tractatione duos errores contrarios fugere debemus. Primus est eorum, qui usque adeo argumentis a ratione ductis addixerunt se, ut sive disputent, sive scribant, Scripturam sacram, sanctorumque Patrum libros ne legisse quidem videantur."

[21] LT IX, 1, p. 288: „Quin adeo nulla pernicies theologiae major inveniri potest, quam in sophismatum faece simulatio theologiae. Ex quo illa absurda nascuntur, ut sophistae theologi esse videantur."

Man kann kein größeres Unheil für die Theologie finden als das Vorheucheln von Theologie im Bodensatz der Sophismen. Daraus entsteht der Widersinn, Theologen seien Sophisten.

Die Konsequenzen hieraus wären eklatant und für die Daseinsberechtigung der Theologie ein echtes Problem:[22]

> Wer also die Lehren der Theologie und der Philosophie nach menschlichen Argumenten bemisst und nicht will, dass das, was von der Vernunft abgeleitet wird, die Autorität überwiegt, verliert zuerst die ganze Bedeutung des Inhalts der Theologie, zweitens bewirkt er, dass die Theologie nach Herabsetzung der Autorität nicht nur verachtet wird, sondern nicht einmal mehr Theologie ist.

Damit beschließt der Dominikanertheologe das erste Kapitel und führt nahtlos in das zweite Kapitel, worin er nun den zweiten Irrtum behandeln will. Diesem kann der Theologe anheimfallen, wenn er sich dem anderen Extrem widmet und die Philosophie in der Theologie unterbewertet. Er schreibt dazu:[23]

> Der zweite ist der Irrtum jener Leute, die alles allein durch die Zeugnisse der Heiligen Schriften oder manchmal auch der alten Schriftsteller erklären, wobei sie vor den Argumenten der Natur nicht anders zurückschrecken, als wenn sie der Theologie entgegengesetzt und feindlich wären.

In Canos Sichtweise ist dieses Verhalten höchst problematisch, da „sie nicht nur die Zeugnisse der Väter missbrauchen, sondern auch die der Heiligen Schriften zur Bekräftigung ihres eigenen Irrtums"[24], wofür er missverstandene Zeugnisse aus dem Alten und Neuen Testament (Koh 1,13–14; Spr 5,3.20; Kol 2,8; 1 Kor 1,19–20; 1 Kor 8,1; 1 Tim 6,3–4) als Beispiele anführt.

---

22 LT IX, 1, p. 288: „Theologiaeque dogmata humanis metiuntur argumentis, nec ea, quae a ratione ducuntur, volunt praeponderari auctoritate, hi primum omnem vim theologiae et gravitatem amittunt, deinde faciunt, ut theologia, detracta auctoritate, non solum contemnatur, sed ne theologia quidem sit."

23 LT IX, 2, p. 288: „Alter error illorum est, qui solis sacrarum litterarum testimoniis, aut interdum etiam scriptorum veterum omnia definiunt, argumentis naturae haud aliter abhorrentes, quam si essent theologiae adversa et inimica."

24 LT IX, 2, p. 289: „Nec solum testimoniis Patrum, sed sacrarum etiam litterarum abutuntur in sui erroris confirmationem."

Der Irrtum zeigt sich für den Dominikaner in der falschen Annahme, dass Philosophie für den Theologen nur dann notwendig wäre, wenn er sich Christus widersetzenden Philosophen beikommen möchte, die er auf andere Weise nicht überzeugen könnte.[25] Dies sei aber aus zweierlei Gründen ganz widersinnig, da doch erstens somit *„Christi Kreuz"* zunichte gemacht würde, wenn es über die Philosophen und Sophisten mit Hilfe der menschlichen Weisheit triumphieren würde,[26] zweitens bereits Paulus im *zweiten Brief an die Korinther* (2 Kor 10,4–5) über die Waffen des christlichen Glaubens schreibt:[27] „Wir reißen damit alle Vernunftgebilde ein und alles Hochfahrende, das sich erhebt gegen die Erkenntnis Gottes, und fangen jeden Gedanken ein zum gehorsamen Dienst an Christus." Also bräuchte laut deren Meinung

> der Theologe als Soldat Christi die Hilfe der menschlichen Wissenschaften nicht, um Widersacher des Glaubens überwinden zu können, weil ja Christi Lehre vollkommen ist, weshalb sie die Hilfsmittel der Philosophie nicht nötig habe.[28]

Damit kommt Melchior Cano nun im dritten Kapitel auf ein zentrales Problem zu sprechen, dass die natürliche Vernunft – respektive die Philosophie – insbesondere von den Protestanten abgelehnt wird. Nach seinem Dafürhalten befinden sich diese im Irrtum (*illi, qui in hoc errore fuerunt*) und lehnen sowohl die Philosophie als auch die Dialektik ab:[29]

> Auch Luther [Rationis latominae confutatio, Werke VIII, 223], der alle Häresien aller Häretiker zu einem einzigen Unheil zusammenfließen lässt, hat nicht nur behauptet, dass die Philosophie für den Theologen

---

25 LT IX, 2, p. 290: „Pergunt etiam argumentari, quod si utilis, et necessaria esset theologo philosophia, hoc esset ob id maxime, quod non alia via et ratione melius philosophi Christo repugnantes evincerentur."

26 LT IX, 2, p. 290: „Non ergo theologus, Christi miles, humanarum disciplinarum praesidiis eget, ut fidei adversarios possit evincere."

27 LT IX, 2, p. 290: „[...] consilia destruentes, et omnem altitudinem extollentem se adversus scientiam Dei, et in captivitatem redigentes omnem intellectum in obsequium Christi."

28 LT IX, 2, p. 290: „Non ergo theologus, Christi miles, humanarum disciplinarum praesidiis eget, ut fidei adversarios possit evincere."

29 LT IX, 3, p. 290: „Lutherus etiam, qui omnes omnium haereticorum haereses in unam fecit Camarinam confluere, non modo asseruit philosophiam esse theologo inutilem et noxiam, verum etiam omnes speculativas disciplinas errores esse. Scilicet morum philosophiam novis hic Socrates mirifice complexus est: quae in contemplatione versatur, eam solum damnat."

unnütz und schädlich ist, sondern auch, dass alle theoretischen Disziplinen irrig sind. Sicher hat sich dieser „neue Sokrates" in wundersamer Weise die Moralphilosophie umfassend angeeignet und verurteilt nur jene, die in der Anschauung verweilt.

Die Intention dahinter sei Luthers Versuch, seine Anhänger in Unwissenheit und Unkenntnis zu halten. Damit folge er dem Beispiel des von Cano abgelehnten Philosophen Epikur. Wörtlich führt der Theologe aus:[30]

> Denn so, wie Epikur die Dialektik zurückgewiesen hat [RB: Plutarch in de placitis philosophorum, Eusebius im ersten Buch der praeparatio evangelica, Kapitel 3,5] und die Alfaquini Mohammeds die Sarazenen auch von allen Lehren fernhalten, da sie der Ansicht sind, die Wissenschaften und alle rationale Kunstfertigkeit widersprächen ihrer verkommenen Lehre, verlangen die Lutheraner, damit nicht einmal von ihren eigenen Anhängern die Irrtümer ihrer völlig widersinnigen Sekte aufgedeckt werden, danach, sie von jeglicher vernünftigen Erkenntnis zu trennen. Denn da sich die Wahrheit niemals der Wahrheit widersetzt, sondern mit ihr immer übereinstimmt und ihr zu Hilfe kommt, haben die angesehensten Autoren unserer Schule mit Fug und Recht alle menschlichen Wissenschaften gewissermaßen als Mägde zur Verteidigung und zum Dienst an der wahren Weisheit herbeigerufen.

Erstmals in seiner Abhandlung formuliert Cano seine eigene Position gegenüber den profanen Wissenschaften (*humanas omnes scientias*). Für ihn sind sie traditionelle Hilfsmittel – er spricht metaphorisch von Mägden (*tanquam ancillas*) –, die dazu dienen, die wahre Weisheit (*verae sapientiae*), d. h. die *veritas catholica* – zu verteidigen; notwendig und geradezu essentiell für Theologen, über deren ablehnende Haltung er sich jedoch nur wundern kann:[31]

---

30 LT IX, 3, p. 291: „Quemadmodum enim Epicurus rejicit dialecticam, Alfaquini etiam Mahumetis Sarracenos procul ab omnibus disciplinis, abducunt, quoniam intelligunt disciplinas, artesque omnes rationales doctrinae perversae esse contrarias; ita Lutherani, ne quando a discipulis errores sectae absurdissimi deprehendantur, cupiunt eos ab omni cognoscendi ratione sevocare. Sed enim cum veritas veritati nunquam adversetur, consentiat semper, et subserviat; jure ac merito scholae nostrae auctores nobilissimi humanas omnes scientias, tanquam ancillas, ad arcem et ministerium verae sapientiae advocarunt."

31 LT IX, 3, p. 291: „Quapropter mirari non desino, morem ejiciendi humanas rationes, cum in theologia disseritur, in quibusdam etiam catholicorum gymnasiis insertum esse, haud parva certe jactura ecclesiasticae disciplinae, si illa consuetudo invalescat."

> Aus diesem Grund kann ich nicht aufhören, mich zu wundern, dass die Sitte, menschliche Vernunftgründe zurückzuweisen, sooft man sich in der Theologie mit einem Gegenstand auseinandersetzt, auch in einigen katholischen Universitäten Einzug gehalten hat – sicher mit keinem kleinem Schaden für die Lehre der Kirche, wenn diese Gewohnheit die Oberhand gewinnt.

Damit ist das Ende des dritten Kapitels erreicht; nach Zählung der *editio princeps* erfolgt nun Kapitel IV, das jedoch aufgrund der Ausgewogenheit wohl besser noch in das dritte zu zählen ist.[32] Die einleitenden Worte sind eher als weitere Konklusion des dritten Kapitels zu sehen als das Einsetzen eines neuen Abschnittes. Nach Überzeugung des Spaniers sei ein Zurückweisen der Vernunftgründe der Natur für den Theologen der größte Irrtum.[33] Rhetorisch fragt er:[34]

> Was aber sind der Verstand oder die Vernunft des Menschen noch, wenn sie weder die Philosophie noch die Dialektik noch überhaupt eine Wissenschaft der menschlichen Vernunft ihr Eigen nennt?

Für den Spanier liegt es auf der Hand, dass der Theologe seine Rolle als Mensch ablegen muss, sooft er über göttliche Dinge verhandelt, da es doch dumm wäre, den Menschen aus dem Menschen zu entfernen.[35] Denn weder das Verständnis um die menschlichen Dinge hindere an der Erkenntnis der göttlichen Dinge noch die Erkenntnis der göttlichen am Verständnis der menschlichen Dinge.[36] „Wer aber dem Theologen die auf Vernunft basierenden

---

32 Da der spanische Theologe durch seinen plötzlichen Tod im Jahr 1560 nicht mehr in der Lage war, die ausstehenden Bücher XIII und XIV abzufassen noch die bereits abgefassten Bücher einer endgültigen Überarbeitung zu unterziehen, ist es zweifelhaft, ob die Kapiteleinteilung von ihm selbst durchgeführt worden ist. Es scheint durchaus möglich, dass dies erst durch Fernando de Valdés y Salas, den Herausgeber der *editio princeps*, erfolgt ist.

33 LT IX, 4, p. 291: „Aures itaque ad naturae rationes occludere, si quando a theologis afferantur, id nos in errore maximo ducimus."

34 LT IX, 4, p. 291: „Quae vero ista sit mens, vel quae hominis ratio potius, si nec philosophiam, nec dialecticam habeat, nec ullam omnino humanae rationis disciplinam?"

35 LT IX, 4, p. 291 f.: „Deponat igitur theologus personam hominis, si ita placet, cum divina tractat; cum vero tractat humana, quaenam, rogo, stultitia erit hominem ex homine tollere."

36 LT IX, 4, p. 292: „Sic nimirum, cum nec humanarum rerum intelligentia divinarum cognitioni obsit, nec divinarum cognitio humanarum intelligentiae, neutram debemus in alterius propria functione abjicere, nisi volumus esse stulti."

Wissenschaften nimmt, der wird ihm seine eigene Vernunft entreißen," lautet Canos Folgerung daraus. Das wiederum hätte fatale Folgen für den Glauben als solchen, wie sich aus einer Stelle bei Hieronymus belegen lässt:[37]

> Wenn nämlich die Philosophie und jede Methode der Disputation abgeschafft sind, bleibt mit dem Glauben die heilige Einfalt, die, wie Hieronymus an Paulinus schreibt [Epistula 53 ad Paulinum], ihrem Verdienst nach dem Leben so viel nutzt, wie sie durch ihre Einfalt schadet, wenn sie den Gegnern keinen Widerstand leistet.

Für die Theologie als Rede von Gott im Speziellen bedeute das zunächst die Frage nach ihrer eigenen Positionierung. Diese ist für den Dominikaner offensichtlich: *Theologia denique citra naturae rationem non constat* – „Theologie besteht nicht außerhalb der natürlichen Vernunft" – ein Ergebnis, das sich aus der Verbindung und wechselseitigen Beziehung von Theologie und Philosophie einstellt:[38]

> Denn die Theologie ist, wenn man den Begriff so übersetzten möchte, nichts anderes als Rede von Gott und ein vernünftiges Wissen von Gott. Wenn man aber nach dem Objekt an sich fragt, ist sie, wie die übrigen Theologen meinen, ein Wissen um die göttlichen Dinge. Doch, wie Aristoteles gezeigt hat [RB: Analytica posteriora 1, 2, 72 b], nach Wissen forscht man allein mit Hilfe des Syllogismus. […] Deshalb nimmt man der Theologie den größten Glanz, wenn man die Philosophie aus ihr entfernt, in der auch die Heilige Schrift, noch viel mehr aber die menschliche Vernunft geehrt wird. Und sicher verlangt meiner Meinung nach jede Unterweisung in der Theologie nach den Hilfsmitteln der menschlichen Vernunft, besonders aber jene, in der man sich mit den Dingen der Natur auseinandersetzt.

---

37 LT IX, 4, p. 292: „Nam philosophia, et omni ratione disputandi sublata, cum fide sancta rusticitas manet, quae, ut Hieronymus ad Paulinum scribit, quantum prodest vitae merito, tantum simplicitate nocet, si adversariis non resistat."

38 LT IX, 4, p. 292: „Nec enim quidquam aliud est theologia, si interpretari velis, quam sermo ratioque de Deo. Si autem rem ipsam quaeras, est, ut a caeteris theologis definitur, rerum divinarum scientia. Scientia vero, ut Aristoteles demonstravit, 2 Post. lib., nonnisi per syllogismum quaeritur. […] Maximum itaque ornamentum theologiae tollit, qui ex ea tollit philosophiam qua Scriptura etiam ipsa divina, nedum humana ratio excolitur. Ac mea quidem sententia, omnis institutio theologiae humanae rationis adjumenta desiderat, ed illa inprimis, in qua de rebus naturae disseritur."

Solche Hilfsmittel stellen für Cano die Naturwissenschaften dar – Arithmetik, Geometrie und Astronomie als Teil des Quadriviums der freien Künste –, deren sich der Theologe bedienen muss, wenn er beispielsweise Wundererscheinungen in den Heiligen Schriften erklären möchte.[39] Wie dies im Einzelnen jedoch erfolgen soll, bleibt Cano schuldig und verweist vielmehr auf das dreizehnte Buch, welches diesem Verfahren gewidmet sein soll. Bedauerlicherweise jedoch ist das erwähnte Buch weder in der *editio princeps* noch in einem späteren Nachdruck zu finden. Spekulationen, die Inquisition habe die angekündigten Bücher XIII und XIV zensiert, sind nach heutigem Stand der Forschung zu negieren. Aufgrund konzeptioneller Untersuchungen der überkommenen zwölf Bücher ist davon auszugehen, dass Canos plötzlicher Tod im Jahr 1560 dem Spanier nicht nur die Gelegenheit nahm, eine Überarbeitung der erhaltenen Bücher vorzunehmen, sondern auch die fehlenden Bücher XIII und XIV zu verfassen.[40]

Zur Bestätigung der eigenen Position führt Cano nun in Kapitel V zunächst verschiedene Zeugnisse aus den Schriften der Kirchenväter an, die sich für den Gebrauch und Nutzen der Philosophie in der Theologie ausgesprochen haben (LT IX, 5 p. 293: „multas etiam causas affert, cur philosophia sit theologo necessaria"). Neben Clemens von Alexandria (strom. 1,5; 1,9; 5,3) – den Cano als seinen „Verbündeten" sieht („a nobis stat") – sind dies Eusebius (*historia ecclesiastica*) u. a. 4,7; 5,10], Damascenus (*De fide orthodoxa* 4,4), Sozomenos (*historia ecclesiastica* 3,15), Theodoret (*historia tripartita* 4,26), Hieronymus (*Epistola 70 ad Magnum oratorem urbis Romae*) und Augustinus (*de moribus ecclesiae catholicae* 3; *contra Cresconium* 1; *de utilitate credendi* 97; *contra epistolam Manichae quod vocant fundamenti*, 4 und 28; *de civitate dei* 41) – nach Canos Ansicht nur eine kleine Anzahl derer, die er als Zeugen für seine Position aufzählen könnte:[41]

---

39 LT IX, 4, p. 293: „Pleni exemplorum sunt sacri libri, cum saepe alias, tum maxime, ubi rerum naturalium quasi miracula, quae in disciplinis humansi explicantur, a Salomone, Davide, Job et caeteris Prophetis in divinae vel potentiae, vel sapientiae commendationem afferuntur."

40 Vgl. dazu Belda Plans, *La escuela de Salamanca*, 564 und ders., *Melchor Cano. De locis theologicis*, LXXXIV.

41 LT IX, 5, p. 295: „Id modo constat clarissimos viros, non solum ad ea suadenda, quae rationi naturae consentiunt, sed etiam ad ea, quae lumen naturae superat, humanis rationibus usos esse."

> Allein das steht fest, dass die bedeutendsten Männer menschliche Vernunftgründe nicht nur dazu verwendet haben, um das, was mit der natürlichen Vernunft übereinstimmt, anzuraten, sondern auch das, was das natürliche Licht übertrifft. Und, dass die christliche Religion diese vor denselben heidnischen Rechtsverdrehern geschützt hat.

Obgleich Canos Ansicht durch die Väterzeugnisse umfassend belegt scheint, sieht er sich durch die Praxis gezwungen, Beispiele der Apostel und anderer ‚heiliger Männer' in Kapitel VI anzuführen, da es, wie er schreibt, „für die Häretiker leicht ist, den Nutzen und die Autorität der alten Väter zurückzuweisen."[42]

Die Verwendung der *ratio* in der Theologie verfolge laut Cano dabei zwei Ziele:[43] „Erstens werden Fremde durch die Vernunft an den Glauben herangeführt und gewissermaßen vorbereitet. [...] Zweitens werden die Brüder durch die natürliche Vernunft bestärkt." Um den Beweis zu erbringen, führt der Dominikaner nun im Verlauf des sechsten Kapitels Zeugnisse aus dem Neuen Testament an (u. a. Apg 1,3. 3,15. 15,30; Mt 27,54; Lk 23,47; Mk 16,20; Joh 9,30). Die natürliche Vernunft vermag, wie die genannten Stellen zeigen, die Ungläubigen, die nach seinen eigenen Worten „belehrbar sind" (*dociles quidem*) zum Glauben zu geleiten und einzuladen, die Gläubigen aber in ihrem Glauben zu bestätigen. Aus der Deutlichkeit der Zeugnisse steht die Notwendigkeit und Legitimität der natürlichen Vernunft in der Theologie fest, weshalb das kurze Kapitel mit den folgenden Worten unvermittelt beendet werden kann:[44]

> Da dies keinen Zweifel in sich trägt, soll feststehen, dass diese Art der Disputation, die von Christus, dem Herrn, ausgegangen, von den Aposteln wiederhervorgeholt, von den heiligen Autoren bestätigt worden ist, von den Theologen nicht nur in nützlicher, sondern auch in notwendiger Weise geltend gemacht wird.

---

42 LT IX, 6, p. 295: „Sed quoniam haereticis proclive est veterum Patrum usum auctoritatemque contemnere, ostendam deinceps, ipsorum quoque Apostolorum doctrina et exemplis rationes naturales in theologiam invectas."

43 LT IX, 6 p. 295: „Adducuntur primum ratione exteri ad fidem et quasi praeparantur. [...] Confirmantur deinde ratione naturae fratres."

44 LT IX, 6 p. 297: „Id quoniam dubium non est, maneat, hunc disserendi morem a Christo Domino profectum, ab Apostolis repetitum, a sanctis auctoribus confirmatum, theologis non solum utiliter, sed etiam necessario usurpari."

Canos eigene Position in dieser Frage soll nun Thema des siebten Kapitels werden. Darin wird grundsätzlich auf zwei Fehler hingewiesen, die bei Einbeziehung von Argumenten der natürlichen Vernunft vermieden werden müssen. Ein Verweis auf Cicero bildet den Aufhänger der Argumentation:[45]

> Doch in dieser für Bekenner zur Theologie erhabenen und notwendigen Art von Wissenschaft müssen hauptsächlich jene zwei Fehler vermieden werden, an die Cicero erinnert hat [Cic. off. 1,18 f.; Cato 68; part. 44; inv. 1,47; orat. 2,1.294]. Erstens, dass man Unbekanntes nicht für bekannt, Unzuverlässiges nicht für zuverlässig annimmt.

Aus diesem Grund sei es für den Weisen notwendig, so zu verfahren, dass

> er dem, was ihm selbst glaubhaft erscheint, folgen, auf der anderen Seite aber das, was ihm unglaublich erscheint, missbilligen und sich vor der Leichtfertigkeit, die mit der Weisheit völlig im Widerspruch steht, in Acht nehmen müsse, indem er die Anmaßung, etwas zu behaupten, vermeidet.[46]

Der beste Diskussionspartner sei demnach jener,

> der einen gebildeten und frommen Lehrer hatte, der Zuverlässiges von Unzuverlässigem getrennt, besonders aber durch das Vermeiden nichtiger Fragestellungen nützliche von unnützen Fragen unterschieden und seine Schüler gelehrt hat, dass es eine sozusagen gelehrte Unkenntnis gibt, und dass es weiser ist, manches nicht zu wissen als zu wissen.[47]

Der zweite, weit verbreitete Fehler bezieht sich auch auf die Praxis der Theologie, nämlich allzu großen Eifer und Mühe auf unverständliche und

---

45 LT IX, 7 p. 297: „In hoc tamen disciplinarum genere theologiae professoribus et honesto et necessario duo illa vitia maxime vitanda sunt, quae Cicero commemoravit. Unum, ne incognita pro cognitis, incertaque pro certis habeamus."

46 LT IX, 7 p. 297: „Debere sapientem ea, quae sibi probabilia viderentur, sequi, quae contra, improbare, atque affirmandi arrgogantiam vitantem fugere temeritatem, quae a sapientia dissidet plurimum."

47 LT IX, 7 p. 297: „Praeclare autem cum eo agetur, cui praeceptor contigerit et eruditus et pius; qui cum certa ab incertis separet, tum vanis quaestionibus declinatis, utiles et necessarias seligat, doceatque discipulos, esse quamdam doctam, ut ita dicam, ignorantiam, sapientiusque esse quaedam nescire quam scire."

schwierige und dazu nicht notwendige Gegenstände zu verwenden, wofür die folgenden in eine rhetorische Frage gekleideten Beispiele stehen:[48]

> Denn wer könnte Disputationen über Universalien, über die Analogie von Namen, über das erste Erprobte, über das Prinzip der Unteilbarkeit – denn so bezeichnen sie es –, über die Unterscheidung des Gewichts von der gewichteten Sache, über das Größte und das Kleinste, über das Unbeschränkte, über die Anspannung und Entspannung, über die Proportionen und Abstufungen und über 1000 andere Dinge dieser Art ertragen, die auch ich mir, obwohl ich nicht allzu träge im Geist war und bei deren Erkenntnis nicht zu wenig Zeit und Sorgfalt aufgewandt hatte, mir wohl nicht vorstellen konnte?

Für Cano steht fest, dass bei Vermeidung dieser Fehler im Umgang mit der *ratio naturalis* bzw. der Philosophie alles für die Theologie notwendige erhalten, alles Unnötige jedoch entfernt werden müsse. Nur so werde der Theologe vollkommen und umfassend klug.[49] Metaphorisch lässt sich dieses Vorgehen erneut mit der bekannten Analogie von Theologie und Philosophie aus dem Brief des Hieronymus an Pammachius [*Epistula* 66 *ad Pammachium*] verdeutlichen:[50]

> Denn Hieronymus mahnt Pammachius umsichtig, dass er, wenn er sich in eine gefangene Frau verliebt hat – das heißt die weltliche Weisheit –, ihr den Kopf scheren, ihre verführerischen Haare und schmeichlerischen Worte zusammen mit den toten Fängen abschneiden soll. Denn dann wird die Gefangene viele Kinder hervorbringen, und aus einer Moabiterin wird eine Israelitin werden.

---

48 LT IX, 7 p. 297: „Quis enim ferre possit disputationes illas de universalibus, de nominum analogia, de primo cognito, de principio individuationis, sic enim inscribunt, de dinstinctione quantitatis a re quanta, de maximo et minimo, de infinito, de intentione et remissione, de proportionibus et gradibus, deque aliis hujusmodi sexcentis, quae ego etiam, cum nec essem ingenio nimis tardo, nec his intelligendis parum temporis et diligentiae adhibuissem, animo vel informare non poteram?"

49 LT IX, 7 p. 297: „Illis igitur vitiis declinatis, quod in rebus naturalibus et cognitione dignis operae curaeque ponetur, id non modo, ut inquit ille, jure laudabitur, verum id ut fiat etiam summopere neccesarium, si theologi perfecti pleneque sapientes esse volumus."

50 LT IX, 7 p. 297: „Prudenter enim Hieronymus Pammachium admonet, ut si adamarit captivam mulierem, id est, sapientiam secularem, decalvet eam, et illecebras crinium atque ornamenta verborum cum emortuis unguibus amputet. Multos enim tunc foetus captiva dabit, et de Moabitide efficietur Israelitis."

Mit den letzten Worten des Kapitels wird deutlich, dass auch Melchior Cano grundsätzlich der Überzeugung ist, die Philosophie sei der Theologie unterzuordnen. Ihre Berechtigung in der Theologie erhalte sie somit allein durch den Charakter, eine notwendige *adiutrix theologiae* zu sein.

Da der Spanier die *ratio naturalis* dennoch explizit als *locus theologicus* in sein Kompendium der Orte aufnehmen möchte, fehlt in seiner Darstellung noch die Bestimmung ihres argumentativen Gewichts.[51]

Für den Dominikaner enthalten gewisse *naturae argumentationes* Zuverlässigkeit, die beispielsweise von den *dialectici* – den Dialektikern – *demonstrationes* genannt werden:[52]

> [Scil. Diese] machen aus klar erkennbaren und deutlichen Prinzipien etwas zuverlässig und deutlich. Unzuverlässig aber sind solche, die man, obwohl sie glaubhaft sind, dennoch aufgrund von Vermutungen mal hier- und mal dorthin wendet, und die deshalb keine Notwendigkeit haben, zu überzeugen.

Somit steht fest, dass eine grundsätzliche Ablehnung der *ratio naturalis* als theologischer Ort nicht vertretbar sein kann. Dazu heißt es:[53]

> Daraus und aus vielen anderen soll man verstehen, dass man jene, die behaupten, die Philosophie sei ein Irrtum und ein leerer Trug, nicht nur wegen Dummheit, sondern auch wegen Gottlosigkeit verurteilen muss. Gott nämlich ist die Wahrheit, und kein Irrtum geht von ihm aus. Da die Vernunftgründe der Philosophie der göttlichen Wahrheit entnommen und von ihr abgeleitet sind, erkennt man daraus, dass jene, die sie

---

51 LT IX, 8 p. 298: „Quibus rebus expositis, superest, ut doceamus, an hic locus in theologia firmus, an potius infirmus sit."

52 LT IX, 8 p. 298: „Ac certae quidem sunt, quas dialectici demonstrationes vocant, hoc est, quae ex perspicuis exploratisque principiis aliquid certo evidenterque conficiunt. Incertae vero, quae licet probabiles sint, conjecturis tamen huc atque illuc trahuntur, nullam habent suadendi necessitatem."

53 LT IX, 8 p. 298 f.: „Ex quo, et multis aliis intelligi debet, qui philosophiam errorem esse inanemque fallaciam aiunt, eos non solum stultitiae, sed etiam impietatis esse damnandos. Deus quippe veritas est, et ab eo error est nullus. Qua re facile etiam intelligitur, cum philosophiae rationes a divina veritate sint sumptae atque petitae, qui illas rejiciunt, hos Dei veritati, qua illae subsistunt, refragari. [...] Ita non minus a Deo falleremur, errantes in naturae lumine, quam si per fidei lumen erraremus. Luminis igitur naturalis ducatum, investigationem, argumenta repellere, non modo stultum est, [...] verum etiam impium, quod hoc nos loco abunde docuimus."

zurückweisen, gegen die Wahrheit Gottes, in der sie begründet sind, stehen. [...] So würden wir nicht weniger von Gott getäuscht werden, sooft wir im natürlichen Licht irrten, wie wenn wir mit Hilfe des Lichts des Glaubens irrten. Also ist es nicht nur dumm, die Führung, die Erforschung und die Argumente des natürlichen Lichts zurückzuweisen [...], sondern auch gottlos, was ich an dieser Stelle ausführlich gelehrt habe.

Damit könnte das neunte Buch schließen. Gemäß der aus den vorausgegangenen Büchern als probat erwiesenen Vorgehensweise jedoch sollen nun im neunten Kapitel die vermeintlichen Argumente der Gegner aus dem zweiten Kapitel entkräftet werden. Zunächst müssen daher die – fälschlichen – Argumente, basierend auf den Zeugnissen der Alten Heiligen widerlegt werden. Die im zweiten Kapitel beispielsweise vorgebrachte Stelle aus Augustinus [*contra Felicem Manichaeum* 1,10] lässt sich dabei durch eine weitere des Kirchenvaters problemlos entkräften:[54]

Obwohl Augustinus die als häretisch gerügt hatte, die es wagten, die Autorität der Kirche durch die Verheißungen der Vernunft zu übertreffen, empfiehlt er dennoch die natürliche Vernunft – allerdings an dem ihr zukommenden Platz und mit dem ihr zukommenden Rang –, indem er sagt [Epistula 118 ad Dioscurum 5]: Der sehr milde Herrscher des Glaubens hat sowohl durch die sehr häufige Zusammenkunft der Völker und Volksgruppen und der Sitze der Apostel selbst die Kirche mit dem Bollwerk der Autorität ausgestattet als auch durch die wenigen in frommer Weise Gelehrten auch mit den sehr zahlreichen Kriegsgeräten der völlig unbesiegbaren Vernunft bewaffnet. Wahrlich ist jene Lehre sehr richtig, dass Schwache in die Festung des Glaubens aufgenommen werden, damit für sie, die bereits in Sicherheit sind, mit beherzter Vernunft gekämpft wird.

Obwohl in diesem Bild die Vernunft im Vergleich zur Autorität schwach erscheint, hat Augustinus, so Cano weiter, „nirgendwo diese beiden Vorzüge

---

54 LT IX, 9 p. 299: „Augustinus igitur, quamvis eos haereticos reprehendisset, qui auderent auctoritatem Ecclesiae rationis pollicitatione superare, naturales tamen rationes suo loco et gradu commendat, inquiens: „Fidei imperator clementissimus, et per conventus celeberrimos populorum atque gentium sedesque ipsas Apostolorum arce auctoritatis munivit Ecclesiam, et per pauciores pie doctos copiosissimis apparatibus etiam invicitissimae rationis armavit. Verum illa rectissima disciplina et, in arcem fidei recipi infirmos, ut pro eis jam in tuto positis fortissima ratione pugnetur."

des Argumentierens so voneinander getrennt, als ob jemand Theologe sein könnte, der sich nicht gleichzeitig auf die Vernunft und die Autorität stützt."[55] Den Ungelehrten (indoctum) rüstet Gott durch den Glauben (fide) aus, den Gelehrten (doctum) auch mit der Vernunft (ratione).

Die Philosophie in Form der freien Künste jedoch werde dabei keine die Theologie dominierende Rolle spielen, sondern dieser „untertänig sein", wie es sinnbildlich – in Spr. 9,33 – angedeutet wird.[56] Interessant scheint, dass hier dasselbe stark konnotierte Verbum *subservire* – als *verbum compositum* aus dem *verbum simplex* (*servire* in der Bedeutung ‚dienen') und der Präposition *sub* (unter) zur bildlichen Verstärkung (‚unter jmd. dienen', ‚untertänig sein') – verwendet wird, wie es Petrus Damiani in der vorher erwähnten Stelle getan hat.[57] Dass Cano eine absolute Unterordnung der Philosophie unter die Theologie vertrete, kann aus dieser Stelle jedoch nicht gefolgert werden. Vielmehr versteht er das häufig angeführte Exempel der *Genesis* von Hagar und Sarah als Analogie des Verhältnisses von Philosophie und Theologie differenzierter:[58]

> Die Herrin soll die Magd zu Boden werfen und zu Recht weisen, sie soll sie in ihren Händen haben und soll mit ihr umgehen, wie es ihr beliebt. Denn wenn sie maßvoll ist, wird sie nützlich sein.

Die Theologie also solle nicht gänzlich der Philosophie entsagen, sondern müsse sie zügeln und mäßigen, um aus ihr einen Nutzen ziehen zu können; das rechte Maß hierbei einzuhalten – der Theologe selbst zitiert die bekannten Verse[59] bei Horaz –, ist essentiell. Aus diesem Grund seien seiner Ansicht nach sowohl eine allzu große Beschäftigung mit Philosophie als auch mit Theologie zu tadeln:[60]

---

55   LT IX, 9 p. 299: „Sed nusquam ille tamen has duas argumentandi virtutes ita sejungit, quasi possit quisquam, qui non idem simul et ratione et auctoritate nitatur, esse theologus. Indoctum quippe armat fide, doctum etiam ratione."

56   LT IX, 9 p. 299 f.: „Et quoniam ancillas, ut vocarent ad arcem, sapientia misit, [Prov. 9,3], admonuere Patres disciplinas quas vocant liberales, theologiae subservire oportere, non dominari."

57   PL 145, 592–622.

58   LT IX, 9 p. 300: „Affligat ancillam domina et corrigat, habeat in manibus, utatur ea ut libitum fuerit. Si enim modesta, erit utilis."

59   Hor. sat. 1,1,106 f.

60   LT IX, 9 p. 300: „Utrumque itaque vitium reprehendimus, et eorum qui Aristotelis Platonisque libros diu noctuque versant, et eorum, ac multo etiam magis, qui cum omni

> Deshalb missbillige ich beide Fehler, sowohl den Fehler der Leute, die sich Tag und Nacht allzu lange mit den Büchern eines Aristoteles oder Platon auseinandersetzen, als auch den jener Menschen – den aber umso mehr noch –, die, obwohl sie dort ohne jegliche Erkenntnis der natürlichen Dinge sind, wo sie, wie man sagt, mit gespitzten Lippen von den Heiligen Schriften kosten könnten, bekennen, dass sie die vollkommensten Theologen seien, und die Philosophie bei der Behandlung theologischer Sachverhalte als gewissermaßen unbrauchbar gering schätzen.

Wer also vollkommener Theologe sein will, der darf die Philosophie nicht zurückweisen, sondern muss sich ihrer Hilfe bedienen, gerade auch bei der Behandlung der Theologie eigenen Sachverhalten. Geradezu apologetisch fährt er fort, den Wert der Philosophie darzustellen:[61]

> Die Philosophie ist nicht jenes unstete und geschwätzige Freudenmädchen, das die Ruhe nicht erträgt, frech und einnehmend ist, eine Schmeichlerin, wohl gerüstet, um die Herzen zu täuschen [Spr. 2,16; 7,5–27], sondern, wenn sie etwas von dieser Art ist, dann ist sie jene Tamar, die um ihrer Nachkommenschaft willens an der Wegkreuzung saß, zu der sich der eifrige und gläubige Juda wandte, und sie deshalb Phares und Zara gebar, an die in den Evangelien erinnert wird [Gen 38]. Die Musen sind keine Sirenen, wie es bei Pythagoras heißt; sie sind keusch und keine Huren, sagen die Wahrheit und betrügen nicht. Wer sich an den Gesängen der Sirenen erfreut, verdient Tadel. Wer die Musen liebt, verdient ihn nicht.

Fehler, so Cano weiter, entstünden nicht aus der Beschäftigung mit der Philosophie, sondern aus dem Irrtum und der Unwissenheit:[62]

---

rerum naturalium cognitione vacui sint, ubi primoribus, quod aiunt, labris sacras litteras degustarint, tum se theologos absolutissimos profitentur, tum philosophiam quasi rebus theologicis tractandis ineptam neglegunt."

61 LT IX, 9 p. 302: „Non est philosophia meretrix illa vaga et garrula, quietis impatiens, procax, blanda, adulatrix, praeparata ad decipiendas animas, sed si quid tale est, est illa Thamar, quae causa prolis sedit in trivio, ad quam studiosus et fidelis Judas declinavit, indeque genuit Phares et Zaram, qui in Evangeliis memorantur. Non sunt Musae Sirenes, ut est apud Pythagoram: castae sunt, non meretrices, veraces sunt, non fallaces. Qui Sirenum cantibus delectantur, hi sunt in vitio."

62 LT IX, 9 p. 303: „Non nascuntur, mihi crede, e studio philosophiae vitia, sed ex errore et ignorantia nascuntur. Quid enim philosophiae magis contrarium esse potest, quam aut

Denn was könnte der Philosophie mehr entgegenstehen, als entweder nach Nichtigem und Gefährlichen zu streben oder das, was nicht ausreichend klar und erkannt ist, ohne jeden Zweifel zu behaupten?

Insbesondere die häufig als Gegenargument vorgebrachte Stelle aus dem ersten Korintherbrief (1 Kor 1,19) möchte Cano in einer Art ausgelegt wissen, die das Verhältnis von Theologie und Philosophie in das rechte Licht zu setzen vermag.[63] Für ihn steht fest, dass menschliches Wissen auch in der Theologie einen Wert besitzt, der sich aus der speziellen Anwendung ergibt. Die Antwort auf die Frage nach der Anwendung der Philosophie bei der Auseinandersetzung mit theologischen Sachverhalten bleibt Cano in Buch IX zunächst bewusst schuldig und verspricht, dies zu einem späteren Zeitpunkt „ausführlich und umsichtig" zu klären.[64] Seinem Versprechen kommt er – in differenzierterer Weise – im zwölften Buch nach, das der praktischen Anwendung der theologischen Orte gewidmet ist.[65]

Für Cano steht somit der Nutzen der Philosophie im Rahmen theologischer Fragestellungen fest, was er nochmals und endgültig durch eine Passage aus den *stromateis* des Clemens von Alexandria belegen möchte:[66]

---

vana periculosaque sectari, aut quod non satis exploratum sit et cognitum, id sine ulla dubitatione definire?"

63 LT IX, 9 p. 303: „Jam vero quod ex priore ad Corinthios epistola opponitur, nihil illud movere potest. Nam quod ait, Perdam sapientiam sapientium, id perinde est ac si dixisset, sapientiam sapientium obscurabo. Quomodo? Nempe illustrando mundum majori doctrinae lumine, ad quam doctrina philosophorum omnis nulla esse videatur."

64 LT IX, 9 p. 304: „Quo vero tempore, quo loco, quo cum hominum genere disciplinis humanis theologo sit utendum, nam et hoc in argumento quaeritur, alio libro sumus fuse ac diligenter explicaturi. Itaque nunc res eas praetermittimus, quarum ratio et major est, et in aliud tempus differenda."

65 Im letzten Kapitel, das *quaestio vocatur in dubium, quae cum naturalis sit, tum etiam ad fidem pertinet* überschrieben ist, zeigt Cano dezidert auf, auf welche Art und Weise der Theologe in der Frage nach der Unsterblichkeit der Seele Argumente der *ratio naturalis sive philosophia* zur Bestätigung der eigenen Position verwenden muss. Vgl. dazu meinen Beitrag: „Das Konzept des dogmatischen Beweises am Beispiel der Unsterblichkeit der Seele in Melchior Canos Werk ‚De locis theologicis'" (LTXII,15), in: *Perspektiven der Philosophie*, Bd. 39 (2013), 301–323.

66 LT IX, 9 p. 304: „Id quod argute Clemens Alexandrinus, primo Stromatum libro facit, inquiens: ‚Non per ablationem philosophiae perimitur veritas, sed ad eam cooperatrix et adjutrix invenitur; sicut primus et secundus gradus ei qui ascendit in coenaculum, et grammaticus ei qui est philosophaturus. Nam et visus et auditus confert ad veritatem, mens autem est, quae eam apposite et naturaliter cognoscit. Perspicuitas etiam opem fert ad trahendam veritatem; et dialectica, ne prosternamur ab haeresibus. Et est qui-

Das entwickelt Clemens von Alexandria im ersten Buch der Stromata [1,20] scharfsinnig, indem er sagt: „Die Wahrheit wird nicht durch das Entfernen der Philosophie vereitelt, sondern als Mitarbeiterin und Helferin für sie gefunden. So ist sie die erste und die zweite Stufe für den, der hinauf in das obere Stockwerk steigt, wie sie für den, der im Begriffe steht zu philosophieren, der Grammatikus ist. Denn das Sehen und das Hören beziehen sich auf die Wahrheit, doch der Verstand ist es, der sie geschickt und naturgemäß erkennt. Auch die Deutlichkeit hilft dabei, die Wahrheit hervorzuholen. Und die Dialektik, um nicht von Häresien niedergeworfen zu werden. Sicher ist die Lehre des Retters an sich vollkommen und bedarf keiner anderen Sache, da sie Gottes Kraft und Weisheit ist. Doch die Philosophie macht durch ihr Hinzutreten die Wahrheit nicht stärker, sondern schwach gegenüber sophistischer Argumentation; indem sie hinterhältige Angriffe gegen die Wahrheit abwehrt, ist sie die Umzäunung und Schutzwehr des Weinberges. Und da die Wahrheit sicher aus dem Glauben stammt, ist sie so lebensnotwendig wie das Brot. Doch die Lehre, die ihr vorangeht, gleicht einer Vorspeise und einem Nachtisch. [...]." Soweit Clemens. Auch ich sage so viel über den achten Ort. Und wenn vielleicht etwas übrig geblieben ist, soll es im neunten Ort, der sogleich folgt, erörtert werden.

4 Schlussbetrachtung und Resümee

Damit endet Canos recht ausführliche Abhandlung über die *ratio naturalis*; Ziel war es, die ‚natürliche Vernunft' bzw. die Philosophie als – wenn auch fremden – „Ort der Theologie" zu begründen. Der Spanier beschreibt hierbei einen durchaus neuen Weg. Für ihn ist die natürliche Vernunft ein ernstzunehmender *locus*, aus dem der Theologe Argumente entnehmen muss, wenn er sich in einer Disputation mit Heiden, Häretikern oder Andersgläubigen befindet. Sicher ist dabei ein gewisser Abstand nötig, der auffordert, philosophische Grundsätze nicht unreflektiert zu verwenden. Das zeigt sich auch

---

dem per se perfecta Servatoris doctrina, et nullius indiga, cum sit Dei virtus est sapientia. Accedens autem philosophia non veritatem facit potentiorem, sed debilem adversus eam efficit sophisticam argumentationem, et propulsans dolosas adversus veritatem insidias, vineae est sepes et vallum. Et quae est quidem ex fide veritas, tanquam panis necessaria est ad vivendum. Quae autem praecedit disciplina, est obsonio similis et bellariis. [...].' Hactenus Clemens. Hactenus etiam nos de octavo loco disseruimus. Ac si quae sunt forte reliqua, ea in nono, qui statim sequitur, disserentur."

in den bekannten Schriftstellen (Gen 16,10–11; Dtn 21,10–13) und Väterzitaten (Hieron., Ep. 66 ad Pammachium); die *ratio naturalis* aber generell und grundsätzlich abzulehnen, wäre aus Sicht des Theologen fahrlässig, töricht und einschränkend – gewissermaßen die Abrüstung im Angesicht der Feinde.

Als Theologe und Philosoph ist Cano in der Lage, sich – ähnlich dem Philosophen Seneca[67] – in beide „Lager" zu begeben und wie der Stoiker vor ihm beide miteinander in Einklang zu bringen. Seine Konzeption der Orte ist ein gewagter Einschnitt in der christlichen Topologie, auch wenn der Dominikaner den Vorrang der Theologie gegenüber der Philosophie nicht überwinden konnte – und wohl auch nicht wollte.

Trotzdem ist Cano mit seiner Sichtweise *primus inter posteros*, welche die Vernunft explizit als *locus theologicus* – sie untersteht der Theologie als höchster Wissenschaft, deren Primat mit der Ranghöhe des Gegenstands begründet wird – aufnehmen werden. Seinem Beispiel folgen in den folgenden Jahrhunderten katholische Theologen wie die eingangs erwähnten Gaspar Juénin, Johann Opstraet, Girolamo Buzi und Benedict Stattler. Sie alle übernehmen Canos Konzept der *loci* – seine Schrift ist als erste ihrer Art zu sehen, Melanchthons zeitlich früher erschienen *loci communes* beschäftigen sich nicht explizit mit den Orten der Theologie – bisweilen in durchaus gewandelter Anordnung und Auswahl, dennoch immer unter Aufnahme der *ratio naturalis*, die seit dieser Zeit einen festen Bestandteil der christlichen Topologie bildet.

---

67   Sen. epist. 2,5: „Hoc est, quod apud Epicurum nanctus sum (soleo enim et in aliena castra transire, non tamquam transfuga, sed tamquam explorator)."

TEIL 3

Fiktion und Wirklichkeit

∴

Bildung zwischen Fiktion und Wirklichkeit.
Zum Verhältnis von Allgemeinbildung und Berufsbildung bei Georg Kerschensteiner

Andreas Lischewski

Wie die *klassische Bildungstheorie* drei Momente thematisierte: die individuelle Natur des Kindes, die gesellschaftlichen Bezüge seines Aufwachsens und seine sittliche Selbstgestaltung – genau so unterschied auch *Georg Kerschensteiner* drei Aspekte der Bildung: nämlich die psychologische Funktionsschulung der individuellen Kräfte, die teleologische Ausbildung zum technischen und sozialen Beruf des Staatsbürgers und die axiologische Orientierung an sittlichen Werten. Nun werden in der üblichen Rezeptionsgeschichte zumeist die frühe Konzeption der staatsbürgerlichen Erziehung und die späte wertorientierte Theorie der Bildung einfach nur identifiziert, gleichsam als ob sich die sittliche Bildung des Menschen schon in seiner Erziehung zum treuen und gehorsamen Staatsdiener erschöpfen würde. Dagegen versucht der Aufsatz zu zeigen, wie innerhalb der „Einheit in der Dreiheit des Bildungsbegriffes" jeder dieser Aspekte seine spezifisch eigene Bedeutung für den Gesamtbildungsprozess des Menschen besitzt, die nicht einfach aus den anderen Funktionen herleitbar ist. Dabei lässt sich zeigen, dass die wertorientierte „Allgemeinbildung" für Kerschensteiner eine bloße *Fiktion* ist, die erst im erarbeiteten Werk einer sehr weit gefassten „Berufsbildung" ihre *Wirklichkeit* erlangt.[1]

1   Apollon und Hephaistos

Die griechischen Götter, die den Olympos bevölkerten, waren allesamt recht ätherische, luftig leichte Wesen mit stark idealisierten Zügen, vollkommen schön, mit heiterer Stimmung; bisweilen zwar auch launisch und streitend, häufig in das Weltgeschick des Menschen eingreifend, insgesamt aber doch immer in die Ferne entrückt, von „edler Einfalt und stiller Größe"[2]. Die

---

[1] Vortrag, gehalten auf dem Pfingst-Symposion des Forschungskreises Metaphysik auf Schloss Schwanberg/Rödelsee, 10.–13. Juni 2014.
[2] B. Snell, *Die Entdeckung des Geistes. Studien zur Entstehung des europäischen Denkens bei den Griechen*, Hamburg ³1955, 62.

Philosophie war ihr Tod, doch überlebten sie in der Kunst; und es verwundert darum keinesfalls, dass ausgerechnet Apollon – der Sohn des Göttervaters Zeus und der durch die eifersüchtige Hera verfolgten Leto, geboren auf der Felseninsel Delos, später jedoch mit seiner unbeschreiblichen Schönheit in den Kreis der Olympier aufgenommen – als der umglänzte Licht- und Sonnengott, als Gott der Dichtung und der Musik, des Maßes und der Weissagung galt. Der Altertumsforscher Johann Joachim Winckelmann erhob seine Statue im Belvedere später sogar zum Inbegriff schöner Form, harmonischer Proportion und überlegener Geisteshaltung überhaupt: Trefflich sei er als ein „himmlischer Geist" von erfüllter Größe gebildet, den „nichts Sterbliches, noch was die menschliche Dürftigkeit erfordert", anrühre; ausgestattet mit einer stillen Verachtung und Erhabenheit schweife der stolze Blick seines „mit dem Öl der Götter" gesalbten Hauptes ins Unendliche; und so erscheine hier, im „Gesicht des Sohnes", recht eigentlich das „Bild [...] des Vaters der Götter", wie denn auch „die einzelnen Schönheiten der übrigen Götter" in ihm gemeinschaftlich versammelt seien.[3] Für Winckelmann wird der belvederische Apollon also zum Porträt jenes aufgeklärten Subjektes des 18. Jahrhunderts, das – sich an diesem antiken Vorbild orientierend – natürlich, nüchtern und würdevoll, dabei frei von barocker Üppigkeit und jeglichem Überschwang, seiner eigenen Stellung in der bürgerlichen Gesellschaft inne werden und diese selbstbewusst mitgestalten soll.[4] Es ist von daher aber nicht verwunderlich, dass etwa das ästhetische Bildungsideal eines Friedrich Schiller[5] in weiten Zügen diesem Leben der griechischen Götter nachempfunden war. Und insbesondere für Wilhelm von Humboldt, dem vielleicht ‚klassischsten' aller klassischen Bildungstheoretiker, wird man solcherart zu recht annehmen dürfen, dass der „weitgehend apollinische Grundzug seiner Griechenauffassung"[6]

---

3 J. J. Winckelmann, „Apollo im Belvedere", in: ders., *Geschichte der Kunst des Alterthums. Zweyter Theil*, Dresden 1764, 392 f.

4 Vgl. R. Reschke, „Idealische, vernünftige Schönheit. Johann Joachim Winckelmanns Antikebild zwischen Aufklärung und Klassizismus. Das Beispiel Apollon", in: K. Broese u. a. (Hrsg.), *Vernunft der Aufklärung, Aufklärung der Vernunft*, Berlin 2006, 112.

5 Fr. Schiller, *Ueber Anmuth und Würde*, in: *Philosophische Schriften. Erster Teil*, unter Mitwirkung v. Helmut Koopmann hrsg. v. Benno von Wiese (NA, Bd. 20), Weimar ³2001, 300 f. – Vgl. H. Pfotenhauer, *Um 1800. Konfigurationen der Literatur, Kunstliteratur und Ästhetik*, Tübingen 1991, 137, der dem belvederischen Apoll eine „Schlüsselposition [...] in der diskursiven Ökonomie seiner ästhetischen Schriften" zuschreibt.

6 Cl. Menze, *Wilhelm von Humboldts Lehre und Bild vom Menschen*, Ratingen 1965, 164. – Vgl. auch D. Liebsch, *Die Geburt der ästhetischen Bildung aus dem Körper der antiken Plastik. Zur Bildungssemantik im ästhetischen Diskurs zwischen 1750 und 1800* (Archiv für

auch den entsprechenden Bildungsbegriff nicht unerheblich mitbestimmt haben dürfte.

Doch *einer* der olympischen Götter fiel etwas aus dem Rahmen. Ebenfalls vom Göttervater Zeus gezeugt, nun allerdings gemeinsam mit Hera, wurde er als hässliches, weil lahmend hinkendes Kind vom himmlischen Olympos hinab auf die Erde geschleudert, um ihn dem Anblick der restlichen Götter zu entziehen;[7] von Thetis gerettet, neun Jahre lang aufgezogen und als Kunstschmied zur Verfertigung allerlei Geschmeide ausgebildet, gelangt er zuletzt – durch eine List – wieder zurück in die himmlischen Gefilde, wo die sprichwörtlichen Werke des Hephaistos (ἔργα Ἡφαίστου) nun höchste Anerkennung genießen. Er schmiedet nicht nur den Schmuck der Ariadne und diverse Krüge und Mischbecher, sondern auch den Schild des Achilles und den Panzer des Herakles, die Pfeile der Artemis und des Apollon, ferner vernunftbegabte, goldene Mädchen und silberne Wachhunde sowie zuletzt jenes berühmte Bett, das seine Frau Aphrodite samt ihrem Liebhaber Ares solcherart an sich fesselte, dass ihr komischer Anblick die heraneilenden Götter in ein schallendes Gelächter ausbrechen lässt. Kurz: Als der einzige Handwerker (βάναυσος) unter den olympischen Göttern war er zugleich als ein berühmter Künstler (κλυτοτέχνης) bekannt, der seine Werke mit verständigen Gedanken (ἰδυίῃσι πραπίδεσσιν), also mit kunstsinnigem Sachverstand und bedächtiger Umsicht hervorbrachte, so dass sie gut d. h. tauglich waren. Die „Göttlichkeit seines Wesens" aber wurde daher weder in einem schönen proportionierlichen Körperbau noch in einer harmonischen inneren Gesinnung offenbar, sondern bekundete sich allein in seinen *Werken*, die von seiner „wunderbaren Meisterschaft"[8] zeugten.

Begriffsgeschichte), Hamburg 2001, 156, Anm. 81, der den Apollo aus dem Belvedere als das zentrale „Paradigma bildender Kunst" für Humboldt beschreibt.

Zum Bildungswert der griechischen Welt allgemein vgl. insbes. die beiden Texte „Über das Studium des Alterthums, und des Griechischen insbesondre" sowie „Über den Charakter der Griechen, die idealische und historische Ansicht desselben" in: W. v. Humboldt, *Schriften zur Altertumskunde und Ästhetik* (Werke in fünf Bänden, 2), hrsg. v. A. Flitner u. Kl. Giel, Darmstadt [4]1986, 1–24 und 65–72.

7 Homer, *Ilias*, griech.-dt., hrsg. v. H. Rupé (Sammlung Tusculum), München [8]1983, XVIII. Gesang, V. 395 ff. – Vgl. auch A. Rapp, Art. „Hephaistos" in: *Ausführliches Lexikon der griechischen und römischen Mythologie*, hrsg. v. W. H. Roscher, Band I/II, Leipzig 1890, 2036–2074, 2047 ff.

8 A. Rapp, Art. „Hephaistos", 2043.

Auf dem Hintergrund dieser etwas zugespitzten Entgegensetzung lässt sich nunmehr aber auch die Bedeutung der Person Georg Michael Kerschensteiners (1854–1932) für die Geschichte der Bildungstheorie anfänglich umreißen: Wenngleich nämlich der berühmtere Wilhelm von Humboldt sicherlich zurecht als der unstrittige Apollon der Bildungstheoretiker angesprochen werden darf, so verkörpert der weit weniger bekannte Kerschensteiner doch unzweifelhaft den *Hephaistos unter den göttlichen Pädagogen*. Und dieses nicht nur deshalb, weil er sich selbst aus ärmlichen Verhältnissen unter großen Kraftanstrengungen zunächst zum Stadtschulrat von München und später sogar zum dortigen Professor für Pädagogik emporzuarbeiten wusste, sondern vielmehr wegen der zentralen Stellung, die die manuelle wie geistige Arbeit überhaupt in seinem Denken einnimmt. Als wesentlicher Initiator der ‚Arbeitsschulbewegung' und immer wieder zitierter ‚Vater der Berufsschule' entwirft er nämlich eine umfassende bildungstheoretische Konzeption, die einen Vergleich mit Wilhelm von Humboldts Anschauungen nicht scheuen muss.[9] Apollon und Hephaistos, Humboldt und Kerschensteiner: Sie mögen zwar von sehr verschiedenem Charakter sein, entstammen jedoch jeweils dem gleichen Göttervater, sind Sprösslinge des *einen* pädagogischen Grundgedankens der Bildung und gehören so der *einen* ungebrochenen Tradition des deutschen Bildungsbegriffes an, auf die sich zu besinnen heute dringend Not tut.

2 Kerschensteiners Reformtätigkeit in München und die Entstehung seiner Arbeitspädagogik

Die konkrete Ausgestaltung der Arbeitsschulkonzeption bei Kerschensteiner kann man sicherlich sehr unterschiedlich bewerten. *Dass* er jedoch innerhalb der reformpädagogischen Arbeitsschulbewegung eine herausragende Stellung einnahm, kann – nach allem, was wir wissen – kaum bestritten werden.

Das allgemeinbildende Schulwesen um 1900 bestand – etwas vereinfacht gesagt – aus zwei unterschiedlichen Zügen mit nur beschränkter Durchlässigkeit.[10] Wer es sich leisten konnte, schickte seine Kinder zunächst auf eine private, dreijährige Vorschule, von wo aus sie direkt auf die weiterführenden Formen der Gymnasien und Realschulen wechselten. Dort erwarben

---

9 Vgl. bereits H. Mühlmeyer, „Humboldt und Kerschensteiner im Lichte des gegenwärtigen Bildungsdenkens", Diss. Köln, Köln 1956.

10 Vgl. P. Lundgreen, *Sozialgeschichte der deutschen Schule im Überblick*, Band 1: 1770–1918, Göttingen 1980, 54 ff. – H.-G. Herrlitz, *Deutsche Schulgeschichte von 1800 bis zur Gegenwart. Eine Einführung*, Weinheim/München [5]2009, 107–116.

sie sich die Berechtigung einer verkürzten Militärzeit, nach welcher sie dann unmittelbar das Universitätsstudium aufnehmen konnten. Für rund 90% der Kinder begann die Schulbiographie jedoch mit dem Eintritt in die Volksschule, die etwa in München zunächst nur 7 Pflichtschuljahre umfasste, dabei inhaltlich nur marginal auf die immer wichtiger werdenden Realien Bezug nahm und methodisch auf bloße „Wissensmast" (1904: 90)[11] und „Gedächtnisarbeit" (1908a: 46) ohne jeglichen Erziehungswert, also auf eine rein „reproduktive Arbeit" (1906: 112) abzielte. Nun bestand zwar die Möglichkeit, um das 10. Lebensjahr herum aus der Volksschule in das wissenschaftsvorbereitende höhere Schulwesen überzutreten; doch war dieser Wechsel durchaus schwierig und wurde darum auch nur in den seltensten Fällen geleistet. Besonders schwierig stellte sich die Situation dieser Jugendlichen dar, wenn sie mit 13 oder 14 Jahren die Volksschule verließen, weil sie entweder als „billige Arbeitskraft" ihren Lebensunterhalt verdienen mussten oder – falls sie eine Ausbildungsstelle bekamen – hier doch zunächst „mehr Laufbursche als Lehrling" (1908b: 118) waren. Dazu kam, dass sich die Berufsausbildung beim Meister oft sehr einseitig ohne allgemeine kaufmännische und wirtschaftliche Kenntnisse und auch ohne jegliche staatsbürgerliche Charakterbildung vollzog (1908b: 119), während die nebenbei zu besuchenden Fortbildungsschulen lediglich die Wissensstoffe der Volksschule wiederholten und ansonsten eher der religiös-politischen Indoktrination dienten – mit dem Ausbildungs- und Berufsleben des Jugendlichen aber faktisch gar nichts zu tun hatten. Sie beschränkten sich daher weitgehend auf eine sozial-integrative Funktion,[12] um jene „große Lücke zwischen Schulentlassung und Militäreinstellung"[13] auszufüllen, die im 19. Jahrhundert dadurch entstanden war, dass die Volksschul- und Fortbildungsschulzeiten wesentlich früher endigten als die aktive Dienstpflicht beim Militär begann.

Als Kerschensteiner nun 1895 das Amt als Stadtschulrat von München antrat, begann er schnell, das Volks- und Fortbildungsschulwesen in seinem

---

11 Die Werke Kerschensteiners werden im Folgenden nach den Siglen am Ende dieses Textes zitiert.

12 Vgl. J.-P. Pahl, *Berufsbildung und Berufsbildungssystem. Darstellung und Untersuchung nicht-akademischer und akademischer Lernbereiche*, Bielefeld 2012, 90 f.

13 O. Pache, „Die Ausfüllung der großen Lücke zwischen Schulentlassung und Militäreinstellung mit besonderer Berücksichtigung der Fortbildungsschule in ihrer Stellung zur Schule und zum späteren Leben", in: *Die deutsche Fortbildungsschule* 2 (1893), 300–312. – Zu dieser ‚Lückentheorie', die ja auch in Kerschensteiners Preisschrift von 1901 anklingt, vgl. ausführlich K. Stratmann, *Zeit der Gärung und Zersetzung. Arbeiterjugend im Kaiserreich zwischen Schule und Beruf. Zur berufspädagogischen Analyse einer Epoche im Umbruch*, Weinheim 1992.

Verantwortungsbereich gründlich zu reformieren.[14] In den Volksschulen wurden die Realienfächer durch eine umfassende Lehrplanreform gestärkt; es wurden Turnhallen, Holz- und Metallwerkstätten sowie Schulküchen und Schulgärten für die praktische Betätigung der Schüler eingerichtet; und nicht zuletzt setzte Kerschensteiner die Bemühungen seines Amtsvorgängers fort, indem er das bereits 1894 geschaffene freiwillige achte Volksschuljahr für Knaben 1896 auch für die Mädchen einführte und diese dann 1907 (für Knaben) bzw. 1914 (für Mädchen) obligatorisch werden ließ.[15] Im Bereich der beruflichen Fortbildung ging es ihm dagegen vor allen Dingen um eine Umgestaltung der allgemeinen Pflichtfortbildungsschule in fachlich differenzierte ‚Berufsschulen',[16] in denen die für die einzelnen Ausbildungszweige jeweils benötigten gewerblich-technischen Kenntnisse mit kaufmännisch-wirtschaftlichem Wissen und staatsbürgerlichem Unterricht kombiniert wurden (1902: 129, 133 f.). Insgesamt 46 Fachschulen und 12 Bezirksfortbildungsschulen etwa für Metzger, Bäcker, Kaminkehrer und andere Berufe mit insgesamt über 6000

---

14 Überblicke dazu bei R. Köppler, *Die Bestrebungen Kerschensteiners und das Münchener Volksschulwesen*, Langensalza 1910. – R. Prantl, „Kerschensteiner als Pädagog", Diss. Würzburg, Leipzig 1917, 85 f., 93 f. – G. Wehle, *Praxis und Theorie im Lebenswerk Georg Kerschensteiners*, Weinheim 1956, 24–47. – A. Loichinger, „Dr. Georg Kerschensteiner – Werdegang und kommunales Wirken", in: Bayerisches Staatsministerium für Unterricht und Kultus (Hrsg.), *Georg Kerschensteiner. Beiträge zur Bedeutung seines Wirkens und seiner Ideen für unser heutiges Schulwesen*, Stuttgart 1984, 33–44.

15 In München hatte es bis Kerschensteiner nur eine Volksschulpflicht bis zur siebten Klasse gegeben. – Über die Einführung des obligatorischen achten Volksschuljahres für die Mädchen gehen die Berichte etwas auseinander. R. Prantl („Kerschensteiner als Pädagog", 88 und 102 f.) berichtet als Zeitzeuge: „Mit dem Schuljahr 1913/14 wurde der Pflichtbesuch dieser 8. Mädchenklassen durch Beschluß [...] eingeführt." Dagegen spricht G. Wehle („Erinnerung an Georg Kerschensteiner. Denkanstöße für uns", in: May u. a. (Hrsg.), *München machte Schule. Georg Kerschensteiner zum 150. Geburtstag*, München 2005, 14–38, hier 28) von einem Beschluss erst „für Herbst 1914". Einig sind sich beide Texte jedoch darin, dass die entsprechenden Bestimmungen wegen des Ausbruches des 1. Weltkrieges zunächst nicht in der gewünschten Weise durchgeführt werden konnten.

16 Begriff und Anliegen einer ‚Berufsschule' wurden freilich nicht erst von Kerschensteiner erfunden. Vielmehr hatte schon Oskar W. Pache ein ähnliches Konzept entworfen, welches dann durch die Entschließung des IV. deutschen Fortbildungsschultages eine breite Unterstützung fand: „In ihrer äußern und innern Organisation muß jede Fortbildungsschule den Charakter einer Berufsschule haben." Nach H. Schmitz, „Der IV. deutsche Fortbildungsschultag und die VIII. Generalversammlung des deutschen Vereins für das Fortbildungsschulwesen zu Frankfurt am Main am 30. September und 1. Oktober", in: *Die Deutsche Fortbildungsschule* 8 (1899), 334. – Vgl. auch A. Lipsmeier, „Geschichte der Bezeichnung ‚Berufsschule' ", in: *Die berufsbildende Schule* 18 (1966), 169–180.

Schülern bestanden solcherart um 1906/07 in München. Und dieses gewaltige und vorbildliche Reformwerk wurde nun schnell zum „Mekka" (1926b: 134)[17] aller pädagogisch interessierten Lehrer und Politiker. So konnten sich etwa auf der VII. Deutschen Lehrerversammlung, die Pfingsten 1906 in München stattfand, fast 4500 Volksschullehrer über die neue Organisationsform informieren; und desgleichen galt für die etwa 800 Pädagogen, die im gleichen Jahr zum 9. Deutschen Fortbildungsschultag ebenfalls nach München angereist waren. Auch das Ausland war beeindruckt. Die USA und Russland, Frankreich und England, Österreich und Ungarn, Schweden und Dänemark, die Schweiz und Japan: alle diese Länder entsandten entweder eigene Vertreter zum Studium in die bayerische Landeshauptstadt oder luden Kerschensteiner zu Vorträgen in ihre Heimat ein. So genoss das Reformwerk Kerschensteiners bereits früh hohes Ansehen im In- und Ausland.

Einen „besonderen propagandistischen Höhepunkt"[18] stellte dabei die Veranstaltung *München 1908* zur 750. Wiederkehr der Stadtgründung dar. München zählte hier zwischen Mai und Oktober knapp 3 Millionen Gäste, die den Ausstellungpark auf der Theresienhöhe besuchten, wo auch das berühmte Münchner Schulwesen eingehend dokumentiert wurde.[19] Kerschensteiner hatte in diesem Jahr ohnehin einen „Bericht über die Bewährung der Neugestaltung der gewerblichen Fortbildungsschulen Münchens" für das Staatsministerium vorlegen müssen[20] – und so konnte die durchweg positive Bilanz, die *hier* gezogen wurde, sicherlich auch *dort* publikumswirksam dargestellt werden. Man sah also – und staunte, „was ein Einzelner in wenig Jahren vermag":

> Kerschensteiner ist das, wozu er andere erziehen will: ein Mann der Tat, der wie wenige Menschen seine Gedanken in die Wirklichkeit umzusetzen vermag. [...] Man sehe, wie er Millionen flüssig zu machen gewusst hat, Schulwerkstätten, Schullaboratorien, Schulgärten, Schulküchen und vor allem die prächtigen Werkstätten der Fortbildungsschulen zu schaffen und sie in dieser Weise auszustatten. [...] Man sehe, wie das ganze Heer vom Stadtschulinspektor bis zur jüngsten Lehrerin nach seinen Ideen arbeitet, wie er dem ganzen Schulwesen Münchens den Stempel seines Geistes aufzudrücken verstanden hat. Wer so etwas kann; der muß frei sein von allem Skeptizismus, der muß hoch erhaben sein über

---

17 Zum Hintergrund dieser Formulierung vgl. G. Wehle, *Praxis und Theorie*, 45.
18 G. Wehle, „Erinnerung an Georg Kerschensteiner", 31.
19 M. Krebs, *Georg Kerschensteiner im internationalen pädagogischen Diskurs zu Beginn des 20. Jahrhunderts*, Bad Heilbrunn 2004, 47.
20 Vgl. G. Wehle, *Praxis und Theorie*, 44 f.

allen Zweifel an der Richtigkeit seiner Gedanken, der muß etwas in sich haben von dem Stoffe, aus dem Helden geschnitzt sind. [...] Er ist eine Kraftgestalt voll Glauben an seine Gedanken und voll Energie.[21]

Das Jahr 1908 war aber auch noch in einer anderen Hinsicht bedeutsam: Denn am 12. Januar hielt Kerschensteiner in der Peterskirche zu Zürich seine berühmte Festrede zur Pestalozzifeier unter dem Titel *Die Schule der Zukunft im Geiste Pestalozzis*. Hier formulierte er nun explizit die zentralen Aspekte seiner eigenen Arbeitsschulkonzeption, wie sie in gewisser Weise auch den Münchner Reformen zugrunde gelegen hatte. Dabei lief der Text auf die Forderung hinaus, den Unterricht zukünftig weniger an einem vorausgesetzten Wissensstoff zu orientieren, als vielmehr stärker an die produktiven Kräfte und sozialen Triebe des Kindes selbst anzuknüpfen – mithin also aus der alten Lern- und Buchschule eine Arbeitsschule werden zu lassen (1905: 91; 1908a: 41). Damit war sicherlich der Nerv der Zeit getroffen: „Diese Forderung gibt den Konsens jener Reformer wieder, die an der Entwicklung der staatlichen Volksschule interessiert waren."[22] Nicht zu Unrecht wurde dieser Vortrag Kerschensteiners darum zu einem zentralen Anlass dafür, dass nunmehr „die Besprechung der Arbeitsschule auf der ganzen Linie in Fluß" kam und zuletzt „alles seiner Fahne folgte, was jung, beweglich und lebensstark war."[23] So führte Kerschensteiners Reformwerk dazu, dass München fortan in Fachkreisen als „Stadt der Arbeitsschule"[24] schlechthin galt und die Ansicht sich zunehmend verbreitete, dass sie generell „als Hort aller Neuerungen, als eine Art Hochburg der ‚Arbeitsschule' "[25] überhaupt zu betrachten sei.

Das Jahr 1908 brachte aber nicht nur Kerschensteiners erste, stark organisatorisch geprägte Schaffensphase zu einem gewissen Abschluss,[26] sondern bildete zugleich auch den Auftakt für die zunehmend rasche Verbreitung seiner Ideen im nationalen und internationalen[27] Rahmen. Kerschensteiner avancierte

---

21 R. Köppler, *Die Bestrebungen Kerschensteiners und das Münchener Volksschulwesen*, Langensalza 1910, 29 f.

22 J. Oelkers, *Reformpädagogik. Eine kritische Dogmengeschichte* (Grundlagentexte Pädagogik), 4., vollst. überarb. u. erw. Aufl., Weinheim/München 2005, 180.

23 H. Schloen, „Entwicklung und Aufbau der Arbeitsschule", Diss. Erlangen, Berlin 1926, 258 f. – Ähnlich auch K. Odenbach, *Die deutsche Arbeitsschule* (Theorie und Praxis der Schule), Braunschweig ³1971, 30.

24 C. Rößger, „Vom Neubau der Arbeitsschule", in: *Neue Bahnen* 20 (1908/09), 313.

25 Th. Maunz, „Der neue Münchener Lehrplan im Lichte der Schulreform", in: *Die Deutsche Schule* 15 (1911), 28.

26 G. Wehle, *Praxis und Theorie*, 59.

27 M. Krebs, *Kerschensteiner im internationalen pädagogischen Diskurs*, 35.

schnell zum „Hauptvertreter und international weit beachteten Verfechter der Arbeitsschule"[28], später dann zum weithin anerkannten „Altmeister der Pädagogik"[29] überhaupt. Am Arbeitsschulmodell Kerschensteiners kam nun niemand mehr vorbei, der sich mit der Sache selbst auseinandersetzen wollte. Die *Deutsche Schule* legte ihm anlässlich seines 70. Geburtstages sogar den Ehrentitel eines „Praeceptor praeceptorum Germaniae" bei, weil es in Deutschland „keinen Lehrer, keine Lehrerin" gebe, „die nicht bewußt oder unbewußt unter dem Einfluss Kerschensteinerschen Erziehungsgedanken stünden"[30]. Sein wichtigstes Werk der frühen Zeit, das Buch *Begriff der Arbeitsschule* von 1911, wird noch zu seinen Lebzeiten in elf europäische und drei asiatische Sprachen übersetzt.[31] Als „Vater der Berufsschule"[32] wurde Kerschensteiner weltweit bekannt und auf zahlreichen Vortragsreisen unternahm er es immer neu, sein Modell vorzustellen und dafür zu werben. Der „Reiseschulrat"[33], wie er schon früh spöttisch genannt wurde, musste sich später sogar Absagekarten drucken lassen, weil er (wohl auch aus gesundheitlichen Gründen) nicht mehr alle Einladungen annehmen konnte.[34] Zur Zeit der Weimarer Republik stiftete sodann das *Zentralinstitut für Erziehung und Unterricht* sogar eine Kerschensteiner-Denkmünze, um damit hervorragende Persönlichkeiten zu ehren und zugleich das Beispiel Kerschensteiners lebendig zu erhalten.[35] Kerschensteiner selbst erhielt sie als erster Preisträger am 22. Dezember 1925 überreicht.[36] Seit dem einhundertsten Jubiläum der Ernennung Kerschensteiners zum Stadtschulrat 1995 verleiht die Stadt

---

28 E. Skiera, *Reformpädagogik in Geschichte und Gegenwart. Eine kritische Einführung*, München ²2010, 105.
29 G. Wehle, „Erinnerung an Georg Kerschensteiner", 33.
30 *Die deutsche Schule* 28 (1924), 375.
31 M. Kerschensteiner, *Georg Kerschensteiner. Der Lebensweg eines Schulreformers*, 3., erw. Aufl., hrsg. v. Josef Dolch, München/Düsseldorf 1954, 166. Eine genauere Auflistung der Übersetzungen findet sich bei M. Krebs, *Kerschensteiner im internationalen pädagogischen Diskurs*, 39 ff.
32 Bekannt ist der Aufsatz zu Kerschensteiners 100. Geburtstag von P. Luchtenberg, „Georg Kerschensteiner, der ‚Vater der Berufsschule' ", in: *Die berufsbildende Schule* 6 (1954), 341–347. – Kritisch zu diesem Ehrennamen inzwischen A. Lipsmeier, „Vaterschaftsklage. Ist Kerschensteiner oder Pache der Vater der Berufsschule?", in: Eveline Wuttke (Hrsg.), *Was heißt und zu welchem Ende studieren wir die Geschichte der Berufserziehung? Beiträge zur Ortsbestimmung an der Jahrhundertwende*, Opladen u. a. 2010, 139.
33 M. Kerschensteiner, *Georg Kerschensteiner. Der Lebensweg*, 146.
34 G. Wehle, „Erinnerung an Georg Kerschensteiner", 31.
35 Vgl. G. Böhme, *Das Zentralinstitut für Erziehung und Unterricht und seine Leiter. Zur Pädagogik zwischen Kaiserreich und Nationalsozialismus*, Neuburgweier 1971, 61 f.
36 Vgl. *Pädagogisches Zentralblatt*, 6. Jg. 1926, Heft I.

München inzwischen erneut eine Kerschensteiner-Medaille an Personen, die sich um die Bildung der Kinder und Jugendlichen in der Landeshauptstadt verdient gemacht haben. An der überragenden und zeitübergreifenden Bedeutung Kerschensteiners in dieser Hinsicht ist also kaum zu zweifeln.

3 Die Grundstruktur der klassischen Pädagogik und ihr Verhältnis zur Reformpädagogik

Bevor jedoch Kerschensteiners eigene Arbeitsschulkonzeption entfaltet und ihre wesentlichen Leistungen zur Sprache kommen können, ist ein kurzer Blick in die Geschichte der klassischen Pädagogik zu werfen. Diese entwickelte nämlich im Kern *drei* zentrale Perspektiven[37] auf den heranwachsenden Menschen, die zugleich jeweils unterschiedliche Zugänge zum Erziehungsphänomen eröffneten, von denen jedoch die Reformpädagogik – wie mir scheint – überwiegend nur *zwei* Aspekte rezipierte.

Als Vertreter eines politischen Liberalismus und unter den konkreten Zeitbedingungen eines gestärkten parlamentarischen Regierungssystems nach der *Glorious Revolution* (1688) forderte zunächst John Locke (1632–1704) vor allen Dingen eine Erziehung, die dem Heranwachsenden später dazu verhelfen sollte, seiner staatsbürgerlichen Bestimmung (*the gentleman's calling*)[38] angemessen nachzukommen – also seine Standespflichten als Mitglied der gentry im politischen Gesamtprozess korrekt zu erfüllen und zugleich einen angemessenen Beruf auszuüben, um solcherart für sein Land wichtig und nützlich zu sein. Doch kannte er zugleich jene natürlichen Anlagen und Fähigkeiten (*the Child's natural genius*),[39] die das Kind immer schon mitbringt und über welche sich der Erzieher nicht hinwegsetzen darf, ohne durch Misserfolge seiner Bemühungen bestraft zu werden; und er wusste selbstverständlich auch, dass zuletzt weder die angeborene Natur des Kindes noch seine gesellschaftliche und berufliche Stellung allein zu wahrer Menschenbildung führen, die vielmehr erst demjenigen zukommt, der als sittlicher Mensch (*a vertuous, or a Wise Man*)[40] auch vernünftig, tugendhaft und fromm zu handeln vermag.

---

37   Vgl. A. Lischewski, *Meilensteine der Pädagogik. Geschichte der Pädagogik nach Personen, Werk und Wirkung* (Kröners Taschenausgabe 336), Stuttgart 2014, 130 f., 138 f. und 200 f.
38   J. Locke, *Some Thoughts concerning Education* [1693], hrsg. v. J. W. Yolton/J. Yolton, Oxford 2000, The Epistle Dedicatory, 80; § 94, 156.
39   J. Locke, *Some Thoughts*, § 66, 122.
40   J. Locke, *Some Thoughts*, § 147, 208.

Das prinzipiell gleiche Spannungsfeld findet sich sodann aber auch bei Jean-Jacques Rousseau (1712–1778), wenngleich freilich mit einer zeitbedingt deutlich veränderten Schwerpunktsetzung. Auf dem Hintergrund einer Aufklärung, die den Menschen nunmehr nämlich sehr einseitig zum brauchbaren Bürger abzurichten drohte, entwickelte er eine Konzeption negativer Erziehung, die vor allen Dingen auf die Natürlichkeit des Kindes (*l'homme naturel*)[41] Rücksicht und es mit allen seinen Gefühlen und Neigungen ernst nehmen sollte. Aber auch Rousseau kannte Grenzen. Das Kind mochte in seiner ganzen natürlichen Unschuld gut (*bon*) sein; tugendhaft (*vertueux*) war es deshalb noch lange nicht. Die ‚negative Erziehung' hatte darum alsbald in eine ‚positive Erziehung' überzugehen, deren Ziel zuletzt ein sittlicher Mensch (*l'homme moral*)[42] war, der sich freilich nun *auch* einen Beruf und *auch* ein für ihn geeignetes Staatsgebiet auszuwählen verstand, in welchem er als – wenngleich etwas zurückgezogener – Bürger (*l'homme civil, l'homme social, citoyen*)[43] zu leben und zu arbeiten wusste.

Dass schließlich auch der von Kerschensteiner so verehrte Johann Heinrich Pestalozzi (1746–1827) die nämliche Unterscheidung traf, braucht wohl kaum eigens erwähnt zu werden, wenngleich bei ihm nun wiederum – unter dem Eindruck der erschreckenden Lebenslage ‚natürlich' verwahrloster und ‚sozial' benachteiligter Kinder – eindeutig der sittliche Mensch (als *Werk seiner selbst*)[44] in den Mittelpunkt der Betrachtung rückte, in Verhältnis zu welchem dem tierischen Menschen (als *Werk der Natur*) und dem bürgerlichen Menschen (als *Werk der Gesellschaft*) allenfalls nur eine nebengeordnete Bedeutung zugemessen werden durfte.

Es fällt nun nicht schwer, diese unterschiedlichen Rücksichten auch in den reformpädagogischen Bewegungen wiederzufinden – und dabei die Frage zu stellen, in welcher Beziehung zu den jeweiligen Strömungen wohl Kerschensteiner gestanden haben mag.

Die *Natürlichkeit des Kindes* mit allen seinen Eigenarten wertzuschätzen und zu respektieren und darum seine spontanen und schöpferischen Eigenaktivitäten zuzulassen, dafür plädierten vor allen Dingen die

---

41   J.-J. Rousseau, *Émile, ou de L'Éducation* [1762], in: *Œuvres complètes* de J.-J. Rousseau, mises dans un nouvel ordre, Tom. 3/4, avec des notes historiques et des éclaircissements par Victor D. Musset-Pathay, Paris 1823, Buch I, 13.
42   J.-J. Rousseau, *Émile*, Buch IV, 120.
43   Vgl. J.-J. Rousseau, *Émile*, Buch III, 350 f.; IV, 148 f.; V, 406 f.
44   J. H. Pestalozzi, „Meine Nachforschungen über den Gang der Natur in der Entwicklung des Menschengeschlechts" [1797], in: ders., *Sämtliche Werke*, Bd. 12: *Schriften aus der Zeit von 1797–1799*, hrsg. v. A. Buchenau u. a., Berlin 1938, 1–166, hier 57, 67 f., 105, 122 f. u. ö.

Kunsterziehungsbewegung (Konrad Lange, Alfred Lichtwark, Carl Götze, Heinrich Wolgast, Johannes Richter u. a.) sowie die weit verbreitete *Pädagogik vom-Kinde-aus* (Ellen Key, Heinrich Scharrelmann, Fritz Gansberg, Berthold Otto, Ludwig Gurlitt, Maria Montessori, Johannes Gläser u. a.). Dass „bauende, schaffende Kräfte von einer bisweilen staunenswerten Größe im Kinde stecken", die in Erziehung und Unterricht nicht vernachlässigt werden dürften, sondern durch das „Prinzip der Selbsttätigkeit" (1908a: 37) gefördert werden müssten, war dabei freilich auch Kerschensteiners Überzeugung. Eine besondere Bedeutung kam auch seiner Interessenslehre zu, weil diese die je individuellen Triebe und Neigungen zum ausdrücklichen Anknüpfungspunkt für Lern- und Bildungsprozesse machte (1908a: 39 f.; 1916: 184; 1922b, 132).[45] Die Interpreten haben denn *diese* Seite von Kerschensteiners Arbeitsschulkonzeption auch deutlich herausgestellt.[46]

Daneben gab es freilich auch reformpädagogische Strömungen, die tendenziell stärker von einer *gemeinschaftsorientierten* oder *gesellschaftspolitischen Perspektive* her dachten, ohne darum freilich die Ansprüche des Kindes zu leugnen; hierhin gehörten etwa die *Landerziehungsheime* (Hermann Lietz, Gustav Wyneken, Paul Geheeb u. a.), aber sicherlich auch die dezidiert *sozialistisch ausgerichteten Entwürfe* (Robert Seidel, Heinrich Schulz, Paul Oestreich, Siegfried Kawerau, Fritz Karsen u. a.). Seit Kerschensteiner die Ansicht vertreten hatte, „daß die staatsbürgerliche Erziehung eines der wichtigsten Fundamente des Staatsgebäudes ist" (1901: 6), und zugleich die Berufsarbeit als das „zweckmäßigste Mittel" (1901: 37) dieser staatsbürgerlichen Erziehung angepriesen wurde, hat man sich denn überwiegend daran gewöhnt, ihn vor allen Dingen auch von *diesem* Aspekt her zu verstehen.[47]

Am schwierigsten zu beantworten ist die Frage, inwieweit die Reformpädagogik auch dem dritten Moment der klassischen Bildungs- und Erziehungstheorie

---

45   Vgl. dazu ausführlicher Anm. 56 f.
46   Vgl. z. B. J. Pfeufer, „Die Idee der Selbsttätigkeit in der modernen Arbeitsschulbewegung, speziell bei Gaudig und Kerschensteiner", Würzburg, Univ., Diss., 1933/1934. – G. Wilimzig, *Lernen und Selbsttätigkeit. Entdeckendes und exemplarisches Lernen in der Arbeitsschulkonzeption Kerschensteiners*, Frankfurt a. M. 1984. – A. Hartmann, *Operativität und Bildung. Ansätze eines auf Selbsttätigkeit gründenden Unterrichts von der Arbeitsschule bis zur Gegenwart*, Taunusstein 2007.
47   Vgl. z. B. A. Zurfluh, „Georg Kerschensteiners grundlegendes Werk für die staatsbürgerliche Erziehung. Geschichte, Theorie, Organisation", Diss., Chur 1937. – O. A. Weiss, „Kerschensteiners Idee einer staatsbürgerlichen Erziehung", in: Bayerisches Staatsministerium für Unterricht und Kultus (Hrsg.), *Georg Kerschensteiner. Beiträge zur Bedeutung seines Wirkens und seiner Ideen für unser heutiges Schulwesen*, Stuttgart 1984, 95–131. – E. Skiera, *Reformpädagogik in Geschichte* 2010, 114 f.

Rechnung zu tragen wusste, und d. h. welche Bedeutung sie der *sittlichen Erziehung des Menschen* beimaß. Freilich waren viele ihrer Diskurse stark ethisch aufgeladen – und so wurde von der notwendigen Rassenhygiene bei der Zeugung von Kindern über die damit verbundenen Forderungen einer erneuerten Sexual- oder Sozialpädagogik bis zur Bedeutung des proletarischen Klassenkampfes für eine weltweite Friedensordnung so ziemlich jedes irgendwie erzieherisch bedeutsame Thema oft kontrovers, bisweilen auch hitzig diskutiert. Die pädagogischen Texte dieser Zeit entwickelten daher eine oftmals *implizit* moralisierende Tendenz, die aber nur selten auch *explizit* reflektiert und problematisiert[48] wurde. Ellen Key hat darum beispielsweise noch überhaupt gar keine Probleme damit, dass die von ihr propagierte „neue Ethik" ganz selbstverständlich „vom Naturforscher geschrieben"[49] wird, der sich vor allen Dingen an eugenischen Zuchtkriterien orientieren soll; und auch Maria Montessoris Konzeption einer biologischen Entwicklungs- und Wachstumsfreiheit (*biological liberty*), die sie als den eigentlichen Wesenskern ihrer neuen Pädagogik (*the very essence of the new pedagogy*) ausgibt, kann noch völlig problemlos davon ausgehen, dass der ursprünglich morphologisch begründeten Konstruktion des „medial man" auch eine eminent ethische Bedeutung (*moral significance*) zukomme, mithin also auch für einen gesamtmenschlichen Fortschritt neben die interkulturelle Verbrüderung der Menschen (*human brotherhood in sentiment*) ihre andauernde genetische Kreuzung (*complete hybridism in body*) zu treten habe.[50] Implizit normativ denken freilich auch viele Gesellschaftstheoretiker, wenn sie die Arbeitsschule als ein dezidiertes Instrument zur Verwirklichung vorgegebener gesellschaftspolitischer Ziele einsetzen, etwa als Erziehung „zur klassenlosen menschlichen Gesellschaft"[51] oder unter der Form einer „Erziehung zum Sozialismus", die dann freilich identisch sein soll mit der „Erziehung zur Wahrheit" überhaupt: „*Der Sozialismus ist die Wahrheit.* […] Darum muß Erziehung zum Sozialismus […] zugleich Erziehung zur

---

48   Vgl. dazu u. a. E. Weiß, „Entwicklung", in: W. Keim/U. Schwerdt (Hrsg.), *Handbuch der Reformpädagogik in Deutschland* (1890–1933), Teil 1, Frankfurt a. M. 2013, 375, der ausdrücklich von einem „reformpädagogischen Defizit an ethisch konsequenter Reflexion" spricht.

49   E. Key, *Das Jahrhundert des Kindes. Studien*, übertragen v. Francis Maro, Berlin ²1902, 12 f.

50   M. Montessori, *Pedagogical Anthropology*, New York 1913, 477. – Dies., *Selbsttätige Erziehung im frühen Kindesalter. Nach den Grundsätzen der wissenschaftlichen Pädagogik dargelegt*, Stuttgart 1913, 99 f.

51   H. Vogeler, *Die Arbeitsschule als Aufbauzelle der klassenlosen menschlichen Gesellschaft. Den Bürgern gewidmet, die ihre letzte gestaltende Kraft nicht an den Selbstmord hingeben wollen*, Hamburg 1921.

Wahrheit sein."[52] Drohte sich die ethische Reflexion also vormals in rassenhygienische und biometrische Erörterungen zu verflüchtigen, so nunmehr in agitatorische und propagandistische Rhetorik. Das mögen Extreme sein, doch sind sie bezeichnend für das *mangelnde Problembewusstsein* vieler Reformpädagogen in Bezug auf die Notwendigkeit, die *ethischen Implikationen ihrer Konzeptionen auf einem theoretisch-diskursiv angemessenen Niveau zu bearbeiten*.[53]

Nur wenige Reformpädagogen haben sich also der reflexiven Mühe unterzogen, die spezifisch menschliche Sittlichkeit als solche zu durchdenken, und diese darum nicht unerheblich *philosophierenden* Denker werden entsprechend auch nur selten *als* Reformpädagogen wahrgenommen. Zumindest tauchen bedeutende Persönlichkeiten wie Paul Natorp und Jonas Cohn als pädagogische Neukantianer oder Eduard Spranger und Theodor Litt als geisteswissenschaftliche Pädagogen in reformpädagogischen Standardwerken immer nur am Rande oder sogar gar nicht auf,[54] wodurch ihnen eher eine die ‚eigentliche' Reformpädagogik nur *begleitende* Funktion zugeschrieben wird. Nur selten findet sich dagegen der Hinweis, dass die Aufwertung der erziehungswissenschaftlichen Reflexion selbst ein „Verdienst der [reformpädagogischen] Bewegung" war und dieser daher wesentlich *„beizuordnen"* sei.[55]

4 Die Stellung der *sittlichen* Fragestellung in Kerschensteiners Arbeitsschulkonzeption

Eben dieses ist bei Kerschensteiner anders. Als einer der zentralen Anreger des Arbeitsschulgedankens gehört er *wesentlich* der Reformpädagogik zu – und

---

52   O. Rühle, *Erziehung zum Sozialismus. Ein Manifest*, Berlin 1919, 13. Für die Bedeutung der Arbeitsschule für diese Erziehung zur Wahrheit des Sozialismus vgl. a.a.O., 21.

53   Die Zeitgenossen wandten sich vor allen Dingen gegen die weitverbreitete These von der natürlichen Gutheit des Kindes, da diese eben nicht ausreiche, um die Pädagogik auch vom sittlichen Standpunkt aus begründen zu können. So bereits Fr. Regener, *Die Prinzipien der Reformpädagogik*, Berlin ²1914, 95 f., sowie G. Lunk, Kritik des pädagogischen Naturalismus im Sinne einer Orientierung vom Kinde aus, Leipzig 1927, 11 f., 16 f. u. ö.

54   So etwa in den schon genannten Büchern von J. Oelkers, *Reformpädagogik. Eine kritische Dogmengeschichte* (Anm. 22) und E. Skiera, *Reformpädagogik in Geschichte* (Anm. 28).

55   W. Scheibe, *Die reformpädagogische Bewegung 1900–1932. Eine einführende Darstellung*, Neuausgabe der 10., erweiterten Auflage 1994, mit einem Nachwort von Heinz-Elmar Tenorth, Weinheim/Basel ³2010, 387 f. – Eine ausführliche wissenschaftstheoretische Verortung der reformpädagogischen Bewegung unternimmt auch D. Benner, *Die pädagogische Bewegung von der Jahrhundertwende bis zum Ende der Weimarer Republik* (Theorie und Geschichte der Reformpädagogik 2), Weinheim ²2009, 315 ff.

wird in deren Horizont auch entsprechend erwähnt und breit diskutiert. Ohne das reformpädagogische Erbe zu leugnen ist Kerschensteiner aber zugleich auch darum bemüht, seine Konzeption im Kontext einer kultur- und werttheoretischen Philosophie weiterzudenken. Man mag dabei die konkrete Ausgestaltung insbesondere seiner späten *Theorie der Bildung* (1926) als durchaus unzureichend empfinden oder gar den damit verbundenen Wandel vom *politisch* gehaltenen Früh- zum *ethisch* durchkonstruierten Spätwerk insgesamt in Frage stellen[56] – und es ist dieses Buch in der Tat von den Zeitgenossen weit weniger günstig aufgenommen worden, als Kerschensteiner sich dieses erhofft hatte.[57] Auf das Ganze gesehen ist Kerschensteiner hier jedoch zuletzt noch etwas gelungen, das nur wenige Reformpädagogen zustande gebracht haben: nämlich die beiden zentralen reformpädagogischen Anliegen einer konsequenten Orientierung *am individuellen Kind* einerseits und an den konkreten *gesellschaftlichen Erfordernissen* andererseits mit dem klassischen Moment einer *sittlichen Bildungstheorie* zu einer systematischen Gesamtkonzeption zu vereinen. Gerade in der *gegenseitigen Durchdringung dieser drei Aspekte*, auf die er nachhaltig Wert legte, besteht aber Kerschensteiners ureigene Leistung innerhalb der Reformpädagogik:

> Die Einheit in der Dreiheit des Bildungsbegriffes ist von größter Bedeutung. Denn hinter jeder vereinzelten Seite lauern nicht unerhebliche Gefahren für den Zustand der Bildung als Ganzes. Nur wo die Bildung diese Einheit wahrt, können wir hoffen, diese Gefahren zu vermeiden. (1921: 13)

Eine erste grundsätzliche Übereinstimmung mit den Anliegen der Reformpädagogik findet sich darum in Kerschensteiners Interessenslehre, die nicht zu Unrecht als ein wesentlicher Kern seiner Arbeitsschulkonzeption gilt;[58] denn die Anknüpfung des pädagogischen Handelns an die *egoistisch-individuellen Interessen des Kindes* war für ihn durchgehend ein entscheidend wichtiger Grundsatz. So hat er schon früh darauf aufmerksam gemacht, dass selbstverständlich „das Interesse des Kindes […] zum Angriffspunkt unterrichtlicher und erziehlicher Bestrebungen" (1899: 37) zu machen sei, mithin also auch

---

56 Th. Wilhelm, *Die Pädagogik Kerschensteiners. Vermächtnis und Verhängnis*, Stuttgart 1957, 35, 140 f., 188 f. u. ö.
57 Vgl. Wilhelm, *Die Pädagogik Kerschensteiners*, 115.
58 Vgl. Wilhelm, *Die Pädagogik Kerschensteiners*, 161: „Im Mittelpunkt der Kerschensteinerschen Anthropologie steht die Lehre vom Interesse. Es ist merkwürdig, wie selten das ausgesprochen worden ist."

alle Erziehung „mit den natürlichen Interessen des Zöglings anheben" (1910: 38) müsse. Und den Satz, „daß sich außerhalb seiner Interessen kein Mensch wirklich erziehen" lasse, hat er später denn auch zur „Grundnorm aller Erziehung" (1916: 185) erhoben. Dabei wendet sich Kerschensteiner ausdrücklich gegen Johann Friedrich Herbart, der davon ausgegangen sei, dass es gleichsam an sich selbst „interessante Gegenstände" gäbe, die dann dem Zögling mittels einer raffinierten Methode nahegebracht und d. h. ihnen interessant gemacht werden müssten.[59] Kerschensteiner hält das Interesse dagegen zunächst genau umgekehrt für ein „innerliches Wachstumsbedürfnis" (1922: 133 f.) und betrachtet es als einen „Akt der Selbstentfaltung", in welchem die Seele jeweils „in eigener Wahl den Gegenstand ergreift, nach dem es sie drängt" (^{2}1915: 164). Die mannigfaltigen Interessen des Kindes, das eben „im allgemeinen allem Interesse entgegen" (1899: 39) bringt, seine Triebe und Neigungen, seine körperlichen, willentlichen und intellektuellen Kräfte spontaner Produktivität, seine soziale Natur und sein Erfahrungskreis (1908a, 38) – kurz: sein gesamtes Seelenleben, insofern es ein unmittelbar praktisches Interesse an den vielfältigen Dingen und Beziehungen seiner direkten Umgebung zeigt, soll daher vom Bildungsprozeß gleichsam „in statu nascendi" (1931: 97) aufgegriffen, respektiert und pädagogisch orientiert werden. Mit dieser grundsätzlichen Anerkennung der kindlichen Schaffenskräfte und der Einsicht in die Notwendigkeit ihrer funktionalen Fortentwicklung aber rezipiert Kerschensteiner zentrale Forderungen der zeitgenössischen Kunsterziehungsbewegung und der Pädagogik vom-Kinde-aus für seine eigene Arbeitsschulkonzeption. Als die *formalpsychologische Seite im Bildungsbegriff* hat Kerschensteiner diesen Aspekt denn auch in sein Spätwerk übernommen und entsprechend die Aufgabe dieser allgemeinen Kräfteschulung im allgemeinsten Sinne als die umfassende *Steigerung der Leistungsfähigkeit des individuellen Funktionsverbandes* bestimmt, die er als einen durchaus wichtigen subjektiv geltenden Wert des heranwachsenden Menschen betrachtet (1926a, 27 ff.) So aber schloss er einerseits an den traditionellen Begriff der ‚Kraftbildung' an, der schon bei Wilhelm von Humboldt eine wichtige Rolle spielte, befreite ihn jedoch andererseits von allen neuhumanistischen Verengungen, die einseitig den Erwerb der klassischen Sprachen oder gar die nur intellektuelle Schulung betonten. Denn für Kerschensteiner gab es selbstverständlich – ganz im Sinne der Reformpädagogik – auch eine

---

59   Vgl. dazu A. Wölfing, „Der Zögling und das Interesse bei Herbart und Kerschensteiner", in: *Mitteilungen des Vereins der Freunde Wissenschaftlicher Pädagogik in Thüringen und Franken* 69 (1928), 17–41. – Fr. Schmid, „Pädagogische Theorien des Interesse Darstellungen und Vergleiche", Diss. München 1980, 129 ff. – Chr. Graf, *Interesse als pädagogische Grundkategorie*, München 1980, 22 ff.

formale Bildung des Körpers und der Moral, des Willens und des Gemüts. Doch trotzdem handelte es sich hier eben nur um *eine*, nämlich die streng *individuelle* Seite der Bildung, die um weitere ergänzt werden musste.

Weil die egoistischen Interessen primär den Trieben und Neigungen der jeweiligen Individuen entspringen, stand es für Kerschensteiner außer Frage, dass damit Kämpfe und Konflikte um ihre Realisierung und Durchsetzung vorprogrammiert sind (1901: 33; 1916: 2 f. u. ö.). Dabei spricht er zwar durchaus von einer „sozialen Natur des Kindes" (1908a: 38), das „die eigenen, reichen Kräfte" darum „hilfsbereit allen zur Verfügung stellen" könne, „die ihrer bedürfen" (1908a: 41). Um diese soziale Anlage auch reale Wirklichkeit werden zu lassen, müsse die Erziehung jedoch im Heranwachsenden zuvor eben diese Einsicht reifen lassen, dass seine individuellen Interessen immer schon mit den Interessen seiner Mitmenschen vielfach verknüpft und verflochten sind und solcherart an ihnen ihre natürliche Grenze finden (1906b: 279 f.). Durch eine vertiefte Erkenntnis und Erfahrung menschlichen Leidens und menschlicher Freude den „Willen zum Interessensausgleich" (1910: 39; vgl. ebd. 41 ff., 162 ff. u. ö.) zu fördern, wird damit die wesentliche Aufgabe einer „Erziehung zum Altruismus" (1901: 40), die nicht nur an die individuell-egoistischen Triebe anknüpft, sondern diese zugleich so weiterentwickelt und läutert, dass sich aus ihnen die *sozial-altruistischen Interessen* gleichsam abzweigen. In dieser Gemeinschaftsbetonung der Arbeitsschule liegt eine zweite Übereinstimmung Kerschensteiners mit einigen reformpädagogischen Bestrebungen seiner Zeit, die ebenfalls – wie etwa bei den Landerziehungsheimen oder in den sozialistischen Gesellschaftsutopien – den sozialen Sinn von Schule hervorhoben, auch wenn Kerschensteiner dabei ungleich liberaler eingestellt war als der stark deutsch-national denkende Hermann Lietz, ungleich undogmatischer aber auch als sein sozialistisch denkender Freund Paul Oestreich. Was dabei bereits im Frühwerk angelegt war – nämlich die Aufteilung der gemeinschaftlichen Ausrichtung der Erziehung in einen beruflichen und einen daran anknüpfenden staatsbürgerlichen Aspekt[60] –, hat Kerschensteiner dann im Spätwerk unter der Bezeichnung der *teleologischen Seite im Bildungsbegriff* weiter

---

60 Vgl. etwa die Formulierung 1901, 17, dass in den Fortbildungsschulen die „Erziehung zur beruflichen Tüchtigkeit [...] die condicio sine qua non aller staatsbürgerlichen Erziehung" sei, oder den späteren Satz aus 1906c, 281: „Das letzte Ziel aller Erziehung kann nicht ein berufliches sein. Das letzte Ziel ist die staatsbürgerliche Erziehung, die allerdings mit und durch die berufliche am besten gefördert werden kann." – Kerschensteiner hat diese Formulierung später stark relativiert, indem er darauf verwies, dass der staatsbürgerlich-brauchbare Mensch eben „nicht der höchste, wohl aber der *nächste* Zweck der Bildung" sein müsse (1921: 11; Hervorh. orig.).

ausgeführt, indem er den „Arbeitsberuf" des Jugendlichen (als „biologischen" Aspekt) von seinem „sozialen Beruf" als Staatsbürger (dem „soziologischen" Aspekt) unterschied (1926a: 40, 44, 191 f., 217 f. u. ö.): „Wahre Berufsbildung ist also Arbeits- und Sozialbildung zugleich." (1926a: 213) Dabei soll die *Arbeitsbildung* primär der Selbsterhaltung des leiblichen und geistigen Seins eines Individuums dienen, weshalb dieses – in Anknüpfung an seine natürlichen Anlagen und entsprechend seiner gewachsenen Interessen – zu jener *besonderen Berufsausübung innerhalb der arbeitsteiligen Gesellschaft* befähigt werden müsse, zu der es eben innerlich berufen sei. Zugleich aber bedürfe es auch einer staatsbürgerlichen Erziehung, die betont parteiübergreifend im Dienste allgemeiner Kulturinteressen zu stehen habe (^{6}1929: 6 ff., 9 ff. u. ö.) und nicht nur der bloßen Affirmation des bestehenden,[61] sondern vor allen Dingen auch der Beförderung des besseren Staates zugute kommen solle.[62] Die intendierte *Sozialbildung* geht daher nicht in einer staatsbürgerlichen Belehrung auf, wie sie etwa auch eine neutrale politische Bildung forciert, sondern fordert die Erfülltheit mit einem sittlich-gerechten Staatsideal und die Bereitschaft, sich auch im Widerstand gegen Partei- und Meinungsdiktaturen handelnd für dieses Ideal zu engagieren (^{6}1929, 47 f.). In diesem Sinne aber zielt sie insgesamt auf eine verantwortliche Mitwirkung an der *Erhaltung und Gestaltung des sozialen Gesamtgefüges und seiner Wohlfahrt*, in deren Dienst sich das Individuum freiwillig und gerne stellt, weil es einsieht, dass von dieser gemeinsamen Wohlfahrt wiederum auch seine eigene individuelle Kraftentwicklung in entscheidendem Maße abhängt. Jenseits eines „chauvinistischen Nationalismus" oder „überspannten Sozialismus" – die er beide gleicherweise ablehnte (1921: 13) – hatte Kerschensteiner damit auch den Sinn der *zweiten*, nunmehr sich *sozial* zeigenden Seite der Bildung aufgewiesen.

Doch war sich Kerschensteiner der Grenzen der bisherigen Sichtweisen deutlich bewusst, da eine bloß individualistische Erziehung vom-Kinde-aus zwar dessen Kräfte und Fähigkeiten entwickeln konnte, jedoch noch keine

---

61   Eine solche „dezidiert [...] gesellschaftlich-affirmative Erziehung" wird Kerschensteiner dagegen von E. Skiera (*Reformpädagogik in Geschichte*, 105) unterstellt und mit dem Zusatz verdeutlicht: „Nicht der selbstbewusste, kritikfähige Mensch, sondern der brauchbare ‚Staatsbürger' ist Kerschensteiners Erziehungsziel."

62   Kerschensteiner setzt ausdrücklich einen „ethischen Begriff des Staates" (1929, 45) voraus, so dass der Maßstab staatsbürgerlicher Gesinnung eben nicht die kritiklose Anpassung an die tatsächlichen Verhältnisse, sondern die „sittliche Staatsidee" selbst ist und d. h. die „Idee des gerechten Ausgleichs aller geistigen und leiblichen Interessen, Bedürfnisse, Forderungen seiner Bürger" (1929, 48).

Gewähr für dessen spätere Sittlichkeit bot, während umgekehrt eine einseitig sozial ausgerichtete Erziehung zu schnell der Gefahr erliegen konnte, zur politischen Indoktrination zu verkommen, die über das ‚richtige' Handeln immer schon Bescheid wusste. Beide Aspekte der Erziehung bezog Kerschensteiner daher zunehmend auch auf den Prozess der individuellen Wertgestaltung, um sie nicht als bloße ‚Entwicklungs'- oder ‚Sozialisations'-Prozesse von der eigentlichen ‚Erziehung' des Menschen zu isolieren. So sah er beispielsweise in dem frühen Egoismus des Kindes, alle Werte zunächst immer nur auf sich selbst beziehen zu müssen, durchaus *auch* Anfänge der sittlichen Bildung, falls dieser Bezug zum Aufbau eines gestärkten Selbstwertgefühles beitrage und nicht nur mittels materieller Güter hergestellt werde. Die Suche nach mitmenschlicher Aufmerksamkeit und Achtung wäre dann aber ein durchaus berechtigtes „individual-ethisches Verhalten" (1916: 47 f.) zu nennen, zumal für Kerschensteiner das individuelle Selbstwertgefühl die zentrale Voraussetzung dafür ist, später auch fremde Persönlichkeitswerte symphatetisch erleben zu können – weshalb diese Art einer „Erziehung zur Achtung vor uns selbst" (1916: 58) auch keinen Dienst am Egoismus, sondern vielmehr eine durchaus sittliche Notwendigkeit darstellt. Ferner wies Kerschensteiner wiederholt darauf hin, dass das Kind alle Mittel, die ihm zur Erreichung seiner zunächst nur sehr subjektiven Zwecke dienen können, bereits als in sich wertvoll erfahre, wodurch sie ihm erst recht eigentlich interessant würden. Auch hier besitzt die sittliche Erziehung einen wichtigen Anknüpfungspunkt, indem sie zunehmend auf die Werthaltigkeit der Zwecke selbst hinweist (1922: 131; 1923: 56 f.; 1926a: 263, 265 f.; 1926c: 77 u. ö.). Diese aber finden sich wesentlich in den Gütern einer bestimmten Kultur realisiert, die dem Kind daher nahe zu bringen sind. Das Erlernen eines sozial anerkannten Berufes und das Hineinwachsen in die vorgegebene Gesellschaft hat deshalb ebenfalls einen durchaus *auch* sittlichen Sinn: Denn erst durch die Konfrontation mit Wertkonstellationen, die den engeren individuell-egoistischen Zielrahmen aufsprengen, vermag es zu einer bewussten Reflexion zu kommen, in deren Verlauf die eigenen Interessenswerte gleichsam kulturell herausgefordert werden. In dem Maße, in welchem der Jugendliche die in der Kultur verwirklichten Werte zu erleben imstande sei, in dem Maße wird ihm also auch der prinzipielle Wertkonflikt bewusst, der zwischen den eigenen Wertvorstellungen und den gesellschaftlich etablierten Wertüberzeugungen klafft. Die erste Anpassung an gesellschaftliche Konventionen dient also nur dem Kennenlernen bereits verwirklichter Wertgestalten – einem Kennenlernen, das eben eine wesentliche Voraussetzung dafür ist, die erlebten Werte auch kritisch reflektieren und gegebenenfalls auch korrigieren oder ablehnen zu können. Denn:

> [...] den Eintritt in das Reich der Werte muß jeder einzelne im Kampfe mit seiner eigenen Natur [...] wie dem außermenschlichen Sein und im Kampfe mit den ewig sich widerstreitenden Wertauffassungen und Wertverwirklichungen in aller menschlichen Gemeinschaft sich selbst erringen. (1921: 11)

Die eigentlich ethische Bildung, die zur Ausprägung einer sittlich-autonomen Persönlichkeit mit einem spezifisch-eigenem Wertsinn führen soll, ist für Kerschensteiner daher vor allen Dingen an die Jugendphase geknüpft. Neben einer Zunahme des Geltungsbedürfnisses, einem ausgeprägten Tatendrang und einem leicht aufschäumenden Gefühlsleben sieht Kerschensteiner nämlich in Anlehnung an Sprangers *Jugendkunde* vor allen Dingen im „Erwachen des autonomen Wertbewußtseins" (1922: 135) ein spezifisches Charaktermerkmal dieses Alters. Zwar werde die Berufsschule auch weiterhin an die Neigungen und Interessen des Jugendlichen „anknüpfen". Doch soll sich diese Anknüpfung nun immer auch an den darin enthaltenen Wertsinn des Jugendlichen richten, damit das „Bildungsverfahren" ihn durch eine organische Interessenentwicklung und -verzweigung mit möglichst unterschiedlichen Wertrichtungen bekannt machen kann (1926a: 143). Das eigentliche Ziel dieser Wertbildung bestünde demnach aber weder in der bloßen Entfaltung angeborener Kräfte und Fähigkeiten, noch in der kritiklosen Anpassung an soziale Normen. Vielmehr findet es Kerschensteiner jetzt in der autonomen Gestaltung eines Prozesses, innerhalb dessen der jugendliche Mensch dadurch zu einem *autonomen Träger von Werten wird, dass er sich nach jeweils reiflicher Überlegung und mit einem freien Willensentschluss für oder gegen bestimmte, objektiv geltende Werte entscheidet* (1922: 132; 1923: 56, 59). Erst dadurch aber finde der Jugendliche nun seine eigene, individuelle Sittlichkeit:

> Das Erwachen des Wertbewußtseins, d. h. des Bewußtseins, selbständiger Träger von Werten oder Unwerten zu sein, ist meines Erachtens *das Grundmerkmal dieser Entwicklungsperiode*. Das vorausgegangene Ich war ein Ich der Heteronomie, ein Ich, das sich noch nicht als autonomen Träger von Werten fühlte. Jetzt erfolgt freiwillig entweder die vollständige Übernahme der früheren Werte, einzelner, vieler oder aller, oder aber autonome Neugestaltung, bzw. Verneinung. Die einzelnen Werte werden bewußter ins Auge gefaßt, die Formen, in denen sie verwirklicht sind, werden kritisiert, geschätzt oder verworfen. Ihr überlieferter Zusammenhang wird einer zunächst völlig subjektiven *Neuordnung* oder Zusammenfassung unterzogen. (1922: 136; Hervorh. orig.)

Im Ausgang von den egozentrischen (natürlichen und beruflichen) und im Nachgang zu den heterozentrischen (altruistischen, sozialen und sachlichen) Interessen der Kinder und Jugendlichen (1917: 21; 1922: 130 f.; 1923: 55), soll sich zuletzt also auch jenes *Bildungsinteresse* (1922: 130, 133) einstellen, das als Interesse an der Gestaltung der sittlichen Persönlichkeit selbst die Grundvoraussetzung für jeglichen weiteren Bildungsprozess überhaupt ist; sei doch „alle Bildung Selbstbildung aus den eigenen Interessen d. h. Werthaltungen heraus" (1921: 12). Kerschensteiner fordert daher von jedem sich bildenden Menschen einen grundlegenden „Sinn für geistige Werte und deren Träger" (1926a: 17), anhand derer er sich dann aufgeschlossen und zugleich kritisch seine eigene individuelle Wertgestalt zu entwerfen imstande ist. Neben die „Wertempfänglichkeit" – also die Fähigkeit, *vermittels* historisch konkreter Wertrealisierungen die sinnhaften Werte *selbst* erleben zu können – tritt also die Aufforderung zur „Wertverwirklichung" (1926a, 18) – zur sittlich-personalen Selbstgestaltung *im* weltgemäßen und d. h. beruflichen und sozialen Handlungsvollzug. Nur einen solchen, „durch die Kulturgüter geweckten, individuell organisierten Wertsinn" aber bezeichnet Kerschensteiner darum im eigentlichen Sinne als ‚Bildung'; und diese *axiologische Seite im Bildungsbegriff* gibt für ihn entsprechend zugleich „den grundlegenden Gesichtspunkt der ganzen Bildungstheorie" (1926a, 18) überhaupt ab. Das schließe „Wissen und Können" zwar nicht aus, doch könnten diese eben auch „in den Dienst des Gemeinen und Wertlosen" treten; weshalb Kerschensteiner sie lediglich als „konsekutive, aber nicht konstitutive Merkmale der Bildung" bezeichnet, also als Bedingungen, die zur Ver-Wirklichung von Bildung beitragen können, aber diese nicht schon selbst sind:

> Wer Bildung als individuell organisierten Wertsinn fordert, der fordert zugleich das zur Entwicklung und Gestaltung dieses Wertsinnes notwendige Wissen und Können. [...] Aber „Bildung" ist nicht das Ergebnis einer solchen Pflege und Übung. Nur wo Wissen und Können in steigendem Maße aus der sich organisierenden Wertgestalt heraus gesucht und auf diese Weise ganz in das Sinngefüge eingeflochten werden [...], da bedeutet Wissen und Können Erhebliches im Bildungsbegriff. Erst wenn Wissen und Können so der seelischen Zentralität dienen, „die zwar an Wissen und Können gebunden ist, aber nicht mit ihr zusammenfällt" (G. Simmel), da zeigen wir auch in Wissen und Können unsere Bildung. (1926a, 21 f.)

Mit dieser Betonung einer personal gestalteten Sittlichkeit, d. h. der Wertausgerichtetheit aller Bildung, geht Kerschensteiner in der Tat einen Weg, den die meisten Reformpädagogen vernachlässigt haben, indem sie sich entweder einseitig auf die kindliche Kräfteentwicklung oder nicht minder einseitig auf nationale Gemeinschafts- oder sozialistische Staatsmodelle beriefen – und mit diesen normativen Vorgaben das gesamte Problem der Sittlichkeit bereits *gelöst* zu haben vermeinten. In Relation zur *individuellen* und *sozialen* Seite der Bildung hat Kerschensteiner darum ein ergänzendes *drittes* Moment ins Spiel gebracht, das er einerseits – vermittelt etwa über die Hegelrezeption bei Spranger – der klassischen Bildungstheorie entnahm, andererseits aber auch – vermittelt über die Wertphilosophie Rickerts – einer neukantianischen Tradition. Dieses Bildungsmoment bezeichnete er dabei sehr missverständlich als ein „asoziales praktisches Verhalten", als „Impersonalismus im Gegensatz zum Altruismus oder Egoismus" (1916: 47, 49; vgl. 1923: 56). Trefflicher scheint es dagegen, diesen spezifisch sittlichen Aspekt der Bildung mit einem anderen Ausdruck in Verbindung zu bringen, den Kerschensteiner dann ab 1917 ebenfalls zur Kennzeichnung verwendete, und hier von der *sachlichen* Seite des Bildungsprozesses zu sprechen.

5 Die Bedeutung der *sachlichen* Einstellung für Kerschensteiners Arbeitsschulkonzeption

Das Substantiv Sachlichkeit taucht in Kerschensteiners Schriften erst im Spätwerk auf,[63] gehört dort jedoch zu den zentralen Begriffen seiner

---

63 Th. Hagenmaier, „Der Begriff der Sachlichkeit in der Pädagogik Georg Kerschensteiners", in: dies. u. a. (Hrsg.), *Neue Aspekte der Reformpädagogik. Studien zur Anthropologie und Pädagogik bei Kerschensteiner, Dewey und Montessori*, Heidelberg 1964, 30, datiert das Aufkommen des Sachlichkeitsbegriffes auf das Vorwort zur 6. Auflage von Kerschensteiners *Begriff der Arbeitsschule* 1925. Ihr folgte G. Bittner, „Sachlichkeit und Bildung. Kritische Studie zur Fundierung des gegenwärtigen Bildungsdenkens nach einem Begriff bei Hans-Eduard Hengstenberg", Diss. München 1965, 57. Vorbild für das 1925 neu verfasste III. Kapitel war aber die bereits 1923 entstandene kleine, aber gewichtige Abhandlung *Der pädagogische Begriff der Arbeit*. – Das Adjektiv ‚sachlich' kommt jedoch schon früher in einem spezifisch werttheoretischen Kontext vor. So hatte Kerschensteiner noch 1916 die Ausrichtung auf Werte als ein „asoziales praktisches Verhalten" (47) bezeichnet, das er 1917 mit dem Hinweis erläuterte: „Man kann es auch schlechtweg das *sachliche* Verhalten nennen." (20; Hervorh. orig.) Für beide Formulierungen dürfte Heinrich Rickerts Aufsatz „Vom System der Werte", in: *Logos. Internationale Zeitschrift für Philosophie der Kultur* 4 (1913), 295–327, Pate gestanden haben, dessen Begriffe Kerschensteiner jedoch sehr frei umdeutet.

Bildungstheorie.[64] Kerschensteiner hatte ursprünglich nur von einem einfachen ‚sachlichen' Verhalten gesprochen und damit im Kampf gegen die subjektivistischen Einseitigkeiten der idealistischen Bildungstheorie und den Individualismen der Reformpädagogik einen sachangemessenen Umgang mit dem jeweiligen Werkstoff eingefordert. Im Kontext der wertphilosophischen und kulturpädagogischen Ausgestaltung seiner eigentlichen Bildungstheorie gewinnt die ‚sachliche' Einstellung jedoch eine vertiefte Bedeutung, weil sie nunmehr eine gewisse Tugend bezeichnet, die sich mit „moralischem Mut" (1916: 17 ff.) für die Realisierung von Werten einsetzt, die auch *gegen* die Widerstände der öffentlichen Meinung und der Partei verfolgt werden.

Erst auf dem Hintergrund dieser Zusammenhänge kann darum deutlich werden, warum für Kerschensteiner der zentrale Kern der *Sittlichkeit* zuletzt in dem entscheidenden Moment ihrer *Sachlichkeit* besteht – mithin also allein der *sachlich* eingestellte Mensch auch *sittlich* genannt werden darf:

> Nennen wir jede Einstellung auf Werte, die objektive Geltung haben, kurz und deutlich „Sachlichkeit", so hat jede Arbeit pädagogischen Wert, in der der Arbeitende rein sachlich sich verhält. Wer aber sachlich eingestellt ist, für den gibt es nur ein Grundmotiv des Handelns, *den Wert der Sache so gut als möglich zu verwirklichen*. (1923: 55 f.; Hervorh. orig.)

‚Sachlichkeit' ist für Kerschensteiner darum *nicht* das *Gegenteil* von Persönlichkeit und Mitmenschlichkeit, wie es etwa Theodor Wilhelm[65] unterstellt,

---

64 Th. Wilhelm (*Die Pädagogik Kerschensteiners*, 126) nennt Kerschensteiner entsprechend den „pädagogischen Erfinder des moralischen Begriffs der ‚Sachlichkeit' ".

65 Vgl. bes. Fr. Oetinger [d. i. Th. Wilhelm], *Sachlichkeit und Menschlichkeit. Richtpunkte für die sittliche Erziehung in der Gegenwart*, Stuttgart 1955, der die Erziehung zur ‚Sachlichkeit' geradezu verantwortlich für die nationalsozialistische Unmenschlichkeit machte – und auch Kerschensteiner in diese Linie einordnete (29–34), indem er behauptete, die Erziehung zur Sachlichkeit sei bei ihm mit der Erziehung „treuer, braver, fleißiger" Staatsdiener „gleichzusetzen" (34). – Dass der von Oetinger ferner unterstellte Begriff der Sachlichkeit als Funktionalisierung und Vergegenständlichung aller Lebensbereiche auf Kerschensteiner allerdings gar nicht zutrifft, hatte bereits Th. Hagenmaier („Der Begriff der Sachlichkeit", 18) hervorgehoben. – Auch H. Jansohn („Sachlichkeit. Ein pädagogisches Grundproblem sozialphilosophisch betrachtet", in: *Zeitschrift für philosophische Forschung* 25 [1971], 409/412) hat entsprechend zurecht darauf hingewiesen, dass dem „kontradiktorischen Gegensatz", den Wilhelm für Sachlichkeit und Menschlichkeit konstatiert, bei Kerschensteiner eine weitgehende „Identität" entspricht: „Sachlichkeit umschreibt die in der Erziehung zu erreichende Menschlichkeit, obwohl die Einstellung auf die Sache ein totales Absehen von der menschlichen Person beinhaltet."

sondern vielmehr genau umgekehrt ihr eigentlicher *Anwalt*: Gegenüber einem jeglichen individualistischen Egozentrismus, der immer unfrei bleibt, weil er es niemals geschafft hat, von sich selbst und seinen Trieben, Neigungen und Interessen auch mal abzusehen, muss der Anspruch der Sache in ihrer relativen Fremdheit als geradezu befreiend empfunden werden. Denn sie allein ermöglicht durch die Konfrontation mit geltenden Werten einen bewussten und entschiedenen Selbstgestaltungsakt der Persönlichkeit, wo vorher nur zwanghaftes und triebhaftes Drängen war. Darum aber sei letztendlich „alle Sachlichkeit auch Sittlichkeit":

> Denn was heißt Sittlichkeit anderes, als den objektiv geltenden Wert immer über den subjektiv geltenden Wert setzen und was meint Sachlichkeit anderes, als einen Zweck ohne Rücksicht auf subjektive Neigungen, Begierden, Wünsche im Interesse eines objektiv geltenden Wertes zur vollendeten Verwirklichung bringen? (1923: 56)

Im Prozess der Bildung steht jetzt nicht mehr der Kampf mit den Interessen der Mitmenschen und Gemeinschaften im Vordergrund, sondern der Kampf mit sich selbst, also jenes „Ankämpfen gegen die subjektiven Wertungen" (1923: 58), das durch den Anspruch der in den Kulturgütern sich manifestierenden Wertgeltungen angestoßen wurde. Der Weg vom funktional-leistungsfähigen Individuum zur sittlich gebildeten Persönlichkeit, der Weg jener *Allgemeinbildung* also, die ihren Ausgang von der formal-psychologischen Bildung der Kräfte und Fähigkeiten nimmt, um zur axiologischen Bildung des wertrealisierenden Menschen zu führen, kann daher *kein direkter* sein (1926b: 34 f.) – und Kerschensteiner warnt darum auch ausdrücklich vor jenem Übereifer, der sein Bildungsinteresse auf diesem Wege der Unmittelbarkeit realisieren will:

> Der Weg zur Bildung ist der Weg des unermüdlichen harten Ringens des Subjekts mit dem Objekt. Man kann auch ganz schlicht sagen: es ist der Weg der Arbeit. Nicht jeder Arbeit freilich. Ich glaube nicht einmal derjenigen, deren selbstgesetzter Zweck die eigene Bildung ist. Wir müssen immer die *Sache* wollen, um in diesem Wollen zugleich auch unser *Selbst* zu gestalten. Wir müssen uns mit Leib und Seele einer fremden Sache hingeben, wenn wir uns ganz gewinnen wollen. (1927: 11; Hervorh. orig.)

Die Allgemeinbildung muss also einen *Umweg* nehmen, den Umweg über die Auseinandersetzung mit den Wertgestalten der sozial-gesellschaftlichen Wirklichkeit und also mit jener werthaltigen Kulturgemeinschaft (1926b: 37 f.), deren kritische Aneignung und Anverwandlung sich für Kerschensteiner eben wesentlich *als Berufsbildung* vollzieht. Kerschensteiners wohl berühmtester Satz, dass „der Weg zur allgemeinen Bildung, zur Menschenbildung, nur über die Berufsbildung" (1922: 142; 1926a: 192; ähnlich schon 1904: 94) führen könne, findet hier seine wesentliche Erklärung. Berufsbildung im eigentlichen Sinne erschöpft sich nämlich gerade *nicht* darin, ein bestimmtes Wissen und Können auszubilden und in den staatsbürgerlichen Dienst an der Gemeinschaft zu stellen. Vielmehr zielt sie auf die Herausbildung eines „sittlichen Berufsethos" (1926a: 43), das nicht nur Zwecke, sondern Werte verwirklichen will. Und in eben diesem Sinne kann Kerschensteiner sowohl die Ausübung eines Arbeitsberufes (1926a: 191) als auch das Hineinwachsen in den sozialen Beruf (1926a: 209) als unerlässliche Bedingung für die Wertbildung selbst betrachten.

Umgekehrt aber werden Werte natürlich nicht ‚an sich' verwirklicht, sondern müssen in einem konkreten *Werk* phänomenal anschaulich werden, einem Werk, das sich zuerst in der technischen und sozialen Berufsausübung manifestieren muss, ehe es möglicherweise auch als ein rein theoretisches Werk Gestalt anzunehmen vermag (1927: 12). Eine rein „kontemplative Ausgestaltung des eigenen Persönlichkeitsideals", das im religiösen, ästhetischen oder philosophischen Sinne ausschließlich auf die Vollendung des „eigenen werterfüllten Wesens" zielt, ohne an der konkreten Gestaltung der sozialen Gemeinschaft mitwirken zu wollen – gleichsam als lebe der Mensch in einem kampffreien „Paradiese", in welchem es nur noch darum gehe, „jeden im Reiche der Ideen friedlich zu jener Höhe zu führen, die seiner seelischen Veranlagung im Laufe seines Erdendaseins erreichbar ist" – hielt Kerschensteiner darum für die größte „Gefahr" einer ausschließlich axiologisch orientierten Bildung (1921: 11, 14 f.). „Nicht das Buch", so konnte er deshalb auch schon früh etwas pointierter formulieren, „sondern die Arbeit, die hingebende, sich selbst aufopfernde Arbeit im Dienste der Mitmenschen oder einer großen Wahrheit" (1908a: 43), sei deshalb als der eigentliche Träger menschlicher Kultur zu begreifen.

Allgemeinbildung ist darum aber niemals ein statischer Zustand, sondern ein fortwährender Prozess, der sich als ein Zuwachs an Wertsinn *anhand* tätiger Arbeit zeigt (1922: 132 f.), als Einheit gesteigerter „Wertempfänglichkeit" und „Wertverwirklichung" (1926a: 18). Sie nimmt also ihren Ausgang zunächst bei der formal-psychologischen Kraftbildung, die sich an den Gegenständen der unmittelbaren Lebenswelt übt, gewinnt sodann in der technischen und staatsbürgerlichen Berufsbildung die Fähigkeit zur Teilhabe an den bereits wirklichen Wertgestalten der Kultur und vollendet sich als sachlich-sittliche Bildung in einem reflektierten Wertwillen, der bereit *und* fähig ist, auch selbst wiederum konkrete Wertgestaltungen als kulturelle Arbeit hervorzubringen. Erst in der Arbeit gewinnt die Bildung des Menschen darum ihre *Wirklichkeit*.

6 Die *Selbstprüfung* als Bildungsverfahren einer Erziehung zur sachlichen Sittlichkeit

Nun reicht es der Pädagogik keinesfalls, nur auf die Richtung und das Ziel des Bildungsprozesses zu reflektieren; vielmehr muss sie auch das *Bildungsverfahren* selbst in den Blick bekommen, mit dessen Hilfe dieser Bildungsprozess methodisch gefördert werden kann. Für den Entwurf des Bildungsverfahrens maßgeblich ist dabei das grundsätzliche Ziel der sittlich-autonomen Persönlichkeit, so dass die werthaft-axiologische Seite des Bildungsprozesses leitend bleibt (1926a: 49, 404 u. ö.); in ihrem einheitlichen Gesamtzusammenhang aber muss sie auch die formal-psychologische Kräftebildung sowie die teleologische Bildung zum technischen und sozialen Beruf des Menschen berücksichtigen: „Die Wertbildung gibt das höchste Ziel, die Berufsbildung den besten Weg, die Kraftbildung die notwendige Sicherung der Bildung." (1926a: 47; vgl. ebd. 229 ff., sowie bereits 1921: 13)

Das vollständige Bildungsverfahren besitzt also drei Aspekte. Im *Anfang* muss es die sowohl zeitliche als auch räumliche Lebensnähe des Kindes suchen und d. h. in gegenwartsgerichteter Perspektive sein entwicklungspsychologisches Alter, sein soziales Umfeld und natürlich seine individuelle Interessenslage berücksichtigen (1930: 83); vom zukunftsgerichteten *Ziel* her soll der Heranwachsende jedoch mit solchen Kulturgütern bekannt gemacht werden, anhand derer er zeitlos geltende Werte erleben kann, um sie zuletzt in seiner Person lebendig werden zu lassen (1930: 86 f.); um den Anfang mit dem Ziel zu *verknüpfen*, muss der Pädagoge schließlich darauf bedacht sein, den im Interessenshorizont anfänglich beschlossen liegenden Wertrichtungen nur solche Kulturgüter zuzuführen, die der individuellen Psyche „adäquat" (1917: 27, 38, 44 u. ö.) sind und darum ein entsprechendes „Identitätserlebnis" (1926a: 143) von subjektiven und objektiven Wertstrukturen bei Jugendlichen ermöglichen. Dabei lassen sich tendenziell zwei Möglichkeiten der Hinführung unterscheiden.

Der gleichsam ‚*erzieherische*' *Weg* des Bildungsverfahrens verläuft über die Teilhabe an einer jeweiligen Wertgemeinschaft, die bestimmte Kulturwerte leben und erleben lässt. Über die Nachahmung von Handlungsmustern und die Gewöhnung an soziale Sitten wird der Heranwachsende hier mit Wertgeltungen bekannt, deren eigentlichen Sinn er allerdings erst später einzusehen vermag, um sie dann auch freiwillig und aus eigener Spontaneität nachzuerschaffen – oder auch umzudeuten oder abzulehnen (1922: 136; vgl. 1925: 65). Kerschensteiner befürwortet durchaus die Forderung, dass auch die Schule in gewisser Weise eine solche Wertgemeinschaft darstellen müsse; doch weiß er zugleich um die immanenten Grenzen einer solchen Forderung, weil eben bestimmte, etwa ästhetische oder religiöse Werteerlebnisse nicht eigentlich erarbeitet und daher auch nur schwerlich auf ihre Stimmigkeit und Bündigkeit reflexiv geprüft werden können (vgl. 1923: 62).

Für die Schule sinnvoller ist daher der ‚unterrichtliche' Weg des Bildungsverfahrens, den es nun abschließend zu skizzieren gilt. Denn damit eine schulische Arbeit später nicht nur auf ihre immanente Richtigkeit hin untersucht, sondern auch auf bestimmte Geltungswerte hin transparent gemacht werden kann, muss sie zunächst die Form eines *Werkes* haben. Dazu aber reicht es keinesfalls aus, dass eine Arbeit selbsttätig und spontan hervorgebracht wurde. Vielmehr müssen mindestens drei weitere Bedingungen erfüllt sein. Zum einen bedürfe es nämlich eines grundsätzlichen *Willens zur Sachlichkeit* – auch wenn dieser zunächst noch sehr stark von individuellen Interessen geprägt sei, zu deren Durchsetzung er nach zweckdienlichen Mitteln suche (1926c: 77); eine reine Spiel- und Spaßhaltung vermöge dagegen zwar viele zufällige „Augenblickserzeugnisse" hervorbringen, doch ein ‚Werk' schaffe sie keinesfalls (1926c: 75). Nicht minder wichtig ist für Kerschensteiner die Forderung, dass jeder pädagogisch sinnvollen Arbeit ein *logischer Denkprozess* entsprechen müsse, wie er ihn schon früh im engen Anschluss an John Dewey formuliert hatte.[66] Demnach habe nämlich einer auftretenden Schwierigkeit – etwa bei der Bearbeitung einer mathematischen Aufgabe oder der Verfertigung einer Übersetzung – zuerst eine genaue Problemanalyse zu folgen, die sodann zu verschiedenen Vermutungen darüber führe, wie das Problem zu lösen sein könnte. Doch soll sich der Schüler hier weder zu einem wüsten Herumprobieren verleiten lassen noch in einem überhasteten (Vor-)Urteil ergehen. Vielmehr komme nun alles darauf an, die unterschiedlichen Vermutungen in einem dritten Schritt auch auf ihre tatsächliche Leistungsfähigkeit hin zu untersuchen, bis schließlich nur die erfolgversprechendste Lösung übrig bleibe. Im vierten Schritt, der Verifikation, sei die gefundene Lösung schließlich auf das tatsächliche Problem anzuwenden und solcherart zu prüfen, ob es in diesem Falle wirklich zu dem erwarteten Ergebnisse führe. Hier aber kommt dann noch die *Forderung nach Vollendung* hinzu: Denn Kerschensteiner hält die frühe Gewöhnung daran, eine Arbeit immer nur „so ‚annähernd', so ‚beinahe', so ‚ungefähr' richtig zu machen" (1911: 43), für völlig unzureichend, weil sich eben nur das fertiggestellte Arbeitsprodukt auch auf seine Bündigkeit hin prüfen lasse.

---

66 Kerschensteiners Verhältnis zu Dewey war wiederholt Gegenstand von Untersuchungen. Vgl. beispielhaft: R. Prantl, „Kerschensteiner als Pädagog", 116 ff., sowie St. Bittner, *Learning by Dewey? John Dewey und die deutsche Pädagogik 1900–2000*, Bad Heilbrunn 2001, 61 ff.

Der letzte Sinn des unterrichtlichen Bildungsverfahrens aber ist damit noch nicht erreicht. Zu diesem gelangt Kerschensteiner vielmehr erst im Zuge seiner wert- und kulturtheoretischen Vertiefung, in deren Kontext er den früheren Begriff der Verifikation (als Bezeichnung für die vierte Stufe des logischen Denkprozesses) durch den der *Selbstprüfung* erweitert und präzisiert.[67] Es ist aber nun allein diese Selbstprüfung, die Kerschensteiner zuletzt als das eigentliche und wesentliche Merkmal seiner Arbeitsschulkonzeption bezeichnet:

> Damit „Sachlichkeit" das Ergebnis der Arbeit im pädagogischen Sinne ist, muß [...] jede Arbeit, die wir dem Schüler stellen, der Selbstprüfung des Arbeitsproduktes, seiner Übereinstimmung mit den sachlichen Forderungen zugänglich sein. In dieser inneren Nötigung zur Selbstprüfung und in der Möglichkeit dieser Selbstprüfung im erzeugten Gute, mag dieses Gut nun eine innere Gedankenverbindung oder eine sittliche Willenshandlung oder ein äußeres technisches Gut sein, haben wir das Grundmerkmal der rechten Arbeitsschule. [...] Nicht daß wir Kenntnisse „erarbeiten" lassen, ist das letzte Kennzeichen einer guten Arbeitsschule, sondern daß wir den Schülern in der Selbstprüfung erleben lassen, wie groß ihre Selbsttreue, ihre Sachlichkeit in der Selbsttätigkeit ihrer Arbeit war, darin liegt der wahre Geist der Arbeitsschule. (1923: 61)

Die ‚Selbstprüfung' bezieht sich also einmal *auf das Arbeitsprodukt*, das auf seine vollendete Bündigkeit hin untersucht werden soll (1926c: 74 f.). Besonders in den Bereichen des technischen Zeichnens sowie der mathematischen, physikalischen und chemischen Aufgaben, aber auch im Bereich der handwerklich-manuellen Berufsbildung, wo die Ergebnisse durchweg eine sichtbare Gestalt annehmen, oder in schulischen Übersetzungsübungen hält Kerschensteiner darum eine bewusste „Außenschau" auf das Produkt für eine geeignete Weise der Werksprüfung – die ihm überdies gerade in den unteren Klassen der Volksschule als wesentliches Mittel erscheint, um die Schüler in die Methodik der Selbstprüfung einzuführen und sie an deren um Ausübung zu gewöhnen. Während die Außenschau als „empirische Selbstprüfung" jedoch lediglich danach fragt, „was und wie" der Heranwachsende getan hat, fragt die „Innenschau" als „rationale Selbstprüfung" darüber hinaus nach dem „warum" des Werkes, weshalb sie gleichsam als logische Prüfung der Stimmigkeit der Denkprozesse selbst erscheint. Insofern sei sie aber schwieriger und

---

67   G. Wehle, *Praxis und Theorie*, 116 f.; ähnlich G. Wilimzig, Lernen und Selbsttätigkeit, 130–138.

daher nur für die höheren Klassen der Volksschule und die Berufsschulen geeignet (1923: 62 f.).

Anders als in dem frühen Begriff der Verifikation, der sich einseitig auf das Arbeitsprodukt richtete, kennt der Begriff der ‚Selbstprüfung' aber noch eine weitere Perspektive, nämlich diejenige *auf den Arbeitenden selbst*. Aloys Fischer hat zurecht darauf hingewiesen, dass im Zentrum von Kerschensteiners bildungstheoretischen Überlegungen bezüglich der Selbstprüfung der Gedanke „einer bestimmten Rückwirkung an sich beliebiger Tätigkeiten auf den Menschen, der sie vollbringt"[68], stehe. Das Arbeitsprodukt wird also zum Spiegel des Arbeitenden selbst, wodurch die ‚Selbstprüfung' im Kern nicht nur zur Selbstbesinnung und Selbsterkenntnis führt, sondern auch Selbstkritik und Selbstkorrekturen ermöglicht (1926b: 435 ff., 442, 457, 459 u. ö.). In ihr kann der Jugendliche etwas über die Treue gegen sich selbst erfahren, kann er die Befriedigung empfinden, die sich einstellt, wenn er sich als „Ursache der Verwirklichung des Wertes der Sachlichkeit" erlebt (1923: 59):

> Der pädagogische Wert einer Arbeit ist umso größer, je mehr das Ergebnis der Arbeit es ermöglicht, daß der Arbeitende am Arbeitsprodukt selbst erkennt, wie weit er bei seiner Herstellung sachlich eingestellt war. Sich als die Ursache einer vollendeten Arbeit zu erkennen, die einen Wert verwirklicht hat, und damit als Wertträger reiner Sachlichkeit sich zu fühlen und zwar aus eigener Einsicht heraus, das ist die reine Quelle aller Arbeitsfreude und aller Arbeitssittlichkeit. (1923: 57)

Zu dieser ‚Selbstprüfung', bei welcher der Jugendliche im hervorgebrachten ‚Werk' als der „bündigen Objektivierung" (1926b: 321) seiner Selbst nicht nur sein angelerntes intellektuelles *Wissen* und sein geschultes technisches *Können* widergespiegelt findet – wir würden heute wahrscheinlich sagen: seine Kompetenzen[69] –, sondern vor allen Dingen auch seiner eigenen *gebildeten Sittlichkeit und Werthaftigkeit* inne wird (1926b: 295 f.): zu *dieser* Selbstprüfung also kann und soll das Bildungsverfahren an- und hinleiten, indem es sich so weit wie möglich als „Erziehung der Selbstprüfungsgewohnheiten" oder „Erziehung zum Verifikationsbedürfnis" versteht (1926b: 458). Allein „das *Erlebnis der unbedingten Werte selbst* kann kein Bildungsverfahren erzwingen" (1926b: 254; Hervorh. orig.); denn hier stößt es an die zuletzt unbezwingbare

---

68 A. Fischer, „Psychologie der Arbeit", in: *Die Arbeitsschule* 39 (1925), 1.
69 Vgl. E. Klieme u. a., *Zur Entwicklung nationaler Bildungsstandards. Expertise*, hrsg. vom Bundesministerium für Bildung und Forschung, Bonn/Berlin 2007, 73: „Kompetenz stellt die Verbindung von Wissen und Können her."

Freiheit des einsichtigen Willens selbst, nicht nur etwas *lernen*, sondern sich auch werthaft *bilden* zu wollen:

> Das Ich des Willens sitzt in einer völlig unzugänglichen Festung, deren Tore sich nur von dem öffnen lassen, dem es freiwillig die Schlüssel reicht. Bildung ist immer ein Vorgang innerer Aktivität. Ich muß das Bildungsgut selbst ergreifen, damit meine Kräfte an ihm wachsen. (1917: 55)

7 Die Erprobung der Freiheit im Werk der Arbeit als Wirklichkeit der Bildung

„Der Umriß der morphopoietischen Weltnatur des schaffenden Subjekts gewinnt symbolische Weltgestalt durch das Kulturschaffen des Menschen."[70] Im vollbrachten Werk wird darum der Mensch seiner selbst ansichtig, wird er seiner verantwortlichen Urheberschaft inne, in der das Werk gründet. Er *erfährt* jedoch nur deshalb etwas über seine schaffende Urheberschaft, weil das Werk eben das Symbol seiner eigenen Tätigkeit ist, durch welche er seine endliche Freiheit zuvor *erprobt* hat. Im Werk allein zeigt sich ihm seine eigene Bildungsgestalt – mit Kerschensteiner gesprochen: seine Bildung als Wertgestalt (1926a: 47) –, weil sich der Bildungsprozess als ein geschichtlich-endlicher überhaupt nur unter den Bedingungen von Raum und Zeit zu vollziehen vermochte. Nur hier – in den *Werken* der Kunst und der Wissenschaft, der Politik und der Technik, der Wirtschaft und der Erziehung – vermag Bildung als *Wirklichkeit* anschaulich zu werden, weil sich der Mensch nur in ihren Kontexten eine individuelle Welt- und Wertgestalt zu geben vermag. Der technische und der soziale Beruf des Menschen, wie Kerschensteiner sie konstruiert: sie sind daher als *beispielhafte Bewährungsfelder* zu begreifen, in denen der Mensch sein *Werk* vollbringen muss – ein Werk, mit dem er zugleich *sich selbst* vollbringt, seine sittliche Persönlichkeit bildet. In ihm allein wird er darum sowohl seiner *demiurgischen Möglichkeiten* als auch seiner *geschichtlichen Fehlbarkeit* ansichtig; und von dieser Wert- und Werk-Orientierung seiner Spätphase her hat Kerschensteiner denn auch seine Vorstellungen der ‚Arbeitsschule' zunehmend auf eine umfassendere ‚Bildungstheorie' hin konkretisiert:

---

70 R. Berlinger, *Die Weltnatur des Menschen. Morphopoietische Metaphysik – Grundlegungsfragen* (Elementa 48), Amsterdam 1988, 271.

Arbeit ist nämlich jene Betätigung, die [...] ganz allein und ausschließlich auf das Werk eingestellt ist. [...] Jedenfalls darf das Bildungsverfahren keine andere Betätigung mit diesem Wort bezeichnen. Das Spiel setzt den Zweck um der Tätigkeit willen, die Arbeit setzt dagegen die Tätigkeit um des Zweckes und seiner vollen Verwirklichung willen. Weil dem so ist bei der Arbeitshaltung, darum ist die Arbeit so oft mit starker Selbstüberwindung und bewußter Anstrengung verbunden, die bisweilen bis zur Erschöpfung gehen kann, ohne vielleicht jemals die letzte Vollendung zu erreichen. (1927: 14)

Der Erwerb von Kenntnissen und die Ausbildung von Fähigkeiten und Fertigkeiten mögen daher einen gewissen „Schulungswert" besitzen, der sie zu nützlichen „Werkzeugen" bei der Daseinsgestaltung werden lässt. Doch einen echten „Bildungswert" erlangen sie erst durch ihren tatsächlichen „Gebrauch" (1927: 14; 1919: 5), weil dieser allein darüber bestimmt, welche Werte der Mensch realisiert und welche Welt- und Wertgestalt er sich selbst damit gibt. Ohne die welthafte Tat aber bliebe darum jede Allgemeinbildung eine bloße *Fiktion*.

Auf die *Wirklichkeit der Bildung im Werk* hingewiesen zu haben: das ist darum das eigentliche Verdienst Kerschensteiners, durch welches er sich wesentlich von Humboldt unterscheidet;[71] und die Berufsschule, die mit seinem Namen so häufig verknüpft wird, ist nicht anders als die staatsbürgerliche Erziehung letztlich nur *eine* paradigmatische Gestalt werkhafter Bildung überhaupt. Nur wenn wir die *Begründung*, die Hans Maier in seiner Ansprache zum 50. Todestag Kerschensteiners 1982 für sein Lob anführte – dass Kerschensteiner nämlich „der eigentliche Überwinder neuhumanistischer Verengungen unserer Bildung" und zugleich „der Entdecker der Berufswelt" gewesen sei –, in diesem späten, *bildungstheoretisch erweiterten Verständnis einer allgemeinbildenden Wert- und Werk-Pädagogik* lesen, können wir uns darum auch seine *Forderung* letztlich zu eigen machen:

---

71 Vgl. dazu bereits H. Mühlmeyer („Humboldt und Kerschensteiner", 63 f.), der Humboldts Bildungsideal als eine universale, dafür aber „irreale" Extensivität beschreibt, die sich nur auf einen abstrakten Menschen an sich beziehe; dagegen sei Kerschensteiner an einer individuellen Intensivität gelegen, durch welche sich der Mensch als ein „ganz bestimmter so und nicht anders anwesender Mensch" bilde: „Kerschensteiner nimmt den Ansatz Humboldts auf, ohne ihn zu verwerfen, und überführt ihn in die Wirklichkeit: Menschsein vollzieht sich immer im Raume der Arbeit als dem Bereich aktiv-schöpferischen Gestalten" (2).

„Lassen wir endlich Kerschensteiner neben Humboldt treten. Es ist Zeit dafür."[72]

Siglenverzeichnis

1899   *Betrachtungen zur Theorie des Lehrplans*, München 1899.

1901   „Staatsbürgerliche Erziehung der deutschen Jugend" (1901), in: Gerhard Wehle (Hrsg.), *Georg Kerschensteiner. Berufsbildung und Berufsschule* (Ausgewählte pädagogische Schriften 1), Paderborn 1966, 5–88.

1902   „Die Neugestaltung des gewerblichen Schulwesens in München (1902)", in: *Grundfragen der Schulorganisation. Eine Sammlung von Reden, Aufsätzen und Organisationsbeispielen*, Leipzig/Berlin ³1912, 122–144.

1904   „Berufsbildung oder Allgemeinbildung?" (1904), in: Gerhard Wehle (Hrsg.), *Georg Kerschensteiner. Berufsbildung und Berufsschule* (Ausgewählte pädagogische Schriften 1), Paderborn 1966, 89–104.

1905   „Der Ausbau der Volksschule" (1905), in: *Grundfragen der Schulorganisation. Eine Sammlung von Reden, Aufsätzen und Organisationsbeispielen*, Leipzig/Berlin ³1912, 78–102.

1906   „Produktive Arbeit und ihr Erziehungswert", in: *Der Säemann* 2 (1906), 101–121.

1908a   „Die Schule der Zukunft eine Arbeitsschule", in: *Der Säemann* 4 (1908), 37–49.

1908b   „Die Schulwerkstatt als Grundlage der Organisation der Fortbildungsschule (1908)", in: Gerhard Wehle (Hrsg.), *Georg Kerschensteiner. Berufsbildung und Berufsschule* (Ausgewählte pädagogische Schriften 1), Paderborn 1966, 116–129.

1911   „Der Begriff der Arbeitsschule" (1911), in: Gerhard Wehle (Hrsg.), *Georg Kerschensteiner. Texte zum pädagogischen Begriff der Arbeit und zur Arbeitsschule* (Ausgewählte pädagogische Schriften 2), Paderborn 1968, 39–45.

1915   *Charakterbegriff und Charaktererziehung*, Leipzig/Berlin ²1915.

1916   *Deutsche Schulerziehung in Krieg und Frieden*, Berlin 1916.

1917   *Das Grundaxiom des Bildungsprozesses und seine Folgerungen für die Schulorganisation*, Berlin 1917.

1919   „Die immanenten Bildungswerte der Volksschule", in: *Die deutsche Schule* 23 (1919), 5–21.

1921   „Analyse des Bildungsbegriffs", in: Pädagogische Blätter 50 (1921), 5–15.

---

72   Hans Maier, „Kerschensteiner – neu entdeckt. Ansprache zum 50. Todestag von Prof. Dr. Georg Kerschensteiner am 15. Januar 1982", in: Bayerisches Staatsministerium für Unterricht und Kultus (Hrsg.), *Georg Kerschensteiner. Beiträge zur Bedeutung seines Wirkens und seiner Ideen für unser heutiges Schulwesen*, Stuttgart 1984, 20.

1922 „Berufserziehung im Jugendalter" (1922), in: Gerhard Wehle (Hrsg.), *Georg Kerschensteiner. Berufsbildung und Berufsschule* (Ausgewählte pädagogische Schriften 1), Paderborn 1966, 130–146.

1923 „Der pädagogische Begriff der Arbeit" (1923, in: Gerhard Wehle (Hrsg.), *Georg Kerschensteiner. Texte zum pädagogischen Begriff der Arbeit und zur Arbeitsschule* (Ausgewählte pädagogische Schriften 2), Paderborn 1968, 46–62.

1926a *Theorie der Bildung*, Leipzig/Berlin 1926, ³1931.

1926b „Georg Kerschensteiner – Selbstdarstellung" (1926), in: Gerhard Wehle (Hrsg.), *Georg Kerschensteiner. Texte zum pädagogischen Begriff der Arbeit und zur Arbeitsschule* (Ausgewählte pädagogische Schriften 2), Paderborn 1968, 110–149.

1926c „Die geistige Arbeit als Bildungsverfahren" (1926), in: Gerhard Wehle (Hrsg.), *Georg Kerschensteiner. Texte zum pädagogischen Begriff der Arbeit und zur Arbeitsschule* (Ausgewählte pädagogische Schriften 2), Paderborn 1968, 70–79.

1927 „Der pädagogische Begriff der geistigen Arbeit und seine Auswirkung im deutschen Bildungsgut", in: G. Ried (Hrsg.), *Die moderne Kultur und das Bildungsgut der deutschen Schule*, Leipzig 1927, 11–21.

1929 *Der Begriff der staatsbürgerlichen Erziehung*, 6., erw. Aufl., Berlin/Leipzig 1929.

1930 *Begriff der Arbeitsschule*, Leipzig ⁸1930.

Ein unerwarteter Besuch. Friedrich Nietzsche: Briefe und Briefentwürfe von 1862 bis 1889

Jutta Georg

Die hier vorgestellten signifikanten Briefe und Briefentwürfe Friedrich Nietzsches geben vielfältige Einblicke in die Persönlichkeits- und Werkentwicklung eines genialen Denkers, der wie kein anderer mit Masken und Inszenierungen spielte. In der Gegenüberstellung von Entwürfen zu abgesandten Briefen zeigen diese Inszenierungen freilich auch zuweilen Risse, die womöglich als Zeichen verdrängter Ichanteile, als mögliche unverstellte Transparenz affektiver Formulierungen gelesen werden können, geeignet, die Stilsicherheit der Maske partiell zu erodieren.

> Mein lieber Freund, es ist ein böses Ding mit Briefen: man möchte vom Besten geben [...] Und was hast Du nun, wenn ich mich recht erinnre, in meinen letzten Briefen bekommen? Negationen, Verdrießlichkeiten, Einsamkeiten, Einzelheiten.[1]

Das schreibt Friedrich Nietzsche an seinen Freund, den Altphilologen Erwin Rohde, am 3. September 1869 aus Basel. Diese Aufzählung kann nicht nur für die Briefe an Rohde als Zusammenfassung gelten. Kaum je gibt es Positives zu berichten, und nicht selten sind die Botschaften alarmierend; namentlich die über seine miserable Gesundheit, seine Isolation, das Unverständnis, dem er ausgesetzt sei und später dann die Beispiele der zunehmenden Erosion seiner geistigen Verfassung.

Nietzsches Korrespondenz ist überwiegend einseitig, will sagen; er beklagt, mahnt, fordert, bittet, lobt etc. und interessiert sich dabei nur rudimentär für das Leben seiner Adressaten. Ein Urteil, das für den Briefwechsel

---

* Über den ankommenden Brief schreibt Nietzsche in *Menschliches, Allzumenschliches*: „Der Brief ist ein unangemeldeter Besuch, der Briefbote der Vermittler unhöflicher Ueberfälle. Man sollte alle acht Tage eine Stunde zum Briefempfangen haben und darnach ein Bad nehmen." Friedrich Nietzsche, *Sämtliche Werke, Kritische Studienausgabe*, hrsg. v. Giorgio Colli und Mazzino Montinari, Berlin/New York 1980, im Folgenden KSA genannt, KSA 2, 665. Der vorliegende Text basiert auf meinem Buch *Nietzsches Denken im Spiegel seiner Korrespondenz*, Würzburg 2013.

1 Friedrich Nietzsche, *Sämtliche Briefe, Kritische Studienausgabe*, hrsg. v. Giorgio Colli und Mazzino Montinari, Berlin/New York 1986, im Folgenden KSB genannt, KSB 3, 51.

mit Carl von Gersdorff, Paul Deussen, Heinrich Köselitz und Franz Overbeck Gültigkeit beanspruchen kann und abgeschwächt auch für den mit Erwin Rohde. Das muss erstaunen, waren doch die Briefe über Jahre hinweg das einzige Medium seines sozialen Austauschs. Eine Form der Kommunikation, auf die sich sein soziales Leben, und damit nicht zuletzt sein Kontakt zur Realität weitestgehend beschränkte. In seinen Briefen treffen wir auf einen Nietzsche, der, obgleich er auch hier überwiegend sich hinter seinen Maskeraden der Selbstinszenierung verbirgt, gleichwohl aber dabei die verschiedensten Schattierungen seiner Präsentation und Repräsentation offenbart: Als Freund, als Kranken, als Verliebten, als Verehrenden, als Bewunderer, als Hassenden, als Philosophen, als Demütigen, als Verzweifelten, als Trauernden, als Freigeist, etc. Nietzsches Briefe zeigen eine Persönlichkeit, die zerrissen ist zwischen dem Bewusstsein ihrer Genialität und tiefen Selbstzweifeln. Bis zum Ende seines bewussten Lebens verfügt er, trotz seiner desolaten Gesundheit und seiner zunehmenden Isolation, über die Kraft diese in seinen Werken zu überwinden. In späteren Jahren wird dies von seinem „Auftrag", Großes zu schaffen, gestützt.

Einen ganz anderen Nietzsche zeigen einige signifikante Briefentwürfe, namentlich die an Lou von Salomé und an seine Schwester Elisabeth. Hier reißt partiell die Selbstinszenierung ein, zerbröselt die Maske. Und so gibt es Passagen, in denen die Kraft zur Selbstinszenierung versagt, freilich ohne damit Eigentliches freizulegen, sondern andere, affektgesteuerte, unbewusste, verdrängte Zeichnungen zu offenbaren: Eine niedergeschriebene Selbsttherapie im Fall von Lou von Salomé, die folgerichtig nicht abgesandt wurde, und eine vermeintlich therapeutisch taugliche Distanzierung (mit der Intention von Befreiung) im Fall der Schwester, für die ihm die Kraft fehlte, sie ihr mitzuteilen.

Karl Heinz Bohrer hat in seinem Buch *Der romantische Brief. Die Entstehung ästhetischer Subjektivität*[2] die moderne Existenzweise als einen Ausnahmezustand charakterisiert, der einen Rekurs auf Authentizität verunmögliche. Ja, die ästhetische Autonomie des Briefschreibers generiert aus seiner literarischen Subjektivität, die nicht ableitbar ist, wird von Bohrer geradezu im Gegensatz zur Authentizität verortet. In dieser Hinsicht möchte ich für den Nietzsche, der sich in seinen nicht abgesandten Briefentwürfen zeigt, zwar nicht eine Authentizität in toto reklamieren, denn Ich ist ein Anderer und sich nicht transparent. Gleichwohl zeigen diese Entwürfe „Ichanteile", die in den abgesandten Briefen nicht zu finden sind, und die man mit einem Willen,

---

2 München 1987.

besser mit einem Zwang zur Transparenz umschreiben kann, der womöglich einem Leiden folgt, folgen muss, das stärker ist als die Kraft zur Camouflage.[3]

1 Die Briefe an Carl von Gersdorff, Erwin Rohde, Franz Overbeck und Heinrich Köselitz

Je nach Briefpartner differieren die Briefe in Ton, Inhalt und Stil und nicht zuletzt Form und Dramaturgie von Nietzsches Maskeraden und Selbstinszenierungen. Sie zeichnen auch die enorme Widersprüchlichkeit Nietzsches und das Durchlaufen völlig gegenläufiger Positionen nach: Die frühe naive Verehrung für die Hohenzollern, Bismarck und Preußen weicht beißender Kritik. Gleiches gilt für die Philosophie Schopenhauers und die Musikdramen Richard Wagners etc. Auch die privaten Botschaften haben ein kurzes Verfallsdatum: Auf die Nachricht, er könne nicht mehr komponieren, folgt einige Zeit später die Ankündigung einer neuen Komposition. Die Klage, er werde keine neuen Menschen mehr für sich gewinnen können, wird durch die emphatische Nachricht über seine innige Bekanntschaft mit Richard Wagner, später dann mit Lou von Salomé, mit Heinrich von Stein etc., abgelöst. Der Rhythmus seiner Einstellungsänderungen folgt nicht selten dem presto agitato, und es wird für seine Freunde nicht einfach gewesen sein, dem zu folgen.

Mit seinem ältesten Briefpartner Carl von Gersdorff verbindet ihn eine Freundschaft seit der gemeinsamen Internatszeit in „Schulpforta". Ein Briefwechsel auf Augenhöhe, getragen von geteilten Überzeugungen über v. Bismarck, einer anfänglichen Militär- und Kriegsemphase, über Preußen und den Kaiser. So schreibt Nietzsche am 15. August 1866, er denke „sehr optimistisch über Preußens und Deutschlands nächste Zukunft". Und die Thronrede des Kaisers habe auf ihn „einen sehr wohltuenden Eindruck gemacht."[4] Wichtig ist der gemeinsame intellektuelle Bezug zu Schopenhauer: Sein Vertrauen in den Nutzen der schopenhauerischen Philosophie reicht so weit,

---

3 Auf Nietzsche als Briefschreiber lässt sich nahezu passgenau eine Aussage von E. Meyer beziehen: „Derjenige, der den Brief schreibt, und diejenige, die er im Brief beschreibt: das ist immer auch der Versuch, von sich selbst zu sprechen. Doch in dem Maße, wie man sich selbst in einem Brief schickt, befördert man auch seine Selbstaufgabe, die mit der primären Teilbarkeit des Briefes korrespondiert und mitgenommen werden möchte." E. Meyer, *Briefe oder die Autobiographie der Schrift*, Bern 1986, 26.
4 KSB 2, 151.

dass er dem Freund, der den Tod seines Bruders zu beklagen hat, die Lektüre Schopenhauers empfiehlt, um den Schmerz zu bewältigen.[5] Ab 1869 kommt die gemeinsame Begeisterung für die Musik und für die Person Richard Wagners, der vom Freundeskreis als „der Meister" tituliert wird, hinzu. Über seine erste Begegnung mit Wagner im Haus des Professors Brockhaus schreibt Nietzsche an v. Gersdorff am 18. Januar 1869 aus Leipzig:

> An jenem glücklichen Abende hat er uns aus seiner Selbstbiographie vorgelesen, „Meistersinger" gespielt und gesungen und mit mir speziell über Schopenhauer, als warmer Anhänger, gesprochen. Auch habe ich kürzlich zu meiner Freude einen brieflichen Gruß von ihm aus Luzern bekommen; nun, wenn die Götter es wollen, lebe ich von Ostern ab recht in seiner Nähe.[6]

Die Götter wollten es, und Nietzsche macht fortan zahlreiche Besuche in Wagners Landhaus Tribschen bei Luzern.[7] Nietzsches genoss große Autorität im Freundeskreis. Er machte Schopenhauer und Wagner zu verbindlichen Orientierungen, und in unzähligen Briefen finden sich hierzu entsprechende Passagen. Es gelingt ihm aber nicht, seinen Abfall von beiden Idolen für die Freunde verpflichtend zu machen.

Aber es gibt auch harte Töne Nietzsches in den Briefen an v. Gersdorff, namentlich über dessen Verlobung mit einer italienischen Comtessa, worauf hin von Gersdorff die Korrespondenz abbrach. Nietzsche hatte unterstellt, von

---

5 KSB 2, 195.
6 KSB 2, 364. Nietzsche hatte in einem Rückblick auf seine Eindrücke der ersten Bayreuther Festspiele aus *Ecce homo* Tribschen als „Insel der Glückseligen" bezeichnet und damit einen scharfen Kontrast zu Bayreuth formuliert. „Umsonst blätterte ich in meinen Erinnerungen. Tribschen – eine ferne Insel der Glückseligen: kein Schatten von Ähnlichkeit. [...] Die deutsche Kunst! der *deutsche* Meister, das *deutsche* Bier!" KSA 6, 323.
7 In *Ecce homo* schreibt er über seine Erinnerungen an Tribschen: „Hier, wo ich von den Erholungen meines Lebens rede, habe ich ein Wort nöthig, um eine Dankbarkeit für das auszudrücken, was mich in ihm bei weitem am Tiefsten und Herzlichsten erholt hat. Dies ist ohne allen Zweifel der intimere Verkehr mit Richard Wagner gewesen. Ich lasse den Rest meiner menschlichen Beziehungen billig; ich möchte um keinen Preis die Tage von Tribschen aus meinem Leben weggeben, Tage des Vertrauens, der Heiterkeit, der subtilen Zufälle – der *tiefen* Augenblicke... Ich weiß nicht, was Andre mit Wagner erlebt haben: über unsern Himmel ist nie eine Wolke hinweggegangen." KSA 6, 288. Eine verklärende Bemerkung, wenn auch zur Zeit der großen Abrechnungen mit Wagner in *Der Fall Wagner* und *Nietzsche contra Wagner*.

Gersdorff habe in der Beziehung zu Nerina Finocchietti seine Identität völlig aufgegeben,

> daß man sagen möchte: es giebt jetzt zwei Ns. eine in Paris und eine in Berlin und beide geben, ach! ein so erbärmliches Schauspiel. Das Benehmen dieser beiden Ns. gegen Frl. v. M. [Malwida von Meysenbug J. G.] ist so abscheulich undankbar, das es das Non plus ultra von Allem ist, was mir in dieser Gattung menschlicher Erbärmlichkeiten bekannt wurde. [...] Wenn N. nach der reinsten Seele unter den deutschen Frauen den Koth ihrer Verdächtigung und ihres Undankes wirft, so verräth sie eben damit, daß sie zu ihrer Florentiner Sippschaft gehört. [...] Ich denke ich darf mich nach diesem Briefe mehr als je nennen Deinen wahren Freund Friedrich Nietzsche.[8]

Bei der Wiederanknüpfung der Freundschaft findet Nietzsche, selten genug, Worte des Bedauerns.

Ganz anders die Briefe an den Altphilologen Erwin Rohde, mit dem ihn eine sehr innige, quasi libidinöse Beziehung verband. Mit Rohde wollte Nietzsche gemeinsam leben, nach Paris reisen, ihn vermisste er, was er ihm auch schrieb. Am 16. Januar 1869 ergeht an Rohde aus Leipzig folgende Zukunftsfantasie:

> Ich dachte mir uns beide wie wir mit ernstem Auge und lächelnder Lippe mitten durch den Pariser Strom hindurch schreiten, ein paar philosophische Flaneurs, die man überall zusammen zu sehen sich gewöhnen würde, in den Museen und Bibliotheken, in den Closerie des Lilas und der Notre dame, überall hin den Ernst ihres Denkens und das zarte Verständniß ihrer Zusammengehörigkeit tragend. [...] Ach, liebster Freund, ich glaube, so ist es dem Bräutigam zu Muthe wie mir: nie erschien mir unsere holde Ungezwungenheit, unsere ideale Sommerbummelei so beneidenswerth wie jetzt.[9]

Rohdes Einsatz für Nietzsches Tragödienschrift in Form einer Abrechnung mit der verheerenden Kritik von Wilamowitz-Moellendorf, publiziert als *Die Afterphilologie des Dr. U. v. Wilamowitz-Moellendorf Sendschreiben eines Philologen an Richard Wagner*, war ein starker Beweis von Loyalität. In dieser Zeit sind eine Vielzahl von Briefen zu diesem Thema gewechselt worden, so auch am 8. Juni 1872 aus Basel. Nietzsche schreibt:

---

8 KSB 5, 296 f.
9 KSB 2, 358.

> Nur durch die frechsten Interpretationen erreicht er, was er will. Dabei hat er mich schlecht gelesen, denn er versteht mich weder im Ganzen noch im Einzelnen. Er muss noch sehr unreif sein – offenbar hat man ihn benutzt, stimulirt, aufgehetzt – alles athmet Berlin. Denke Dir, daß er mich im vorigen Herbst besuchte, in Naumburg, in der Form der Verehrung, und daß ich selbst ihm gerathen habe, meine demnächst erscheinende Schrift ernst zu nehmen. [...] Es hilft nichts, man muß ihn schlachten, [...] Zum Dank dafür, daß Du ihn schlachtest, wird er dann irgendwo eine Professur bekommen und glücklich sein.[10]

Rohdes Schrift enthält zudem eine Kritik an der zeitgenössischen Philologie, die er mit Nietzsche teilte; entsprechend schreibt Nietzsche am 20. November aus Leipzig:

> [...] jetzt wo ich wieder das wimmelnde Philologengezücht unserer Tage aus der Nähe sehe, wo ich das ganze Maulwurfstreiben, die vollen Backentaschen und die blinden Augen, die Freude ob des erbeuteten Wurms und die Gleichgültigkeit gegen die wahren, ja aufdringlichen Probleme des Lebens täglich beobachten muß und nicht nur an der jungen Brut, sondern an den ausgewachsenen Alten: da kommt es mir immer begreiflicher vor, daß wir beide, falls wir nur sonst unserm Genius treu bleiben, nicht ohne mannichfache Anstöße und Quertreibereien unsern Lebensweg gehen werden.[11]

Nur schwer ertrug Nietzsche die Nachricht von Rohdes Verlobung, die etwa gleichzeitig mit den Mitteilungen von von Gersdorff und von Overbeck über ihre bevorstehenden Heiraten eintraf. Über eine feste Bindung an eine Frau schreibt er an Rohde am 18. Juli 1876 aus Basel, das brauche er nicht, „seltne Tage ausgenommen. Vielleicht habe ich da eine böse Lücke in mir. Mein Verlangen und meine Noth ist anders: ich weiss kaum es zu sagen und zu erklären."[12] Nach Rohdes Verlobung war die Beziehung zwischen ihnen abgekühlt, was auch die folgenden Briefe belegen. Auf Rohdes Kritik an *Menschliches, Allzumenschliches* reagierte Nietzsche, untauglich zum Konflikt, weich und

---

10   KSB 4, 7 f.
11   KSB 2, 344.
12   KSB 5, 176.

versöhnlich. Gleichwohl erhielt die Freundschaft einen Riss, der nicht mehr zu schließen war.¹³

Der Briefwechsel mit Franz Overbeck ist insgesamt nüchterner als der mit den anderen Freunden; allerdings ändert sich das nach dem Ende der Beziehung zu Lou von Salomé, weil er Overbeck sein Unglück klagt. Auch über seine Konflikte mit Mutter und Schwester schreibt er ihm, so am 6. März 1883 aus Genua:

> Die Loslösung von meinen Angehörigen fängt an, sich mir als wahre Wohlthat darzustellen; ach, wenn du wüßtest, was ich in diesem Capitel (seit meiner Geburt-) Alles zu überwinden gehabt habe! Ich mag meine Mutter nicht, und die Stimme meiner Schwester zu hören macht mir Mißvergnügen; ich bin *immer* krank geworden, wenn ich mit ihnen zusammen war. „Gezankt" haben wir uns fast gar nicht, auch im vorigen Sommer nicht; ich weiß schon mit ihnen umzugehen, aber es bekommt mir schlecht.¹⁴

Daneben ist Overbeck der ausgewiesene Adressat seiner Mitteilungen über *Also sprach Zarathustra*, den er sein „Bestes" nennt, so am 1. Februar 1883 aus Rapallo: „und, was mehr sagen will, jenen entscheidenden Schritt gethan [zu haben, J. G.], zu dem ich im vorigen Jahre noch nicht den Muth hatte."¹⁵ Bedingt durch die emotionalen Turbulenzen nach der Trennung von Lou von Salomé hatte er zunächst keinen Mut oder keine Kraft mehr gehabt zu schreiben; sie scheinen aber mit der Geburt des *Zarathustra* zurückgekehrt. Man wird feststellen, dass Nietzsche zu keinem seiner Werke eine so innige Beziehung hatte wie zu *Zarathustra*; bezeichnet er ihn doch in zahlreichen Stellen als seinen „Sohn"¹⁶. Der *Zarathustra* ist das Buch, über das er unvergleichlich

---

13 Am 21. April 1883 schreibt er an Heinrich Köselitz, durch seine neuen Schriften habe er an den Universitäten Beweise seines Verfalls geliefert. „Aber das tut mir weniger wehe, als wenn mein Freund Rohde sie als ‚kalt –behaglich' empfindet [...]" KSB 6, 365.

14 KSB 6, 338 f.

15 KSB 6, 324.

16 Am 9. Juli 1883 hatte er an Overbeck aus Sils-Maria geschrieben, der Zarathustra sei sein Sohn. KSB 6, 393. Und am 6. Dezember aus Nizza: „Von allen guten Dingen, die ich gefunden habe, will ich am wenigsten die ‚Fröhlichkeit des Erkennens' wegwerfen oder verloren haben, wie du vielleicht angefangen hast zu argwöhnen. So muß ich jetzt, mit meinem Sohne Zarathustra zusammen zu einer *viel höheren Fröhlichkeit hinauf*, als ich sie bisher in Worten darstellen konnte." KSB 6, 460. Am 12. Juli 1884 aus Airolo: „Ich habe meinen Tröster und Zusprecher bei mir – meinen Sohn Zarathustra." KSB 6, 511. Am 30. März 1885 schreibt er an Köselitz aus Nizza, er sei völlig allein auf der Welt, und „viel Komödie"

oft und ausschließlich positiv schreibt, das wiegt umso stärker, weil er sich in seiner Korrespondenz nur selten über seine Bücher konkret äußerte, will sagen; es werden Buchprojekte mit knappen Beschreibungen angekündigt und über ihre geringe Resonanz geklagt. Zuweilen lobt er auch seine Arbeit. Er hat mit seinen Freunden keine inhaltliche Auseinandersetzung über seine Bücher geführt, und war gleichwohl über deren Bewertungen überwiegend enttäuscht.[17] Anfang April 1883 schreibt er an Overbeck aus Genua:

> Zarathustra ist etwas, das kein lebendiger Mensch außer mir machen kann. [...] Selbst als „Philosoph" habe ich meine wesentlichsten Gedanken (oder „Tollheiten") noch nicht ausgesprochen – ach, ich bin so schweigsam, so versteckt! Aber gar als „Dichter"![18]

Gut zwei Wochen später am 17. April geht es erneut um *Zarathustra*:

> [...] es scheint mir mitunter, als ob ich gelebt, gearbeitet und gelitten hätte, um dieses kleine Buch von 7 Bogen machen zu können! ja als ob mein Leben damit eine nachträgliche Rechtfertigung erhalte. Und selbst auf diesen schmerzhaftesten aller Winter sehe ich seitdem mit anderen Augen: wer weiß ob nicht erst eine *so große* Qual nöthig war, mich zu jenem *Aderlaß* zu bestimmen, als welcher dies Buch ist? Du verstehst, es ist sehr viel Blut in diesem Buche.[19]

Die Metapher „Blut" soll wohl ein Hinweis auf seine Liebe zu Lou von Salomé sein, hatte er doch den ersten Teil des *Zarathustra* in nur 14 Tagen nach ihrer Trennung geschrieben: Mehr als jedes andere ist dieser Teil das Werk einer Sublimation.[20]

---

      sei nötig, um nicht, „hier und da, aus Überdruß Jemanden in's Gesicht zu spucken! Glücklicher Weise ist etwas von den höflichen Manieren meines Sohnes Zarathustra auch in seinem verrückten Vater vorhanden." KSB 7, 32.

17 Overbeck, Brief an Nietzsche vom 13.11.1883 und Rohde, Brief an Nietzsche vom 22. Dezember 1883 haben sich lobend über den Zarathustra geäußert.

18 KSB 6, 355.

19 KSB 6, 362.

20 Der *Zarathustra* I war kurze Zeit nach der Trennung von Lou, die er nicht wahrhaben wollte, in nur wenigen Tagen quasi rauschhaft geboren worden und wenn er sein Sohn ist, wie er in einem Brief an Overbeck vom 9. Juli 1883 aus Sils-Maria behauptet, liegt die Frage nahe, ob er damit nicht ihr Kind, ihr gemeinsamer Sohn ist? Vielleicht ist dieser 1. Teil gar ein Geschenk für Lou und ein Vermächtnis seiner Liebe. An Overbeck schreibt er am 1. Februar 1883 aus Rapallo „Inzwischen, im Grunde in ganz wenigen Tagen habe ich

Nietzsches Adlatus der Komponist Heinrich Köselitz, von ihm auch „Peter Gast" genannt, bekommt das ganze Leid der späten 1880er Jahre mitgeteilt, aber auch ungewohnte Euphorie, wahnsinnige Bewertungen und Einfälle. Was Nietzsche auch schrieb, Köselitz ist ihm gefolgt und hat ihn verehrt. Er war es, der Nietzsches Manuskripte redigiert. Bizarr, dass Nietzsche den bestenfalls mittelmäßigen Komponisten Köselitz zum „Gegen-Wagner" aufbauen wollte. Ein anderes Thema seiner Briefe an Köselitz war Bizets Musik und namentlich die Oper *Carmen*, die er als eine grandiose Entdeckung feierte und Wagners Musik entgegenstellte. Am 22. März 1883 schreibt er ihm aus Genua:

> [...] gestern Abend hörte ich wieder Carmen – es war vielleicht die zwanzigste Aufführung in diesem Jahre, das Haus gestopft voll, wie immer: es ist hier die Oper der Opern. Sie sollten die Todtenstille hören, wenn den Genuesern ihr Leibstück gespielt wird. [...] es bewegt sich bei dieser Musik irgend ein tiefer tiefer Grund in mir, und ich nehme mir immer dabei vor es auszuhalten, und lieber noch meine äußerste Bosheit auszuschütten als an mir – zu Grunde zu gehen. Ich dichtete fortwährend dabei Dionysos-Lieder in denen ich mir die Freiheit nehme, das Furchtbarste furchtbar und zum Lachen zu sagen: dies ist die jüngste Form meines Wahnsinns.[21]

Eines der ganz frühen Zeugnisse, in denen er das Wort „Wahnsinn" zur Selbstbeschreibung wählt, freilich ohne dass einer seiner Briefpartner, denn diese Beschreibung findet sich noch an andere Adressaten, darauf wirklich

---

mein *bestes* Buch geschrieben, und, was mehr sagen will, jenen entscheidenden Schritt gethan, zu dem ich im vorigen Jahre noch nicht den Muth hatte." KSB 6, 324. Siehe hierzu ausführlich meinen Text: „Zarathustra I und das Ende der Lou-Beziehung", in: Renate Reschke (Hrsg.), *Frauen: Ein Nietzschethema? Nietzsche ein Frauenthema?*, Berlin 2012.

21 KSB 6, 347. Anders als der „*gebildeten* Musik Europas" sei es Bizet gelungen, einer Sensibilität zum Ausdruck zu verhelfen, die bis dato „[...] noch keine Sprache gehabt hatte [...] einer südlicheren, brauneren, verbrannteren Sensibilität, welche freilich nicht vom feuchten Idealismus des Nordens aus zu verstehen ist. [...] Das afrikanische Glück, die fatalistische Heiterkeit, mit einem Auge, das verführerisch, tief und entsetzlich blickt, die lascive Schwermuth des maurischen Tanzes; die Leidenschaft blinkend, scharf und plötzlich wie ein Dolch; und Gerüche aus dem gelben Nachmittage des Meeres heranschwimmend bei denen das Herz erschrickt, wie als ob es sich an vergessene Inseln erinnere, wo es einst weilte, wo ewig hätte weilen sollen..." KSA 13, 24 f. Durch Bizet hört Nietzsche die Sprache der Leidenschaft, der uneingeschränkt bejahenden Sexualität, des Rausches, der Amoralität, die er in den Opern Wagners vermisste.

eingegangen wäre. Gut einen Monat später erklärt er in einem Brief die Wirkung der Urteile anderer auf ihn.

> [...] zu allen Zeiten des Lebens sehr an der Meinung anderer über mich *gelitten* [...] Bedenken Sie, dass ich aus Kreisen stamme, denen meine ganze Entwicklung als verwerflich und verworfen erscheint; es war nur eine Consequenz davon, dass meine Mutter mich voriges Jahr als einen „Schimpf der Familie" und eine „Schande für das Grab meines Vaters" nannte. [...] Beide halten mich für einen „kalten, hartherzigen Egoisten" [...] Cosima hat von mir gesprochen als von einem Spione, der sich in das Vertrauen Anderer einschleicht und sich davonmacht, wenn er hat, was er will. Wagner ist reich an bösen Einfällen; aber was sagen Sie dazu, dass er Briefe darüber gewechselt hat (sogar mit meinen Ärzten) um seine *Überzeugung* auszudrücken, meine veränderte Denkweise sei die Folge unnatürlicher Ausschweifungen, mit Hindeutungen auf Päderastie.[22]

Für die letzte Behauptung gibt es keine Belege, wohl aber dafür, dass Wagner Nietzsches Arzt Dr. Eiser gegenüber behauptete, Nietzsche onaniere. Für diesen eine „tödliche Beleidigung"[23].

2   Briefe an Richard Wagner

In den Briefen an Richard Wagner und Lou von Salomé treffen wir auf einen anderen, einen überwiegend verehrenden (Wagner) und einen verliebten, auch glücklichen (von Salomé) Nietzsche. Am 22. Mai 1869 schreibt er an Wagner in Tribschen:

> [...] da sich tathsächlich die besten und erhobensten Momente meines Lebens an Ihren Namen knüpfen und ich nur noch einen Mann kenne, noch dazu Ihren großen Geistesbruder Arthur Schopenhauer, an den ich mit gleicher Verehrung, ja religione quadam denke. [...]

---

22   KSB 6, 365.
23   Am 22 Februar schreibt Nietzsche an Overbeck aus Rapallo: „*Wagner* war bei weitem der *vollste* Mensch, den ich kennen lernte, und in diesem Sinne habe ich seit sechs Jahren eine große Entbehrung gelitten. *Aber* es giebt etwas zwischen uns Beiden wie eine tödtliche Beleidigung; und es hätte furchtbar kommen können, wenn er noch länger gelebt haben würde." KSB 6, 337.

> Ihre Persönlichkeit als Ganzheit zu fassen, den einheitlichen, tiefethischen Strom zu fühlen, der durch Leben Schrift und Musik geht, kurz, die Atmosphäre einer ernsteren und seelenvolleren Weltanschauung zu spüren, wie sie uns armen Deutschen durch alle möglichen politischen Miseren, durch philosophischen Unfug und vordringliches Judenthum über Nacht abhandengekommen war.[24]

Eine geradezu bizarre Unterwürfigkeit zeigt sich hier, und daneben antisemitische Töne; beides dürfte Wagner gefallen haben. Im selben Stil ein Brief vom 21. Mai 1870 aus Basel, überschrieben mit „Pater Seraphice":

> [...] wenn es wahr ist, was Sie einmal – zu meinem Stolze – geschrieben haben, dass die Musik mich dirigire, so sind Sie ebenfalls der Dirigent dieser meiner Musik.

Sein Wunsch sei, verharre doch, du bist so schön. Unterschrieben: „Einer ‚der seligen Knaben'."[25]

Am 24. Juni 1872 dann eine Hymne auf Wagners Bedeutung für ihn; das

> [...] unverdiente reine Wohlwollen und die kräftig schirmende Liebe des mächtigsten Geistes. Sie geben mir Zeit, meiner Aufgabe entgegen zu reifen; ja Sie reuten mit gütiger Hand selbst das zähere widerborstige Unkraut aus meinem Wege.[26]

Im Brief vom 20. Mai 1873 steigert sich die Emphase, und Nietzsche behauptet, ohne Wagner wäre er ein „todtgebornes Wesen"[27]. Zu dessen Geburtstag 1874 notiert er:

> Es ist ein unvergleichliches Glück für einen, welcher auf dunklen und fremden Wegen tappt und stolpert, allmählich in die Helle geführt zu werden, wie Sie es mit mir gemacht haben; weshalb ich Sie gar nicht anders als einen Vater verehren darf.[28]

---

24   KSB 3, 8 f.
25   KSB 3, 122 f.
26   KSB 4, 15 f.
27   KSB 4, 153.
28   KSB 4, 228.

Der vaterlos aufgewachsene Nietzsche war womöglich unbewusst für Vaterfiguren sehr empfänglich. Die Wageremphase beginnt ab dem kommenden Jahr zu erodieren und wird sich dann – nach dem ersten Festspielsommer in Bayreuth 1876, den Nietzsche während der Vorstellungszeit verließ,[29] letztlich in Abscheu und Hass verkehren.[30] Vom Tod Wagners ist er gleichwohl tief getroffen, wie einige Briefe an Köselitz belegen.[31] Auch vom toten Wagner ist er nicht losgekommen wie die Schriften *Der Fall Wagner* und *Nietzsche contra Wagner* eindringlich dokumentieren.

3 Briefe an Lou von Salomé

Nietzsches Beziehung zu Lou von Salomé war von vergleichbar existentieller Bedeutung wie die zu Wagner.[32] Er war unglücklich verliebt in Lou, imaginierte ein gemeinsames Leben, auch wenn der Nebenbuhler Paul Rée dabei sein sollte und verbrachte, von wenigen Begegnungen abgesehen, doch nur einen Sommer mit ihr 1882 in Tautenburg, in der Nähe von Naumburg. Kurze Zeit später endete die Beziehung; eine Trennung, die er kaum verarbeiten konnte, wie die Briefentwürfe an Lou bezeugen, (s. u.). Einer seiner schönsten Briefe

---

29   Siehe hierzu den Brief an Mathilde Maier vom 15. Juli 1878, KSB 5, 337 f.
30   Wagner sei so wenig Musiker gewesen, dass er den Stil zu Gunsten einer „Art Rhetorik, ein Mittel des Ausdrucks, der Verstärkung, der Suggestion, des Psychologisch-Pittoresken" geopfert habe. Er identifiziert dessen „dramatischen Stil" mit „Stil-losigkeit, Stil-widrigkeit, Stil-Impotenz", kurz mit der „schlechtesten aller möglichen Musiken". Und höhnisch wirft er dieser „Analyse" hinterher, man tue Wagner Unrecht, „wenn man aus ihm einen Musiker machen will". KSA 13, 405. „Er benutzt Gebärde Sprache Sprachmelodie und dazu noch die *anerkannten Symbole des* Musikausdrucks. Er setzt eine sehr reich entwickelte Musik voraus, die schon für eine Unzahl Regungen einen festeren erkennbaren und wiederkehrenden Ausdruck gewonnen hat. Durch diese Musikcitate erinnert er den Zuhörer an eine bestimmte Stimmung, in der der Schauspieler sich gedacht wissen will. Jetzt ist wirklich die Musik ein ‚Mittel des Ausdrucks' geworden: steht deshalb künstlerisch auf einer niedern Stufe, denn sie ist nicht mehr organisch in sich." KSA 7, 772 f.
31   Nietzsche schreibt an Köselitz am 27. April 1883 aus Genua: „Zuletzt kam der Tod Wagners. Was riß damit Alles in mir auf! Es ist meine schwerste Probe gewesen, in Bezug auf Gerechtigkeit gegen Menschen dieser ganze Verkehr und Nicht-Mehr-Verkehr mit Wagner; und mindestens hatte ich es zuletzt hierin zu jener ‚Indolenz' gebracht, von der Sie schreiben. Was kann freilich melancholischer sein als Indolenz, wenn ich an jene Zeiten denke, wo der letzte Theil des Siegfried entstand! Damals liebten wir uns und hofften Alles *für einander* – es war wirklich eine tiefe Liebe, ohne Nebengedanken. –" KSB 6, 367.
32   In einem Brief an Overbeck vom 22. Februar 1883 steht, Wagner sei bei weitem der „vollste" und Lou der „klügste" Mensch, die er kennengelernt habe. KSB 6, 337.

ist an Lou adressiert, er schreibt ihr am 3. Juli 1882 aus Tautenburg, nachdem er ihre Zusage zu kommen erhalten hatte.

> Nun ist der Himmel über mir hell! Gestern Mittag gieng es bei mir zu wie als ob Geburtstag wäre: Sie sandten Ihre Zusage, das schönste Geschenk, [...] Teubner sandte die ersten drei Druckbögen der „fröhlichen Wissenschaft"; und zu alledem war gerade der allerletzte Theil des Manuscriptes fertig geworden und damit das Werk von sechs Jahren (1876–1882), meine ganze „Freigeisterei"! Oh welche Jahre! [...] oh liebe Freundin, so oft ich an Alles denke, bin ich erschüttert und gerührt und weiß nicht, wie das doch hat *gelingen* können: Selbst-Mitleid und das Gefühl des Sieges erfüllen mich ganz. Denn es ist ein Sieg und ein vollständiger und sogar meine Gesundheit des Leibes ist wieder, [...] zum Vorschein gekommen, und Jedermann sagt mir, ich sähe jünger aus als je. [...] Ich will nicht mehr einsam sein und wieder lernen Mensch zu werden.[33] Ah, an *diesem* Pensum habe ich fast Alles noch zu lernen![34]

Mit Lou also sollte eine neue Zeitrechnung beginnen; sie gibt ihm Kraft und sprengt seine Isolation. Fortan wird er einen „reinen Himmel" mit einem gehobenen Lebensgefühl identifizieren. Seine Verliebtheit macht ihn auch kleiner, und damit wohl unattraktiv für Lou. Er schreibt: gehe sie nach Wien, wolle er wie ein „Paquetstück in ein Zimmerchen d e s Hauses abgesetzt [...] werden, in welchem Sie wohnen wollen. Oder im Haus nebenan"[35]. Diese gleichsam kindlichen Sätze belegen seine Verliebtheit, selbst das Haus nebenan ist will-

---

33 Über seine Einsamkeit und seine Askese hatte er ihr am 12. Juni 1882 geschrieben: „Die fürchterliche Existenz der *Entsagung*, welche ich führen muß und welche so hart ist wie je eine asketische Lebenseinschnürung, hat einige Trostmittel, die mir das Leben immer noch schätzenswerther machen als das Nichtsein. Einige große Perspektiven des geistig sittlichen Horizontes sind meine *mächtigste* Lebensquelle, ich bin froh darüber, daß gerade auf *diesem* Boden unsre Freundschaft ihre Wurzeln und ihre Hoffnungen treibt." KSB 6, 204.

34 KSB 6, 216 f. Eine Woche zuvor hatte er ihr geschrieben. „So! Und nun Aufrichtigkeit ‚bis zum Tod'! Meine liebe Freundin! Ich bin durch nichts gebunden und wechsele meine Pläne, wenn Sie Pläne haben auf das Leichteste. [...] ich suche jetzt nach Menschen, welche meine Erben sein könnten; ich trage Einiges mit mir herum, was durchaus nicht in meinen Büchern zu lesen ist – und suche mir dafür das schönste und fruchtbarste Ackerland. Sehen Sie meine *Selbstsucht*! –" KSB 6, 211.

35 KSB 6, 206 f.

kommen, nur in ihrer Nähe muss es sein.[36] In seinem letzten Brief an sie, vollständig vom Wissen um das Scheitern seiner Liebe gezeichnet, schreibt er:

> Nehmen Sie *dies* als ein Zeichen des Vertrauens, meines *reinsten Willens* zum Vertrauen zwischen uns! Und nun, Lou, liebes Herz, schaffen Sie reinen Himmel! Ich will nichts mehr, in allen Stücken als reinen, hellen Himmel: sonst will ich mich schon durchschlagen, so hart es auch geht. [...] Ich fühle jede Regung der *höheren* Seele in Ihnen, ich liebe nichts an Ihnen als diese Regungen. Ich verzichte gerne auf alle Vertraulichkeit und Nähe, wenn ich nur dessen sicher sein darf: daß wir uns dort *einig* fühlen, wohin die gemeinen Seelen nicht gelangen. [...] Geist? Was ist mir Geist! Was ist mir Erkenntniß! Ich schätze nichts als *Antriebe* – und ich möchte darauf schwören, daß wir darin etwas Gemeinsames haben. [...] Sie glauben doch nicht, daß der „Freigeist" *mein* Ideal ist? Ich bin – Verzeihung! Liebste Lou, seien Sie, was Sie sein *müssen*.[37]

Der reine Himmel, auf den er hier zurückkommt, ist nicht zuletzt eine Metapher, dass es zwischen ihnen nichts Unausgesprochenes gebe, das alles wieder klar und rein sein könne wie zu Beginn... Das konnte er freilich zu diesem Zeitpunkt nicht mehr ernsthaft erwarten. Lou hat diesen Brief nicht mehr beantwortet. Was bleibt, sind Qual, Schmerz und Briefentwürfe an Lou, die er nicht absendet. Auch in den Briefen an Overbeck wird die Trennung von ihr immer wieder thematisiert; Versuche der Therapie und Selbsttherapie, die nicht erfolgreich waren.

4 Demaskierung der Maske?

In einem Brief an Franz Overbeck vom 10. Februar 1883 aus Rapallo behauptet Nietzsche, er leide unter seiner Maske:

> Mein ganzes Leben hat sich vor meinen Blicken zersetzt; dieses ganze unheimliche verborgen gehaltene Leben, das alle sechs Jahre einen

---

36 Anfang November 1882 schickt Nietzsche an v. Salomé mit der Widmung: „Meiner lieben Lou" folgendes Gedicht: „Freundin! – sprach Columbus – traue Keinem Genueser mehr! Immer starrt er in das Blaue, Fernstes zieht ihn allzusehr! Wen er liebt, den lockt er gerne Weit hinaus in Raum und Zeit – Über uns glänzt Stern bei Sterne, um uns braust die Ewigkeit." KSB 6, 271.

37 KSB 6, 281.

Schritt thut und gar nichts eigentlich weiter will als diesen Schritt: während alles Übrige, alle meine menschlichen Beziehungen, mit einer Maske von mir zu thun haben, und ich fortwährend das Opfer davon sein muß, ein ganz verborgenes Leben zu führen.[38]

Hier also gesteht er ein und beklagt, dass er stets hinter der Maske bleibt. Wo aber, so lautet die Frage, die sich daran anschließt, kann man ihn ohne Maske antreffen? Wenn man nach einer möglichen Demaskierung des Autors Nietzsche fragt, so liegt es nahe, sich die Brief*entwürfe* vorzunehmen. Würde man hier fündig werden, wären damit womöglich auch Aussagen über seine Masken und deren Dramatisierungs- und Inszenierungsstrategien zu treffen, was hilfreich für die Dechiffrierung seiner Werke wäre. Freilich kann beim schreibenden Nietzsche wohl kaum von einer vollständigen Maskenlosigkeit, einer völligen Demaskierung ausgegangen werden; vielmehr zeigen sich bestenfalls signifikante Risse, die die Kohärenz der Maske und ihre bewusst eingesetzte camouflierende Wirkung, partiell erodieren; weil Unbewusstes hier womöglich unkontrollierbar geworden ist. Ich unterstelle nicht, dass hinter seinen diversen Maskierungsstrategien etwas Eigentliches auftauchen könnte, aber wohl doch verdrängte Ichanteile transparent werden können, die verborgen bleiben sollten. Um in dieser Richtung – bei aller gebotenen Vorsicht – ein geeignetes Material zu gewinnen, liegt es nahe, Briefentwürfe anzuschauen, die sich auf seine Verarbeitung der Beziehung zu Lou von Salomé beziehen; denn dort könnte er partiell unverstellt formuliert haben, weil sein Leiden ihn zwang, verdrängte Ichanteile zu zeigen.

Neben den Briefentwürfen an Lou von Salomé sind die an seine Schwester Elisabeth Förster-Nietzsche sprechend: Nur in den Entwürfen kann er anscheinend seine unmaskierte Meinung über sie ausdrücken. Er hatte wohl geradezu die Not, das zu tun, kaum in einem abgesandten Brief, weil er, wie er selbst nur allzu gut wusste, zum Konflikt und zum Streit nicht taugte. Man darf spekulieren, dass er die Entwürfe vor allem deshalb nicht absandte, weil er seine Masken- und Schutzlosigkeit nicht offenbaren wollte, und weil er nicht zuletzt die Konsequenzen fürchtete, die das zeitigen könnte. Diese Vermutung wird durch den Umstand gestützt, dass der abgesandte Brief an die Schwester nichts vom Inhalt des Entwurfs aufweist. Interessant ist, dass er seine Briefentwürfe, die ja weiterhin in seinem Besitz waren, nicht vernichtete;

---

38 KSB 6, 326. In „Der Wanderer und sein Schatten" notiert er: *„Mediocrität als Maske.* – Die Mediocrität ist die glücklichste Maske, die der überlegene Geist tragen kann, weil sie die grosse Menge, das heisst die Mediocren, nicht an Maskirung denken lässt –: und doch nimmt er sie gerade ihretwegen vor – [...]" KSA 2, 627.

er behielt diese stummen und so sprechenden Zeugen seines anderen, seines abgeschattet verdrängten Ichs bei sich. Anders als an seine Schwester folgen den Briefentwürfen an Lou keine abgesandten Briefe; er hat ihr nicht mehr geschrieben.

Ich beginne jedoch zunächst mit einem Briefentwurf an Franz Overbeck vom 25. Dezember 1882 aus Rapallo, der auch die Verarbeitung der Lou-Erfahrung zum Inhalt hat. Der Brief, den er am selben Tag absandte, ist gegenüber dem Entwurf kaum entschärft. Für beide gilt freilich, dass er sich hier Overbeck gegenüber vermutlich vollkommen unmaskiert zeigen; ganz offen sein Leid mitteilen will. Ob er das tut, bleibt nun zu prüfen. Er verbringt das Weihnachtsfest allein in Rapallo und ist durch die Erinnerungen an die vergangene Zeit mit Lou von Salomé in Tautenburg, namentlich aber durch das Ende ihrer Beziehung, verzweifelt:

> L[ieber] F[reund] Dieser Bissen Leben war der härteste, den ich bisher kaute; es ist immer noch möglich, daß ich daran ersticke. Ich habe an den beschimpfenden und qualvollen Erlebnissen dieses Sommers gelitten wie an einem Wahnsinn. Die ganze Zeit brachte ich es viell[eicht] zu 4,5 Nächten Schlafs – und auch das nur mit den stärksten Dosen an Schlafmitteln. Mein ganzes Denken Dichten und Trachten ist von den Verheerungen dieser Affekte heimgesucht. Was soll draus werden! Ich spanne jede Faser von Selbstüberwindung an – aber – es ist zu viel für einen M[enschen] so langer *Einsamkeit*.[39]

Hat Nietzsche, der selbsternannte „Fürsprecher des Lebens", so in einem Brief an Overbeck vom 22. Februar 1883 aus Rapallo, seine Erfahrungen in Bissen eingeteilt, die gekaut und geschluckt werden mussten? Gelingt dieser Verdauungsvorgang, so gelingt auch die Verarbeitung der Erfahrungen. Hier nun spricht er von einem Bissen, bei dem Verdauung und Verarbeitung bisher misslungen sind. Zunächst fällt auf, dass er sofort nach der Anrede von einem unverdaulichen Bissen Leben spricht, ohne Hinweis, um was es sich dabei handeln könnte. Damit ist eine Intimität gegenüber dem Adressaten offenbart, der ja über Nietzsches Leiden schon vor diesem Schreiben ins Bild gesetzt worden sein muss, was im Falle Overbecks auch zutrifft; etwa im Brief vom 20. Dezember 1882. Mit dem unverdaulichen Bissen Lebens ist zugleich gesagt, dass es schon andere, auch harte, wenn auch nicht ebenso harte Bissen Lebens gab, die er schlucken musste. So reiht sich die Lou-Erfahrung zwar einerseits in eine Kette negativer Erfahrungen ein, sticht andererseits aber

---

39 KSB 6, 311.

in puncto Härte heraus. Die neue Botschaft, die dieser Entwurf enthält, und die im letzten Brief noch nicht intoniert wurde, ist alarmierend: Wahnsinn.[40] Es scheint, als habe er im Dezember des Jahres 1882 zuweilen den Boden unter den Füßen verloren, als sei er nicht mehr Herr seiner Sinne gewesen. Betrachtet man die Passage aber genauer, zeigt sich zumindest im ersten Satz eine poetische Umschreibung seiner Situation, die ihn weiterhin hinter der Maske belässt: Er schreibt „es ist immer noch möglich, daß ich daran ersticke". Die Trennung ist eine Erfahrung, die er nicht verarbeiten kann, die in ihm würgt, an der er würgt; so gewaltig, dass er zweifelt, ob sie überhaupt zu bewältigen ist; sonst müsste er ja nicht fürchten, daran zu ersticken. Wenn er das Leiden am Erlebten als den härtesten Bissen Lebens beschreibt, dann hat er zumindest zu dem Erleben noch so viel Distanz, um hinter der poetischen Maske verborgen zu bleiben. Damit wird nicht zuletzt die Mitteilung für den Empfänger abgemildert; hätte er doch auch schreiben können: Mein Verstand zersetzt sich, das Erlebte überfordert mich, ich brauche Hilfe, etc. All das schreibt er nicht, jedoch; dass er diese ungemein schmerzhafte und vor allem demütigende Erfahrung wie einen Wahnsinn erlebte. Die Demütigung war so stark, dass er durch das Leiden an ihr quasi in den Wahnsinn getrieben wurde. Interessant ist, dass es nicht der Verlust von Lou ist, sondern die „beschimpfenden und qualvollen Erlebnisse", die ihn quasi in den Wahnsinn trieben. Es scheint, dass die Erfahrung der Demütigung, was die Gefahr des Wahnsinns betrifft, stärker wiegt als die Trennung von Lou. Dass er an Schlaflosigkeit leidet, ist keine neue Information, unterstreicht aber in diesem Fall seine Unfähigkeit Abstand zu gewinnen, zu vergessen, Ruhe zu haben und damit die Unfähigkeit zu verarbeiten. Wenden wir uns dem nächsten Satz zu: „Mein ganzes Denken Dichten und Trachten ist von den Verheerungen dieser Affekte heimgesucht." Will sagen, alles ist davon überformt und geprägt; er sieht keinen Ausweg mehr, sich aus dem Netz der Affekte, die Schmerz und Demütigung über ihn gelegt haben, zu befreien. Und dennoch enthält auch dieser Satz interessante Informationen und ist nicht ohne Poesie. Zunächst, er denkt noch, ja, er dichtet noch, und er hat noch Pläne; „Trachten" steht dafür. Damit ist gesagt, dass er noch Bewegungsfreiheit im Netz seiner Affekte hat. Poetisch die Formulierung; er sei von den „Verheerungen dieser Affekte heimgesucht", alles stilvoll und wohlgeformt. Hier tritt uns in Wortwahl und Stilistik der bekannte, der trotz all dieser Botschaften immer noch maskierte Nietzsche

---

40 Hierüber hatte er fünf Tage zuvor, wenn auch in anderen Worten, an von Salomé und Rée in einem Entwurf geschrieben: „Erwägen Sie Beide doch sehr miteinander, daß ich zuletzt ein kopfleidender Halb-Irrenhäusler bin, den die lange Einsamkeit vollends verwirrt hat. –" KSB 6, 307.

gegenüber. So auch der folgende Satz mit der Information, dass er sich in Selbstüberwindungen übe, also Bollwerke gegen den Wahnsinn aufbaue. Fazit auf Probe: Nietzsche befand sich in einer Lebenssituation, in der er vollkommen deprimiert war, und, was wohl schwerer für ihn wog; gedemütigt. Der Hinweis auf die Selbstüberwindung indiziert, dass das Band zwischen dem nach Souveränität strebenden und dem quasi vom Wahnsinn heimgesuchten Nietzsche noch nicht zerrissen ist: Deshalb handelt es sich auch *nur* um einen Quasi-Wahnsinn, weil der souveräne und damit der maskierte Nietzsche, denn sie sind eine Figur, noch nicht vernichtet ist.

5   Entwürfe an Lou von Salomé und Paul Rée

Ich wende mich nun einigen Briefentwürfen an Lou von Salomé und einem an von Salomé und Paul Rée, ebenfalls aus dem Jahr 1882, zu. In diesem Zusammenhang gehe ich auch auf einen Brief an Overbeck ein. Nietzsche schreibt in einen Entwurf an Lou von Salomé in Berlin vom November/Dezember 1882 aus Genua:

> M[eine] l[iebe] Lou ich muß Ihnen einen kleinen boshaften Brief schreiben. Um des Himmels willen, was denken denn diese kleinen Mädchen von 20, welche angenehme Liebesgefühle haben und nichts Weiteres *zu thun* haben als hier und da krank zu machen und zu Bett zu liegen? Soll man diesen kl[einen] M[ädchen] vielleicht noch nachlaufen, um ihnen die Langeweile und die Fliegen zu verjagen?[41]

Kurze Zeit, bevor er sich Overbeck gegenüber über sein Leiden an der Trennung zu Lou äußerte, schreibt er diesen Entwurf an Lou und relativiert darin seine positiven Erinnerungen an die gemeinsame Tautenburger Zeit. Dort war Lou auch leidend und hatte sich deshalb zurückgezogen; Nietzsche kümmerte sich rührend um sie, wie ihre Lebenserinnerungen verzeichnen. In einem Brief an Overbeck vom 17. Oktober 1885 aus Leipzig schreibt er, durch eine „artige Ironie des Zufalls" sei er auf ein Buch von Lou gestoßen:

> Es ist Höhe darin; und wenn es wohl nicht das Ewig-Weiblich ist, was dieses Pseudo-Mädchen hinanzieht, so vielleicht das – Ewig-Männliche. – Übrigens hundert Anklänge an unsre Tautenburger Gespräche.[42]

41   KSB 6, 284.
42   KSB 7, 102.

Auch knapp drei Jahre nach dem obigen Briefentwurf an Lou, beschäftigt er sich weiterhin mit ihr: Ihre Entzauberung, will sagen: Abzug der Objektbesetzung, ist ihm nicht geglückt. Sie ist also keine Vertreterin des Ewig-Weiblichen, also keine Verführerin, kein Weib, sondern ein Pseudo-Mädchen, aber sie kann intelligente Bücher schreiben, und er findet eine Vielzahl von Hinweisen auf eine Verarbeitung ihrer Tautenburger Gespräche.[43]

Diese Anerkennung konnte er ihr drei Jahre zuvor nicht aussprechen. Er setzt den Schnitt just an den kostbarsten Erinnerungen an, die allein ihre waren, ohne „Naumburger Tugend" wie er seine Angehörigen nannte, ohne Rée; ein ganzer Sommer allein mit einer Frau; eine einmalige Erfahrung für Nietzsche. Die zeitlich zurückversetzte Entzauberung verlegt er in eine Periode, in der von Trennung noch keine Rede war, vielmehr von weiteren gemeinsamen Plänen und von gemeinsamer Zukunft. Dann kann er hoffen, durch seine Radikalität diese Erinnerungen zu bannen. Eine Hoffnung, die sich freilich nicht erfüllte. Hier zumindest würde ich sagen, anders als im Entwurf an Overbeck, scheut er sich wohl nicht, seine Maske abzulegen. Er konnte sich selbst in einem Brief*entwurf* an Overbeck nicht so offen über seine Befindlichkeiten äußern; weil er dem Zwang unterlag, auch die stärksten Leiden noch durch stilistische Eleganz zu verbrämen.

Das ist in dem Entwurf an Lou anders, vielleicht deshalb, weil er ihr gegenüber eine andere Intimität besaß als gegenüber Overbeck. Und so schlägt er hier einen hämischen Ton an, was er selten tut; diese Häme entbirgt er ihr als Boshaftigkeit. Diametral entgegengesetzt zu den in seinen Briefen an die Freunde und an die Schwester geäußerten Wertschätzungen charakterisiert er sie jetzt als ein kapriziöses Mädchen; ein Wesen, das weit unter ihm steht, das Langweile verspürt – und verströmt, darf man hinzufügen. Dieses Mädchen freilich liegt im Bett, da es krank ist, kann man mit ihm nichts anfangen. Immerhin hatte der verliebte Nietzsche erlebt, dass Lou im Bett lag, im selben Haus wie er, aber das war keine Aufforderung, sondern vielmehr ein Rückzug. Die Erwähnung des im Bett liegenden Mädchens hat eindeutig sexuelle Konnotationen.

---

43   In ihrem *Lebensrückblick* hatte Lou notiert: „Wir sprechen uns diese 3 Wochen förmlich todt, und sonderbarerweise hält er es jetzt plötzlich aus, cirka 10 Stunden täglich zu verplaudern. Seltsam, daß wir unwillkürlich mit unsern Gesprächen in die Abgründe geraten, an jene schwindlingen Stellen, wohin man wohl einmal geklettert ist um in die Tiefe zu schauen." Lou Andreas-Salomé, *Lebensrückblick*, hrsg. v. Ernst Pfeiffer, Frankfurt 1974, 84.

Ein weiterer Entwurf an Paul Rée und Lou von Salomé in Berlin, stammt vom 20. Dezember 1882 aus Rapallo:[44]

> Ich bin, um als Freigeist zu reden in der *Schule der Affekte* d. h. die Affekte fressen mich auf. Ein gräßliches Mitleid, eine gräßliche Enttäuschung, ein gräßliches Gefühl verletzten Stolzes – wie halte ich's noch aus? Ist nicht Mitleid ein Gefühl aus der Hölle? Was soll ich thun? An jedem Morgen verzweifle ich, wie ich den Tag überdaure. Ich schlafe nicht mehr: was hilft es 8 Stunden zu marschiren! Woher habe ich diese heftigen Affekte! Ach etwas Eis! Aber wo giebt es *für mich* noch Eis! Heute Abend werde ich so viel Opium nehmen, daß ich die Vernunft verliere: Wo ist noch ein M[ensch] den man *verehren* könnte! Aber ich kenne Euch Alle durch und durch.[45]

Der erste Satz scheint eine Mischung aus Stilisierung und gewollt „wahrer" Botschaft zu sein: Er spricht, trotz seiner Situation, als Freigeist, um seine Überlegenheit zu unterstreichen, wiewohl sie es sind, die ihm Wunden geschlagen haben. Obwohl er ein Freigeist ist, fressen ihn seine Affekte auf. Das wollen wir ihm glauben, wenn wir an die anderen Entwürfe, an die Bösartigkeiten und Diffamierungen denken. Dieser Halbsatz scheint authentisch zu sein, obwohl er im Widerspruch zur Semantik des Freigeistes steht. Unter den „gräßlichen" Gefühlen, die er im Folgenden auflistet, dürfte der verletzte Stolz am schwersten wiegen. Nietzsche war sehr stolz und tief zu verletzen, wenn man ihn an dieser Stelle traf. Er ist nun alleine, und die beiden anderen sind zusammen, und eine Wiederauflage der „Dreieinigkeit" wird es nicht mehr geben. Das allein reicht schon, um sich den schlimmsten, selbstquälerischen Fantasien auszusetzen. Auch darin war er bekanntermaßen ein Meister.[46]

Nicht ganz einfach ist die Deutung der Frage „Ist nicht Mitleid ein Gefühl aus der Hölle?" Bezieht er sich hierbei auf das Selbstmitleid oder glaubt er, mit der eindringlichen Schilderung seines Leidens bei den beiden anderen

---

44 Am selben Tag hatte Nietzsche auch einen Brief an Overbeck geschrieben, in dem er über seine Enttäuschung berichtet. „Ich erlebte Verachtung, Verdächtigung und, in Hinsicht auf das, was ich kann und will, eine ironische Gleichgültigkeit. Durch einige böse Zufälle erlebte ich dies Alles in der *grausamsten* Form. – Objektiv betrachtet: es war *höchst interessant*. – Nun stehe ich ganz einsam vor meiner Aufgabe und *weiß auch*, was mich *nach* deren Lösung erwarten wird. Ich brauche ein Bollwerk gegen das Unerträglichste. – KSB 6, 306.
45 KSB 6, 306 f.
46 An Overbeck schreibt er Anfang April 1883 aus Genua, er befürchte dass er an seinem „gräßlichen Temperament" zu Grunde gehen werde.

Mitleid hervorzurufen? Aus zahllosen Stellen seines publizierten Werkes und seines Nachlasses wissen wir, dass Nietzsche das Mitleid als einen Zustand der Schwächung vitaler Energien ablehnte. Wenn er Mitleid hervorrufen sollte, dann würde das seinen Stolz besonders schwer verletzen. Andererseits, was kann er anderes bezweckt haben, wenn er derartige Schilderungen seiner Lebenssituation gibt? Dass er so viel Opium nehmen will, um seine Vernunft zu verlieren, ist fast eine Drohung, die womöglich die anderen alarmieren sollte. Vielleicht soll sie ihnen auch ein schlechtes Gewissen machen; auch dies ein Gefühl, das er bekämpfte. Wenn wir uns auf die beiden letzten Sätze der Textstelle beziehen, so beklagt er, keinen Menschen könne er noch verehren, weil sie alle entzaubert seien, weil er sie durch und durch kenne; weil er ihre „Allzumenschlichkeit" erlebt und erfahren, weil er unter ihr gelitten hat, und weil er durch ihre Schwächen und ihre Kleinlichkeiten quasi in den Wahnsinn getrieben wurde. Nach Wagner hat er nun auch Lou verloren, so gibt es für ihn keine „Verehrungswürdigen" mehr. Dann freilich stellt sich die Frage, an wen sich seine Philosophie der Selbstüberwindung und seine Orientierung an neuen Werten, sein Votum für eine tragische Bejahung des Lebens als Leiden, noch adressieren sollen? Nicht zu vergessen, dass er gerade Lou als seine Jüngerin[47] betrachtete; als personifizierte Zukunft seiner Philosophie. Seine Verzweiflung darüber, dass es keine „Verehrungswürdigen" mehr gibt, scheint nachvollziehbar; hängt doch der visionäre Teil seines philosophischen Denkens gerade am starken Menschen. Hier scheint er tatsächlich einmal ohne Maske geschrieben zu haben.

Ein anderer Entwurf an Lou aus dieser Zeit offenbart seine Obsession deutlicher: Geradezu irrwitzig muten die folgenden Sätze an, die er zudem in einem Entwurf vom Dezember 1882 aus Rapallo, wenn auch leicht variierend, wiederholt:

---

[47] In einem der Entwürfe Nietzsches an von Salomé vor Mitte Dezember 1882 aus Rapallo steht: „Damals in Orta hatte ich bei mir in Aussicht genommen, Sie Schritt für Schritt bis zur letzten Consequenz meiner Philosophie zu führen – Sie als den ersten Menschen, den ich dazu für tauglich hielt. Ach, Sie ahnen gar nicht, welcher Entschluß, welche Überwindung, das für mich war! Ich habe als Lehrer immer viel für meine Schüler gethan: der Gedanke an Belohnung in irgend einem Sinn hat mich dabei immer beleidigt. [...] Ich habe nie daran gedacht, Sie erst um ihren Willen zu fragen: Sie sollten kaum merken, wie Sie in diese Arbeit hineinkämen. Ich vertraute jenen höheren Impulsen, an welche ich bei Ihnen glaubte." KSB 6, 296. Lou von Salomé schreibt in ihrem *Lebensrückblick*, bedingt durch ihre „Kindheit" habe sie nicht seine „Jüngerin" sein können: „jederzeit hätte es mich mißtrauisch gemacht, in der Richtung zu schreiten, der ich mich entwinden mußte, um Klarheit zu finden" 1974 a.a.O., 84 f.

> M[liebe] Lou schreiben Sie mir doch nicht solche Briefe! Was habe ich mit diesen Armseligkeiten zu thun! Bemerken Sie doch: ich wünsche, daß Sie sich vor mir *erheben* damit ich Sie nicht *verachten* muß. Aber L[ou] was schreiben Sie denn für Briefe! So schreiben ja kleine rachsüchtige Schulmädchen. Was habe ich mit diesen Erbärmlichkeiten zu thun! Verstehen Sie doch: ich will daß Sie sich vor mir *erheben*, nicht daß Sie sich noch verkleinern.[48]

Er imaginiert, sie habe ihm geschrieben, was sie definitiv nicht getan hat, und sie sei rachsüchtig, obwohl er selbst es ist. Nun ist Lou, die seine „Jüngerin" (vgl. Fußnote 48) sein sollte, gar zum „Schulmädchen" geworden und er fordert, sie möge sich „erheben". Beides wiederholt er; freilich werden die „Armseligkeiten" durch „Erbärmlichkeiten" ersetzt. Von wessen armseligen Erbärmlichkeiten ist hier aber die Rede? Ecce auctor, darf man wohl antworten. Indiziert nicht die Wiederholung der Abscheu vor Lous Selbsterniedrigung, die es nicht gab, eine Abscheu Nietzsches vor seinen unhaltbaren Unterstellungen; denn die Wiederholung steht doch wohl dafür, sich zu etwas zu überreden, sich von etwas zu überzeugen, was unmöglich ist. Soviel Selbstsuggestion war womöglich nötig, um eigene Abscheu in eine vor Lou zu verwandeln. Weiter behauptet er in diesem Entwurf, sie habe ihn um Verzeihung gebeten, die er nicht gewähren könne:

> Nein meine liebe Lou wir sind noch lange nicht beim „Verzeihen". Ich kann das Verzeihen nicht aus den Ärmeln schütteln, nachdem die Kränkung 4 Monate Zeit hatte, in mich hineinzukriechen.[49]

Sie hatte ihn definitiv nicht um Verzeihung gebeten und wofür auch? Dass sie seine Hoffnungen nicht erfüllte, die er ihr gegenüber wohl gar nicht offen aussprach? Vor dem Hintergrund dieser Sätze wird die Mitteilung an Overbeck aus dem Entwurf vom 25. Dezember 1882 plastisch: Er habe wie an einem Wahnsinn gelitten. Das scheint so gewesen zu sein, wenn man sich vergegenwärtigt, dass er auf Briefe, die er nie erhalten hat, Entwürfe von Botschaften schreibt, die insinuieren, Lou habe ihn um Verzeihung gebeten.[50]

---

48   KSB 6, 301 f.
49   KSB 6, 301 f. Für die These „Quasi-Wahnsinn" spricht auch der Umstand, dass er an Georg Rée, Paul Rées Bruder, in einem Entwurf schreibt: „Diese dürre schmutzige, übelriechende Äffin mit ihren falschen Brüsten – ein Verhängniß." KSB 6, 402.
50   Auch an Lous Mutter Louise von Salomé hatte Nietzsche Mitte Juli 1883 einen Briefentwurf geschrieben. „Ich will nicht davon reden, *welche* Mühe ich mir gegeben habe, auch

Interessant ist, dass exakt dort, wo er außerhalb der Realität steht, wo er sich seinem Wahn hingibt, hingeben muss, Briefe erhalten zu haben, die nicht existieren, er sich jenseits seiner Stilkaskaden und Maskeraden äußert. Dass er behauptet, Lou habe ihn um Verzeihung gebeten, muss man meiner Ansicht nach invers lesen: Er wollte, dass *sie* ihm verzeiht.

6 Entwurf an die Schwester

Wenden wir uns jetzt einem Briefentwurf zu, der wohl sehr deutlich Nietzsches unverstellte Meinung über seiner Schwester Elisabeth ausdrückt; er stammt vom 25./26. August 1883 aus Sils-Maria.

> Muß ich's denn immerfort büßen, mich wieder mit Dir versöhnt zu haben? Ich bin Deine unbescheidene Moralschwätzerei gründlich müde. Und so viel steht fest, daß Du und Niemand anders mein Leben in 12 Monaten *dreimal* in Gefahr gebracht hast! Einem Menschen wie mir – seine höchste Thätigkeit zu zerstören! Ich habe noch Niemand gehaßt, Dich ausgenommen![51]

Offen bekennt er hier seinen Hass auf die Schwester; ein Gedanke, den er sich sicher schwer eingestanden hat und noch schwerer, aber wohl auch letztlich erleichternd, dürfte es gewesen sein, ihn zu Papier zu bringen.[52] Sein Hass wird nicht zuletzt durch die Diffamierungen Lous seitens der Schwester entstanden

---

den letzten Schatten dieses Bildes aufrechtzuerhalten und *wie* viel ich dabei zu vergessen und zu vergeben gehabt habe. Noch weniger aber will ich Ihnen als der Mutter aussprechen, welches Bild mir schließlich *übrig* geblieben ist. Meine Schwester und ich – wir haben Beide alle Gründe, die Begegnung mit ihrem Frl. Tochter im Kalender unseres Lebens schwarz anzustreichen. Daß wir Beide es *sehr gut* mit ihr gemeint haben, steht außer allem Zweifel. –" KSB 6, 402 f. Es ist eine glatte Lüge, dass Nietzsches Schwester gut zu Lou gewesen sei; im Gegenteil; sie hat gegen Lou und gegen die Beziehung ihres Bruders zu dieser intensiv gehetzt, und Nietzsche hat sich darüber in vielen Briefen beklagt. (Vgl. Fußnote 54.)

51 KSB 6, 434.
52 Dass er seine Schwester hasst, schreibt er am selben Tag auch an Overbeck, weil sie ihn zur unrechten Zeit zum Schweigen und zur unrechten Zeit zum Reden gebracht habe und damit um den „Erfolg meiner besten Selbst-Überwindungen […] *dieser* Conflict in mir nähert mich Schritt für Schritt dem *Irrsinn*, das empfinde ich auf das Furchtbarste – […]" Overbeck solle seiner Schwester diesen Gesichtspunkt vor Augen führen. Es ist nicht bekannt, ob Overbeck Nietzsches Ansinnen folgte. KSB 6, 437.

sein. Wahrscheinlich hasst er sie auch, weil er sich nicht gegen sie wehren kann; steht das doch in einem Entwurf und nicht in einem Brief. Nicht zuletzt hasst er sie, weil sie seine „höchste Thätigkeit" zerstöre. Mit dieser Metapher, die ihn hinter einer scheinbar unangreifbaren Maske belässt, auch wenn die Schwester mit ihrem Verhalten wohl in eine Tabuzone eingebrochen ist, dürfte er seine philosophische Arbeit meinen. Auch in diesem Briefentwurf stellt Nietzsche seinen Wert eindeutig über den der Schwester; wie auch schon im Entwurf an Paul Rée und Lou von Salomé, wo er sich als „Freigeist" charakterisierte. Seine sechswöchige Trennung von Mutter und Schwester, eine Reaktion auf deren Verhalten Lou gegenüber, konnte er nicht durchhalten, und so hatte er sich schließlich wieder mit ihnen versöhnt. Eine Haltung, die falsch war, deshalb muss er dafür „büßen". Schon als er sich mit ihnen versöhnte, wird er gewusst haben, dass es ein Fehler war, aber er konnte sich emotional nicht wirklich von ihnen lösen; er war abhängig. Diese Abhängigkeit von Menschen, die er gleichzeitig verachtete, die ihn mit ihrer bigotten Moralität und ihrem Antisemitismus, so die Schwester, geradezu beleidigten, war schmerzhaft für ihn, das zeigen auch die Briefe an Overbeck.[53] In diesem Entwurf spricht er vollkommen ungeschützt seine „Wahrheit" über die Schwester aus, ohne stilistische oder poetische Schnörkel. Dass Elisabeth sein Leben dreimal in Gefahr brachte, ist eine neue Information und wird nicht aufgeklärt. Wir können vermuten, dass die Gefährdungen seines Lebens, die von der Schwester zu verantworten sind, sich auch auf Lou beziehen.[54] Dass sie damit Nietzsches

---

53   Und am 14. August 1883 aus Sils-Maria: „Meine Angehörigen und ich – wir sind zu verschieden. Die Maaßregel, die ich diesen Winter für nöthig befand, keine Briefe mehr von daher zu empfangen, ist aber nicht mehr aufrecht zu erhalten (ich bin nicht hart genug dazu). Aber ein jedes verächtliches Wort, was gegen Rée oder Frl. S[alomé] geschrieben wird, machte mir das Herz bluten; es scheint, ich bin schlecht zur Feindschaft gemacht (während meine Schwestern mir zuletzt noch schrieb, ich solle guter Dinge sein, es sei ja ‚ein frischer fröhlicher Krieg'.)" KSB 6, 427. Am 21. Mai 1884 schreibt er hierüber erneut an Overbeck: „Die Angelegenheit mit meinen Angehörigen muß ich mir vom Halse schaffen – ich habe nunmehr 2 Jahre lang mich in den guthmüthigsten Versuchen erschöpft, zurechtzulegen und zu beruhigen, aber umsonst. So viel ich die Geschichte kenne, ist übrigens diese Art von Mißverhältniß bei Menschen meines Ranges etwas Regelmäßiges. [...] daß ich immer frage, ob irgend ein Mensch schon so gelitten hat". KSB 6, 505.
54   In einem Briefentwurf an seine Mutter Franziska Nietzsche vom Januar/Februar 1884 aus Nizza, schreibt er: „Was bringt mich denn zum Erbrechen, wenn ich die Briefe meiner Schwester lese und diese Mischung aus Blödsinn und Dreistigkeit, die sich gar noch moralisch aufputzt, hinunterschlucken muß? [...] Mein Ekel mit einer solch erbärmlichen Creatur verwandt zu sein." KSB 6, 469 f.

Leben in Gefahr brachte, ist natürlich eine seinem Pathos geschuldete enorme Übertreibung; wenn wir dennoch das „Wahre" darin erkennen wollen, dann vielleicht, dass ihn ihr Verhalten in einen Zustand brachte, den man lebensmüde nennen könnte. In dem abgesandten Brief vom 29. August 1883, also wenige Tage später, ist nichts vom Inhalt des Entwurfs enthalten. An „Meine liebe Schwester" schreibt er, es sei notwendig, dass er missverstanden werde, auch von seinen Verwandten, damit verbinde sich für ihn das „herrliche Bewußtsein eben damit auf *meiner* Bahn zu sein"[55].

Zusammenfassend kann man festhalten, dass Nietzsche in Briefentwürfen vom Ende des Jahres 1882 an Lou von Salomé und Paul Rée, die sich mit seiner Verarbeitung der Lou-Erfahrung beschäftigen, wohl von nicht mehr zu verdrängenden Ichanteilen gesteuert, maskenlos auftritt, wenn auch nicht durchgehend, wie die Analyse gezeigt hat. Da er an Lou von Salomé und Rée danach keine Briefe mehr schickte, fehlt hier der Vergleich. Gleichwohl kann man mit gutem Grund vermuten, dass er einen anderen Inhalt gewählt haben würde.

Der abgesandte Brief an die Schwester weicht entsprechend vollkommen gegenüber dem Entwurf ab. Eine Ausnahme unter den behandelten Entwürfen bildet der an Franz Overbeck vom 25. Dezember 1882 aus Rapallo; ihm gegenüber verbleibt er, trotz eines Hinweises auf seinen Quasi-Wahnsinn weiterhin stilsicher hinter der bekannten Maske. Dem Freund gegenüber konnte er sich nicht wirklich entbergen, so dass man vermuten kann, dass in diesem Fall seine Scham stabil war, um weiterhin jene Ichanteile zu verbergen: Folgerichtig weicht die zitierte Textstelle im abgesandten Brief kaum vom Entwurf ab.

Abschließen möchte ich mit einem Brief an Jacob Burckhardt vom 8. Januar 1889 aus Turin: Es ist Nietzsches letzter Brief:

> Lieber Herr Professor, zuletzt wäre ich sehr viel lieber Basler Professor als Gott; aber ich habe es nicht gewagt, meinen Privat-Egoismus so weit zu treiben, um seinetwegen die Schaffung der Welt zu unterlassen. Sie sehen, man muß Opfer bringen, wie und wo man lebt. – [...] Da ich verurtheilt bin, die nächste Ewigkeit durch schlechte Witze zu unterhalten, so habe ich hier eine Schreiberei, die eigentlich nichts zu wünschen übrig läßt, sehr hübsch und ganz und gar nicht anstrengend. [...] Was unangenehm ist und meiner Bescheidenheit zusetzt, ist, daß im Grunde jeder Name in der Geschichte ich bin; auch mit den Kindern, die ich in die

---

55 KSB 6, 439. An den Lou's und Rée liege ihm gar nichts, liest man dort erstaunlicherweise, also wieder hinter Maske geschrieben. „Es sind beides originale Menschen, und keine Copien: deshalb hielt ich es mit ihnen aus, so sehr sie mir wider den Geschmack giengen." KSB 6, 440.

Welt gesetzt habe, steht es so, daß ich mit einigem Mißtrauen erwäge, ob nicht Alle, die in das „Reich Gottes kommen" auch *aus Gott* kommen. [...] Erwägen Sie, wir machen eine schöne, schöne Plauderei, Turin ist nicht weit, sehr ernste Berufspflichten fehlen vor der Hand, ein Glas Veltliner würde zu beschaffen sein. Negligé des Anzugs Anstandsbedingung. [...] Sie können von diesem Brief jeden Gebrauch machen, der mich in der Achtung der Basler nicht heruntersetzt. –[56]

Alarmiert hatte Jacob Burkhardt Overbeck aufgesucht und ihm den Brief gezeigt, woraufhin dieser nach Turin reiste, Nietzsche mitnahm und ihn der Psychiatrie übergab.

Nietzsche war ein wunderbarer, poetischer, genialer, aber auch sehr sensibler und schwieriger Briefpartner. Seine Briefe können als Zeit-, Werk- und Persönlichkeitsdokument gelten, seine Briefentwürfe als eines, das die Inszenierungen seiner Masken zeigt. Damit dient seine Korrespondenz insgesamt nicht zuletzt dem Verständnis seiner Philosophie, ist sie doch, wie bei keinem anderen Philosophen – neben vielem anderen – auch aus einem Wechselspiel von Genialität, Not und Selbstüberwindung geboren.

---

56   KSB 8, 577 ff.

Zur Methode Paul Feyerabends in *Against Method*

Magdalena Frehsmann

In *Against Method* rebelliert Paul Feyerabend unter dem berühmten Slogan „anything goes" gegen den von ihm als rigide empfundenen Rationalismus. Sein Angriff richtet sich dabei sowohl gegen die rationalistische Methode im Wissenschaftsbetrieb als auch gegen die gesellschaftliche Praxis als Resultat der Vormachtstellung der Wissenschaft. Um die von Feyerabend proklamierten Thesen angemessen bewerten zu können, muss jedoch zunächst ein nicht geringes Hindernis aus dem Weg geräumt werden, das sich bei der Lektüre von *Against Method* immer wieder aufdrängt: der offensichtliche Widerspruch zwischen Feyerabends Aufbegehren gegen jede Methodik und seiner eigenen Vorgehensweise, die sich bei aller Provokation doch letztlich selbst einer rationalistischen Methode bedienen muss, um als „wissenschaftlich" zu gelten. Genau hier setzt die Arbeit an und untersucht den Methodenbegriff im Spannungsfeld von Rationalismus und Anarchismus, von Methodik und Anti-Methodik. Betrachtet werden Feyerabends Verständnis des Methodenbegriffs, sein Gegenentwurf dazu und schließlich seine eigene Vorgehensweise in *Against Method*. Leitmotiv ist dabei die Interpretation seines Vorgehens als „Maskenspiel".

> Feyerabend ist sicherlich die am meisten verwirrende und paradoxe Gestalt in der gegenwärtigen Wissenschaftstheorie. Ob er nun ein Hofnarr, ein Zen-Lehrer oder ein Faschist ist, läßt sich nur schwer entscheiden.[1]
> Though this be madness, yet there is method in't.[2]

1   Einleitung

Paul Feyerabend hat zu seinen Lebzeiten viele Rollen gespielt. Zahlreich sind die Titel, die ihm durch andere oder sich selbst verliehen wurden: „enfant terrible der Wissenschaftstheorie", „worst enemy of science", „Dadaist", „Anarchist", „Relativist" und sogar „kritischer Rationalist", um nur einige zu

---

[1] H. P. Duerr, C. Groffy, (Hrsg.), *Versuchungen. Aufsätze zur Philosophie Paul Feyerabends*, 1. Bd., Frankfurt a. M. 1980, 28.
[2] W. Shakespeare, *Hamlet. Prince of Denmark*, Cambridge 2003, 139.

nennen. Müsste man die Reaktionen, die sein Tun und Denken in der akademischen Welt ausgelöst haben, in ganz und gar unpluralistischer Manier auf einen einzigen Begriff bringen, so wäre die treffendste Vokabel sicherlich „kontrovers".

Am meisten zu dieser Wirkung beigetragen hat zweifelsohne sein Hauptwerk *Against Method – Outline of an anarchistic theory of science*, in dem Feyerabend alle Mittel der Rationalität aufzubieten scheint, um einen erkenntnis- und wissenschaftstheoretischen Anarchismus zu verteidigen.[3] Hiermit wäre auch schon der Grundwiderspruch angezeigt, mit dem sich der durchschnittliche Feyerabend-Leser westlicher Prägung bald konfrontiert sieht und fragt: Wie kann ein Professor der Wissenschaftsphilosophie mittels rationaler Methodik einen anti-methodischen Anarchismus befördern wollen? Er ist sich dieser Unstimmigkeit nach eigenen Angaben in Vorworten und Fußnoten bewusst, also ist das Ganze vielleicht nur ein großer Spaß? Aber wie geht das dann wiederum zusammen mit den vielen so ernsten Thesen und Forderungen, die in *Against Method* zu finden sind? Mit der vernichtenden Kritik an einem rigiden Rationalismus, mit der Warnung vor einem schädlichen gesellschaftlichen Machtmonopol der Wissenschaft und mit der leidenschaftlichen Verteidigung von Freiheit und Humanität?

Diese Arbeit will versuchen, einer solch anarchischen Verwirrung des Lesers – in der sich die Verfasserin selbst einige Zeit befangen sah – mit rationaler, aber hoffentlich nicht rationalistischer Methode (im feyerabendschen Sinne) entgegenzuwirken und so Feyerabend als Denker besser zu verstehen.[4] Den Schlüssel hierzu scheint der Methodenbegriff zu bieten. In bewusster Doppeldeutigkeit soll also die „Methode Paul Feyerabends in *Against Method*" untersucht werden. Dabei soll sich zuerst dem Begriff „Methode" selbst angenähert werden und unterschiedliche Deutungsebenen aufgezeigt werden, um den Weg für die weitere Untersuchung zu ebnen und Unklarheiten vorzubeugen. Danach soll die feyerabendsche Auffassung des Begriffs in *Against Method* diskutiert werden sowie sein ‚Gegenentwurf': Welche Methode

---

3 Paul Feyerabend, *Against Method. Outline of an anarchistic theory of science* [= AM], London 1993.

4 Die Verfasserin war kurzzeitig geneigt, statt einer rationalen Abhandlung ein dadaistisches Theaterspiel zu liefern. Aufgrund von Indoktrination durch eine westlich-rationalistische, männlich-weiße Tradition entschied sie sich jedoch unwillkürlich dagegen. Sie bemerkt außerdem einen schädlichen Einfluss Feyerabends, der nicht nur ein Scherzbold ist, sondern außerdem die lästige Angewohnheit hat, übermäßig lange Fußnoten zu schreiben.

kritisiert Feyerabend, wessen Methode kritisiert er und wieso ist er ‚dagegen'? Was bietet er stattdessen als Alternative an und was hat es mit dem ‚Prinzip' (oder Slogan?) „anything goes" auf sich? An dieser Stelle wird es unvermeidbar sein, bereits eine Interpretation vorzunehmen, welche aber im zweiten Teil der Arbeit weiter befestigt und ausgebaut werden soll.

In diesem zweiten Teil soll dann die eigentliche, die eigene Methode Feyerabends in *Against Method* untersucht werden. Wie geht er vor, um seine Thesen darzubringen? Hat er überhaupt eine Methode und wenn ja, ist sie rational oder sogar rationalistisch? Hierzu wird zuerst nach der ‚äußeren' Methode und dem Werk selbst gefragt: Wie und in welchem Kontext entsteht *Against Method* und auf welche Weise ist es aufgebaut? Hat es Struktur, ist es methodisch oder chaotisch? Darauf soll im nächsten Schritt Feyerabends Methode im engeren Sinne, d. h. in Argumentationsstruktur und sprachlicher Form, analysiert werden. Hier soll endlich betrachtet werden, wie sich der ‚Anarchist' Feyerabend ein offenbar rationales Vorgehen erlauben kann. Ist dieser Widerspruch vielleicht selbst Methode? Sind Anarchist und Rationalist nur Masken im Theater von *Against Method*? Welchen Zweck verfolgt Feyerabend eigentlich? Die Antwort wird im Blick auf die *Person* Feyerabend versucht werden.

2 Feyerabends Begriff von Methode

2.1 „Methode" – Ein kurzer Blick auf Etymologie und mögliche Verständnishorizonte

Im etymologischen Wörterbuch findet sich unter dem Artikel „Methode" die Kurzdefinition „systematisches Vorgehen nach bestimmten Grundsätzen und Regeln"[5]. Zugrunde liegt das griechische μέθοδος, welches sich aus der Präposition μετά und dem Wort für „Weg", ὁδός, zusammensetzt. Ins Deutsche könnte man μέθοδος wörtlich also in etwa mit „Weglauf" oder weiter mit „Streben" übersetzen. Interessant ist auch die Weiterführung in μεθοδεία (oder μεθοδία), welches „Geschicklichkeit", aber auch „Gerissenheit" und „List, Trug" bedeuten kann.[6]

Hieraus wird ersichtlich: die wörtliche Bedeutung des Begriffs Methode ist neutral und kann am besten mit „Vorgehen" oder „Verlauf" *auf ein bestimmtes*

---

5 W. Pfeifer u. a. (Hrsg.), *Etymologisches Wörterbuch des Deutschen*, München 2005, 867.
6 Vgl. H. G. Liddell, R. Scott, *A Greek-English Lexicon*, Volume II, Oxford 1951, 1091; Vgl. W. Gemoll, K. Vretska u. a. (Hrsg.), *Gemoll. Griechisch-deutsches Schul- und Handwörterbuch*, München 2012, 520.

Ziel hin übersetzt werden. Hinzu kommen nun verschiedene wertende Dimensionen. Übertragen kann Methode auch „Art und Weise des Vorgehens" bedeuten; in μεθοδεία erhält diese Übertragung erst eine positive (geschickte Weise des Vorgehens), dann eine negative Konnotation (listige Weise des Vorgehens). Aus dieser Betonung als „geschickte", „richtige" Art des Vorgehens erwächst wohl auch der philosophisch bedeutsame Begriff, welcher den richtigen Weg, die richtige Verfahrensweise auf dem Weg hin zum Wahren und zur Tugend bedeuten wird und zuerst bei Platon, mit einem bestimmten philosophischen Inhalt (der dialektischen Methode) gefüllt, relevant wird.[7] So verknüpft sich der Begriff der Methode immer mehr mit dem der Vernunft und erhält bald den impliziten Zusatz „rational": Methode meint nunmehr ein Vorgehen nach *Vernunftmaßstäben*. Jedoch ist man sich nicht einig, welche Methode vernünftig ist. So entsteht ein Reflexionsprozess darüber, welches Vorgehen sich „Methode" in diesem bestimmten Sinne nennen darf. Die Methodenlehre, die „Methodik" erwächst und mit ihr die „Methodologie" als spezielle wissenschaftliche Disziplin.[8]

Was helfen uns nun diese Unterscheidungen im Hinblick auf den feyerabendschen Begriff von Methode? Wir sehen, dass „Methode" verschiedene Bedeutungsfelder umfasst, die sich immer weiter verengen. „Methode" kann bloß ein Vorgehen, oder eine Vorgehensweise meinen, unabhängig davon, ob dieses Vorgehen „rational" ist oder „irrational". Der Begriff kann darüber hinaus speziell ein rationales Vorgehen bezeichnen, wobei „rational" meistens mit Ordnung und Systematik identifiziert wird. Schließlich kann mit einem „methodischen Vorgehen" auch eine Verfahrensweise gemeint sein, die einer bestimmten Methodik folgt, d. h. einer bestimmten, methodologisch festgelegten Regel. Die folgende Untersuchung soll zeigen, welche Bedeutungsebenen für Feyerabend in *Against Method* eine Rolle spielen.

2.2 *Feyerabends Begriffsverständnis und Kritik*

Welcher Methodenbegriff ist also für Feyerabend von Interesse und weshalb? Die neutrale Bedeutungsebene, welche ein bloßes Vorgehen bezeichnet, kann nicht gemeint sein. Stattdessen scheint Feyerabend ‚wider die *rationale* Methode' zu argumentieren. Doch interessanterweise wird der Titel „Against Method" in der deutschen Ausgabe übersetzt mit „Wider den Methodenzwang"[9]. So gesehen muss die fragliche Methode also einen Zwang

---

7 Vgl. J. Ritter, K. Gründer, (Hrsg.), *Historisches Wörterbuch der Philosophie*, Bd. 5, Basel 1980, 1304.
8 Vgl. ebd.
9 P. Feyerabend, *Wider den Methodenzwang* [= WM II], Frankfurt a. M. 2013.

beinhalten bzw. es soll gegen eine rationale Methode argumentiert werden, die von außen ‚aufgezwungen' wird.

Den Urheber dieses Zwanges sieht Feyerabend im „Rationalismus". Und an eben dieser Stelle wird die zuvor getroffene Unterscheidung zwischen (rationaler) „Methode" und „Methodik" fruchtbar: jenes Verhältnis entspricht nämlich dem von „Rationalität" und „Rationalismus". Methode und Rationalität gehen einher mit Ordnung und Struktur überhaupt. Methodik und Rationalismus *zwingen* nach feyerabendschem Verständnis zu Ordnung und Struktur. Wir wollen sehen, wie es gerade dieser Zwangscharakter ist, gegen den Feyerabend in *Against Method* eigentlich vorgehen will.

Es ist schwierig, Feyerabends Kritik *ad hoc* in einige schnelle Worte zu fassen, wesensgemäß noch schwieriger, diese in eine übersichtliche Ordnung zu bringen. Hilfreich ist, zunächst zu fragen: Gegen *wessen* Methode wendet Feyerabend sich? Hier sind zwei Hauptgegner auszumachen: 1. die Wissenschaftler (manchmal auch vereinigt angegriffen unter dem rationalistisch-idealistischen Begriff „die Wissenschaft"), 2. die Wissenschaftstheoretiker. Mit den Wissenschaftlern scheint Feyerabend vor allem Naturwissenschaftler zu meinen, insbesondere Physiker und Mediziner. Anthropologen und Ethnologen dagegen kommen erstaunlich gut weg.[10] Dieses engere Verständnis scheint aber einfach dem anglo-amerikanischen Begriff von „science" zu entsprechen, welcher dem von „humanities" gegenübersteht. Unter den Wissenschaftstheoretikern wendet Feyerabend sich gegen zeitgenössische Denker, hauptsächlich gegen seinen ehemaligen ‚Lehrer' Popper, aber natürlich auch gegen seinen Freund Imre Lakatos.[11]

Worin besteht der Methodenzwang, gegen den Feyerabend Einspruch erhebt? Was die Wissenschaftler angeht, so befolgen diese in ihrem Denken und Tun nach Feyerabend eine rationale Methode, der sie gleich einem Dogma wie Gläubige anhängen.[12] Dabei hinterfragen sie diese aber nicht, kontextualisieren sie nicht historisch, und übersehen, dass es eine solche Methode eigentlich nicht gibt.[13] Es gibt sie nicht, so Feyerabend, weil Wissenschaftler immer irrationale, historisch bedingte und ideologisch aufgeladene Annahmen

---

10 Zumindest spricht Feyerabend von einer Notwendigkeit, die Wissenschaft anthropologisch zu untersuchen und verleiht ihr so besonderes Gewicht. Vgl. z. B. AM, 191.

11 Der gemäßigt popperkritische Lakatos wirkt als Gegenpart im von Feyerabend und Lakatos geplanten gemeinsamen Werk ‚für und wider die Methode', vgl. Kapitel 3.1 dieser Arbeit.

12 Vgl. z. B. AM, viii.

13 Vgl. Feyerabend, Paul, *Wider den Methodenzwang. Skizze einer anarchistischen Erkenntnistheorie*, [= WM 1] Frankfurt a. M. 1979, 22 f.

machen, auf denen ihre Methode beruht und somit nicht völlig rational sein kann.[14] Außerdem existiere unter Wissenschaftlern kein Konsens darüber, was eine rationale Methode auszeichnet, es gibt keine einheitliche Definition.[15] Darüber hinaus zeige die Geschichte – und das ist ein besonders wichtiger Punkt Feyerabends, welcher ausführlich am Beispiel des Galilei erläutert wird – dass die Triebfeder des Fortschritts (im Sinne der Wissenschaftler) nicht die rationale Methode ist, sondern gerade ihr Gegenteil, die Unordnung, die Irrationalität:[16] zu dieser zählen äußerst unwissenschaftliche Strategien wie geschickte Rhetorik, *Ad-hoc*-Hypothesen und Intrigen sowie der schon angesprochene Aufbau von Argumenten auf eigentlich irrationalen, weil abstrakten, nicht unmittelbar erfahrbaren Annahmen, die sich zunehmend von der natürlichen Erfahrung entfernen und nach Feyerabend eine Wissenschaft mit „metaphysischen Bestandteilen" begründen.[17]

Die Wissenschaft wird von Feyerabend also als äußerst wackeliges und waghalsiges Gebäude entlarvt (Irrationalität), das sich den Schein von Stabilität und Sicherheit gibt (Rationalität). Der Zwang entsteht nun in dem Allmachtsanspruch, den die Wissenschaft aufgrund ihrer behaupteten Objektivität und Rationalität über die Gesellschaft erhebt. Der moderne ‚Wissenschaftsglaube' hat die Rolle der Kirche übernommen und die Wissenschaft – bloß eine westlich-weiße, männliche „Tradition unter vielen", wie die historische Analyse gezeigt hat – unterdrückt alle anderen, nichtwissenschaftlichen Traditionen.[18]

Jener Zwang verstärkt sich nun in einer zweiten Dimension, nämlich auf Ebene der Wissenschaftstheorie: diese wird von Feyerabend gleichsam als „Wucherung" der Wissenschaftstradition verstanden.[19] Die Wissenschaftstheorie ist rationalistisch und hat sich insbesondere der Zementierung des Rationalitätsglaubens verschrieben; die Wissenschaftstheoretiker bilden für Feyerabend gewissermaßen den Machtapparat dieser ‚Kirche', welche sich um Popper als ihren ‚Papst' scharen.[20] Auf diese Weise übt die Wissenschaftstheorie

---

14 Vgl. ebd., vgl. AM, 11; 236.
15 Vgl. WM I, 22.
16 „Science is an essentially anarchic enterprise", AM, 9; „Copernicanism and other essential ingredients of modern science survived only because reason was frequently overruled in their past.", WM I, 106; Vgl. WM I, 157 f.
17 AM, 76; Vgl. 105; 114.
18 Vgl. WM I, 11–12; Vgl. AM, 3; 214; 218; 221; 225.
19 Feyerabend spricht vom „Tumor der Wissenschaftstheorie", WM I, 26.
20 „He [Popper, Anm. d. Verf.] is a founder of a church.", J. Jung, „Paul K. Feyerabend. Last Interview. [= Last Interview]", in: J. Preston, G. Munévar, D. Lamb (Hrsg.): The Worst Enemy of Science? Essays in Memory of Paul Feyerabend, Oxford 2000, 163 f.

in ihrer Extremität einen Zwang auf die Wissenschaft aus und verstärkt so den Zwang auf die Gesellschaft um ein Vielfaches. Ihr Ziel: die absolute Herrschaft der Rationalität, oder wie Feyerabend es einmal gewohnt provokativ formulierte, die Machtergreifung des ‚Ratiofaschismus'.

Wir sehen also: Feyerabend kritisiert vor allem den Zwangscharakter der Rationalität, den Zwangscharakter von Methode, wie er ihm sich durch die Denkweise des „Rationalismus" und die Rationalisten, insbesondere in Gestalt der Wissenschaftstheoretiker, auszudrücken scheint. Nicht die Rationalität an sich, die rationale Methode an sich, sind für ihn eigentlich ‚Feindbilder' – obwohl es aufgrund scharfer Polemik oftmals den Eindruck macht – sondern ihre ‚extremen' Formen, Rationalismus und Methodik.[21]

Trotzdem kritisiert Feyerabend *auch* die Rationalität selbst, worin sich schon ein sehr persönlicher Zug seinerseits zeigt: das rationale Denken ist für ihn ‚abstrakt' im wörtlichsten Sinne, es ist vereinfachend, starr, kalt und unterbrochen und es *entfernt* sich von der Wirklichkeit, deren eigentlicher Charakter lebendig, prozesshaft, fließend und mannigfaltig ist. Durch die Rationalität ‚verarmt' die „reiche" Vielfalt der ‚echten' Welt.[22] Diese Neigung zum Pluralismus, diese Bevorzugung der ‚chaotischen' Vielheit scheint eine Richtung des feyerabendschen Denkens anzuzeigen, die er zeitlebens immer wieder in verschiedenen Formen einschlagen wird. Sie schlägt sich auch nieder, wenn er von sich selbst als „Nominalist" spricht oder mit dem Materialismus sympathisiert.[23] Für die weitere Untersuchung wird sie uns noch interessieren.

2.3 „Anything goes" als Alternative? – Feyerabends Gegenentwurf

Feyerabend meint also, wenn er sich ‚gegen Methode' ereifert, nicht, dass alle Methoden vollständig und für immer abgeschafft werden und einem anarchischen Chaos weichen sollen. Stattdessen bedient er sich hier seiner eigenen rhetorischen Methode, welche allerdings erst Thema des nächsten Abschnittes sein soll. Bloß auf den einengenden Charakter von Methode kommt es ihm

---

21 Begrifflich unterscheidet Feyerabend jedoch nicht klar zwischen „rationality", „rationalism" und „reason", z. B. antwortet er im letzten Interview vor seinem Tode auf die Frage „What does rationality mean for you?": „A set of rules which you are supposed to follow.", was bereits einen methodischen Zwang bedeutet. Vgl. Jung, *Last Interview*, 161 f.

22 Vgl. z. B. Feyerabend, P., *Zeitverschwendung* [= KT], Frankfurt a. M. 1995, 192; Jener Zug des feyerabendschen Denkens zeigt sich vor allem in seiner Unterscheidung von ‚homerischer Welt' und moderner, ‚nach-homerischer' Welt, welche den Dualismus von Wesen und Begriff einführt und den Menschen so von der reichen Vielfalt des Lebens und der sinnhaften Unmittelbarkeit der polytheistischen Religion entfernt und entfremdet, vgl. AM, Kap. 17.

23 KT, 129; Vgl. AM, 220.

an. Diesen bloßzulegen und auf mögliche negative Folgen aufmerksam zu machen ist denn auch die eigentliche Hauptintention von *Against Method*. Wie passt diese moderate Interpretation aber zusammen mit Textstellen wie der folgenden?

> Let us, therefore, start with our outline of an anarchistic methodology and a corresponding anarchistic science. There is no need to fear that the diminished concern for law and order in science and society that characterizes an anarchism of this kind will lead to chaos. The human nervous system is too well organized for that.[24]

Bezeichnen diese Zeilen nicht das Programm eines wissenschaftstheoretischen Anarchismus? Klingen sie nicht wie der Beginn einer anti-methodischen Methodik? Und was hat es mit dem berühmten ‚Prinzip' jenes Anarchismus auf sich? Feyerabend sagt dazu: „there is only one principle that can be defended under all circumstances and in all stages of human development. It is the principle: anything goes."[25] Und ein paar Seiten zuvor haben wir gelesen „ ‚anything goes' is not a ‚principle' I hold [...] but the terrified exclamation of a rationalist who takes a closer look at history."[26] Wie genau dieser Widerspruch aufzulösen ist, wollen wir im nächsten Teil betrachten. Zunächst soll uns ein Hinweis weiterhelfen, den Feyerabend in der Einleitung anbringt:

> The following essay is written in the conviction that anarchism, while perhaps not the most attractive political philosophy, is certainly excellent medicine for epistemology, and for the philosophy of science.[27]

Feyerabend, der auch sonst gerne Beispiele aus der Humanmedizin anführt, um seine Thesen praktisch zu veranschaulichen, bezeichnet hier sein eigenes ‚Programm', den Anarchismus, als Medizin, als Medikament für Erkenntnistheorie und Wissenschaftstheorie.[28] Und genau so scheint er, da

---

24 AM, 13.
25 AM, 19.
26 AM, 7.
27 AM, 9.
28 Übrigens enthält AM trotz des irreführenden deutschen Untertitels „Skizze einer anarchistischen Erkenntnistheorie" (welcher allerdings in der zweiten Ausgabe entfernt wurde) recht wenig erkenntnistheoretische Thesen. Wo diese skeptisch angebracht werden, dienen sie der Untermauerung von Feyerabends Kritik an der Wissenschaftstheorie; Feyerabend liefert keine „anarchistische Erkenntnistheorie" als solche.

wo er es ernst meint mit dem Anarchismus, dessen Wirkung zu verstehen. Feyerabend sagt: die Welt der Wissenschaft und der Philosophie bewegt sich in einem Extrem, nämlich in der Extremform der Rationalität, dem Rationalismus; diese Extremform bedroht nicht nur die Wissenschaft und die Philosophie, sondern vor allem auch die Gesellschaft. Also wird diesem Extrem als „Medizin" das gegenteilige Extrem gegenübergestellt: der Anarchismus. Diese ‚Unmethode' bleibt als einzige Methode noch übrig, um die Wissenschaft von einem entarteten Methodismus zu ‚kurieren' und die Menschen vor möglichen Folgen zu schützen. Das Prinzip, oder Anti-Prinzip, einer solchen Methode, welches alle Grenzen im Denken aufhebt, alle rationalistischen Verkrampfungen löst, muss also heißen: „alles geht" oder „anything goes". Die Wirkfähigkeit dieser Methode wird durch die historische Analyse untermauert, welche nach Feyerabend gezeigt hat, dass die Wissenschaft gerade da fortgekommen ist, wo sie irrational und anarchistisch verfahren ist (s. o.). Feyerabend verschreibt der Wissenschaft und Wissenschaftstheorie also, wenn man das Wortspiel noch weiter treiben will, eine ‚Radikalkur'. Es ist eine Kur, d. h. sie ist temporär; sie soll so lange andauern, bis der Patient geheilt ist. Im Anschluss an das oben zuerst aufgeführte Zitat sagt Feyerabend:

> There may [...] come a time when it will be necessary to give reason a temporary advantage and when it will be wise to defend its rules to the exclusion of everything else. I do not think that we are living in such a time today.[29]

Und ergänzend in der Fußnote:

> This was my opinion in 1970 when I wrote the first version of this essay. Times have changed. [...] I think that reason should now be given greater weight not because it is and always was fundamental but because it seems to be needed, in circumstances that occur ratherfrequently today (but may disappear tomorrow), to create a more humane approach.[30]

Feyerabends Ziel ist es nicht, Rationalität aus der Wissenschaft komplett zu verbannen; die Wissenschaft soll bloß wieder auf moderate Bahnen gelenkt werden, sie soll Irrationalität wieder, und diesmal bewusst, zulassen, um lebendig und fruchtbar zu werden für ihr Fortkommen und das Fortkommen der Menschheit.

---

29 AM, 13.
30 Ebd.

Was Feyerabend vorschlägt ist also weniger eine alternative Methode im positiven Sinne – gerade das will er nicht[31] – sondern ein Perspektivenwechsel. Dieser soll schließlich dazu führen, den Blick der Menschen, insbesondere den der Wissenschaftler und Wissenschaftstheoretiker, zu erweitern um so die Wissenschaft(-sgeschichte) als die vielfältige Ganzheit sehen zu können, die sie ist. Angestrebt wird ein *Bewusstseinswandel*.

„Anything goes" – das lässt sich auch auf die Formel bringen: ‚Pluralismus statt Uniformismus', das bedeutet: eine pluralistische Sicht auf die Welt und die Wissenschaft, welche nicht versucht, alle Phänomene unter einen Begriff unterzuordnen und zu unterdrücken, sondern die Gesamtheit aller Phänomene als Einzelne betrachtet, jedes für sich, nebeneinander ausgebreitet („proliferation"[32]), gleichwertig („parataktisch"[33]) und nicht „hypotaktisch" in einer bestimmten Hierarchie geordnet. Hierzu gehören vor allem historistische und kulturrelativistische Perspektiven, die uns helfen sollen, die Dinge als geographisch und historisch bedingt zu verstehen.[34] Unser Verständnis von Rationalität und Wissenschaft verliert somit automatisch seinen Absolutheitsanspruch und zeigt sich als eine Kulturform unter vielen, die zukünftig wiederum von anderen abgelöst werden wird. Insbesondere hierzu trägt Feyerabend in *Against Method* selbst bei, indem er die galileische Weltauffassung der aristotelischen gegenüberstellt und diese wiederum mit der homerischen kontrastiert.[35] Auch seine These von der Inkommensurabilität findet in diesem Zusammenhang ihren Platz.[36]

Auf der anderen Seite bleibt es durchaus nicht bei perspektivischen ‚Anregungen'[37]. Hinsichtlich der konkreten Wissenschaftspraxis formuliert Feyerabend ein Konzept, das seine vormalige Nähe zu Popper augenscheinlich

---

31 Vgl. AM, 23; 230 f.
32 Vgl. AM, 24; 34.
33 Die Gegenüberstellung Parataxe – Hypotaxe wird diskutiert im Kapitel über die homerische Weltanschauung.
34 Feyerabend hat sich wahrscheinlich genauso oft gegen den Stempel „Relativismus" gewehrt, wie er ihn vertreten hat. Vielleicht lässt sich dieses Problem so lösen: Feyerabend will auf keinen Fall einer ‚Schule' oder einer ‚Strömung' des Relativismus angehören (zu viel Einengung), relativistische Thesen wie hier formuliert vertritt er – unter anderen – aber durchaus.
35 Vgl. z. B. AM, 72; 175.
36 Vgl. AM, 150; 165–169.
37 Was die Wortwahl Feyerabends betrifft, bedeutet ‚Anregung' natürlich eine maßlose Untertreibung.

werden lässt:[38] es heißt „kontrainduktives" („counterinductive") Verfahren und bedeutet das Gegenteil von einem Verfahren unter der „Konsistenzbedingung".[39] Wissenschaftler sollen nicht, in rationalistischer Weise, mit aller Gewalt versuchen, an etablierten Theorien festzuhalten und neue empirische Ergebnisse diesen unterzuordnen, sondern bewusst Thesen und Theorien in den Blick nehmen, die allen bisherigen Modellen zuwiderlaufen.[40] So ist es in der Vergangenheit geschehen und so muss es auch in Zukunft vonstattengehen. „Counterinduction is [...] both a fact – science could not exist without it – and a legitimate and much needed move in the game of science."[41] Auch ein solches Vorgehen will Feyerabend aber gewiss nicht als ‚Methode' verstanden wissen. Vielmehr stellt ‚Kontrainduktion' eine Präzisierung seines angestrebten Perspektivenwechsels dar. Es ist als abstraktes Konzept unanfechtbar rational und erfordert einen bewussten methodischen Entschluss. Es ist aber der Entschluss zur Irrationalität – und eben dadurch ein Mittel, sich von rationalistischen Zwängen zu befreien. Deshalb ist es zwar rational, aber nicht rationalistisch. Und methodisch, aber nicht in der methodistischen Auffassung von Methode, wie sie Feyerabend versteht. Dennoch: ein ‚methodistischer Beigeschmack' bleibt.

Zeitweilig scheint Feyerabend seinen heilpraktischen Anarchismus als Beitrag zum Entwurf eines neuen Weltbildes, einer neuen Philosophie oder sogar „Religion", wie er sagt, verstanden zu haben.[42] Dabei schwebte ihm wohl eine Art ideale Denk- und Lebensform vor, welche den Pluralismus auf sanfte Weise zu „zähmen" und „zu einer harmonischen Entwicklung zusammen[zu]führen" vermöge, also eine Art ‚sanfte Rationalität'.[43] An späterer Stelle bezweifelt er jedoch die Notwendigkeit eines solchen Entwurfs. Das Verlangen danach sei nur wieder ein Beispiel rationalistischer westlicher Intellektualität,

---

38 Inwiefern es Verwandtschaften zum popperschen Falsifikationsprinzip aufweist ist eine interessante Frage, die aber nicht Gegenstand dieser Arbeit ist und auch bereits an anderer Stelle untersucht wurde.
39 Vgl. AM, 20; 24.
40 Vgl. AM, 20; 22.
41 AM, 53.
42 In der Einleitung zur ersten deutschen Ausgabe heißt es: „Eine solche fundamentale Lehre muß nun mehr sein als eine rein intellektuelle Einsicht. Sie muß die Kraft haben, unsere Gedanken zu beleben und unseren Gefühlen Richtung zu geben. Sie muß eine Weltanschauung sein oder, verwenden wir doch nur ohne Furcht das alte Wort, eine *Religion*.", WM I, 25.
43 WM I, 25.

welche sich nicht erhoffen und anmaßen dürfe, dadurch die echten Probleme der Menschen lösen zu können.[44]

Aber auch schon zuvor war es nicht sein Plan gewesen, diese Philosophie wirklich positiv mitzugestalten, sondern bloß „in negativer Weise, durch Hinwegräumen von intellektuellem Mist."[45] Das Potential dazu sieht er in den Werken anderer, wie Niels Bohr und Erich Jantsch.[46] Dennoch spricht er an gleicher Stelle von positiven „Bausteinen", die er dafür in *Against Method* liefern will.[47] Hiermit hängt vielleicht auch seine Idee einer „pragmatischen Philosophie" zusammen, welche die kluge Entscheidung für jede bestimmte Situation in den Mittelpunkt stellt (die er aber naturgemäß nicht im Detail entwirft).[48]

Schließlich macht Feyerabend an vielerlei Stellen noch deutliche politische Forderungen zur Eindämmung der Vorherrschaft des Rationalismus. Einerseits fordert er wiederholt die Trennung von Staat und Wissenschaft (analog zur Trennung von Staat und Kirche) und meint damit, dass die Wissenschaft nicht ‚Staatsdoktrin' sein darf.[49] Der Staat soll nicht blind – und zuungunsten anderer Lebensformen – die Wissenschaft finanzieren und strukturell fördern (Stichwort Schulbildung).[50] Andererseits will er den staatlichen Eingriff, sobald „die" Wissenschaft andere Lebensformen unterdrückt, und dies soll entweder direkt durch die Regierung oder durch demokratische Bürgerinitiativen geschehen.[51] Auch Feyerabends politische Ansichten und mögliche Unstimmigkeiten in diesen sind nicht Gegenstand dieser Arbeit. Trotzdem soll nicht unerwähnt bleiben, welch wichtiger Rang der Politik, im Sinne von gesellschaftlicher Praxis, in seinem Denken zukommt. Wenn es ihm darum geht, methodischen Zwang zu verhindern, dann ist es eigentlich gesellschaftlicher Zwang, der verhindert werden soll. Letztlich kommt es ihm auf die konkrete menschliche Situation an, welche bedroht wird, und auf die jeweilige Freiheit des bestimmten Individuums, die es zu schützen gilt. In der Einleitung zur chinesischen Ausgabe von *Against Method* sagt Feyerabend: „My main motive in writing the book was humanitarian, not intellectual. I wanted to

---

44 Vgl. AM, 266.
45 WM I, 25.
46 Ebd.
47 Ebd.
48 Vgl. AM, 217.
49 Vgl. AM, 8; 160; 229–230.
50 Vgl. AM, 12; 162.
51 Vgl. AM, viii; 2.

support people, not to ‚advance knowledge'."[52] Auch diesen Satz wollen wir ihm, unserer bisherigen moderaten Interpretation gemäß, zunächst einmal glauben und im nächsten Teil sehen, warum wir ihm dies glauben können.

3   Die Methode Feyerabends in *Against Method*

3.1   *Die ‚äußere' Methode* – Against Method *als Collage*

Bisher wurde untersucht, wie man den Begriff ‚Methode' verstehen kann und wie Feyerabend diesen versteht und kritisiert. Auch haben wir gesehen, dass Feyerabend von einer Methode seinerseits nichts wissen will und trotzdem nicht umhin kann, so etwas ähnliches an die Hand zu geben (siehe kontrainduktives Verfahren). Um genau zu verstehen, wie seine Thesen zu deuten sind, soll nun sein eigenes Vorgehen betrachtet werden. Außer dem Vorgehen im engeren Sinne, also der Argumentationsweise in *Against Method*, muss dabei auch das Vorgehen im weiteren Sinne untersucht werden: Wie und aus welchem Anlass entstand *Against Method*?

Against Method, entstand – wie zahlreichen Hinweisen Feyerabends hierauf zu entnehmen ist[53] – als Teil eines geplanten Streitgespräches zwischen Feyerabend und seinem engen Freund Imre Lakatos. Lakatos und Feyerabend, beide Schüler Poppers, hatten sich bald in verschiedene Richtungen entwickelt. Zwar kritisierte ein jeder Popper und die Rigorosität seines Falsifikationismus, doch blieb Lakatos in seiner Kritik gemäßigt und immer noch ‚kritischer Rationalist' während Feyerabend beschloss, radikal mit Popper zu brechen und mit einem „Anarchismus" zu kontern. Gemeinsam planten sie, ihre unterschiedlichen Denkansätze in einem zweiteiligen Werk herauszubringen. Zur Fertigstellung dieses Vorhabens ist es aber nie gekommen, da Lakatos unerwartet verstarb, was Feyerabend nach eigener Aussage sehr mitnahm. So veröffentlichte Feyerabend bloß seinen Teil.

Diese Information ist für die Interpretation bereits sehr aufschlussreich. Wir ersehen hieraus, dass *Against Method* von Anfang an den Zug einer speziellen Gerichtetheit auf Lakatos' Theorie trägt; und die Richtung ist aus gutem Grunde festgelegt als „dagegen", denn sie ist Teil eines Für und Wider. Dies kann die auffällige Einseitigkeit von Feyerabends Darstellung erklären: er brauchte keine Rundum-Sicht der Dinge zu liefern, sie von allen Seiten ‚objektiv' betrachten, denn diese Objektivität wäre im Werk selbst entstanden, Pro und Contra hätten sich zu einer Einheit ergänzt. Stattdessen ist, einem

---

52   Vgl. AM 3.
53   Vgl. AM, vii; Vgl. KT, 189.

unvollendeten Bauwerk gleich, die Contra-Position als einzige Säule stehengeblieben, unfähig den Architrav alleine zu tragen. In diesem Lichte erscheinen Kritiken, die von Feyerabend eben diese Tragfähigkeit als Einzelnem abverlangen, in hohem Maße unbegründet. Auch Vorwürfe, welche die polemische Schärfe und die rhetorischen Zuspitzungen Feyerabends beklagen, lassen sich – wenn nicht entkräften – doch zumindest abschwächen. Als Teil eines rhetorischen Duells unter Freunden vorgestellt, wirkt *Against Method* plötzlich viel weniger aggressiv. Feyerabend selbst, der vor allem in den Überarbeitungen von *Against Method* bemüht ist, dem Leser ‚seine Methode' zu erklären, um die Missverständnisse, denen er sich ausgesetzt fühlt, zu beschwichtigen, weist genau darauf hin. Er bezeichnet *Against Method* als Brief an einen Freund („letter to a friend"), welcher sich dem Stil und den Interessen des Freundes anpasst.[54] Der Rationalismus und Popper spielen eine Rolle, weil Lakatos Rationalist und Popper-Verehrer ist.[55] Ironie wird häufig gebraucht, weil Lakatos genauso verfährt.[56] Sogar den Spitznamen „Anarchist" soll sich Lakatos für Feyerabend ausgedacht haben.[57] *Against Method* schrieb Feyerabend (zunächst) nicht für die breite Öffentlichkeit, die das Werk später rezipiert hat, sondern für Lakatos und den Kreis von Wissenschaftlern und Wissenschaftstheoretikern, in dem Feyerabend sich bewegte.[58]

Nichtsdestotrotz darf nicht vergessen werden, dass *Against Method* schon immer ein eigenständiges Werk gewesen ist und mit der Zahl der Auflagen an Eigenständigkeit noch gewonnen hat. Im Laufe der Zeit wurden viele popper- und lakatosspezifische Passagen herausgenommen; Ausschnitte aus dem 1976 veröffentlichten *Science in a Free Society* kamen hinzu.[59] Nach insgesamt fünf Ausgaben unterschiedlicher Gestalt in Englisch und Deutsch, zahlreichen Übersetzungen in weitere Sprachen und 18 Jahren Entwicklungsgeschichte hat sich *Against Method* durchaus von seiner ursprünglichen Position gelöst und steht für sich, als verdichtetes Konglomerat von Feyerabends theoretischem Schaffen.[60] Auch mag, wer weitere Werke Feyerabends und Berichte von Freunden und Bekannten hinzuzieht, die eben entschärften rhetorischen

---

54 AM, vii.
55 Vgl. ebd.
56 Vgl. ebd.
57 Vgl. ebd.
58 Vgl. KT, 196; Vgl. P. Feyerabend, *Three Dialogues on Knowledge*, Oxford, Cambridge 1995, 165.
59 Vgl. AM, vii.
60 Vgl. Eric Oberheim, „Bibliographie Paul Feyerabends", in: *Zeitschrift für allgemeine Wissenschaftstheorie* 28 (1997), 211 f.

Waffen vielmehr als seine persönlichen „idiosyncrasies" erkennen, gewissermaßen als Basisausrüstung.[61] Aus dieser Perspektive soll dann auch Feyerabends Methode im Weiteren betrachtet werden.

Wir wollen die Wie-Frage noch einmal anders stellen: Wie ging Feyerabend vor, als er *Against Method* erstellte? Die Antwort ist einfach: Er stellte es *zusammen*. Feyerabend sagt dazu in seiner Autobiographie:

> WM ist kein Buch, sondern eine Collage. Es enthält Beschreibungen, Analysen und Argumente, die ich mit fast den gleichen Worten 10, 15 und sogar 20 Jahre früher veröffentlicht hatte.[62]

Und weiter:

> Ich ordnete die Teile in einen passenden Zusammenhang an, fügte Übergänge hinzu, ersetzte gemäßigte Textstellen durch radikalere und nannte das Ergebnis „Anarchismus". Es gefiel mir, Leute zu schockieren, und außerdem wollte Imre einen klaren Konflikt und kein nebulöses Gerede.[63]

Der rhetorische Schockcharakter, den *Against Method* aufgrund des zu verdeutlichenden Konfliktes erhielt, wurde schon angesprochen. Wir ersehen aus dieser Aussage vor allem, dass *Against Method* nicht erst nach zahlreichen Überarbeitungen zur Collage wurde, sondern bereits von Anfang an so gestaltet war. Auch kann es nicht eine direkte Entgegnung auf Lakatos gewesen sein, eben weil viele Teile bereits zuvor formuliert worden waren.

Betrachten wir uns einmal noch genauer den Aufbau von *Against Method*, um zu sehen, ob wirklich geklebt statt gehämmert wurde. Folgt *Against Method* einer Systematik oder nicht? Ja und Nein. Ja, es wird sich an die Regeln eines wissenschaftlichen Essays gehalten: *Against Method* enthält Vorwort bzw. mehrere Vorworte, Einleitung(en), ein Inhaltsverzeichnis, einen Hauptteil und mehrere Postscripte/Anhänge; es ist ordentlich nummeriert, formatiert, enthält Fußnoten usw. Die äußere Form wird also ausdrücklich gewahrt. Beziehen wir jedoch den Inhalt mit ein, und darum muss es uns schließlich gehen, überwiegt klar das Nein. Bis Kapitel 5 macht es noch den Anschein einer normal geordneten Abhandlung, von da an wird es recht unübersichtlich und

---

61 Vgl. W. Diederich, „Nachruf auf den ‚Anarchisten' Paul Feyerabend", in: H. P. Duerr, C. Groffy (Hrsg.), *Versuchungen*, 1. Bd., 343.
62 KT, 189.
63 KT, 192.

unproportional: Der Fall Galilei etwa nimmt fast 100 Seiten des ganzen Werkes ein, obwohl er letztlich ‚nur' ein Beispiel ist (wenn auch ein sehr wichtiges); die Hauptgedanken werden nicht erst im Hauptteil entwickelt, sondern sind bereits gänzlich dem ‚Vorspiel' zu entnehmen; die Episoden des Hauptteils sind nicht stufenweise geordnet, sondern parataktisch nebeneinandergestellt. Interessant ist, wie im „Analytical Index", obwohl nicht vorhanden, ein stringenter Argumentationsgang suggeriert wird.

Der Collagenstil ist also eindeutig erkennbar. Aber darf hinter diesem Stil auch eine Methode vermutet werden? Stützt das Konzept ‚Collage' also methodisch die feyerabendschen Thesen? Interessanterweise ja. *Against Method* spiegelt in seiner ‚chaotischen' Struktur Feyerabends Forderungen nach Parataxe und Pluralismus wider. Die Thesen werden nicht hierarchisch zu einer Hauptaussage aufgebaut, sondern gleichwertig nebeneinandergesetzt, sodass jede für sich wirkt. Man könnte also sagen, dass Feyerabend mit bestem Beispiel vorangeht, indem er sich an seine eigenen (Un-)Regeln hält.

Kann man so gesehen also die Struktur von *Against Method* als „methodisch" bezeichnen oder nicht? Erinnern wir uns an die anfangs getroffene begriffliche Unterscheidung, so können wir sagen, dass eine rationalistische Methode mit Sicherheit nicht vorliegt. Aber auch um eine rationale Methode scheint es sich nicht zu handeln, denn es liegt nicht ansatzweise eine einheitliche Ordnung vor. Eigentlich finden wir bloß in der äußeren Form Einheitlichkeit. Hier entsteht kein Widerspruch, weil *Against Method* ansonsten wohl nicht publizierbar gewesen wäre. Darüber hinaus harmoniert *Against Method* bloß mit Feyerabends Anti-Methode, diese mag man „Methode" nennen oder nicht, ein Vorgehen im neutralen Sinne bezeichnet sie bestimmt.

3.2   Die ‚innere' Methode – Against Method *als Rollenspiel*

Aus der Betrachtung der ‚äußeren Methode' Feyerabends haben sich keine nennenswerten Widersprüche ergeben. Schauen wir nun, wie es sich mit der ‚inneren' Verfahrensweise verhält.

Beobachten wir Feyerabends Stil und Vorgehen, so stellen wir schon bald zwei miteinander in Konflikt stehende Züge fest. Einerseits ist da der ‚anarchistische' Feyerabend. Dieser widersetzt sich mit einer Art lässigen Selbstverständlichkeit allen geschriebenen und ungeschriebenen Regeln wissenschaftlichen Schreibens. Er übertreibt und überzieht ins Paradoxe.[64]

---

[64] Feyerabend sagt dazu: „I prefer more paradoxical formulations [...] for nothing dulls the mind as thoroughly as hearing familiar words and slogans.", AM, xiv; Ein Beispiel wäre etwa: „They [die Wissenschaftler] must now make a choice. They can keep science; they can keep reason; they cannot keep both.", AM, 214.

Er schreibt salopp und in Umgangssprache und würzt seine Ausführungen mit ironischen Anekdoten.[65] Überhaupt bedient er sich gerne des Witzes, vornehmlich wenn es ihm um die Verspottung von Wissenschaftstheoretikern zu tun ist.[66] Auch eine gewisse emotionale Instabilität scheint Teil dieses Verfahrens zu sein, denn der harmlose Spott kann schnell und unvermittelt in gewollt provokante bis aggressive verbale Attacken umschlagen; plötzlich ist nichts mehr von Gelassenheit zu spüren, stattdessen wirkt die Rede sehr emotional, heftig und angestrengt.[67] Generell scheint in der Rolle des Anarchisten die Person Feyerabend besonders hervorzutreten; die Äußerungen sind auffällig subjektiv und persönlich gefärbt. Argumente gehen in Witze über, Ankündigungen werden nicht durchgeführt, sodass der Leser vollends verwirrt wird und nicht mehr weiß, was er glauben soll.[68] „Anything goes".

Dem gegenüber steht der ‚Rationalist' Paul Feyerabend. Dieser bewegt sich gekonnt in der Sphäre der Wissenschaftstheorie, spricht fließend ihre ‚Sprache' und ist präzise bis zur Kleinlichkeit. Neue Kapitel werden gerne mit einem Aufriss des angestrebten Verfahrens eingeleitet.[69] Nummerierte Aufzählungen werden eingesetzt, um die Sachverhalte möglichst klar voneinander zu trennen.[70] Es wird augenfällig analytisch verfahren und sich um Objektivität bemüht. Penibel werden Thesen in den Fußnoten belegt und noch einmal zur Verdeutlichung kommentiert. Es werden „Prinzipien", Methoden und eine eigene Terminologie eingeführt.[71] Begriffe wie „Freiheit" und „Demokratie" werden in idealistischer Manier an sich für gut befunden. Gegebenheiten und Argumente werden für richtig erklärt, wenn sie „reasonable" sind.[72] Es wird unbedingt logisch verfahren und mit „reductio ad absurdum" die Verfahrensweise sogar präzisiert.[73]

---

65   Vgl. z. B. AM, vii; 13, und viele andere Stellen.
66   Vgl. etwa AM die Anekdote in der Fußnote 224.
67   Oft wird Feyerabend dabei sehr persönlich, z. B.: „This is why Walter Hollitscher is a teacher while Popper [...] is a mere propagandist.", AM, 259.
68   Zum Beispiel wird das Problem der Inkommensurabilität, obwohl am Anfang von Kapitel 15 angekündigt, erst in Kapitel 16 diskutiert, vgl. AM, 147; 150; 165.
69   Vgl. AM, 1; 24; 147, etc.
70   Vgl. AM, 27; 144 ff.
71   Begriffe wie „interaction view" (AM, 225), „incommensurability", „ad hoc hypotheses" (AM, 14) und „counterinduction" wirken wie klassische Bestandteile einer rationalistischen Methodik.
72   Vgl. AM, 14; 23; 105.
73   Dies geschieht allerdings nicht direkt in *Against Method*, sondern in Feyerabends Kommentar dazu in seiner Autobiographie, vgl. KT, 197.

Wir werden hier mit einem Grundwiderspruch konfrontiert, der sich interessanterweise nicht nur in *AM* findet, sondern durch das gesamte Werk Feyerabends zu ziehen scheint. Feyerabend ist sich dessen wohl bewusst. An vielerlei Stellen in seinen Schriften sieht er sich genötigt, ebenjene Paradoxie zu kommentieren, um die zahlreichen Kritiken auf *Against Method* zu beschwichtigen, welche gerade hierum als ihren Haupt-Anstoßpunkt zu kreisen scheinen: Ist Feyerabend ein Anarchist, wie kann er dann einen rationalistischen Essay verfassen? Ist er eigentlich ein Rationalist, wie kann er dann einen Anarchismus fordern? Feyerabend selbst will scheinbar beides nicht sein. An der oben schon zitierten Stelle zu Beginn von *Against Method* schreibt er: „Lakatos, somewhat jokingly, called me an anarchist and I had no objection to putting on the anarchist's mask."[74] Auch haben wir im Zitat oben bereits gelesen, dass Feyerabend seine Collage bewusst „Anarchismus" nannte, um zu „schockieren". Als „naiven Anarchisten" will er sich erst recht nicht abstempeln lassen.[75]

‚Der Anarchist' also als Maske, als Rolle im Theaterspiel *Against Method*? Verwundern würde dies angesichts Feyerabends schauspielerischer Vergangenheit nicht. Allerdings verkompliziert sich das Stück, zieht man den folgenden Auszug aus dem Manuskript hinzu:

> Always remember that the demonstrations and the rhetorics used do not express any „deep convictions" of mine. They merely show how easy it is to lead people by the nose in a rational way. An anarchist is like an undercover agent who plays the game of Reason in order to undercut the authority of Reason.[76]

Der als Anarchist maskierte Protagonist Paul Feyerabend erweist sich also zudem als Geheimagent, der in die Rolle des Rationalisten schlüpft, um das Monster des Rationalismus mit seinen eigenen Methoden zu bekämpfen. Das Maskenspiel verläuft also gleich auf mehreren Ebenen: zunächst scheint da der „Erzähler" Feyerabend zu sein, der uns die Handlung erläutert. Dieser scheint mit jenem Schauspieler identisch zu sein, der in die Rolle des Anarchisten schlüpft. Und letzterer tarnt sich, aus methodischen Gründen („in order to undercut the authority of Reason"), wiederum als Rationalist. Das Problem: alle Ebenen laufen durcheinander; Handlungsstränge und selbst einzelne Charaktere überschneiden sich und sind kaum voneinander zu trennen.

---

74   AM, vii.
75   AM, 231.
76   AM, 23.

Gerade die Rolle des Anarchisten macht es dem Leser besonders schwer; er ist unberechenbar und kann sich vielleicht sogar als Erzähler maskieren. Wäre *Against Method* wirklich ein Theaterstück, so wäre es sicher eines ganz nach Feyerabends Geschmack.[77]

Die Aufgabe des Feyerabend-Interpreten ist nun, seine wahre Identität herauszufinden, und das ist keine einfache – es verwundert nicht, dass er so oft missverstanden wurde. Man könnte aber sagen, dass der Vorhang inzwischen gefallen ist und Feyerabend sich selbst enttarnt hat – nämlich, wenn man die Autobiographie *Killing Time* heranzieht, an der er bis kurz vor seinem Tode gearbeitet hat. Hierin spricht nun (fast?) ausschließlich der Erzähler Paul Feyerabend, und er erzählt von seinen Rollen. Verschiedene Gedankenstränge verweben sich so zu einer Einheit und Widersprüche lösen sich auf – in der *Person* Paul Feyerabend.[78]

3.3 ‚Demaskierung' – Feyerabend als Mensch und als Humanist

Feyerabends Person und seine „Philosophie" lassen sich schwer bis gar nicht voneinander trennen.[79] Die Begründung hierfür liefert uns den Schlüssel zum Verständnis seiner Methode und seines Denkens. Es lässt sich nämlich ein Zug im feyerabendschen Denken erkennen, der die anderen überwiegt: der Zug der *Individualität*. So trivial es klingen mag, Feyerabends Vorgehen „individuell" zu nennen, so wichtig ist es. Betrachtet man *Against Method* und weitere Werke, so findet man, dass es stets das „Privatindividuum" Feyerabend ist, das spricht.[80] Feyerabend achtet nicht, wie viele andere Wissenschaftstheoretiker, darauf, möglichst ‚objektiv' zu sein und das eigene Subjekt von der zu betrachtenden objektiven Angelegenheit zu unterscheiden. Trotz aller ‚rationalistischen', objektivierenden Tendenzen überwiegt stets die Subjektivität. Dass Feyerabend selbst sich dessen völlig bewusst war, wird daraus ersichtlich,

---

77 Feyerabend ist sichtlich beeinflusst von den Dadaisten und von Nestroy: „Ich habe fast alle Stücke von Nestroy gelesen, und zwar mehrfach, und ich habe viele Aufführungen gesehen. Ich habe immer gedacht, daß ich dabei ein spezielles Phänomen wahrnehme, das ich auch auf die wissenschaftliche Fachsprache anwenden könne.", KT, 195, Vgl. auch 196; In *Three Dialogues on Knowledge* vergleicht Feyerabend *Against Method* auch direkt mit einem Theaterstück, vgl. KT, 51.

78 Um der ursprünglichen Bedeutung von *persona* gerecht zu werden, ist man beinahe geneigt noch eine Ebene weiter zu gehen: ‚All the world's a stage, And Feyerabend a merely player.'

79 Vgl. J. Preston, D. Lamb, *The worst enemy of science?*, xiii.

80 C. Niemeyer, „‚Der Drache und das Miezekätzchen': Anmerkungen zu einer Wissenschaftskonzeption, die ein Märchen bleibt oder: Was bringt ein Vergleich zwischen Feyerabend und Holzkamp?", in: *Zeitschrift für allgemeine Wissenschaftstheorie* 11 (1980), 118.

dass er an die letzte Ausgabe von *Against Method* – gewissermaßen als ‚Rechtfertigung' – eine autobiographische Skizze anhängt. Auch *Killing Time* wirkt wie eine Selbsterklärung, als wäre es dem lange missverstandenen Feyerabend besonders wichtig, endlich verstanden zu werden. Die Person Feyerabend verbleibt als die einzige absolute Stetigkeit in seinem Denken, auch wenn sie selbst unstetig ist.

Aber was charakterisiert diese also, ist Feyerabend nun Anarchist oder Rationalist? Die Antwort mag enttäuschen: Er ist beides und nichts von beiden; er geht in keiner Rolle auf, beide Rollen sind Teil seiner Persönlichkeit: er ist rationalistisch geprägt (v. a. durch Popper), mit Rationalisten befreundet (mit Wissenschaftlern und Wissenschaftstheoretikern), er ist „Philosophieprofessor", hat eine „Karriere"; er verwendet die Methode der Rationalisten, verkehrt in ihren Kreisen, verdankt ihnen sein Geld.[81] Er ist aber nicht ernsthaft bei der Sache; er ist zufällig dort hineingeraten, eigentlich wollte er Schauspieler werden; es ist für ihn eine weitere Rolle.[82] Durch diese innere Distanz, bei gleichzeitiger großer Nähe, erfährt er die Absurditäten des Rationalismus und des Wissenschaftsbetriebs; er hält sie für albern und sogar gefährlich und lehnt sich dagegen auf; er nimmt die Rolle des Anarchisten an, der sich nicht an die Regeln hält, aber trotzdem dabeibleibt; er wird beinahe Aktivist für den Anarchismus.

Ohne „feste Weltanschauung" und „ohne ein allgemeines Ziel" „irrt[e]" er „herum".[83] Man könnte behaupten, Feyerabend lebte seine Philosophie: sein Leben und seine Persönlichkeit ist ungebunden, unstetig, ständig in Veränderung, pluralistisch; eine Collage von Ereignissen, die keinem roten Faden folgen. Seine Handlungen sind nicht uniform unter einem Lebensziel vereinigt, sondern verlaufen neben- und durcheinander; viele Handlungen, die viele Einzelziele verfolgen. Erst kurz vor seinem Tod, so sagt Feyerabend zum Ende von *Killing Time*, findet er sein „Gleichgewicht" und das erste Mal Kontinuität.[84]

Und doch lässt sich zumindest eine Stetigkeit, ein allgemeines Ziel schon zuvor in seinem Denken und Handeln feststellen: Feyerabend ist

---

81 Feyerabend sagt von sich, er sei früher ein „methodology freak" gewesen, J. Jung, *Last Interview*, 161.
82 „Professor Feyerabend is an act I put on down there for monetary gain. These things have to be clearly separated, or else in the end you take seriously what you are doing and then you are in a big mess.", W. J. Broad, „Paul Feyerabend. Science and the Anarchist." in: *Science* 4418 (1979), 534.
83 KT, 132–133; 143.
84 KT, 248.

Humanist. Und zwar in dem Sinne, dass er als ersten und obersten Zweck aller Handlungen des Menschen das Wohl der Menschen versteht (er selbst würde natürlich jede Zugehörigkeit zu einem „-ismus" abstreiten).[85] Diesen Zweck verfolgt er in *Against Method* und diesen Zweck soll seiner Ansicht nach auch die Wissenschaft verfolgen. So ist sein Selbstverständnis und so beschreiben es Freunde und Bekannte.[86] Und nur so ist sein Denken überhaupt zu verstehen, erhält es erst – eben doch – einen übergeordneten Sinn. Belege hierfür finden sich in *Against Method* viele, ein Zitat wurde im ersten Abschnitt schon aufgeführt.[87] Auffällig ist z. B. auch sein Bekenntnis zu Mill, dessen *On Liberty* er verehrt.[88] Erklären lässt sich diese Bewunderung, wenn man sieht, was für Feyerabend das Wohl der Menschen zuallererst ausmacht, nämlich die *Freiheit*. So lässt sich alle Kritik Feyerabends am „Zwang" der Methode und seine Forderung nach Entgrenzung, Ausbreitung verstehen. Sein politisches Interesse und seine Hoffnung auf eine neue, ‚lebendige' Philosophie oder Religion gehören hierher. Er sieht die Freiheit der Menschen bedroht, vornehmlich durch die gegenwärtige Form der Wissenschaft und der Wissenschaftstheorie. Die Gesellschaft, und das was ihre wichtigste Triebfeder sein sollte, die Wissenschaft, erscheint ihm überreguliert und ungesund; „rationalistisch" ist sie nicht überlebensfähig. Also arbeitet er an der Offenlegung dieses Problems und fordert eine Anti-Kur, die er unter das Stichwort „Anarchismus" fasst. Auf diese Weise lassen sich die meisten Gedankenstränge Feyerabends auf die Dichotomie Zwang – Befreiung zurückführen, mit dem Ziel der Humanität.

Lassen sich durch diese Betrachtung aber endlich die Widersprüche lösen, die in *AM* und im Denken Feyerabends entstehen? Und wie lässt sich die Frage nach der ‚Methode' Feyerabends in *AM* abschließend beantworten? Wir haben gesehen, dass, würde man das Vorgehen Feyerabends etikettieren wollen, eine Mischung aus dadaistischem ‚Collagenstil' und postmodernem Theater dabei herauskäme. Letztlich muss man aber zugeben: Nein, Feyerabend hat keine Methode. Keine rationalistische Methode, keine rationale Methode und noch nicht einmal eine einheitliche Methode im neutralen Sinne. Natürlich verläuft

---

85   „Nothing pervaded his writings and his personal life more than his fight against intolerance. Feyerabend feared and despised it in its ideological, political, and intellectual embodiments. His target always was the „-ists" – Marxists, history revisionists, Popperists. If there are today Feyerabendists, he would be the first to ridicule and disown them.", J. Reaven, „Time Well Spent", in: *The worst enemy of science?*, 23.
86   Vgl. J. Reaven, „Time Well Spent", in: *The worst enemy of science?*, 23.
87   Vgl. AM, 3; 252 f.
88   Vgl. z. B. AM, 34.

der Weg von *Against Method* auf eine bestimmte Weise, nur ist diese eben nicht zu bestimmen, nicht einzufangen. Was zu bestimmen ist, ist das Ziel des Weges – Humanität und Freiheit, und vielleicht auch einfach Provokation und Spaß um ihrer selbst willen – und die Hindernisse, die es hinwegzuräumen gilt, die Zwänge. Der Weglauf, die Methode, ist ein Methodenpluralismus. Im Einzelnen werden Strategien verfolgt, rationale, vielleicht sogar rationalistische. Es lässt sich nicht leugnen, dass Feyerabend ein großer Analytiker ist. Im Ganzen gewinnt aber der Anarchist in ihm. Strategien werden wieder fallengelassen, andere versucht, ihre Aufrechterhaltung bekümmert ihn nicht. Ihn kümmern auch keine Widersprüche und Verwirrungen, die so auf diesem erzeugt werden. Ein Anarchist, der eine rationalistische Abhandlung schreibt: ein Widerspruch? Ja, aber für Rationalisten, nicht für Anarchisten. So fügt sich alles einheitlich in die Uneinheitlichkeit. Bloß wenn man Methodenpluralismus als Methode gelten lassen will, kann man sagen: Das ist die Methode Feyerabends.

Doch auch wenn auf diese Weise kein Widerspruch entsteht – denn ein Anarchismus wird durch einen Widerspruch nur bestätigt, nicht ihm widersprochen – so entsteht doch ein Widerspruch für den Humanisten Feyerabend. Als Anarchist mag er sich treu bleiben; er hat keine Methode und fordert keine Methode (bzw. alle Methoden). Aber als jemand, der wirklich zum Zwecke der Humanität aufklären will, läuft er diesem Zwecke vielleicht zuwider, denn ein Aufklärer will verstanden werden, um etwas zu bewirken. Die Gefahr besteht, und so ist es ja auch gekommen, dass die Botschaft nicht ankommt und dass das ganze Verfahren als bloße Provokation abgetan und fortan ignoriert wird.[89] Andererseits kann die undurchsichtige und eigenartige Form der Sache durchaus dienlich sein. Ein radikaler Nonkonformismus erzeugt eine Kontroverse, die Aufsehen erregt und die Leser vielleicht dazu bringt, über die Gründe jener Undurchsichtigkeit nachzudenken. So mancher mag sich dabei als Rationalist entlarvt fühlen. Hätte Feyerabend einen gemäßigten, wohl strukturierten Essay geschrieben, hätte dieser vielleicht auch Aufmerksamkeit gefunden, wäre aber vermutlich schnell wieder in Vergessenheit geraten. Kalkuliert war dieser Effekt von Feyerabend aber wohl nicht – mag man der Schilderung seiner Überraschung über den kritischen Entrüstungssturm nach Erscheinen von *Against Method* Glauben schenken, und für diese Deutung haben wir uns entschieden.

Unauflöslich bestehen bleiben jedoch – nicht nur aus rationalistischer, sondern auch aus rationaler Sicht – die immanenten Widersprüche in *Against*

---

[89] Vgl. W. Diederich, „Nachruf auf den ‚Anarchisten' Paul Feyerabend", *Versuchungen*, Bd. 1, 343.

Method, und diese entsprechen der immanenten charakterlichen Ambivalenz Feyerabends. In *Killing Time* heißt es im Kapitel zu *Against Method*:

> Viele Kritiker beschuldigten mich der Inkonsequenz: auf der einen Seite stelle ich mich als Anarchist vor, sagen sie, auf der anderen Seite argumentiere ich. Ich war über diesen Einwand ziemlich erstaunt. Wenn ein Mensch sich an Rationalisten wendet, kann er natürlich Argumente verwenden. Das heißt nicht, daß *er* an ihre problemlösende Wirkung glaubt; *sie* tun es.[90]

Trotz aller offensichtlichen Skepsis Feyerabends gegenüber dem abstraktem Denken – deren psychologische Beweggründe weiter zu verfolgen eindeutig zu weit führen würde – mag man ihm nicht glauben, dass er diesem so gar nicht trauen will. Mit zu viel Leidenschaft widmet er sich logischen Erörterungen, zu scharfsinnig sind seine Analysen. Bei all diesem scheint ihn aber gleichzeitig immer die Unzureichlichkeit der Rationalität zu quälen und ihr ‚einengender' Charakter. So sieht er sich in einem inneren Zwiespalt gefangen, dem er nicht entgehen kann, obwohl er – wie er so oft anmerkt – viel lieber „Geschichten erzählen" würde.[91] Interessanterweise sollte denn auch sein letztes geplantes Werk der Vermittlung von Vernunft und Gefühl dienen.[92]

Innerhalb von *Against Method* und in der Person Feyerabend verbleibt also der Widerspruch Anarchist – Rationalist. Einige konkrete Widersprüche in *Against Method*, die aus diesem inneren Zwiespalt erwachsen, sind z. B. der ‚methodistische' Beigeschmack von „Kontrainduktion", Feyerabends Weigerung, als Relativist zu gelten, trotz einschlägiger Thesen und seine Verteidigung ‚absoluter' Werte wie Demokratie, ohne deren Zwangscharakter zu untersuchen. Auch seine plötzlich sehr traditionelle Auffassung vom ‚Sein, das sich in verschiedenen Gestalten zeigt' im ‚Postscript on Relativism' und das (verworfene) Vorhaben der Entwicklung einer „neuen Religion" gehören hierher. Manche erweisen sich in der hier vorgenommenen Interpretation allerdings als Scheinwidersprüche. Wenn Feyerabend etwa davon spricht, dass „reason" und „science" unvereinbar sind, dann ist das zweifelsohne

---

90   KT, 196 f.
91   KT, 220; 246: „Wenn man seine eigenen Ideen erklären will, gerät man unter den Zwang, eine ‚systematische Darstellung' zu liefern, anstatt einfach eine Geschichte zu erzählen." In *Three Dialogues on Knowledge* hat er Gelegenheit dazu.
92   Vgl. KT, 248.

eine Übertreibung – jenes rhetorische Mittel, dessen sich Feyerabend am liebsten bedient.[93]

Schließlich ließen sich sicherlich noch weitere Thesen Feyerabends auch ganz objektiv kritisieren und diskutieren, z. B. ob die Triebfeder des Fortschritts wirklich die Irrationalität sei oder ob Rationalität nur eine Tradition unter vielen. Außerdem wird es interessanterweise in Feyerabends Denken immer dort problematisch, wo es konkret wird, oder konkret werden soll – man bedenke die Umsetzung seiner politischen Forderungen und mögliche Schlussfolgerungen aus seinen kulturrelativistischen Thesen. Auch hier also bleiben die Widersprüche und Zweifel bestehen. Vielleicht kann aber schon ihre Diskussion, frei nach Hegel, etwas Positives erzeugen. So gesehen hat Feyerabend seinen Beitrag zur Aufklärung geleistet.

4 Fazit

Zu Feyerabends Methode, zu seiner eigensinnigen Darstellungsweise mag man stehen wie man will. Die Ideen und Ziele dahinter sind nicht neu, aber sie sind noch immer aktuell, auf sie kommt es an. Und sie gehen weit hinaus über das rationalistische Spezialgebiet der Wissenschaftstheorie. Die allgemeinen Begriffe von Humanität und Freiheit sind es, die Feyerabend eben doch, wider seinen Willen, zu einem Philosophen machen.[94]

In Feyerabends Denken zeigt sich letztlich eine essentielle Dichotomie im menschlichen Denken überhaupt. Einerseits die Unmöglichkeit, die lebendige Vielfalt der Welt in abstrakte ‚Wortcontainer' zu zwängen, die Unzufriedenheit damit und das folgende Streben nach Auflösung dieser Zwangsuniformierung, nach Unordnung, Fluss und Dichtung. Weitere Versuche, mit diesem Phänomen umzugehen finden sich etwa in den Philosophien eines Nietzsche, Heidegger oder Kierkegaard, welcher sogar das ‚Maskenspiel' erfand.[95] Andererseits die gleichzeitige Unmöglichkeit, mit der lebendigen Vielfalt der Welt anders umzugehen, als sie durch Abstraktion zu vereinfachen; das Streben nach

---

93 „‚So', he said with a twinkle in his eye, in his charming accent, ‚I exaggerate'. Feyerabend exaggerated a lot.", P. Achinstein, „Proliferation – Is it a good thing?", in: *The Worst Enemy of Science?*, 37.
94 Vgl. *Three Dialogues on Knowledge*, 160.
95 Vgl. I. J. Kidd, „Objectivity, abstraction and the individual: The influence of Kierkegaard on Paul Feyerabend", in: *Studies in History and Philosophy of Science* 42 (2011), 127.

Verständnis und Kontrolle der Welt durch Theorie und systematische Anordnung. Ein Verlangen, was im System eines Kant am augenscheinlichsten zutage tritt und nach Ansicht Feyerabends im Werk Poppers („miniKant") zu einer Wucherung entartet.[96]

Against Method macht erneut darauf aufmerksam. Es bleibt abzusehen, ob eine Synthese dieser Tendenzen, ob eine „neue Philosophie", wie sie Feyerabend anstrebte, jemals gelingen kann.

---

96   Vgl. *Three Dialogues on Knowledge*, 130.

TEIL 4

Buchbesprechung

∴

Klaus-Michael Kodalle, *Verzeihung denken.*
Die verkannte Grundlage humaner Verhältnisse

Harald Seubert (Rez.)

1

Klaus-Michael Kodalle hat bereits mehrfach fundiert über Verzeihung geschrieben; äußeren Anlass boten dabei die Systemwechsel und Umbruchsituationen der Nachwendezeit. Nun legt er, in klarer systematischer Handschrift, ein reich instrumentiertes Buch vor, das erstmals wie in einem Vademecum die Philosophie der Verzeihung entfaltet. Bücher dieser Anschaulichkeit, kritischen Prüfung und dieses zugleich hoch reflektierten und direkten Zugriffs werden selten geschrieben. Es ist gleichermaßen Summe und Programm.

Konsequent löst Kodalle seinen Anspruch ein, nicht nur Theorien des Verzeihens zu resümieren, sondern den ‚Geist des Verzeihens', der in unterschiedlichen Kontexten sich unterschiedlich manifestiert, als Denken und Handeln anleitende Dimension zu zeichnen. Weder einer vermeintlich auf die Begriffsanalyse zu reduzierenden Kasuistik, noch der – in den französischen Diskursen der Gegenwartsphilosophie paradoxalen Rede über eine kaum verbalisierbaren Sphäre ‚jenseits des Seins' schließt sich Kodalle an, und schon gar nicht unternimmt er es, das ‚Extraordinäre' des Verzeihens in eine strikte moralphilosophische Systematik zu implementieren. Er erkundet in einer terminologisch entlasteten und zugleich sehr präzisen Sprache ein komplexes Rand- und Grenzphänomen, das zugleich ins Zentrum moralphilosophischer Überlegungen führt.

Kodalle beginnt mit einer Topographie des Vergebungsdenkens im 20. Jahrhundert. Das *Zeitalter der Extreme* hat eine intensive Reflexion über Verzeihung und Vergebung fast unumgänglich nahegelegt. Das Spektrum reicht vom ‚Spiel' mit dem Schuldbekenntnis in Camus' Roman *La Chute* (*Der Fall*), Benjamins ‚Engel der Geschichte' und der Kategorie des ‚rückschauenden Blickes' bei Hannah Arendt. Mit der französischen *Theorie des Pardon* von Vladimir Jankélévitch über Derrida und Lévinas hält Kodalle fest, dass Vergebung ein „extraordinärer Akt" ist, der in keiner Moralphilosophie, und schon gar nicht in einer Rechtstheorie einfach geboten werden kann. Zugleich aber hat Jankélévitch, ehe er gegen Ende seines Lebens konstatierte, dass die Vergebung in den Vernichtungslagern der Nazis gestorben sei, sie als den einzigen Akt erklärt, „durch den eine Person das noumenale Sein der anderen Person in der Zeit erreicht". Neben der französischen Linie erinnert Kodalle auch eindrücklich an Jaspers' Verbindung von Verzeihung und der Thematisierung einer unaufhebbaren, weil ‚metaphysischen' Schuld, und an Knud Løgstrups Explikation von Verzeihen von Verzeihen als „souveräner Daseinsäußerung". Lange bevor der Topos mit Derrida berühmt wurde, war es Løgstrup, der darauf hinwies, dass letztlich nur das Unverzeihliche der Verzeihung bedürfe.

Kodalle macht im Lauf seiner Monographie auch einen Rayon der ‚gnadenlosen Denker' auf, bei denen die Frage nach Vergebung zurückgewiesen wird. Besonders markant ist hier Nicolai Hartmann, der Erlösung als „Abnahme" von Sünde und Schuld und damit als ethisch fragwürdig, ja als unerlaubt begreift. Nicht minder kompromisslos ist der kritische Rationalist und Nietzscheübersetzer Walter Kaufmann, der gerade gegen die Unvordenklichkeit des Verzeihungsbegriffs aufbegehrt.

Ein sehr kritisches Kapitel gilt schließlich Heidegger. Kodalle liest Heideggers Denken als eine große Selbst-Entmündigung, in der der Philosoph gleichsam seine Autonomie dem Seinsgeschick opfere. Es ist immerhin erstaunlich, dass der heute vergessene Philosoph Eberhard Grisebach schon 1930 unnachsichtig Heideggers ‚Mythos' vom ‚eigentlichen Menschen' als eine Matrix deutete, aus der diktatorische Träume einer künftigen akademischen Jugend hervorgehen würden. Die jüngsten, immer peinlicheren Enthüllungen über Heideggers nachgelassene *Schwarze Hefte* und sein Verhalten im Nationalsozialismus befördern – zugegeben – die von Kodalle formulierte Auffassung, „dass er [sc. Heidegger] seine eigene Unverantwortlichkeit in politicis durch eine emphatische philosophische Großtheorie abfedert". Könnte man aber nicht in Heideggers Gewissensanalysen von *Sein und Zeit* bei etwas wohlwollender Exegese auch Ansätze für ein Ethos finden, das vorauszusetzen ist, wenn ein Verzeihungsdiskurs überhaupt eröffnet werden soll – und müsste man nicht zwischen *Sein und Zeit* und dem späteren ‚seinsgeschichtlichen Denken' doch stärker differenzieren? Das Habermas-Kapitel verfährt dagegen sehr behutsam und wohlwollend. Im Grunde müsste auch Habermas' Normativität unter die ‚gnadenlosen' Denker rubriziert werden. Kodalle weiß dies, sieht jedoch zu Recht in dem argumentativ indes nicht einholbaren Grenzbegriff von ‚Gebot' und ‚Gnade' eine mögliche Einsatzstelle des Verzeihungs-Topos, der Habermas (noch) nicht folgen würde. Im Einzelnen ist dieser an der Schnittstelle zwischen der „Überzeugungskraft von Gründen" und der „Selbstbestimmung" des Willens verankert.

Es erweitert den Rayon, dass auch Denker der Eingrenzung von rigoristischer Normativität, Moralisten im europäischen Sinne, von Kodalle beachtet werden: etwa Helmut Plessners Skizze eines Ethos der Leichtigkeit und der Anerkennung des Nicht-Identischen. Verzeihung ist für Plessner von Belang, die sie vor

‚Überdehnungen des Verantwortungsbewusstseins' und des Vernunftglaubens bewahrt. Niklas Luhmann wiederum verankerte den Verzeihungstopos gerade im Bereich des extremen Kommunikationsverhältnisses der Liebe. Da „nicht alles gesagt werden kann", findet Liebe gerade in dem fragil unberechenbaren, „aber doch nicht schlechthin kontingenten" Bereich der Verzeihung ihren Halt.

2

In einem weiten Bogenschlag geht Kodalle sodann der Problemgeschichte von Verzeihung in der neuzeitlichen Philosophie nach. Als ausgewiesener Hobbes-Kenner eröffnet er mit dem vielleicht überraschenden Befund, dass Thomas Hobbes keineswegs ein ‚gnadenloser Denker' ist und um der Zukunftsmächtigkeit des Gemeinwesens willen als eines seiner Naturgesetze festhält, „dass einer dem anderen, wenn er für die Zukunft Bürgschaft leistet, das Vergangene auf dessen Bitte und Reue verzeihe." In der angelsächsischen Moralphilosophie des Empirismus und der Aufklärungsepoche wird zwar zwischen Tugenden der Einzelperson und öffentlichen Tugenden prinzipiell unterschieden; die Differenz verringert sich aber auch wieder, wenn Denker der Sympathetik wie Hutcheson die Reziprozitätslogik des Vergeltungsdenkens überwinden und der von Kodalle zu Recht besonders akzentuierte Joseph Butler vor der Illusion warnt, durch Vergeltung Unrecht auszugleichen. Butler war es übrigens auch, der erstmals vom ‚spirit of forgiveness' sprach. Ein Meisterstück an Hermeneutik und Rekonstruktion ist Kodalles Kant-Kapitel. Kodalle weiß natürlich, dass die kantische Vernunftautonomie sich vorderhand gegenüber dem Verzeihungsthema abzuschließen scheint. Wäre Kant also nicht geradezu das Paradigma eines ‚gnadenlosen Denkers'? Dennoch hat dieses Gefüge – ähnlich wie die kantianisierende Habermas'sche Diskursethik – weiche Stellen, denen Kodalles besonderes Augenmerk gilt. Die Erodierung liegt weniger im postulatorischen Grenzkonzept „Gott", das Kant mehr auf die Funktion des Richtens als auf jene von Gnade, Liebe und Vergebung beziehe. Versöhnlichkeit sei aber gerade in der kantischen Rechtslehre durchaus als „Menschenpflicht" konzipiert, „weil der Mensch von eigener Schuld genug auf sich sitzen hat, um der Verzeihung selbst sehr zu bedürfen" (Kant, AA VI, 460 f.). Kodalle verfolgt solche Verweise Kants auf die Passivität und Bedürftigkeit in menschlichen Bezügen, so dass es möglich wird, „mit Kant über Kant hinaus" Verzeihung zu denken –, eine Möglichkeit, die Kodalle bei Fichte hingegen in keiner Weise erkennen kann. Er ist für ihn, in dem „cum ira et studio" geführten Plädoyer neben Heidegger das Paradigma des „gnadenlosen Denkers", und dies weil die fichtesche Konzeption durch und durch monologisch, ja solipsistisch auf den „Eigen-Sinn" des einzelnen Ich fixiert ist. Dass, worauf Klaus Düsing besonders hinwies, der spätere Fichte Menschheit, ausgehend von der kantischen Rede vom ‚Reich der Zwecke', als Intersubjektivität gefasst hat, kommt bei Kodalle nicht zum Tragen. Solche Einseitigkeiten sind aber nicht zum Schaden des Entwurfs. Sie führen dazu, dass Konstellationen zu Ende gedacht werden. Auch bei Schelling sucht man vergeblich nach dem Verzeihungs-Gedanken; bemerkenswert, angesichts einer ‚Positiven Philosophie' christlicher Offenbarung. Bei näherem Blick ist es aber nicht verwunderlich, wenn man so konsequent, wie Kodalle es tut, die Verbindung von Freiheit und Notwendigkeit, genauer: „die freiwillige Übernahme einer so oder so aus metaphysischer Notwendigkeit hervorgetriebenen Schuld" als das zentrale Motiv schellingschen Denkens erkennt.

Denker des *Anderen der Vernunft* – und damit eines ‚Nicht-Identischen' avant la lettre, wie Jacobi und vor allem Franz von Baader finden bei Kodalle berechtigterweise Beachtung und werden in ihrer eigenen Rationalität rehabilitiert. Sie vertreten, wie Kodalle deutlich zu machen vermag, nicht selten plausiblere Konzeptionen als die Klassiker. Während es ein bewährter Topos ist, dass Liebe zu verzeihen vermag, versteht Franz von Baader, der im Verzeihungsdiskurs keineswegs eine besondere Affinität zu Schelling hat, umgekehrt Liebe als „Tochter des Verzeihens und des Reuens, d. i. der Versöhnung [...], weil nur das reiche Gemüt verzeiht und nur das arme der Verzeihung bedarf".

Es versteht sich von selbst, dass Hegel in einer Topographie der Verzeihung einen Ehrenplatz erhält. Das Vergebungskapitel der *Phänomenologie des Geistes* nimmt auch in den jüngeren französischen Diskursen eine prominente Rolle ein. Kodalle bildet es indessen auf die systematische Durchführung in der ‚Rechtsphilosophie' hin ab, und er geht sehr differenziert den Zusammenhängen von ‚Verzeihung' und Gewissen seit Hegels Anfängen nach. Dabei verfolgt er aber auch den Zusammenhang von Verzeihung und Institutionenlehre. Hegels Position, dass „die Wunden des Geistes heilen, ohne daß Narben bleiben" als Signatur von Verzeihung, setzt hohe Maßstäbe für den Geist des Verzeihens. In der hegelschen Schule fand sie Resonanz in dem anziehenden Gedanken von Johann Eduard Erdmann, wonach die Asymmetrie der Verzeihung dazu führt, dass der Vergebende vergessen kann, was der Andere ihm eigentlich schuldet. Erdmann spinnt damit den hegelschen Faden weiter. Es wird nicht einfach eine „Identität" zwischen dem, der die Verzeihung erbittet und dem anderen, der sie gewährt, hergestellt. Die Asymmetrie bleibt und kann Ausgangspunkt eines ungleichtieferen Wechselverhältnisses werden.

Verbalisiert bedeutet dies: „Dass du mir dies vergeben und vergessen hast, will ich dir ewig gedenken". Der Linkshegelianismus, der von Bauer und Strauß bis zu Feuerbach reichende Impetus einer „sündlosen Menschheit" und die Fokussierung auf die Gattungsgeschichte, hat dieses hegelsche Erbe indessen nicht angetreten und die Spuren des Verzeihungsdenkens weitgehend unsichtbar gemacht.

Einen eigentlichen Locus classicus des Vergebungsdenkens, die Auslotung der Abgründe der asymmetrischen Beziehung von Verzeihung, macht Kodalle bei Kierkegaard aus. Überraschenderweise ist dessen Reflexion auf Vergebung als ein „vorlaufendes Gewähren" und als die gleichsam exzessive Gabe außerhalb aller Relation von den französischen Theoretikern kaum wahrgenommen worden, obwohl sie in der Sache zu ähnlichen Ergebnissen kommen. Kierkegaard exponiert die Achtsamkeit des nachsichtigen Blicks, wobei sich diese Theo-Logik der Gabe stets an der Grenze der Verbalisierbarkeit bewegt. Kierkegaard weist auch auf das ‚Schwierigste' hin, den Anderen, der gefehlt hat, nicht mit einer billigen Milde zu bedenken, sondern „zugleich derart streng zu sein, wie die Wahrheit es heischt, und dennoch derart mild, wie die Liebe es wünscht." Es versteht sich, dass Verzeihung dabei ein Momentum des Totalexperimentes des Glaubens ist und sich damit kontrapunktisch zu Nietzsches Explikation von Verzeihung aus dem Stolz und im Sinn der Überwindung des ‚Geistes der Rache' versteht.

3

Der dritte dem Verzeihungsdenken in der vorchristlichen Antike gewidmete Abschnitt bleibt weitgehend in der Schwebe und ist gerade darin sehr anregend. Kodalle fragt, ob man tatsächlich mit Bernard Williams sagen könne, dass es auch in der griechischen Antike Raum für das Vergeben gegeben habe; oder ob der Begriff ‚syngnomé' ‚Mit-Einsicht', nicht einen sehr viel eingeschränkteren Sinn habe – Verständnis für die Lage des anderen als eine Form von Nachsicht. Die Klärung der Debatte muss dem Disput der klassischen Philologie überlassen bleiben. Verzeihung der schlechthin bösen Tat, gar Verzeihung des Unverzeihlichen werde man jedenfalls in antiken Texten kaum explizit finden. Dies muss nicht verwundern, wenn man bedenkt, dass Rache in der Rechtssphäre, aber auch im Epos durchaus eine Pflicht sein konnte. In faszinierenden Beobachtungen an der griechischen Tragödie zeigt Kodalle jedoch, dass die Schicksalsbindung keineswegs so erratisch war, wie es den Anschein haben könnte. Es kann, wie in der exemplarischen Antigone-Tragödie, geradezu ein Indiz von ‚Charakterstärke' und keineswegs von -schwäche sein, wenn die Personen ihre einmal gefassten Entscheidungen revidieren. Und Platons ‚eschatologische Mythologie', wie sie vor allem im *Phaidon* entwickelt wird, zeigt, dass Entsühnung des Verbrechens einzig dadurch möglich ist, dass die Opfer den Tätern verzeihen.

Der platonische Sokrates hält indes fest, dass niemand wissentlich und willentlich Unrecht tut, wodurch selbstverständlich die Abgründigkeit des zu verzeihenden Bösen eingehegt wird. Dies ist ebenso beim aristotelischen Begriff der Billigkeit der Fall.

4

Ein spannungsreiches und hoch kompetentes Kapitel lotet vor dieser Folie die Zentralstellung aus, die demgegenüber der Verzeihung im Christentum zukommt. Kodalle folgt im Grundzug Hannah Arendts pointierter Aussage: „Was das Verzeihen innerhalb des Bereiches menschlicher Angelegenheiten vermag, hat wohl Jesus von Nazareth zuerst gesehen und entdeckt"; er betont aber zugleich die Verdunkelungen dieser Einsicht in der Geschichte des Christentums. Vergebung kann schon als eine Spur im Alten Testament aufgewiesen werden. In jedem Fall steht sie im Zentrum der Wirksamkeit und des Todes Jesu Christi, auch wenn man sich die – wie Kodalle schreibt – „Hybridkonstruktionen" der Christologie versagt. Die Einsicht in die Zentralität dieses Kerygmas hindert auch die frühe Gemeinde nicht, selbst zu Entschuldigungsformularen zu greifen, wie Kodalle mit Blick auf Tim 1,13 bemerkt. Einerseits nimmt Kodalle dabei die Aussage von Karl Rahner auf, wonach sich erst dann die Komplexität von Sünde und Schuld erschließt, wenn der Gottesbegriff und -gedanke wesentlich von der Vergebung her verstanden wird. Auch der evangelische Theologe Traugott Koch sieht Vergebung als Teilhabe am göttlichen Geist, womit sich aber die Frage stellt, ob der Mensch zu solcher Vergebung überhaupt in der Lage ist. Oder steht diese Möglichkeit, wie der Phänomenologe Dietrich von Hildebrand meinte, nur dem Christen offen? Zu Recht misstraut Kodalle gedankenloser offenbarungstheologischer Rede, auch wo sie postdekonstruktivistisch daherkommt, die nahelegt, die Unterscheidung zwischen ‚Werk' und ‚Person' eines Menschen sei einzig Gott vorbehalten, und nur er könne daher auch im vollen Sinne ‚Subjekt' von Vergebung sein. Wie dem auch sei, schwerer wiegt für ihn, dass von Anfang an ein „metaphysisch aufgeladenes Freund-Feind-Denken" das christliche Gottesbild buchstäblich durchkreuzt habe. Häresie-Verdacht lebt gerade daraus, dass er die Grenzzonen des Unverzeihlichen betont.

Die augustinische Prädestinationslehre, in deren Deutung Kodalle sich weitgehend Kurt Flasch anschließt, tilge die personale Kontingenz, die jedem interpersonalen Verzeihungsakt inhärent ist, aus dem Gottesverhältnis.

Nach Augustin kann dem Menschen Freiheit nicht zukommen. Auch Annahme oder Ablehnung der Verzeihung ist in der Prädestination vorprogrammiert. Obwohl diese *Logik des Schreckens* nicht offizielle Kirchenlehre wurde, wirkt sie doch fort. Kodalle zeigt nicht nur, wie Thomas von Aquin zwar gegenüber den ungläubigen und unwissenden Heiden Milderungsgründe gelten lässt, nicht aber gegenüber den Häretikern. Deutlich wird auch, dass die Frage um Toleranz und das ‚quis iudicabit?' ein wichtiges Motiv für die voluntaristische Positionierung bei Wilhelm von Ockham ist. Petrus Abaelardus schließlich beruft sich auf das Gewissen als innere Instanz des Menschen.

Kodalle äußert sich schließlich kenntnisreich und doch kritisch differenzierend zu der konkreten kirchlichen Beichtpraxis. Eine gravierende Differenz erkennt er zwischen protestantischer und katholischer Beichtpraxis darin, dass die erstere an den priesterlichen Dispens, die letztere dagegen an Kenntlichwerden und Verantwortung der Person in ihrem ganzen Lebensweg gebunden ist. Aus der katholischen Ritualisierung kann, dies ist zumindest die latente Gefahr, eine Beichtpraxis der „billigen Gnade" (Bonhoeffer) hervorgehen. Deshalb konvergiert, wie Kodalle im Anschluss an Ulrich Barth festhält, die luthersche Frage nach der Legitimität des Ablasses mit der nach der Frage nach der Reichweite des Papsttums. Der Ablass wird, etwas überdimensioniert, bis in die Gegenwart verfolgt, wo er noch immer eine theologisch leicht schamhaft umgangene, doch nicht zu unterschätzende Rolle spielt. Um in diese Vergebungslandschaften Licht zu bringen, setzt sich Kodalle nicht nur mit der jesuitischen Beichtpraxis und ihrer virtuosen Handhabung der ‚reservatio mentalis' auseinander. Er widmet sich auch an extremen Beispielen wie der kirchlichen Beichte und Absolution für den Kommandanten von Auschwitz, Rudolf Höss und seine medienträchtig vordergründige Auswertung durch den katholischen Theologen Manfred Deselaers. Doch auch der Beichtpraxis der süditalienischen Mafia gilt eine eigene Einlassung.

5

Ein Teilkapitel, das man sich noch ausführlicher gewünscht hätte, widmet sich der Bekenntnisliteratur – und damit einer ‚Beichte ohne Priester', wie Kodalle vermerkt, wobei auf wenigen Seiten Profiliertes über die je spezifischen Formen der Gewissenserforschung bei Petrarca (Deutung der Sünden als Krankheiten in der Folge von Aurelius Augustinus), Michel de Montaigne („Meine Fehler liegen offen zu tage"), Rousseaus Konzeption der Richterschaft über sich selbst, Goethes Verwandlung des Lebens in Dichtung, bis hin zu Wittgensteins an Masochismus grenzenden Selbstbildern und zu Camus' Lebensbeichte in das Antlitz seiner des Lesens nicht kundigen Mutter gesagt wird. Die Mutter tritt für Camus an die Stelle von Jesus Christus, worin sich auch zeigt, dass der Umgang mit der Confessio keineswegs linear einer Säkularisierungstendenz unterliegt, sondern dass vielmehr eine gebrochene Wiederaufnahme der Imitatio Christi zu konstatieren ist. In diesen wenigen Seiten liegt Stoff für weitergehende Erkundungen. – Dies gilt prinzipiell auch für die Psychoanalyse und ihr gebrochenes (Selbst-) Verständnis als säkulare Folgeerscheinung der Beichte. Freud war sich dieser Relation sehr bewusst. Er zögerte aber zugleich sie anzunehmen und gar zu bejahen. An den Freund Oskar Pfister schrieb er von der Inkommensurabilität zwischen der Vergebung in Jesus Christus und der Sprachhandlung: „Ich, der ordentliche Titular-Professor Sigmund Freud, vergebe Ihnen Ihre Sünden." Melanie Klein indes akzeptierte den Begriff der „Wiedergutmachung" als Aufgabe und Ziel der Psychoanalyse und Julia Kristeva plädierte gar, wenn auch vielleicht nicht wirklich erfolgreich, für Verzeihung als Ergebnis des analytischen Prozesses. Dies berührt sich mit der Idee eines „verstehenden Analytikers" in gleichschwebender Aufmerksamkeit, der sich jedweder vorschnellen Moralisierung entzieht. Einer solchen hat sich, zumindest nach Tilman Mosers vernichtender Kritik, das Analytikerehepaar Mitscherlich mit seiner Schrift über die *Unfähigkeit zu trauern* in der Zeit nach 1945 schuldig gemacht. Damit ist auf die Last der Schuld und die Aporetik der Vergebung in der jüngeren Zeitgeschichte verwiesen, der sich der spannende ‚Dokumentarische Anhang' zuwenden wird.

6

Vorausgehen ihm einige wenige luzide Seiten über *Gnade im Rechtsstaat* und die Schwierigkeiten eines Gnadenrechts; bei dem, weil es um die ‚suprema potestas' geht, noch immer kirchliches und staatliches Recht in einer Spannung liegen. Kant hatte auch deshalb bemerkt, dass dem Gnadenrecht des Souveräns etwas ‚Schlüpfriges' anhaften würde.

Der dokumentarische Anhang selbst, wie man hoffen kann und wie der Verfasser ankündigt, die erste Mitteilung aus einem weiteren Buch über Verzeihung und Öffentlichkeit, demonstriert eindrucksvoll, dass ‚Verzeihung' ein existentielles und keineswegs nur ein akademisches Sujet ist. Kodalles vorsichtige, auslotende Skepsis jenseits der ideologischen Schablonen bewährt sich gerade hier. Er zeigt, mit Martin Walser, die Problematik und den tendenziellen Verdrängungsmechanismus, der darin liegen kann, wenn man die Täter durchgängig als Dämonen und Verbrecher klassifiziert. Auch wenn sich die Nachgeborenen durchgängig auf die Seite der Opfer stellen, sind sie darum doch nicht salviert. Wer darf das Unverzeihliche verzeihen? Kann, wie es geschehen ist, eine überlebende Jüdin im Namen des gemordeten Volkes vergeben? Und was ist, so wie es Simon Wiesenthals Erzählung *Die Sonnenblume* zeigt, wenn diese Verzeihung aus allzu verständlichen Gründen verweigert wird. Bedeutet dies neue Schuld? Den Hass überwindenden Blick, wie ihn Hans Jonas nach seiner Rückkehr von Rudolf Bultmann erfahren hat – durch die unspektakuläre Erwartung des zweiten Bandes seiner *Gnosis* und damit die Insinuierung: ‚Auf dich kommt es an' kann man ebenso wenig zur moralischen Norm machen wie die Liebe, die „vieles verzeiht" – exemplarisch sichtbar in Hannah Arendts Wiederbegegnung mit Heidegger. Selbst in der NS-Zeit, in der die Grenzlinie grundsätzlich mehr als klar ist, gab es unheimliche Überlappungen zwischen Täter- und Opferperspektiven, wie die ‚Kapos' in Konzentrationslagern und die SS-Schergen in den Lagern zeigen. Erst nach Generationen kann über solche Extremalfälle, wenn nicht ‚sine ira et studio', so vielleicht doch mit einer größeren Gerechtigkeit geurteilt werden. Immer bleiben, wie Kodalle zeigt, Zweifel an der Echtheit der Reue, und es kann zu der den Moraldiskurs aufsprengenden Perspektive kommen, wie sie exemplarisch Jean Améry einnahm, wenn er, vor dem Hintergrund der Tortur-Erfahrung, gegenüber der Verzeihung schlichtweg gleichgültig war. Kodalle resümiert hier bekannte und unbekannte Szenarien; darunter immer wieder das teils zwiespältige, teils extrem bösartige und polemische Echo auf Hannah Arendts Eichmann-Buch und die Nachbarschaft im Freund-Feind-Verhältnis, die sich zwischen Carl Schmitt und Jacob Taubes entspann. Es gibt freilich hier einige, leicht zu korrigierende Ungenauigkeiten. Remarque (452) war nie „Nobelpreisträger", und die Confessio von Hans Werner Richter, dass für ihn in der ersten Nachkriegszeit die Nazis „Ratten" gewesen seien und er sie erst später als irrende Menschen habe sehen können, wirkt bei dem Schriftsteller der Landsergeneration etwas deplatziert, der sich mit der Rückkehr von Emigranten und Überlebenden des Holocaust wie Paul Celan schwer tat. Auch die Dikta von Taubes sollte man wohl etwas kritischer beurteilen als es hier geschieht.

Höhe- und Schlusspunkt der ambivalenten Rekonstruktionsgeschichte ist indes die Geschichte des verfolgten und geretteten Juden *Jakob Littners Aufzeichnungen aus einem Kellerloch* (1948, redigiert von Wolfgang Koeppen). Anlässlich der Neuauflage von 1992 beanspruchte Koeppen die Autorschaft des angeblichen „Romans". Kodalle rekonstruiert den Kasus penibel und er zeigt, wie sich darin die Verwerfungen des Gedächtnisses zeigen: bei der Erstauflage in der ersten Nachkriegszeit wurde Littners Text für seine Unnachgiebigkeit kritisiert. Der Neuerscheinung 1992 warfen eilfertige Rezensenten hingegen ein zu schnelles ‚Vergeben und Vergessen' vor. Als dann schließlich das Original auftauchte, erwies sich, dass Littner selbst unmissverständlich seinem Willen zu Hass-Überwindung und Verzeihung Ausdruck gegeben hatte.

Kodalles meisterhafte Erkundung dürfte nicht nur weitere Untersuchungen, sondern vor allem ein weitergehendes Nachdenken provozieren. Es ist sein nicht geringstes Verdienst, der Frage nachgegangen zu sein, ob Verzeihen immer ‚gut' sei – und dies in einer philosophischen Welthaltigkeit und Klarheit, die einem Thema höchst angemessen ist, das jedermann notwendig interessiert.

Mitarbeiterlist 2015

PD Dr. Dirk Cürsgen
Philosophisches Seminar der Universität Heidelberg, Schulgasse 6, D-69117 Heidelberg

Prof. Dr. Dagmar Fenner
Universität Basel, Philosophie und Medienwissenschaft; Philosophisches Seminar, Steinengraben 5, CH-4051 Basel

Magdalena Frehsmann
Philosophisches Seminar der Universität Freiburg, privat: Merzhausener Str. 152, D-79100 Freiburg

Dr. Sigbert Gebert
Kapfstr. 16, D-79112 Freiburg

Dr. Jutta Georg
Nobelring 6, D-60598 Frankfurt am Main

Tim Gollasch M.A.
Lehrstuhl f. Philosophie 1, Universität Würzburg, Josef-Stangl-Platz 2, D-97072 Würzburg, privat: Königsberger Str. 10, D-97072 Würzburg

Dr. Dr. Max Gottschlich
Institut für Philosophie, Katholische Universität Linz, Bethlehemstr. 20, A-4020 Linz

Dr. Christian Graf
Philosophicum, St. Johanns-Vorstadt 19–21, Postfach 1854, CH-4001 Basel, privat: Kirchstrasse 24, Ch-4415 Lausen, Schweiz

Dr. Boris Hogenmüller
Im Bornfeld 20, D-93791 Karlstein

Prof. Dr. Andreas Lischewski
Institut für Erziehungswissenschaft und empirische Bildungs- und Sozialforschung, Alanus Hochschule für Kunst und Gesellschaft, Villestr. 3, D-53347 Alfter bei Bonn

Dr. Florian Salzberger M.A.
Watzmannstr. 29a, D-83451 Piding/Bad Reichenhall

Prof. Dr. Harald Seubert
Staatsunabhängige Theologische Hochschule Basel, Mühlestiegrain 50, CH-4125 Riehen/Basel; privat: Siedlerstr. 151, D-90480 Nürnberg

Prof. Dr. Robert Theis
Faculté des Lettres, des Sciences Humaines, des Arts et des Sciences de l'Education, Université du Luxembourg 162 A, Avenue de la Faïencerie, L-1511 Luxembourg

Richtlinien für die Einreichung von Manuskripten

1 Allgemeines

Wir benötigen einen **Ausdruck** und eine **elektronische Textdatei**, vorzugsweise in einem doc- oder docx-Format.

Unaufgefordert eingesandte Manuskripte können wir nur dann an Sie zurückschicken, wenn Sie einen entsprechend frankierten Rückumschlag beilegen.

Jedem Beitrag ist eine kurze Zusammenfassung (ca. 150 Wörter) und eine formlose Erklärung, dass der Text noch nicht veröffentlicht und auch keinem anderen Publikationsorgan angeboten worden ist, beizufügen.

Das Titelblatt soll den Namen, die Adresse, die E-mail-Adresse, den Titel des Beitrags, die kurze Zusammenfassung und Schlüsselbegriffe (max. 6) enthalten. Der eigentliche Text beginnt mit dem Titel. Der Name des Autors soll hier nicht wiederholt werden.

2 Textgestaltung

Der **Umfang des Textes** einschließlich der **Anmerkungen** sollte in aller Regel eine Länge von ca. 70 000 Zeichen (inkl. der Leerzeichen) nicht überschreiten. Als Schriftart ist Times New Roman in der Punktgröße 12 wünschenswert. Die Anmerkungen sind den Beiträgen als fortlaufend nummerierte Fußnoten hinzuzufügen.

Für **Zitate**, auch für fremdsprachige, benutzen Sie bitte die doppelten typographischen Anführungszeichen („"). Zitate im Zitat werden durch einfache Anführungszeichen gekennzeichnet. Bei längeren Zitaten, die im Petitdruck wiedergegeben werden, entfallen die doppelten Anführungszeichen und werden frei für Zitate im Zitat. Auslassungen in Zitaten sind durch drei Auslassungspunkte in eckigen Klammern zu markieren. In eckigen Klammern stehen auch Einschübe des Verfassers.

Stellenangaben der Zitate gehören in der Regel in die Fußnoten. Beim ersten Verweis geben Sie bitte in der entsprechenden Fußnote den vollständigen Titel an und verwenden Sie im Folgenden dafür nur den Autorennamen, einen Kurztitel und die jeweilige Seitenzahl. Handelt es sich um eine ganze Reihe von Primärtexten, auf die Sie häufig Bezug nehmen, können Sie auch ein eigenes Abkürzungs- oder Siglenverzeichnis beifügen. Für die Zitierung klassischer Autoren, die auch im Haupttext erfolgen kann, gelten die üblichen Zitierweisen. Ein Wortzwischenraum steht zwischen Buchstaben und Ziffern (Bsp. KrV B 370), nicht jedoch, wenn es sich um die Zeilenangabe handelt (Bsp. Phaidros 246 a4).

Satzzeichen, Zitate und Fußnotenziffern: Fußnotenziffern stehen hinter dem betreffenden Wort bzw. Satzteil oder hinter dem schließenden Satzzeichen, wenn sie sich auf den ganzen Satz beziehen. Bei der Zitierung vollständiger Sätze gehört das schließende Satzzeichen noch zum Zitat und somit vor das schließende Anführungszeichen. Die Fußnotenziffer erscheint hinter dem schließenden Anführungszeichen. Bei der Zitierung von unvollständigen Sätzen, Satzteilen oder Begriffen steht die Fußnotenziffer nach dem schließenden Anführungszeichen. Bezieht sie sich auf mehrere Zitate in einem Satz, folgt die Fußnotenziffer nach dem schließenden Satzzeichen.

Literaturangaben: Die Literaturangaben erfolgen durch die Nennung des Autorennamens, Werktitels (kursiv), Erscheinungsortes (ggf. Verlages), Erscheinungsjahres und der Seitenzahl. Beispiel: Rudolph Berlinger, *Die Weltnatur des Menschen. Morphopoietische Metaphysik. Grundlegungsfragen*, Rodopi 1988, 140 ff. Beispiel für Beiträge in Sammelbänden: Alexander Böhlig, „Der Manichäismus und das Christentum", in: R. Berlinger, W. Schrader (Hrsg.), *Gnosis und Philosophie. Miscellanea*, m. e. Vorw. v. A. Böhlig (Elementa. Schriften zur Philosophie und ihrer Problemgeschichte, Bd. 59), Amsterdam 1994, 5–22. Verweisen Sie insgesamt auf einen Sammelband, werden die Herausgeber zuerst genannt. Beispiel: R. Berlinger, W. Schrader (Hrsg.), *Gnosis und Philosophie. Miscellanea*, m. e. Vorw. v. A. Böhlig (Elementa. Schriften zur Philosophie und ihrer Problemgeschichte, Bd. 59), Amsterdam 1994. Beispiel für Zeitschriftenartikel: Christof Rapp, „Die Moralität des antiken Menschen", in: *Zeitschrift für philosophische Forschung*, Bd. 49, Hft. 2 (1995), 259–273. Auflagenzahlen werden hochgestellt (Bsp. 1999^5).

Kursiv gesetzt werden Hervorhebungen, fremdsprachige Termini (Ausnahme: altgriechische Termini) und Werktitel innerhalb eines Satzgefüges. Wir bitten Sie, generell von Fettdruck und von Großbuchstaben, z. B. für Autorennamen, abzusehen.

Abkürzungen am Satzanfang werden ausgeschrieben. Bei Autorennamen folgt ein Wortzwischenraum zwischen dem abgekürzten Vornamen und dem Nachnamen. Kein Wortzwischenraum folgt zwischen abgekürzten Vornamen. Beispiel: G. W. F. Hegel.
Übliche Abkürzungen sind:
Hrsg., nicht (Hg.) und hrsg. v., nicht hg. v.
Ebd. und ebd., nicht ebda. oder ibid.
Vf. nicht Verf.
Hervorh. v. Vf.
Jh. für Jahrhundert und Jh.s für des Jahrhunderts, nicht Jhd. und Jhd's.

Redaktion
Mitglieder der Redaktion: Dr. Martina Scherbel M.A. (verantwortlich), Dr. Dorothea Grund M.A., Erika Müller (techn. Koordination)

Anschrift der Redaktion
Perspektiven der Philosophie
Dr. Martina Scherbel M.A.
Frankenstraße 33/35
D-97249 Eisingen
Tel.++49(0)9306 1209
Fax++49(0)9306 983760
e-mail: perspektiven-philosophie@stiftung-metaphysik.de

Redaktionsschluss
31. Januar 2016